빅데이터로 예측하는
대한민국 부동산의 미래

빅데이터로 예측하는

대한민국
부동산의
미래

조영광 지음

지biz

변곡점에 선 부동산시장
데이터는 알고 있다

전국구 주택시장 예측 2만 시간의 노하우

내가 건설사에 입사한 2010년, 주택 경기는 추운 겨울을 지나고 있었다. 전국적으로 미분양이 10만 호를 웃돌고 있었고, 수도권 아파트 가격은 좀처럼 미국 금융 위기의 여파에서 탈출구를 찾지 못했다. 금융 위기 전에는 굳이 홍보하지 않아도 팔리던 분양의 추억은 옛말이 되어버렸다. 얼어붙은 주택 경기는 건설사에 '미래에 대한 확신'을 요구했다. 단순히 입지만 좋아서는 분양이 잘되지 않았다. 주택 경기가 받쳐주지 않는 한 좋은 입지, 좋은 상품을 만들어도 판매가 되지 않았기 때문이다. 결국 '미래 주택 경기에 대한 정확한 예측'이 주택사업의 선결 조건이 되었다. 산업공학을 전공한 내가 어쩌면 전혀 관련 없는 '부동산 데이터 세계'에 입문한 것이 바로 그 시점이었다. 내가 입사한 곳은 전국적으로 가장 많은 주택을 공급한 회사로 대한민국에서 가장 많은 분양 데이터를 보유하고 있었다. 산업공학 석사로서 통계의 '통' 자라도 알고 있던 내게 맡겨진 숙제는 빅데이터를 활용해 지역 사업장의 분양 가능성을 예측하는 일이었다.

8년이 지난 지금, 분양 데이터 분석으로 시작된 내 업무는 이제 유망 사업장을 찾기 위해 연초마다 데이터 확보가 가능한 전국 245개 시·군·구의 주택시장을 예측하는 데까지 이르렀다. 하루 근무 시간을 8시간으로 가정하면, 거시 주택시장부터 좁게는 시·군·구의 분양시장 예측까지 주택시장의 분석·예측 업무를 2만 시간 넘게 해온 것이다.

흔히 데이터 분석이라고 하면 고상하게 책상에 앉아 통계 패키지를 돌리고 있을 거라고 상상할 수 있다. 그러나 2011년 내가 배정받은 첫 근무지는 미분양 무덤이었던 김포 한강신도시 분양 사업장이었다. 그곳에서 직접 분양 상담을 하며 현장의 소리를 들었다. 현장에서 길어올린 날것 그대로의 시그널을 들으며 '분양시장의 온도'를 체감했다. 그다음 근무지는 지방 도시인 충남의 당진시와 서산시였다. 차로 20분 거리밖에 안 되는 당진시와 서산시의 주택시장은 천지 차이였다. 단순히 네이버 지도로만 봤다면 알 수 없었을 지방 주택시장의 특성을 직접 몸으로 부딪치며 깨달았다. 컴퓨터 모니터의 데이터로만 알 수 없는 그 지역만의 주택시장 특성이 있는 것이다.

책에서 소개하는 데이터는 탁상용 혹은 현학적인 아카데미 데이터가 아니다. 분양 현장에서 길어올린 '현장'의 데이터이고, 빙하기 주택시장을 헤쳐나가며 발견한 절실함의 결실이다. 주택 사업은 그 특성상 수주 정보가 접수되더라도 빨라야 6개월 이후에나 분양이 가능하다. 즉 '시장 예측 실패=주택 사업(분양) 실패'인 것이다. 몇천억 하

빅데이터로 예측하는 대한민국 부동산의 미래

는 주택 사업의 성공·실패 여부는 몇 년 후가 아닌 분양 개시 후 수개월 내에 판가름 난다. 결국 건설사 마케터의 주택시장 예측은 생존의 문제인 것이다.

'아센펠터의 방정식'이라는 것이 있다.

아센펠터는 경제학자임에도 경험치로 무장한 와인 전문가들보다 더욱 정확히 품질을 예측하는 방정식을 만들어냈다. 와인에 대한 열정과 포도주 생산 현장으로부터 꾸준히 데이터를 제공받은 것이 방정식의 성공 요인이었다.

이 책에서 소개하는 데이터의 성격 역시 아센펠터의 와인 방정식과 다르지 않다. 나 역시 부동산을 전공하지 않았고, 부동산 경험이 풍부한 50, 60대에 비해 경험이 일천하다. 하지만 주택시장 빙하기를 이겨내고자 했던 열정이 있었고, 주택시장 한복판에서 현장의 데이터를 끊임없이 비교 검증했다. 아니, 할 수밖에 없었다는 표현이 정확할 것이다. 이것이 2만 시간 동안 현장에서 정제되고 검증된 아센펠터식 부동산 방정식이 탄생하게 된 배경이다.

주택시장 양극화를 심층 해부한 최초의 책

우리가 흔히 말하는 주택시장에는 지어진 아파트, 즉 재고주택시장만 있는 것이 아니다. 앞으로 지어질 아파트의 분양시장도 있다. 그러나 대부분의 부동산 서적은 재고주택만을 다룬다. '앞으로 00년 후에 오를 아파트 찾는 법' 같은 유의 책이 바로 그런 서적이다. 나는 분양시장 현업에 종사하는 사람으로서 많은 책들을 봐왔지만 분양 데이터를 본격적으로 다룬 책은 발견하지 못했다. 지난 3년간 아파트투유(www.apt2you.com)를 통해 청약한 전국의 청약자 수는 1,000만 명으로, 우리나라 인구 5분의 1가량이 분양시장에 관심을 가지고 있다. 이렇듯 분양시장에 대한 관심은 갈수록 높아지는데 여전히 재고주택시장만 다룬 책이 주류를 이루고 있다. 물론 금융 위기 이후 약 5년간은 재고주택시장의 흐름만 봐도 분양시장의 흐름을 유추할 수 있었다. 즉 집값이 떨어지면(오르면) 분양도 안 되는(잘되는) 것이 일반적인 시장의 순리였다. 그러나 지금은 다르다. 집값이 연간 3%나 하락해도 청약이 마감되고, 심지어 프리미엄이 붙는 분양시장이 꽤 존재한다. 재고주택시장과 분양시장의 본격적인 양극화가 시작된 것이다.

청약자 수 1,000만 명 시대, 그리고 세종시 가구 수의 10배가 넘는 2015~2017년의 130만 호 분양은 분양시장이 더 이상 변두리 시장이 아님을 말해준다. 따라서 이 책은 주택시장의 중심축이 되고 있는 분양시장과 기존 재고주택시장을 구분해서 해당 시장의 핵심 인과 지표를 짚어주고, 더 나아가 이들의 지역별 양극화를 다룬 최초의 책이다. 나는 이에 더하여 재고주택시장에서의 양극화, 즉 오래된 주택과 신축 주택 간의 양극화 원인과 그 수준을 다뤄볼 것이며, 같은 시도에 속해 있지만 서로 다른 양상을 보이는 하위 지역(시·군·구)을 하나하나 짚어봄으로써 지역별 양극화 수준과 그 원인을 다뤄볼 것이다.

내가 자꾸 '양극화'라는 단어를 써가며 그 중요성을 역설하는 것은 양극화가 주는 미덕 때문이다. 양극화를 정확히 이해하면 주택시장을 분류해서 볼 수 있는 균형적이고 입체적인 시각을 가질 수 있다. 재고주택시장과 분양시장의 작동 원리를 명확히 이해하는 사람, 신축 주택과 오래된 주택의 차별화된 흐름을 아는 사람, 같은 시도에 있더라도 그와 별개로 돌아가는 하위 시장이 있다는 것을 아는 사람은 그렇지 않은 사람에 비해 주택시장을 바라보는 통찰의 깊이가 다를 수밖에 없다.

2018년 변곡점의 주택시장, 답은 데이터에 있다

2018년 주택시장은 변곡점에 서 있다. 지난 4년간의 호황은 평균적인 주택 사이클에 비해 길었다. 주택 가격의 상승폭 역시 연 2~3%의 경제성장률에 비해 꽤 매력적인 편이었다. 그러나 2018년, 44만 호의 역대 최고 입주 물량이 기다리고 있다. 금리 인상도 시작되었다. 지방은 이미 2016년부터 둔화 혹은 하락세로 접어들고 있다.

주택 경기가 2008년 금융 위기 직후의 대세적 하락기 혹은 2015년의 대세적 상승기라면 데이터로 주택시장을 분석하는 일은 의미가 없을지도 모른다. 굳이 데이터란 현미경으로 보지 않더라도 엄청난 폭설 혹은 미세먼지가 없는 화창한 봄날은 직관의 눈으로도 확연히 구분되기 때문이다. 그러나 시장의 시그널이 뚜렷한 방향성을 보여주지 않을 때는 장기적 관점에서의 객관적인 위치 파악이 필요하다. 또한 수많은 사례로 검증된 객관적인 기준이 필요하다. 이것을 데이터가 해줄 수 있다. 데이터는 흔적을 남긴다. 과거의 시장 흐름과 현재의 흐름을 명료하게 보여준다. 데이터는 패턴을 보여준다. 우리나라 여러 시·군·구의 주택시장을 한데 모아보면 공급 과잉 수준과 주택 가격의 버블 수준이 보인다.

주택시장 혹은 주택시장 데이터에서 가장 중요한 변수 두 가지를 꼽으라면 공급량과 주택 순환주기이다. 이 책에서는 이 공급량과 주택 순환주기를 결합해서 만든 그래프를 꽤 많이 보게 될 것이다. 그리고 이 그래프는 지역 주택시장의 현재 그리고 적어도 2년 후의 미래를 직관적으로 보여줄 것이다.

공급량, 즉 입주 물량은 주택시장의 원인이 되는 변수이다. 입주 물량이 과거에 비해 많다면 공급 과잉으로 주택 경기가 하락할 것이다. 반대로 입주 물량이 적다면 공급 부족으로 주택 경기가 회복 혹은 상승할 것이다. 그러나 단지 입주 물량의 많고 적음으로만 주택시장을 다 설명할 수는 없는 노릇이다. 금리, 정부 정책, 심리, 거시 경기 등 다양한 요인들이 주택시장의 순환주기, 즉 사이클을 만들어내기 때문이다. 주택시장의 사이클이 하락에서 회복으로 반전할 때 1만 세대의 공급량도 마치 절반 수준인 5,000세대의 공급량인 양 시장에 흡수된다. 하남시에는 미사지구와 위례신도시가 조성되며 지난 4년 간 무려 3만 세대가 공급되었다. 하지만 대규모 공급에도 해당 지역은 주택 경기의 활황으로 입주시장에 프리미엄이 붙어 있다. 수도권의 주택시장이 활황이었기 때문에 3만 세대의 공급량도 시장에서 충분히 흡수할 수 있었던 것이다. 주택 사이클에 따라 같은 공급량이더라도 훨씬 많게 혹은 훨씬 적게 느껴질 수 있는 것이다.

이 책에서 소개하는 '입주 물량×주택 순환주기' 그래프는 바로 이러한 시장의 모습을 적나라하게 보여줌으로써 주택시장의 현재와 미래에 대한 '객관적 통찰'을 제공할 것이다. 따라서 입주 물량×주택 순환주기 그래프를 통해 주택시장 예측의 핵심 변수인 공급과 주택 순환주기 개념을 터득한다면 이 책에 투자한 비용이 전혀 아깝지 않을 것이다.

이 책에서는 공급량과 주택 순환주기 같은 주택시장의 핵심 데이터뿐 아니라 주택시장의 미래를 잘 설명해주는 경제, 정치, 인구, 교통, 심리 등 주택시장을 둘러싼 다양한 분야의 지표도 소개할 것이다. '저자의 경험에 따르면…' 같은 검증을 생략한 소개 대신 직접 해당 지표와 주택 지표와의 상관성을 일일이 검증함으로써 데이터를 다루는 책의 기본을 잃지 않으려고 했다. 데이터를 전달하는 방법 또한 기본적인 그래프뿐 아니라 최고의 케미를 보여주는 두 가지 데이터를 함께 표현한 '2×2 매트릭스'를 활용해 한눈에 부동산시장의 흐름을 볼 수 있도록 구성했다.

대한민국 주택시장의 현재 그리고 미래를 알려주는 검증된 데이터를 통해 2018년 변곡점에 선 주택시장을 명확히 진단해보자!

부동산시장 흐름의 본질은?

대한민국 부동산시장에는 강남만 있는 게 아니다. 부동산을 다룬 대부분의 책이 '강남(혹은 서울) 아파트 사는 게 정답!'이라고 끝을 맺는다. 강남의 아파트를 사라는 책들의 근거는 대부분 강남의 입지 파워를 그 근거로 든다. 그런데 강남의 입지 혹은 서울 역세권의 입지가 좋은지 몰라서 책을 사보는 것일까? 한 해에 적어도 전국 30곳 이상의 예비 사업장을 돌아다니는 경험에 비추어보면 입지 평가는 발품을 파는 게 최고다.

부동산에서 입지는 웬만해선 변하지 않는 불변의 요소다. 따라서 좋은 입지의 부동산을 취득하는 것은 리스크를 줄이기 위한 기본 중의 기본이다. 그러나 2008년 미국 금융 위기 당시 입지가 좋은 강남의 집값은 다른 지역보다 덜 떨어졌을까? 부동산114 REPS 통계에 따르면 2008년 강남의 집값 하락폭은 무려 −10%를 기록했다. 2008년에는 강남이 지금보다 입지가 안 좋아서 그랬던 것일까? 혹은 개발이 덜 되어서 그런 것일까? 그렇지 않다.

부동산에서 입지는 누구나 볼 수 있는 불변의 요소이다. 하지만 시장의 흐름에 따라 그 가치는 더 좋아 보이기도 하고 그 반대가 되기도 한다. 2008년의 강남, 2012년의 해운대는 서울과 부산에서 지역 평균 이상의 가격 하락폭을 기록했다. 2008년 대구 미분양이 2만 호로 정점을 찍었을 때 수성구에서만 5,000호의 미분양이 발생했다. 대구광역시 미분양 4채 중 1채는 '입지가 좋은' 수성구의 미분양이었다.

사람들은 생각보다 현재의 시장 국면에 충실하다. 현재의 상승장에서 입지가 좋은 곳을 선택하는 것은 너무도 자명한 일이다. 좋을 때 좋아 보이는 곳에 눈길이 가기 마련이다. 그러나 2018년 변곡점을 맞이한 주택시장에서는 눈으로, 발로, 혹은 인터넷으로 확인할 수 있는 입지 공부보다는 보이지 않는 시장의 흐름을 잡아내어 내 손안에 담아두는 것이 더욱 가치가 있을 것이다.

이 책은 데이터를 통해 오로지 시장의 흐름만을 다룬다. 이 책은 단순히 오르는 지역을 찍어주는 족집게 책이 아니다. 시장의 상승, 둔화, 하락, 회복 등 시장의 모든 희로애락을 담았다. 순수하게 시장의 모든 생애 주기를 다룸으로써 투자자뿐 아니라 주택시장을 읽는 힘을 기르고 싶은 모든 이들을 환영한다. 실제 이 책은 내가 대학생, 일반인, 사내 VIP, 건설업종 애널리스트 등 다양한 관심 계층을 대상으로 한 강의 내용을 엄선해 담아낸 것이다. 지역적 범위 또한 지방 도시의 시·군·구까지 다룸으로써 이 책을 집어든 독자가 자신이 살고 있는 바로 '그 지역'을 분석할 수 있게 도와준다. 더불어 주택뿐 아니라 국내 최초로 수익형 상품인 오피스텔과 상가의 빅데이터를 분석함으로써 전국 주요 도시의 수익형 부동산시장의 흐름도 낱낱이 살펴볼 것이다.

수도권과 지방 그리고 주택뿐 아니라 수익형 상품을 모두 다룬 이 책을 통해 독자 여러분이 데이터가 말하는 대한민국 부동산시장의 희로애락을 경험하길 바란다.

2018년 10월

조영광

차례

PART 1 데이터로 전망하는 대한민국 주택시장

청년 취업자(20~29세) 수의 증가와 주택시장의 관계 ┃ 경제정책 불확실성 지수로 본 주택시장

중산층의 가계부채 ┃ 입주 리스크

PART 2 　데이터로 쪼개 보는 전국 '시도별, 시·군·구' 주택시장

시도별 공급량 입체 분석: 시도별 '입주·분양' 예정 물량 ┃ 수도권의 공급 여건 정밀 진단: 2018년 서울과 경기권 시·군·구의 순공급 규모 ┃ 시도별 밸류에이션 분석: 중년주택의 가치 흐름

시·군·구 주택시장의 6대 선행지표 ┃ 반전 분양 스토리: 시장의 선행지표 적용 사례 ┃ 상위 지역을 대표하는 시·군·구와 독립적인 시·군·구 ┃ 지역 기반산업의 흥망성쇠를 활용한 주택시장 전망 ┃ 시·군·구 주택시장 전망에 대한 고찰

☑️ 책 속의 책

데이터는 변한다. 가장 최신의 부동산 데이터를 담으려고 노력했지만 이 책이 출판될 즈음이면 과거의 데이터가 돼 있을 가능성이 높다. 그러나 길게는 1990년대부터의 중장기 위주의 데이터를 다루었기 때문에 시장 전망의 '방향성'에서 큰 괴리를 보이지는 않을 것이다. 그럼에도 우리 동네의 주택시장을 '자기 손으로' 진단하는 것을 돕기 위해 몇 가지 도구를 마련했다. 이 책의 주요 기획 의도 가운데 하나인 진정한 부동산 DIY^Data is Yours, 즉 '남의 말에 휘둘리지 않고 자기 손으로 분석하는 부동산시장'의 취지를 최대한 살리기 위해 DIY 구현을 위한 도구 상자^Toolkit를 마련했다.

DIY 도구 상자 1 **데이터 활용 레시피**

이 책에 소개된 중요 부동산 데이터를 직접 요리할 수 있도록 데이터 활용 레시피를 관련 내용 사이사이에 수록했다. 소개된 데이터가 업데이트될 때마다 데이터 활용 레시피를 참고해서 부동산시장의 흐름을 스스로 판단할 수 있을 것이다.

DIY 도구 상자 2 주택시장을 '보고, 느끼고, 찾는' 책 속의 책

주택시장의 흐름을 손안에 담아둘 수 있도록 알짜배기 정보를 모아둔 〈책 속의 책〉을 준비했다.

미래를 보다

'입주 물량×주택 순환주기' 차트를 활용한 '전국 시도+하위 시·군·구'의 중장기 주택시장 전망(재고주택시장 VS 분양시장 별도 분석).

수도권

서울특별시	재고주택시장 2013년 4분기 저점 반등 이후 5년째 상승세를 이어가고 있으며 2018년 1분기 현재 '천장을 뚫은' 상황. 최근 강남뿐 아니라 서울 전역의 집값이 상승하며 '서울 쏠림' 현상이 그칠 줄 모르고 있다. 정부 규제가 서울 쏠림 현상을 강화시키며 그 진폭의 불확실성이 확대되고 있는 양상. 2008년과 같은 '급진적 외부 충격' 발생 시 '서울 쏠림' 현상은 리스크로 돌아올 수 있다.
	분양시장 재고주택시장과 동조하며 2018년 1분기 현재 22.7:1의 평균 청약 경쟁률 기록. 공급 부족이 지속되며 꾸준한 활황이 예상된다.

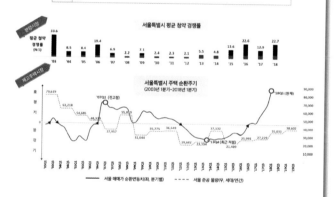

서울특별시 평균 청약 경쟁률

서울특별시 주택 순환주기
(2003년 1분기~2018년 1분기)

서울특별시와 하위 지역 간의 상관성 분석

대표 도시(높은 상관성) ◄ 상관성 ► 독립 도시(낮은 상관성)

서초구 (0.95)*	송파구 (0.94)	마포구 (0.91)	성동구 (0.91)	영등포구 (0.90)	강남구 (0.90)		중랑구 (0.49)	금천구 (0.48)		성북구 (0.11)

* 괄호 안의 수치는 서울특별시 평균과 하위 지역 간의 최근 3년(2015~2017년) 분기별 가격 변동률의 상관계수이다. 상관계수가 1에 가까울수록 서울의 시장 흐름을 대표하는 도시, 0에 가까울수록 서울의 시장 흐름과 독립적인 도시이다.

집단 지성을 활용하다

소셜 빅데이터 키워드 분석을 통한 대한민국 주택시장의 핵심 트렌드 분석.

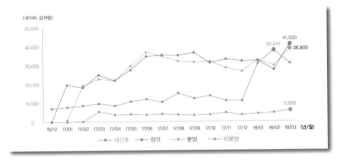

남이 모르는 정보를 찾다

_주택시장·경제 동향 사이트

_미분양 단지 공개 사이트

_도시 정비·도시 기본 계획 사이트

즐겨찾기 해놓고 싶은 주택시장과 경제 동향 사이트

구 분	URL	제목	주요 제공정보
주택시장	http://land.seoul.go.kr/land/index.jsp?sigunguCd=11000&admin=	서울부동산정보광장	서울 부동산 실거래가, 분양 정보, 시세 정보 제공.
주택시장	http://planning.seoul.go.kr/front/main.act	서울시 생활권계획	서울시 생활권 계획에 대한 세부 정보 제공.
주택시장	http://upis.go.kr/upispweb/statsmgmt/viewListdown.do	도시계획정보서비스	도시계획, 즉 땅에 관련된 개발 계획의 모든 정보뿐 아니라 도시인구 비율 등 인구통계 자료도 얻을 수 있다.
주택시장	http://www.khug.or.kr/index.jsp?mainType=housta	주택도시보증공사의 '주택정보포털'	지역별 신규 분양 세대수, 민간아파트 분양가 등 신규 분양 데이터 외에 주택 관련 다양한 통계 제공.

PART별 골라 보기

이 책은 총 4개의 파트로 구성되어 있다.

PART 1에서는 대한민국의 전체 주택시장을 바라본다. 과거부터 현재까지 우리나라 주택시장의 흐름을 읽는 데 도움이 되는 지표를 소개한다. 더불어 주택시장에 직간접으로 영향을 미치는 인구, 경제, 정치, 교통 개발 등 다양한 분야의 데이터를 소개함으로써 주택시장을 바라보는 '종합적인 시각'을 가질 수 있다. 평소 시사·교양 분야에 관심 있는 독자는 이 부분을 먼저 읽어볼 것을 권한다.

PART 2에서는 지역별 주택시장을 시도 단위, 그리고 더 나아가 시·군·구 단위로 세밀히 살펴본다. 주택시장 분석에서 가장 중요한 '수급 전망', 그리고 '주택가격 평가'의 사례를 소개한다. 현장에서 축적한 실전용 데이터를 적용한 실제 분양 스토리도 담겨 있다. 주택 데이터를 활용한 '실전 플레이'에 구미가 당기는 독자는 이 부분을 먼저 읽어볼 것을 권한다.

PART 3는 데이터를 바탕으로 쓴 일종의 주택시장 에세이라고 할 수 있다. 순서에 상관없이 관심 키워드 중심으로 읽어가다보면 어느새 대한민국 주택시장의 이슈에 바짝 다가서 있는 자신을 발견하게 될 것이다.

PART 4는 빅데이터로 보는 '수익형 부동산시장'이다. 국내 최초로 오피스텔과 상가 시장을 빅데이터로 다루었다. 데이터가 말해주는 주요 도시의 오피스텔 수요와 상권 흐름은 수익형 부동산에 관심 있는 독자들에게 신선한 통찰을 안겨줄 것이다.

PART 1
데이터로 전망하는
대한민국 주택시장

대한민국 주택시장의
미래를 얻기 위해
어떤 데이터를 봐야 하나요?

키워드 추천 👍
2018년 이후 주택 가격 상승 VS 하락 요인, 입주 전망, 주택 사이클, 인구밀도, 경제, 정치, 교통 개발, 주택시장 리스크

PART 2
데이터로 쪼개 보는
전국 '시도별, 시·군·구' 주택시장

내가 살고 있는 지역의
주택시장 미래를 알기 위해
어떤 데이터를 봐야 하나요?

키워드 추천 👍
시도별 입주 및 분양 전망, 주택 가격, 밸류에이션, 시·군·구 주택시장 6대 선행지표, 데이터 분양 스토리, 지역 경기와 주택시장, 우리 시도를 대표하는 지역과 독립적인 지역

PART 3
알아두면 쓸모 있는 건설사 직원의
주택시장 데이터 에세이

데이터 소품집으로 본
주택시장 주요 이슈
팩트 체크!

키워드 추천 👍
강남 부동산, 제주 부동산, 대박 분양 현장 찾기, 택지의 생애 주기, 주택 심리 지표, 금리와 부동산

PART 4
빅데이터로 읽는
오피스텔과 상권의 흐름

전국 80개 도시 오피스텔,
142개 주요 상권
국내 최초 빅데이터 분석!

키워드 추천 👍
오피스텔 시장 3대 선행지표, 서울과 수도권, 지방 대도시 오피스텔별 수요 분석, 전국 142개 주요 상권 데이터 정밀 진단

일러두기

☑ 아파트(주택) 시장 내비게이션

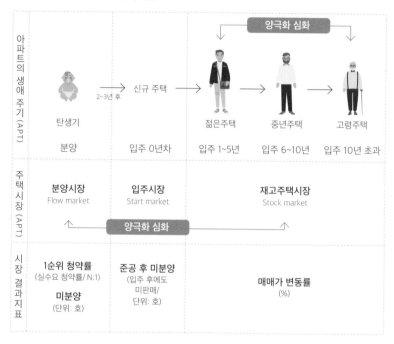

아파트의 생애 주기 (APT)	탄생기 분양	2~3년 후 →	신규 주택 → 입주 0년차	젊은주택 입주 1~5년	중년주택 입주 6~10년	고령주택 입주 10년 초과
주택 시장 (APT)	분양시장 Flow market		입주시장 Start market	재고주택시장 Stock market		
시장 결과 지표	1순위 청약률 (실수요 청약률/ N:1) 미분양 (단위: 호)		준공 후 미분양 (입주 후에도 미판매/ 단위: 호)	매매가 변동률 (%)		

(양극화 심화 — 젊은주택 ↔ 고령주택)

(양극화 심화 — 분양시장 ↔ 재고주택시장)

☑ 지역 분류

수도권: 서울, 경기, 인천
5대 광역시: 부산, 대구, 대전, 광주, 울산
통합시: 창원시, 청주시
기타 지방: 5대 광역시와 통합시를 제외한 지방

☑ 용어 및 데이터 출처

· 이 책에서 사용하는 '주택'은 '아파트'를 가리킨다(ex 주택시장→아파트 시장, 주택
가격 변동률→아파트 가격 변동률).
· 이 책에서 사용하는 가격 및 공급 데이터는 시·군·구별 분석이 용이한 부동산114
REPS 데이터를 참고했다.
· 데이터에 주요한 변동이 생긴 경우에는 각주를 통해 보충 설명을 달았다.

데이터로 전망하는
대한민국 주택시장

PART 1에서는 우리나라 주택시장의 거시적인 흐름을 전망하기 위한 데이터를 소개한다. 해당 데이터들은 지난 8년간 주택시장을 예측하면서 전국 평균의 흐름을 잘 설명해주는 데이터들로 선별한 것이다. 선별된 데이터들은 '가격, 수급' 같은 전통적인 주택시장 데이터뿐만 아니라 '인구, 교통 개발, 경제 동향 그리고 경제정책 같은 거시 데이터를 망라한다. 물론 해당 데이터가 우리나라 주택시장의 중장기 흐름을 얼마나 잘 설명하는지는 검증 과정을 거칠 것이며, 그 최근 동향을 살펴봄으로써 우리나라 주택시장의 미래 흐름을 진단한다.

데이터로 전망하는 대한민국 주택시장

대한민국
주택시장 핵심 모멘텀

주택 가격 상승 모멘텀　　　주택 가격 하락 노멘텀

핵심 데이터로 주택시장 전망하기	거시 데이터로 본 주택시장
• 재고주택시장 전망하기 • 분양시장 전망하기	• 인구구조로 본 주택시장 • 교통 개발로 본 주택시장 • 경제 동향과 경제정책으로 　본 주택시장

대한민국 주택시장의 2대 리스크 진단 : 가계부채, 입주 리스크

1장

대한민국 주택시장의
핵심 모멘텀

주택 가격의 상승 모멘텀

주택 고령화

우리나라 주택시장에서 적어도 향후 5년간은 '인구 고령화'보다 '주택 고령화'가 더욱 중요한 키워드가 될 것이다. 인구 고령화에 따른 주택 수요 감소는 비록 틀린 말은 아니지만 그것이 수면 위로 드러날 시점은 향후 몇십 년 후의 일이다.

통계청 〈2015~2065 장래인구추계〉에 따르면, 2017년 기준으로 65세 이상 고령자의 비율은 13.8%이다. 그렇다면 우리나라 재고주택 가운데 완공된 지 10년이 넘은, 즉 '입주 10년' 초과의 고령주택 비중은 어느 정도일까?

2006년과 2017년의 고령주택 비중을 비교해보았다(〈그림 1〉). 2006년 고령주택의 비중은 50%로 전체 주택의 정확히 절반이었다.

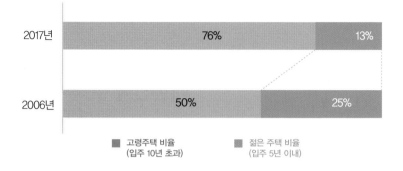

그림 1 고령주택과 젊은주택의 비중 변화(부동산114 REPS)

이후 고령주택의 비중은 계속 증가하여 2017년 현재 전체 주택의 76%가 고령주택인 상황에 이르렀다. 반면 입주 5년 이하의 '젊은주택' 비중은 2017년 현재 13% 수준으로, 아파트 10채 가운데 1채 정도만이 새 아파트이다. 우리나라 주택 재고의 48%*가 수도권에 있다는 사실을 고려하면, 수도권 대부분의 주택이 노후화되었다고 할 수 있다. 금융 위기 여파에 따른 수도권의 경기 불황으로, 2011~2013년의 입주 물량 공백이 그 원인이 된 것이다. 게다가 대규모 뉴타운 사업의 취소로 서울 주택의 노후화는 더욱 심해졌다. 경기도의 경우는 가용 면적이 서울에 비해 여유가 있고, 여기에 택지 공급으로 신규 아파트가 들어설 자리가 있었지만 서울은 그렇지 못했다.

이러한 주택 고령화의 심화는 젊은주택의 희소가치를 만들어내며, 젊은주택의 가격이 전체 주택의 가격 상승을 견인하는 흐름을 만

---

* 2017년 아파트 가구 수 기준(부동산114 REPS).

빅데이터로 예측하는 대한민국 부동산의 미래

들어냈다.

〈그림 2〉에서 보다시피 2001년 평당 평균 30만 원의 차이를 보이던 젊은주택과 고령주택의 가격은 주택 고령화의 심화로 2017년 현재, 평당 360만 원의 차이를 보이고 있다. 이를 34평 아파트 기준으로 환산하면 고령주택에 비해 젊은주택이 평균 1억 2,000만 원 더 비싸다는 결론이 나온다. 따라서 주택 고령화의 심화는 신규 분양가의 상승을 자연스레 허용하여, 덩달아 신규 분양이 발생한 인근의 고령주택 가격도 밀어올리는 피드백이 발생한다.

주택은 '비가역적인' 성격이 강하다. 즉 한 번 지으면 30년 정도는 그 자리에 있을 가능성이 높다. 신규 주택을 짓고 싶어도 노후 주택이 들어선 자리는 수십 년 이상 기다려야 한다. 게다가 우리나라는

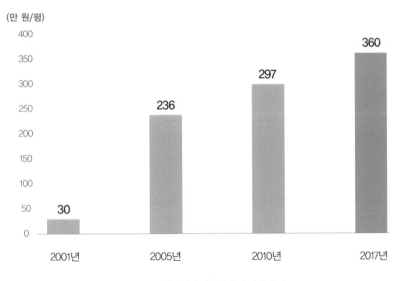

그림 2 고령주택과 젊은주택의 가격 차이

인구밀도가 높고,* 국토의 70%가 산지 지형이라 주택의 '원재료'가 되는 토지의 제약이 주택 고령화를 심화시키는 요인으로 작용한다.

2018년에는 역대 최다인 약 44만 호의 입주 물량이 예정되어 있다. 하지만 그것까지 젊은주택에 포함해서 계산하더라도 젊은주택의 비중은 전체 주택의 12%로, 크게 향상되기는 힘들다. 계속해서 고령 주택이 증가하기 때문이다. 게다가 2014년 9월부터 2017년까지 정부가 신규 택지 지정을 중단함으로써 젊은주택이 공급될 여지는 더욱 적어졌다. 따라서 적어도 향후 5년간은 주택 고령화에 따른 젊은주택의 희소가치가 주택 가격 상승의 강력한 모멘텀이 될 것이다.

부동산은 안전 자산이라는 학습 효과

우리나라 부자는 부동산에 대해 어떤 생각을 가지고 있을까? KB국민은행에서 발간한 〈2017 한국 부자 보고서〉에 따르면, 주식과 비슷한 수익률을 기대할 수 있는 동시에 손실 위험은 매우 낮은 자산으로 인식하고 있다(〈그림 3〉). 주식에 비해 로리스크-하이리턴Low risk-high return의 매력을 가진 자산으로 인정받고 있는 것이다.

그도 그럴 것이 최근 6년간(2012~2017년) 강남의 재건축 주택 가격은 연평균 7%의 상승률을 기록한 데 비해 코스피는 연평균 4%의 상승률(연말 종가 기준)을 보였다. 게다가 최근 급등한 2017년을 제외하면, 코스피 상승률은 연평균 0.4%에 불과한 박스피였다. 2013년의

---

* 우리나라의 인구밀도는 2017년 기준 513명/km²(세계 23위)으로, 미국(35명/km²)의 약 15배 수준이다(통계청).

빅데이터로 예측하는 대한민국 부동산의 미래

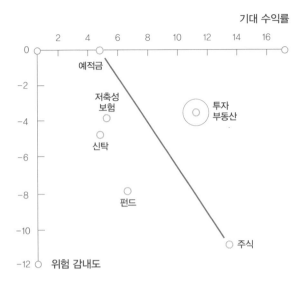

그림 3 한국 부자들의 자산별 수익률과 위험에 대한 인식

회복기 이후 2017년까지 전국적인 상승 흐름을 보였던 주택시장의 '호황의 추억'이 여전히 사람들의 기억 속에 남아 '부동산은 안전 자산'이라는 학습 효과를 각인시키고 있는 것이다. 평균적인 주택 사이클이 3년이라고 가정할 때, 2018년 초에도 여전히 폭발적인 가격 상승을 보이고 있는 서울의 주택시장은 그 끝을 알 수 없을 정도다.

평균 사이클보다 긴 호황을 맞이하고 있는 주택시장에 대해 2018년 현재, 사람들은 호황의 끝을 경계하고 있을까? 적어도 데이터는 '아니오'라고 말해주고 있다.

한국은행에서 매월 조사하는 주택 가격 전망 CSI(소비자동향지수)는 2018년 3월 기준 107포인트로, 기준치인 100보다 여전히 높은 수준이다. 주택 가격 전망 CSI는 향후 1년 후 주택 가격의 전망에 대한 심리를 나타내는 지표로, 여전히 사람들은 주택시장에 대해 긍정적인 기대를 가지고 있는 것으로 해석할 수 있다.

이렇듯 '기나긴 호황의 추억'이 여전히 부동산에 대한 굳건한 신앙을 만들어 '누구나 인정하는' 일부 지역의 가격을 올리고 있고, 금융 위기와 같은 외부 충격이 발생하지 않는 한 지속적으로 주택 가격의 상승을 부추기는 요인이 될 것이다. 그러나 이러한 긴 호황에 따른 기대 심리 강화는 그 후유증을 경계할 필요가 있다. 2008년 금융 위기를 예측한 로버트 쉴러는《비이성적 과열》에서 "새로운 시대"라는 용어를 언급했다. 지속되는 가격 상승의 반복되는 피드백이 마치 '새로운 시대'에 도달했다는 사고를 퍼뜨림으로써 향후 버블의 진원이 될 수 있다는 것이다.

현재 대한민국의 주택 가격 상승은 '부동산은 안전 자산'이라는 학습 효과가 중요한 모멘텀을 형성하고 있다. 그러나 2018년 현재 적어도 서울에서 계속되는 평균 이상의 호황 사이클, 그리고 금융 위기 같은 외부 충격의 가능성을 고려할 때, 이러한 '부동산 신앙'에 대한 맹목적인 응답이 급진적인 하락의 부메랑으로 돌아올 가능성을 완전히 배제할 수는 없는 상황이다.

주택 가격의 하락 모멘텀

가계부채

2017년 통계에 따르면, 아파트에 거주하는 가구는 소득의 1/3을 빚 갚는 데 사용한다. 좀 더 명확하게 표현하면, 2017년 현재 가처분소득* 대비 원리금(원금+이자) 상환액의 비중은 33%이다.

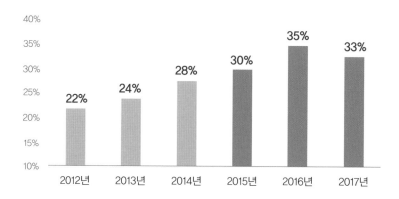

그림 4 아파트 거주자의 가처분소득 대비 원리금 상환 동향
(통계청, 〈2017 가계금융 · 복지조사〉)

이는 2016년 35%에서 소폭 감소한 수준이나 여전히 30% 이상이라는 점에서 가계부채 리스크를 걱정하지 않을 수 없다.** 게다가 금리정책 또한 한국은행이 6년 만에 기준금리를 인상하고(2017년), 올 3월에는 미국 FOMC(연방공개시장위원회)가 정책금리를 상향하는 등 본격적인 금리 상승으로 가계의 부채 부담은 더욱 커질 전망이다.*** 더욱이 2016년 이후 주택담보대출보다는 기타 대출이, 은행 대출보다는 비은

---

* 가구 소득 가운데 자유롭게 소비, 저축할 수 있는 소득을 말한다.

** "가구 소득 대비 주택 비용(원리금 등)이 30%를 초과하면 감당하기 어려운 수준이라고 할 수 있다."(미국 주택도시개발부)

*** FOMC는 6월에도 정책금리를 1.75%에서 2.00%로 상향했으며, 2018년 금리 인상 횟수도 기존 3회에서 4회로 조정했다.

행 대출의 증가율이 가팔라지며 싼 이자보다 비싼 이자의 대출이 증가하는 상황이다. 2017년 12월 비은행기관의 주택담보대출금리가 2016년 이후 다시 6% 수준에 도달하는 등(상호저축은행 기준 6.23%) 2018년은 본격적인 대출금리 상승과 그다지 개선되지 않은 가계부채 수준이 맞닥뜨리는 해가 될 것이다. 그렇다면, 가계소득 증가에 따른 원리금 상환 능력의 개선 가능성은 얼마나 될까?

애석하게도 2012년부터 2017년까지 가처분소득은 15% 증가한 반면 원리금 상환액은 무려 72% 증가했다(아파트 거주자 기준). 빚의 증가율이 마치 빛의 속도처럼 증가하고 있어서 소득 개선에 따른 원리금 상환 여력의 증대는 당분간 어려울 것으로 예상된다.

또한 2018년의 역대 가장 많은 입주 물량은 주택시장의 가장 큰 리스크로 작용할 것이다. 가장 많은 입주 물량이 공급된다는 말은 2015~2016년에 신규 분양을 받은 사람들의 '잔금대출'이 가장 많이 몰려 있다는 뜻이기 때문이다. 하지만 정부의 가계대출 강화*와 '가계주택'에 대한 국내 은행의 대출태도지수**가 여전히 낮은 수준이기 때문에, 수분양자들의 잔금대출은 수월하지 않을 것으로 예상된다(〈그림 5〉).

---

* 주택담보대출에 대한 신(新)DTI 도입(2018년 1월), 모든 가계대출에 대한 총체적인 상환 능력 비율(DSR) 시범 적용(2018년 3월) 등.

** 금융기관의 대출 태도를 나타내는 서베이 지표로, 대출태도지수가 양(+)이면 '완화'(적극적 대출)라고 응답한 금융기관의 수가 '강화'(소극적 대출)라고 응답한 금융기관의 수보다 많음을, 음(-)이면 그 반대를 의미한다.

빅데이터로 예측하는 대한민국 부동산의 미래

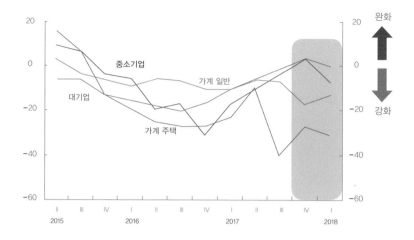

그림 5 국내 은행의 차주(借主)별 대출태도지수(2015년 2분기~2018년 1분기/한국은행)

정부 정책이 키우는 불확실성

'불확실성의 확대'. 정부의 부동산 정책에 대한 적어도 현재까지의 결과라고 볼 수 있다.

정부 정책에서 시장의 불확실성을 증폭시키는 것 중의 하나가 소위 '핀셋 규제'다. 정부가 세운 나름의 기준에 따라 가격이 오른 곳을 '콕 집어' 조정 지역이나 투기 지역으로 누르는 것이다. 그런데 문제는 가격 상승에는 '저마다의 이유'가 있다는 것이다. 정부의 우려대로 '①개발 호재에 따른 투기적 상승'이 원인일 수도 있고, 지역의 주택 노후가 너무 심해 ②주택 고령화에 따른 신규 주택 매수세가 원인일 수도 있다. 혹은 ③인접 지역의 주택 가격 상승으로 인한 '반 강제적' 유입 수요의 증가가 그 원인일 수도 있다. ①은 그렇다치고 ②, ③은 좀 억울한 경우이다. 원인에 대한 각기 다른 처방이 필요한 이유다. 단순히 가격 상승의 결과만 보고 같은 처방을 내려서는 안 된다.

정부의 투기 과열 지구(투기 지역) 및 조정 대상 지역의 선정 기준은 주로 '후행지표'인 가격 상승률 데이터에 의존한다. 하지만 보통 개발 정보를 미리 아는 사람들은 일반인이 아니라 부동산업자(혹은 기관 종사자)다. 그들이 미리 '올려놓은 가격'에 근거해서 해당 지역을 투기 지역으로 지정할 경우 결국 뒤따라오는 일반인들만 규제를 당한다는 것을 잊지 말아야 하는 이유다. 복잡계 이론을 다룬《불확실성을 경영하라》에서 저자 최희갑은 '개입의 일상화로 인한 정책의 불확실성 증폭'을 지적한다. 그는 "정부 정책은 항상 과학이라기보다는 예술에 가까웠다"고 언급하며, 정부는 복잡한 시장경제의 변수를 완전히 파악할 수 없음에도 계속해서 기준을 수정함으로써 시장의 불확실성을 키우고, 결국 전혀 예상치 못한 문제를 야기한다고 지적한다. 지금의 부동산 정책이 이와 비슷한 양상을 보인다.

2018년 정부는 계속해서 규제 일변도의 시그널을 보내고 있다. 그러나 여전히 시장은 그와 반대로 반응하고 있다. 2018년 3월 분양한 개포동의 한 재건축 단지의 분양가는 평균 17억 원이었다. 정부 규제로 10억 원이 넘는 돈을 자체 조달해야 함에도 3만 건의 청약이 몰렸다. 대출 규제 강화로 오히려 '있는 사람만' 강남에 거주할 수 있는, 장벽이 더욱 견고해진 것이다.

앞으로 정부의 핀셋 규제 주기가 빨라지고 그 대상이 확대될수록, 유동성 쏠림 강화로 지방 시장의 소외와 시장 혼선이 가중되어 주택 경기의 하락 가능성은 더욱 커질 것이다.

주택 가격의 상승 모멘텀 VS 하락 모멘텀

　지금까지 살펴본 주택 가격의 핵심 모멘텀을 중심으로 향후 주택 가격의 상승 VS 하락 요인을 도식으로 정리하면 〈그림 6〉과 같다.

　먼저 중장기 주택 가격에 영향을 줄 요인으로 주택 고령화와 정부의 부동산 규제가 맞서고 있다. 본격적인 부동산 정책 시행 이후 오히려 투기 지역 등 규제 지역 위주로 가격이 상승하고 있다. 부동산 억제 정책에 따른 재개발, 재건축 사업 지연으로 전국에서 가장 인구 밀도가 높은 서울의 주택 공급은 더욱 더뎌지고 있다. 게다가 수도권의 대규모 택지 공급 중단이 겹쳐 주택 고령화의 가속화는 어쩔 수 없

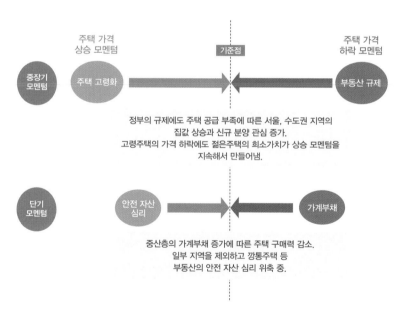

그림 6　향후 주택 가격의 상승 VS 하락 모멘텀

는 중장기 트렌드가 될 것이다. 그러므로 주택 고령화가 만들어내는 신규 주택의 희소가치는 시장 흐름에 상관없이 주택 가격을 상승시키는 구조적인 요인으로 작용할 것이다.

단기 주택 가격에 영향을 줄 요인으로는 안전 자산 심리와 가계 부채가 맞서고 있다. 지난 4년간 주택 경기가 호조세를 보이며 부동산 신앙이 전국적으로 번졌다. 하지만 앞으로는 중산층의 가계대출 여건이 악화되며 고소득 가구에 국한해서 부동산 신앙이 유지될 것으로 보인다. 전체의 70%*에 달하는 중산층 가구의 대출 여건 악화는 빚으로 집을 사는 우리나라의 가계 여건상 주택의 가격 둔화 혹은 하락의 주원인이 될 것이다. 이를 요약하면 다음과 같다.

주택 가격의 상승 모멘텀: 학습 효과(단기), 주택 고령화(장기)
주택 가격의 하락 모멘텀: 가계부채(단기), 정부 정책(장기)

현재까지는 상승 모멘텀이 더 강하게 작용하고 있다. 그러나 가계부채, 정부 정책의 영향력에 따라 향후 주택시장이 급변할 수 있다는 점도 유념해두어야 한다.

---

* 현대경제연구원, 〈우리나라 중산층 삶의 질 변화〉(2015년).

빅데이터로 예측하는 대한민국 부동산의 미래

매매가 변동률은 '동행 혹은 후행지표'
예측을 위해서는 매매가의 장기 추세를 보라!

건설사에서 수주 정보를 접수하고 사업을 검토하면, 당장 사업을 수주한다 하더라도 적어도 6개월 후에나 분양을 한다. 따라서 시장 예측을 위해 시장의 '선행지표'에 집중할 수밖에 없다. 아무리 현재 상황이 좋다고 하더라도 그 시점이 고점이라면 상당히 위험한 의사 결정이 이루어질 수 있기 때문이다. 따라서 나 역시도 '최근 00지역이 몇 퍼센트 올랐다'고 하는 매매가 상승률은 어느 시점부터 '참고'만 했다(오히려 최근 몇 분기 연속 상승률이 높았다면 반대로 이것이 고점 시그널이 아닌가 의심하는 것이 합리적일 수 있다).

동행 혹은 후행지표에 가까운 매매가 변동률을 대체할 선행 시그널을 찾기 위해 몇십 개의 논문과 보고서를 뒤져본 뒤, 우연히 '매매가 순환변동치'라는 개념을 발견했다. 이것은 어느 지역 매매가의 장기 추세를 구해 현재 매매가가 장기 추세 가격을 상회(하회)하는지 판단하는 것이다.* 즉 장기적인 관점에서 현재 평당가 수준이 매우 높은지(고점), 점차 높아지는지(회복), 반대로 매우 낮은지(저점), 점차 낮아지는지(하락)를 파악하는 것이다. 주택시장의 흐름을 알 수 있는 데이터는 거래량, 구매 심리 등 여러 가지가 있지만 결국에는 매매가가 그 지역의 주택 경기를 최종적으로 반영한다. 따라서 주택 매매가의 순환변동치를 연결하면 그 지역의 중장기 주택 경기를 설명해주는 '매매가 순환주기 그래프'(이하 '주택 순환주기')를 그릴 수 있다. 이를 통해 현재 관심 지역이 상승(하락), 회복(둔화)인지 판단할 수 있다(〈그림 1〉). 다만 일반 독자들이 순환변동치를 추출하기 위해 장기 추세를 구하는 일은 쉽지 않기 때문에 이 책의 말미 〈책 속의 책〉에 2018년 1분기까지의 최신 버전 '전국 시도별 주택 순환주기 그래프'를 그려놓았으니 참고하기 바란다.

주택 순환주기란 말 그대로 주택 경기의 '순환'에 초점을 둔 것이다. 다소 어려운 개념이지만 시장 예측을 위한 데이터 가운데 첫 번째로 소개하는 데는 이유가 있다. 〈그림 2-1〉과 〈그림 2-2〉는 주택 순환주기의 위력을 잘 보여주는 비교 사례이다.

몇 년 전까지만 해도 분양권 프리미엄이 2,000~3,000만 원은 기본이었던 곳이 동탄2신도시이다. 하지만 최근 동탄2신도시의 분양시

---

* 현재 매매가 장기 추세를 상회(하회)하면 매매가 순환변동치는 0보다 크다(작다)는 의미이다. 간단히 말해 매매가 순환변동치가 0보다 크면(작으면) 호황(불황)이라고 판단할 수 있다.

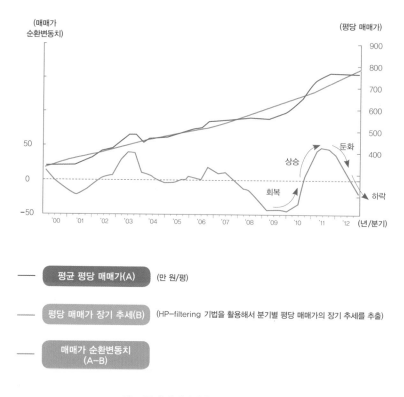

(매매가
순환변동치)   (평당 매매가)

50

0

-50

'00 '01 '02 '03 '04 '05 '06 '07 '08 '09 '10 '11 '12 (년/분기)

상승   둔화

회복   하락

─── 평균 평당 매매가(A) (만 원/평)

─── 평당 매매가 장기 추세(B) (HP-filtering 기법을 활용해서 분기별 평당 매매가의 장기 추세를 추출)

─── 매매가 순환변동치
     (A-B)

그림 1 주택 매매가 순환변동치의 기본 개념

장은 썩 좋지 않은데, 마이너스 프리미엄이 형성된 곳까지 있다. 그렇다면 동탄2신도시 주택시장의 분기점은 언제였을까?

〈그림 2-1〉은 동탄2신도시가 있는 화성시의 매매가 추이를 보여준다. 단순히 매매가 추이로 봤을 때 2017년의 가격 추세는 그리 나빠 보이지 않는다. 그러나 화성시의 주택 순환주기 그래프(〈그림 2-2〉)를 보면 '직관적으로' 2016년 4분기를 정점으로 2017년에는 본격적인 하락세에 접어들었음을 알 수 있다. 이처럼 주택 순환주기의 매력

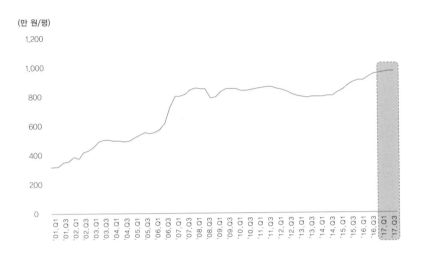

그림 2-1 화성시 매매가 추이(2001년 1분기~2017년 4분기)

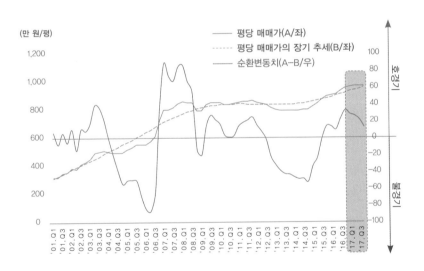

그림 2-2 화성시 중장기 주택 순환주기(2001년 1분기~2017년 4분기)

은 주택 사이클의 확인을 통해 장기적인 관점에서 주택시장을 전망할 수 있다는 것이다.

존경받는 가치투자자인 하워드 막스는 《투자에 대한 생각》에서 중요한 투자 원칙으로 '우리가 어디에 있는지 파악하라'고 조언한다. 그는 투자에서 '시장 주기'의 중요성을 강조하며, "우리가 어디로 가고 있는지 알 수 없어도, 우리가 지금 어디에 있는지는 잘 알고 있어야 한다", "우리가 주기의 어디쯤 있는지만 알아도 미래에 일어날 일에 대한 통찰을 얻을 수 있다"고 역설했다.

주택 순환주기가 꼭 그와 같다. 매매가 변동률은 중장기 흐름에서 지금 주택시장의 위치가 어디쯤인지 말해주지 않는다. 그러나 주택 순환주기 그래프를 활용하면, 현재 주택시장이 '호경기의 어디쯤'인지 혹은 '불경기의 어디쯤'인지 알 수 있다. 현재의 위치를 과거와 비교해봄으로써 미래를 전망하는 것이다.

주택 순환주기와 함께 보면 더욱 좋은 지표가 있다. 바로 '입주 물량' 데이터이다. 입주 물량은 어느 지역 주택 경기(순환주기)의 원인을 설명해준다. 다시 말해, 입주 물량이 증가하면 주택 경기가 하락하고, 입주 물량이 감소하면 수급 개선으로 주택 경기의 회복 시그널이 될 수 있다. 그런 이유로 나는 어느 지역의 중장기 전망을 할 때면 언제나 그 지역의 주택 순환주기와 입주 물량을 함께 살펴본다. 원인과 결과의 패턴을 추적함으로써 좀 더 쉽게 주택 경기에 대한 전망을 할 수 있기 때문이다. 게다가 입주 물량은 향후 2년 치 물량이 확정되어 있기 때문에 적어도 2년 후의 주택 경기를 전망할 때 가장 유용한 원인 지표로 사용할 수 있다.

〈그림 3〉은 2000년부터 현재까지 전국 평균 매매가의 분기별 순환변동치를 이어서 그린 주택 순환주기이다. 앞서 언급했던 전국의 연간 입주 물량도 함께 그려져 있다.

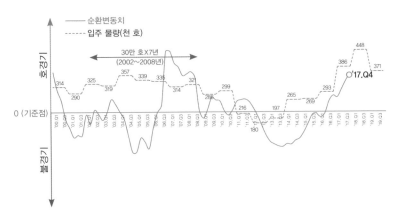

그림 3 전국 주택 순환주기와 입주 물량

먼저 주택 순환주기의 흐름을 살펴보면, 2017년 4분기 현재 매매가 순환변동치는 금융 위기 이전 수준(2008년 1분기)*에 다다르고 있다. 즉 시장 진폭이 거의 전고점 수준까지 확장되었다는 이야기다. 또한 최근의 주택 순환주기 흐름을 되짚어보면, 전국의 주택 경기는 2013년 3분기 저점 이후 4년 내내 상승세에 있었음을 알 수 있다. 어느 정도 호황기 말미에 와 있다는 이야기다. 실물 경기를 살펴봐도 경기도의 주택 가격 상승률이 강보합세에 접어들고 있다. 그럼에도

---

* '리먼브라더스 파산일'(2008년 9월 15일)을 본격적인 금융 위기로 가정.

2017년 주택 경기의 꾸준한 상승 원인은 '강남 열풍 혹은 강남 독주'에 따른 착시현상이라고 볼 수 있다. 마침 2018년 역대 최고인 44만 호의 입주 물량이 예정되어, 서울을 제외하면 2018년 이후에는 이전과 같은 주택 가격의 상승을 기대하기 힘들다는 것을 알 수 있다.

그러면 이쯤에서 2018년 이후에는 '과연 2008년과 같은 폭락이 일어날까?'라는 질문을 던질 수 있다.

결론부터 말하면 '아니오'다. 그 이유 중의 하나는 '과거 3년간의 입주 물량 공백기'(2011~2013년)를 고려해야 한다는 것이다. 2018년의 입주 물량 44만 호가 역대급이긴 하지만, 2008년 금융 위기 전의 상황을 살펴보면 무려 7년 연속 30만 호 이상의 입주 물량 공급이 있었다. 그러나 2009~2016년 8년간 30만 호를 초과한 입주 물량은 한 번도 없었으며, 2011~2013년에는 18~21만 호의 역대 최저 수준의 공급이 이루어졌다. 따라서 근래의 입주 물량을 누적해서 봤을 때, 둔화 가능성은 있지만 급격한 충격 가능성은 낮다고 할 수 있다.

또 다른 이유로는 70%에 달하는 전세가율을 들 수 있다. 전세가율은 매매가에서 전세가가 차지하는 비율을 의미하는데, 예를 들어 서울시 00구의 34평 매매가가 8억 원일 때 전세가가 6억 원이면, 이 지역의 전세가율은 '6억 원/8억 원=75%'이다.

전세가율은 실수요의 '전세→매매' 전환 압력을 의미하는 것으로, 전세가율이 높다는 것은 기본적으로 그 지역에 '살고 싶은' 수요가 많다는 것을 의미한다. 어느 지역의 전세가율이 상승하여 매매가와 전세가가 별 차이가 없으면 차라리 매수하겠다는 심리가 강해져 전세에서 매수로 전환될 가능성이 높다. 즉 전세가율의 상승은 전세→매매 전환 가구가 증가한다는 의미로, 매매가 상승의 선행 시그널이다. 따라서 전세가율은 내가 주택 순환주기만큼이나 중요하게 생각하는 주택시장의 선행지표이다. 물론 부동산에 관심 있는 사람이라면 '그 정도는 누구나 다 아는 상식 아니야?'라고 생각할 수도 있다. 하지만 주택시장이 불황이던 2012년에는 이런 생각을 가진 사람이 많지 않았다.* 실제로 2011년에 한 유명 경제연구소는 보고서에서 전세가율이 높다는 것은 '매수 기피 심리'의 결과로 보는 것이 더 정확하다는 결론을 내리기도 했다.

금융 위기 이전의 전국 평균 전세가율은 40~50% 수준에 불과했다. 그만큼 실수요 전환 압력이 크지 않았고, 매매가에서 전세가가 차지하는 비중이 낮았기 때문에 주택 가격이 하락하면 집주인의 자금 압박 충격이 클 수밖에 없었다. 전세 보증금은 실질적으로 집주인의 사금융이고, 주택 매수 자금의 큰 자금줄이기 때문이다. 예를 들어 5억 원짜리 아파트의 전세가가 2억 원일 때와 4억 원일 때 매수자의 실제 투자금(매수 금액)은 천지차이일 수밖에 없다.

2018년 들어 입주 물량 증가로 전세가율이 하락하긴 했지만 여전히 70% 이상의 전세가율을 유지하고 있다.** 매매 전환 압력이 여

---

* 나는 2012년 우량 분양 사업장을 선정하기 위해 전국 150개 분양 단지의 평균 청약률을 기초로 높은 청약률을 기록한 지역의 시장 데이터를 분석했다. 그 결과, 전세가율이 높을수록 신규 분양시장도 호황일 가능성이 높다는 상관성을 발견했다. 이후로 나는 전국 시·군·구의 전세가율 지표를 활용한 '유망 분양시장 선정' 예측 알고리즘을 유용하게 활용하고 있다

** 2016년 74%까지 상승했던 전세가율은 2018년 초 70% 수준으로 하락했다(전국 평균). 하지만 전국에서 가장 많은 재고주택이 있는 경기도(재고 아파트 약 260만 호)는 2018년 3월 현재 평균 75% 수준이다.

빅데이터로 예측하는 대한민국 부동산의 미래

전히 나쁘지 않은 수준이며, 매수자의 자금 부담 또한 금융 위기 때에 비해 양호한 수준이라고 할 수 있다. 게다가 주택담보대출금리는 2008년 7% 수준에서 2018년 2월 현재 3.46%***로 금융 위기 때의 절반 수준이다. 물론 최근 금리가 상승하고 있지만 이전과는 자금 부담의 절대적 수준이 다른 것이다.

그럼에도 언론에서는 2018년 44만 호의 입주 물량에 대한 공포심을 조장하고 있다. 단순히 2018년의 입주 물량만 따진다면 그럴 수도 있다. 그러나 앞서 살펴봤듯이 2000년부터의 장기적인 흐름을 정확히 따져본다면 다른 결론을 내릴 수 있다. 2011~2013년의 입주 물량 공백 그리고 금융 위기 때에 비해 절반 수준의 이자 부담은 주택시장의 급진적 하락을 막아주는 완충장치가 될 것이다.

*** 한국은행 주택담보대출 가중 평균 금리(신규 취급액 기준).

데이터 활용 레시피

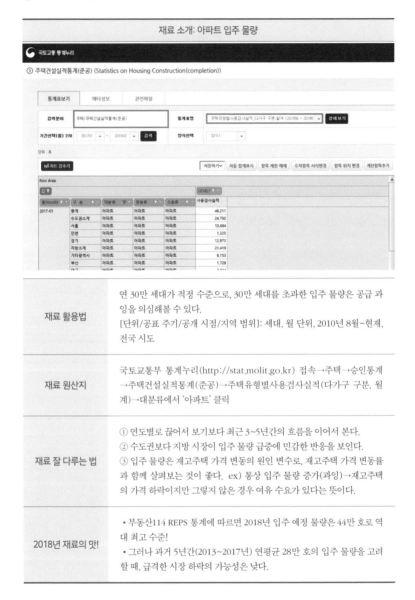

재료 활용법	연 30만 세대가 적정 수준으로, 30만 세대를 초과한 입주 물량은 공급 과잉을 의심해볼 수 있다. [단위/공표 주기/공개 시점/지역 범위]: 세대, 월 단위, 2010년 8월~현재, 전국 시도
재료 원산지	국토교통부 통계누리(http://stat.molit.go.kr) 접속→주택→승인통계→주택건설실적통계(준공)→주택유형별사용검사실적(다가구 구분, 월계)→대분류에서 '아파트' 클릭
재료 잘 다루는 법	① 연도별로 끊어서 보기보다 최근 3~5년간의 흐름을 이어서 본다. ② 수도권보다 지방 시장이 입주 물량 급증에 민감한 반응을 보인다. ③ 입주 물량은 재고주택 가격 변동의 원인 변수로, 재고주택 가격 변동률과 함께 살펴보는 것이 좋다. ex) 통상 입주 물량 증가(과잉)→재고주택의 가격 하락이지만 그렇지 않은 경우 여유 수요가 있다는 뜻이다.
2018년 재료의 맛!	• 부동산114 REPS 통계에 따르면 2018년 입주 예정 물량은 44만 호로 역대 최고 수준! • 그러나 과거 5년간(2013~2017년) 연평균 28만 호의 입주 물량을 고려할 때, 급격한 시장 하락의 가능성은 낮다.

한국감정원 **평균가격(아파트)**

• 지역: 전체 ▼ • 검색기간: 2017년 ▼ 07월 ▼ ~ 2018년 ▼ 06월 ▼ 확인

지역				'17.07	'17.08	'17.09
전국				74.6	74.4	74.4
수도권				74.2	74.0	74.0
지방권				74.9	74.8	74.8
6대광역시				74.5	74.4	74.3
5대광역시				74.5	74.4	74.4
9개도				75.9	75.8	75.8
8개도				75.7	75.7	75.7
서울				71.0	70.8	70.9
	강북지역			73.7	73.5	73.5
		도심권		66.4	66.1	66.1
			종로구	72.6	72.5	72.5
			중구	73.8	73.6	73.8

재료 활용법	전세가율이 70% 이상인 경우 '전세→매매' 전환을 위한 실수요 압력은 양호한 수준이다. [단위/공표 주기/공개 시점/지역 범위]: %, 월 단위, 2012년 1월~현재, 전국 시·군·구
재료 원산지	한국감정원 통계사이트(http://www.r-one.co.kr/rone) 접속→부동산통계→전국주택가격동향조사→월간동향→아파트→매매가격 대비 전세가격→평균가격
재료 잘 다루는 법	① 전세가율 70% 이상 시 양호, 80% 이상 시 우수한 실수요 압력. ② 전세가율 3개월 연속 하락 시 실수요 부족에 따른 주택시장의 하락 가능성이 있다. ③ 신도시 입주 초기, 입주 물량 집중으로 전세가율은 50%까지 하락 가능. 그러나 입주 6개월 내 65% 미달 시에는 장기 침체 가능성도 있다. ④ 개별 아파트의 매매·전세 시세 확인을 통해 실물 시장의 전세가율 확인 가능(KB부동산, 네이버 부동산, 다음 부동산 등 참고).
2018년 재료의 맛!	• 지난 1년간 전국의 전세가율은 꾸준히 74% 안팎의 수준을 유지. 2018년 1~3월 역시 74% 수준을 유지하며 실수요 압력은 양호한 수준. • 강남은 전세가율이 65%까지 하락했으나 이는 전세가 상승 속도에 비해 매매가 상승 속도가 가팔랐기 때문이다.

3장

신규 분양시장 전망

적정 미분양 분석

'재고주택시장'과 '분양시장'의 양극화

　흔히 주택시장이라고 부르는 재고주택시장의 흐름을 진단하는 법과 향후 전망을 살펴보았다. 이번에는 분양시장의 흐름을 진단하는 법과 향후 전망에 대해 살펴보자. 굳이 주택시장을 재고주택시장과 분양시장으로 분류해서 설명하는 것은 최근 두 시장 간의 양극화가 심화되고 있기 때문이다. 2010~2013년의 주택시장 암흑기만 해도 재고주택 가격이 하락하면 여지없이 분양시장도 얼어붙어 미분양이 증가했다. 그러나 최근의 경향을 면밀히 살펴보면 주택 가격이 하락해도 분양이 잘되는 지역이 점차 증가하는 것을 알 수 있다.

　2016년, 지방 시장에 변곡점 조짐이 보이고, 일부 지역의 주택 가격이 떨어지고 있었다. 내가 분양성을 검토한 사업장 역시 주택 가격이 하락하는 지방 시장이었다. 더 이상 볼 것도 없다고 생각해서 해당 사업의 추진이 어렵다는 결론을 내렸다. 그러나 몇 개월 후, 다른 건설사에서 분양한 해당 사업장은 1순위가 마감되며 보란 듯이 며칠 만에 판매가 완료되었다. 게다가 이런 현상이 그 사업장뿐 아니라 다른 지방 도시에서도 계속 발견되었다. 재고주택의 결과지표인 매매가는 떨어지는데, 분양시장의 결과지표인 청약률은 높게 나오는 양극화 현상이 계속해서 눈에 띈 것이다. 이에 2016년, 이러한 현상을 데이터로 진단해보기로 하고 전국 지방 도시의 매매가 변동률과 청약률을 한눈에 파악할 수 있는 '매매가×청약률의 2×2 매트릭스'를 구상했다.

'매매가×청약률 매트릭스'의 구조

재고주택시장의 결과지표인 '매매가 변동률'과 분양시장의 결과지표인 '청약률'을 활용한 매매가×청약률 매트릭스를 활용하면 매매가 상승률과 청약률이 동반 강세를 보이는 호황 지역, 매매가 상승률과 청약률이 동반 약세를 보이는 불황 지역, 그리고 내가 특히 주목하는 매매가 하락에도 청약률이 강세를 보이는 '양극화 지역'(분양시장만 강세)을 직관적으로 선별해낼 수 있다.

매매가×청약률 매트릭스 구조
- 가로축: 연간 매매가 변동률 (%/기준점: 전국 평균 매매가 변동률)
- 세로축: 연간 평균 청약률(N:1/기준점: 3:1 [500세대(소규모) 아파트 분양 시 1,500건의 청약이 들어오는 수준])
- 사분면의 의미

2사분면: 양극화 지역(분양시장만 강세)	↑ 높은 청약률	1사분면: 주택시장 호황
매매가는 하락하지만 신규 주택 부족으로 분양시장은 강세를 보이는 지역.		매매가 상승과 높은 청약률을 보이는 지역으로, 재고주택과 분양 시장 모두 강세.

←… 매매가 하락	기준점	매매가 상승 …→
3사분면: 주택시장 불황 매매가 하락과 낮은 청약률을 보이는 지역으로, 재고주택과 분양 시장 모두 약세.	낮은 청약률 ⋮	4사분면: 양극화 지역(재고주택시장만 강세) 매매가는 상승하나 청약률이 낮은 지역. 현실적으로 발생하기 어려운 케이스.

〈그림 1〉은 2016년 데이터를 기준으로 지방 도시의 양극화 현상을 표시한 것이다. 2사분면, 즉 양극화 지역에 해당하는 지방 도시가 꽤 많다는 것을 알 수 있다. 물론 해당 지역 중 2018년 현재 분양시장이 불황인 곳도 있지만, 이 데이터가 2016년 데이터임을 고려하기 바란다.

2사분면에 속한 지역의 데이터를 살펴보면, 가격 상승률은 전국 평균(+3%)에 미치지 못하지만(심지어 마이너스 상승률을 기록한 곳도 있다) 평균 청약률이 3:1을 상회하는 것을 알 수 있다. 대구 달서구의 경우에는 2016년 한 해에만 -4%대의 가격 하락이 있었음에도 평균 9.3:1의 청약률을 기록했다. 참고로 현재 대구 시장은 주택 가격이 강보합세임에도 불구하고 여전히 신규 분양시장은 활황으로, 2018년 3월 현재 대구시의 미분양은 153호에 불과하며, 2017년에는 평균 54:1의 청약률을 기록했다.

그렇다면 이러한 재고주택시장과 분양시장의 양극화 원인은 어디에서 찾을 수 있을까? 왜 재고주택의 가격이 4%대나 하락했는데도 9:1의 청약 경쟁률이 나오는 것일까?

다시 주택 고령화 이야기로 돌아가자.

빅데이터로 예측하는 대한민국 부동산의 미래

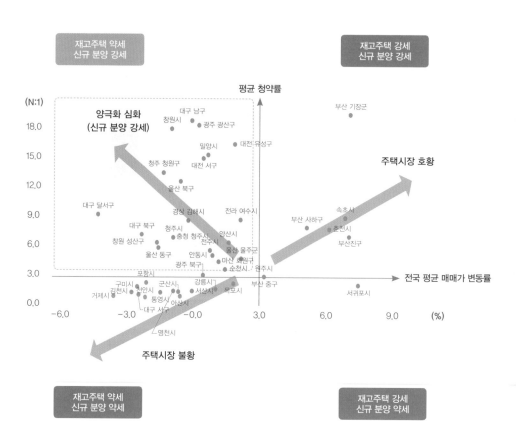

그림 1 매매가×청약률 매트릭스로 본 '재고주택시장 VS 분양시장'의 양극화 현상

〈그림 2〉는 지방 시장의 둔화세가 본격화된 2016년, 주택 가격이 하락한 대표적인 도시들의 연간 가격 변동률을 '주택 입주 연차'별로 분해한 것이다. 즉 입주 연차가 오래된 것부터 얼마 되지 않은 아파트까지 입주 연차별로 가격 추이를 분류했다(이하에서는 '주택 입주 연차' 대신 '주택 연령'이라는 쉬운 표현으로 대체한다).

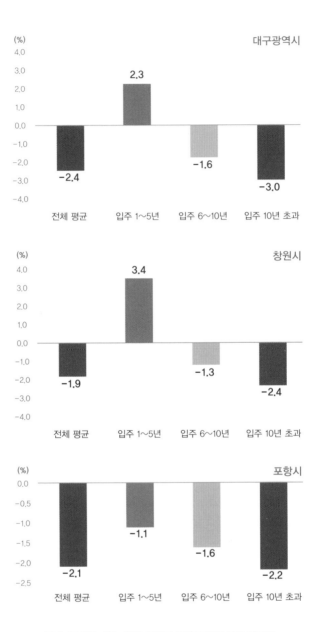

그림 2 2016년 대구, 창원, 포항의 주택 연령별 가격 변동률

빅데이터로 예측하는 대한민국 부동산의 미래

2016년 본격적인 하락 국면에 접어든 대구광역시의 경우 평균 -2.4%의 가격 변동률을 기록했다. 그러나 주택 연령별 가격 추이를 살펴보면, 가격 하락을 주도한 건 주택 연령이 10년이 넘은 고령 아파트였다. 반면 주택 연령이 1~5년 된 젊은 아파트는 2%대 가격 상승률을 기록했다. 당시 대구 주택시장의 하락에 대해 보도한 언론 기사들을 살펴보면, 실제 가격 하락은 고령주택이 주도했음에도 '평균 가격 하락률' 데이터만 참고해 대세적 하락을 우려했음을 알 수 있다.

일반인 입장에서는 세분화된 데이터를 확인할 길이 없고, 또 주변에서 그렇다고 하니 곧이곧대로 믿을 수밖에 없다. 그러나 이렇게 연령별로 주택 가격을 구분해서 보면 그 안에 또 다른 진실이 숨겨져 있음을 알 수 있다. 대구광역시 외에 창원과 포항의 2016년 주택 가격 변동도 유사한 추세를 보였다. 창원 역시 10년 초과 아파트가 하락세를 주도했고, 포항은 전반적인 하락세 속에 주택 연령이 1~5년 된 아파트는 비교적 낮은 하락폭을 보였다.

2016년 이후로 지방 재고주택의 가격 하락세가 지속되면서 지방 시장은 무조건 하락할 것이라는 고정관념이 깊게 박혀 있다. 그러나 잘 살펴보면 그 말은 반은 맞고 반은 틀리다는 것을 알 수 있다. 주택 고령화의 심화로 신규 아파트의 희소가치가 젊은주택에 이어 분양 시장에까지 영향을 미치고 있기 때문이다. 앞서 살펴본 대구 달서구의 경우 재고주택 총 146,728호 가운데 2018년 현재 입주 10년이 넘은 고령주택은 129,133호로 고령화 비율이 무려 88%나 된다.* 10채 가운

---

* 부동산114 REPS.

데 9채가 고령주택인 셈이다. 결국 88%에 달하는 고령주택의 하락세가 젊은주택의 가격 상승률을 상쇄시켜 마이너스 상승률을 만들어낸 것이다. 반대로 10채 중 1채밖에 없는 젊은주택의 희소가치는 분양시장의 높은 청약 경쟁률로 증명되었다.

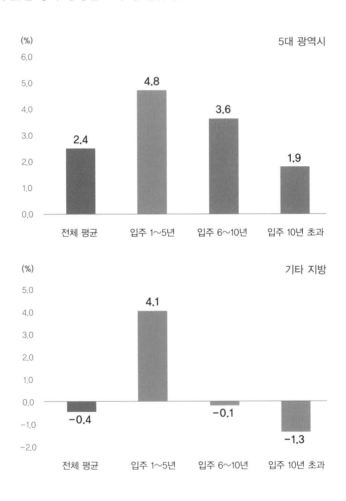

그림 3 5대 광역시와 기타 지방의 주택 연령별 가격 변동률(2017년)

그렇다면 하락세가 지속되는 지방 시장의 최근 경향은 어떤 모습일까?

〈그림 3〉을 보면 2017년 5대 광역시의 경우, 입주 1~5년 된 아파트가 가장 높은 상승률을 보이는 것을 알 수 있다. 5대 광역시를 제외한 기타 지방 역시 젊은 아파트의 가격이 높은 상승률을 보인다.

이는 여전히 신규 분양에 대한 기대 심리가 높은 지방 도시들이 얼마든지 있다는 것을 의미한다. 지방의 주택 연령은 인구구조를 닮아 고령주택의 비중이 크다. 따라서 젊은주택의 가격 흐름이 시장에 반영되지 못해 가격의 착시 현상이 나타날 가능성이 높다. 따라서 가격의 하락세 혹은 둔화세를 주도하는 고령주택이 많은 지방 도시는 재고주택시장과 분양시장을 별개로 살펴 양극화 현상을 면밀히 따져봐야 한다.

신규 분양시장은 '미분양 통계'로 봐야 한다

지금까지 신규 분양시장을 재고주택시장과 별개로 봐야 하는 이유에 대해 살펴보았다. 그렇다면 어떤 지표로 신규 분양시장의 흐름을 알 수 있을까?

내 경험상으로는 국토교통부(이하 국토부)가 제공하는 주택지표 가운데 미분양 통계가 가장 빠르고 직관적으로 해당 지역 분양시장의 수급 상황을 알려준다. 미분양 통계의 신뢰성에 대해 언론이 의문을 제기하는 것에서도 알 수 있듯 '매우 정확한' 통계라고는 할 수 없다. 하지만 최근에는 지자체가 직접 미분양 아파트의 세부 현황을 공개하며 그 투명성이 제고되고 있다(지자체별 미분양 공개 사이트는 〈책 속의 책〉에 첨부해놓았다).

미분양이 증가(감소)하는 지역은 분양시장이 악화(개선)되고 있다는 의미로 해석할 수 있다. 따라서 어느 지역의 미분양이 한계 수준을 넘어선다면, 혹은 일정 수준 이하로 감소한다면 그 지역의 분양시장이 악화될지, 아니면 개선될지를 판단할 수 있을 것이다. 여기에 범위를 조금 더 넓혀, 전국의 적정 미분양 수준을 안다면 우리나라 분양시장의 온도를 측정할 수도 있을 것이다.

그렇다면, 전국 분양시장의 온도를 측정할 수 있는 적정 미분양수준은 어느 정도일까?

〈그림 4〉는 국토부에서 발표하는 전국 월 단위 미분양 통계를 2000년부터 2017년까지 나타낸 것이다. 2008년 12월의 16만 호를

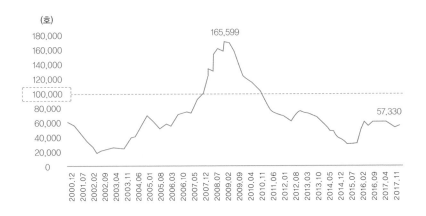

그림 4 전국 미분양의 장기 흐름

빅데이터로 예측하는 대한민국 부동산의 미래

정점으로 전국의 미분양은 2016년 이후 5만 호 중후반에서 보합세를 유지하고 있다.

이 그래프로 미분양의 적정 수준을 판단할 수 있을까? 2008년 10만 호 이상의 미분양에 비추어봤을 때 2017년의 미분양 수준은 너무도 안정적으로 보인다. 그러나 2008년 발생한 미분양은 공급 구조와 수요 구조의 미스매치가 낳은 구조적 미분양이었다. 1, 2인 가구의 증가 추세에 반하는 대형 평형을 집중적으로 공급한 결과이다. 추세적 흐름에 반하는 수요-공급의 불균형은 시장에 심각한 피해를 입힌다. 단순히 주택시장이 좋아진다고 해서 수요 발굴이 불가능한 대형 평형이 팔릴 일은 아닌 것이다. 다행히 중대형 아파트 공급의 쓰라린 실패는 소형 아파트 공급으로의 대세적 전환을 가져왔다. 따라서 구조적인 실패가 아닌 정상적인 분양시장의 수급 상황을 체크하기 위해서는 10만 호 이하로 감소한 2011년부터의 미분양 흐름을 분석하는 것이 타당하다.

전국 미분양의 적정 수준: 분양시장의 온도 체크하기

정상적인 공급 구조하의 적정 미분양 수준을 찾기 위해 일단 2011~2017년의 전국 미분양 추이를 살펴보자. 먼저 미분양 추세가 급격히 전환된 시점을 살펴보면 '2013년 말부터 2015년 초'(급격한 감소), '2016년 상반기'(급격한 증가)를 꼽을 수 있다(〈그림 5〉).

급격한 감소가 있기 전인 2013년 12월 전국의 미분양은 총 6만

그림 5 정상적인 공급 구조하의 전국 미분양 추이(국토부)

1,091호였다. 즉 미분양이 6만 호 이하로 감소하자 분양시장의 호황이 찾아온 것이다. 분양시장의 호황으로 2015년 4월 미분양은 2만 8,093호까지 감소한다. 분양시장의 호황은 시행사, 건설사들의 공급 의지를 불태웠고, 2015년 역대 최고치인 51만 호의 분양이 이루어진다. 그리고 말 그대로 역대 최고치의 분양에도 꾸준하게 증가하던 미분양은 6만 호 안팎에서 더 이상 증가하지 않고 출렁이고 있다.

미분양의 대세 하락기와 분양시장의 호황 경계에 6만 호가 계속해서 등장하고 있다. 분양시장의 온도를 체크하는 데 6만 호의 미분양은 뭔가 중요한 기준이 되는 듯하다.

〈그림 6〉은 6만 호의 의미를 밝혀내기 위해 동 기간의 미분양 데이터를 시간의 흐름이 아닌 '절대적인 양의 기준'으로 분류한 그래프이다. 전문 용어로 히스토그램이라고 하는데, 어떤 구간에서 발생하는 '빈도'를 나타내기 위해 그리는 도표이다. 가로축은 전국 월 단위 미분양 구간을 의미하는데, 지난 7년간 6만 호대 구간의 미분양이 가

빅데이터로 예측하는 대한민국 부동산의 미래

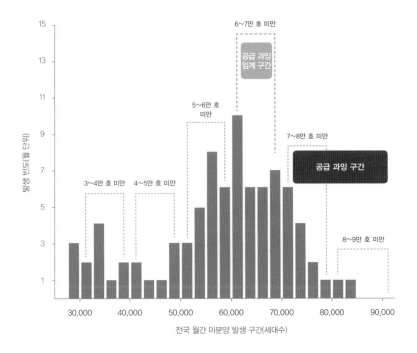

그림 6 전국 미분양 구간별 빈도 분포(2011~2017년, 월별 미분양)

장 많이 발생했음을 알 수 있다. 발생 빈도를 의미하는 막대그래프의 높이가 가장 높고 조밀하게 분포해 있기 때문이다. 이는 6만 호 이상으로 미분양이 증가하면 6만 호대 구간의 늪에서 좀처럼 빠져나오기 힘들다는 의미이다. 다시 말해 6만 호를 넘는 시점이 '분양시장 임계점'의 시작점인 것이다. 임계 구간을 넘어선 미분양이 발생할 경우(7만 호 이상) 분양시장의 온도는 '차가워졌다'고 할 수 있다. 반면 6만 호대 구간 좌측의 막대그래프들은 그 분포가 넓게 분산되어 있다. 이는 미분양이 6만 호 미만으로 감소할 경우, 시장에서 발생하는 일시적인 공급 상황에 따라 안정적인 출렁임이 일어나는 구간임을 의미한다. 분양시장의 온도가 '따뜻한' 구간이라고 할 수 있다.

쉽게 말해, 전국의 미분양이 6만 호를 넘느냐 그렇지 않느냐로 전국의 분양시장 온도를 가늠할 수 있는 것이다. 물론 일시적인 상회 혹은 하회 같은 단기적 흐름으로 판단하기보다는 3개월 이상의 추세를 바탕으로 판단하는 것이 보다 정확하다는 것은 따로 부연하지 않겠다.

2018년 전국 미분양 심층 분석

2018년 2월 국토부의 미분양 통계는 6만 903호로 집계되었다. 즉 전국적으로 분양시장의 임계 구간에 진입한 것이다. 따라서 지역별 미분양이 어디서 얼마나 증가했는지, 분양시장의 수급 상황을 진단할 필요가 있다.

〈그림 7-1〉은 2018년 2월 기준으로, 미분양 1,000호 초과 지역과 전월에 비해 미분양이 급증한 지역을 분석한 것이다. 미분양 1,000호 초과 지역, 즉 '양적 부담'이 심한 18개 지역 중 14곳은 공교롭게도 2월 들어 미분양이 감소했다. 또한 전월 대비 미분양이 급증한 지역 가운데 1,000호를 초과한 지역은 원주시, 동해시, 구미시뿐이다. 게다가 구미시는 경상도의 수급 악화로 일찌감치 미분양 흐름이 좋지 않던 지역이다. 따라서 2월 미분양의 실질적 증가에 기여한 지역은 원주시, 동해시 두 곳에 불과하다. 결국 2월의 6만 호 미분양은 연말연초의 일시적인 분양 증가에서 그 원인을 찾을 수 있다.

시·군·구	2018년 1월	2018년 2월	증감
창원시	5,663	5,625	-38
천안시	4,282	3,918	-364
포항시	2,146	2,072	-74
청주시	2,013	2,010	-3
원주시	338	1,821	+1,483
남양주시	1,689	1,773	+84
거제시	1,745	1,739	-6
구미시	1,064	1,625	+561
통영시	1,442	1,431	-11
안성시	1,463	1,422	-41
예산군	1,429	1,418	-11
김천시	1,430	1,410	-20
김해시	1,430	1,398	-32
서산시	1,366	1,361	-5
동해시	742	1,284	+542
사천시	1,351	1,227	-124
경주시	1,194	1,179	-15
용인시	1,080	1,023	-57

그림 7-1 2018년 2월, 미분양 1,000호 초과 지역

시·군·구	2018년 1월	2018년 2월	증감
원주시	338	1,821	+1,483
부산 서구	97	828	+731
구미시	1,064	1,625	+561
동해시	742	1,284	+542
김포시	374	741	+367

그림 7-2 2018년 2월, 전월 대비 미분양 급증 지역

실제로 최근 3년간 미분양이 6만 호를 넘었던 시점은 거의 정해져 있었다. 이는 미분양 증가 패턴에 계절적인 영향이 크게 작용한다는 의미다. 보통 건설사는 '연말 혹은 여름 전'에 밀어내기 분양을 하는데, 최근 3년간 6만 호를 넘었던 기간은 2015년 12월~2016년 1월, 2016년 7~9월, 2017년 2~4월로, 연말~연초 그리고 여름 시즌이었다. 다만 지역별 세부 분석에서 살펴봤듯이 원주시는 그 증가 추세가 심상치 않다. 2014년부터 꾸준히 연 5,000세대의 공급 피로가 누적되어 그 추세가 유지될 가능성이 높기 때문이다.

하지만 어쨌거나 계절적 요인이라고 해도 2017년 4월 이후 처음으로 6만 호를 초과했기 때문에 향후 미분양 추이를 예의 주시해야 한다. 만일 이러한 추세가 3개월 이상 지속될 경우 앞서 〈그림 6〉의 히스토그램에서 살펴보았듯이 이는 분양시장이 6만 호대 구간의 늪에 빠졌다는 신호이기 때문이다. 재고주택에 비해 비교적 호조세를 보였던 분양시장에도 먹구름이 다가올 수 있다는 이야기다.

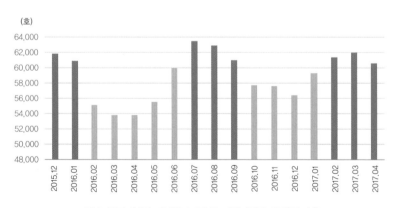

그림 8 최근 3년간 미분양이 6만 호 이상이었던 시점(국토부)

데이터 활용 레시피

재료 소개: 아파트 매매가격지수와 매매가 변동률

한국감정원 매매가격지수(아파트)

· 지역: [전체 ▾] · 검색기간: [2017년 ▾] [07월 ▾] ~ [2018년 ▾] [06월 ▾] [확인]

작성 통계리스트
▣ 전국지가변동률조사 ＞
▣ 전국주택가격동향조사 ∨
▣ 월간동향
田 통합주택유형
□ 아파트
▪ 매매가격지수
● 매매가격지수
▪ 규모별 매매가격지수
▪ 연령별 매매가격지수
▪ 계절조정 매매가격지수
田 전월세통합지수
田 전세가격지수
田 월세가격지수
▪ 매매가격
▪ 전세가격
▪ 월세가격

[통계결과] [차트] [공표보고서]

지역				'17.07	'17.08	'17.09	'17.10	'17.11	'17.12
전국				99.8	99.8	99.9	99.9	100	100.1
수도권				98.9	99.4	99.5	99.7	100	100.3
지방권				100.2	100.2	100.2	100.1	100	99.9
6대광역시				99.4	99.7	99.8	99.9	100	100
5대광역시				99.6	99.8	99.9	100	100	100
9개도				99.9	100	100.1	100	100	99.9
8개도				100.7	100.6	100.4	100.2	100	99.8
서울				98.7	99.3	99.3	99.6	100	100.8
	강북지역			99.1	99.6	99.6	99.7	100	100.4
		도심권		98.7	99.4	99.5	99.7	100	100.3
			종로구	98.5	99.2	99.3	99.6	100	100.2
			중구	98.5	99.1	99.2	99.5	100	100.6
			용산구	98.9	99.6	99.6	99.8	100	100.2
		동북권		99.2	99.6	99.6	99.7	100	100.4
			성북구	99.2	99.6	99.6	99.3	100	101.6

재료 활용법	매매가격지수를 활용하여 주택 가격 변동률을 계산. 주택 가격 상승률이 물가 상승률을 초과하면 본격적인 상승세에 접어들었다는 것을 의미한다(최근 물가 상승률 전년 동기 대비 평균 2.0% 수준). [단위/공표 주기/공개 시점/지역 범위]: pt, 월 단위, 2003년 11월~현재, 전국 시·군·구
재료 원산지	한국감정원 통계사이트(http://www.r-one.co.kr/rone) 접속→부동산통계→전국주택가격동향조사→월간동향→아파트→매매가격지수→'변동률' 체크
재료 잘 다루는 법	① 매매가 변동률은 전월 대비보다 전년 동월 대비 통계로 확인할 것. 이는 계절적 영향을 제거하기 위해서다. ② 매매가 변동률은 전월 대비보다 전분기 대비 통계로 확인할 것. 이는 단기적 영향을 제거하기 위해서다. ③ 향후 수도권은 매매가 상승폭 둔화에, 지방은 매매가 하락폭 감소에 초점을 두고 볼 것.
2018년 재료의 맛!	• 매매가는 2018년 3월 현재 전년 동기 대비 1.5% 상승하며 상승폭을 키워가는 중이다. 이는 무려 14%의 상승을 기록한 강남 독주에 기인한 것이다. • 경기도와 기타 지역의 매매가는 둔화·하락 국면에 접어들며, 강남 독주 종료 시 대세적 둔화 국면에 진입할 것으로 예상된다.

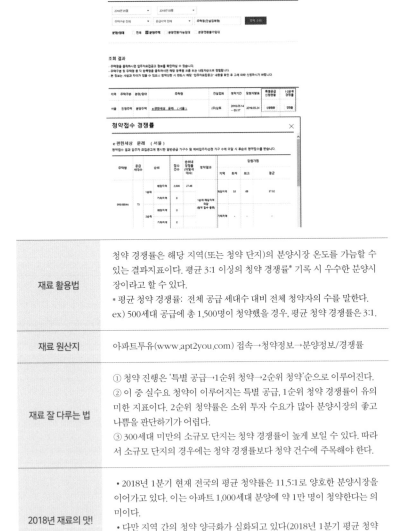

재료 활용법	청약 경쟁률은 해당 지역(또는 청약 단지)의 분양시장 온도를 가늠할 수 있는 결과지표이다. 평균 3:1 이상의 청약 경쟁률* 기록 시 우수한 분양시장이라고 할 수 있다.	

재료 활용법

청약 경쟁률은 해당 지역(또는 청약 단지)의 분양시장 온도를 가늠할 수 있는 결과지표이다. 평균 3:1 이상의 청약 경쟁률* 기록 시 우수한 분양시장이라고 할 수 있다.

* 평균 청약 경쟁률: 전체 공급 세대수 대비 전체 청약자의 수를 말한다.
ex) 500세대 공급에 총 1,500명이 청약했을 경우, 평균 청약 경쟁률은 3:1.

재료 원산지

아파트투유(www.apt2you.com) 접속→청약정보→분양정보/경쟁률

재료 잘 다루는 법

① 청약 진행은 '특별 공급→1순위 청약→2순위 청약'순으로 이루어진다.
② 이 중 실수요 청약이 이루어지는 특별 공급, 1순위 청약 경쟁률이 유의미한 지표이다. 2순위 청약률은 소위 투자 수요가 많아 분양시장의 좋고 나쁨을 판단하기가 어렵다.
③ 300세대 미만의 소규모 단지는 청약 경쟁률이 높게 보일 수 있다. 따라서 소규모 단지의 경우에는 청약 경쟁률보다 청약 건수에 주목해야 한다.

2018년 재료의 맛!

• 2018년 1분기 현재 전국의 평균 청약률은 11.5:1로 양호한 분양시장을 이어가고 있다. 이는 아파트 1,000세대 분양에 약 1만 명이 청약한다는 의미이다.
• 다만 지역 간의 청약 양극화가 심화되고 있다(2018년 1분기 평균 청약 경쟁률: 대전 143:1, 세종 55:1, 대구 54:1, 서울 23:1⇔경남 0.77:1, 제주 0.19:1, 충남 0.1:1).

빅데이터로 예측하는 대한민국 부동산의 미래

국토교통 통계누리

⊙ 미분양주택현황보고 (Unsold New Housings)

통계표보기	메타정보	관련파일

| 검색분야 | 주택/미분양주택현황보고 | | 통계표별 | 시군 구별 미분양현황 (200012 ~ 201805) | | 상세보기 |
| 기간선택(월) 270 | 201805 ▼ ~ 201805 ▼ | 검색 | 양식선택 | 양식126 ▼ | | |

단위: 호

| 피버트 감추기 | | | 저장하기▼ 자동 합계표시 항목 계 삽입 삭제 수치항목 서식변경 항목 위치 변경 계산항목추가 |

통(Monthly) ▼

LEVEL1 ▼

구분	시군구	미분양현황
서울	계	47
	종로구	1
	중구	0

재료 활용법	미분양은 분양시장의 수급 동향을 알려주는 바로미터이다. →전국 기준 6만 호 초과 시 공급 과잉 우려. →전국 기준 6만 5,000호 초과 시 공급 과잉. [단위/공표 주기/공개 시점/지역 범위]: 호, 월 단위, 2000년 12월~현재, 전국 시·군·구
재료 원산지	국토교통부 통계누리(http://stat.molit.go.kr) 접속→주택→승인통계→ 미분양주택현황보고→시·군·구별 미분양 현황
재료 잘 다루는 법	① 국토부 미분양은 월 단위로 발표되는데, 전월 대비 급증한 경우라도 무 조건 공급 과잉으로 보기는 어렵다. →어느 특정 지역에 1,000세대 이상의 대규모 분양이 있었다면, 분양시장 의 좋고 나쁨에 상관없이 미분양이 급증할 수밖에 없다. 강남과 같은 분양 활황 지역이 아니면 한 달 만에 1,000세대 소진이 어렵기 때문이다. 따라 서 급증 지역은 향후 3개월간의 추이를 지켜봐야 한다. ② 경기도, 경상남도 등 도 단위 지역은 하위 시장의 규모가 크기 때문에 시·군·구별 세부 현황을 체크해야 한다(하위 지역 미분양 공개 사이트는 〈책 속의 책〉에 수록해놓았다).
2018년 재료의 맛!	• 국토부 전국 미분양 '2018년 2월 6만 903호→2018년 3월 5만 8,004호' 로 6만 호대 진입 후 다시 감소하는 추세이다. 2018년 한 해 동안 6만 호 안팎에서 유지될 것으로 보인다. • 3월 미분양 감소는 전국 미분양의 진원지인 '충청, 경상' 지역 미분양 감 소에 의한 것이다. 반면 '강원, 제주' 미분양은 지속 증가세.

4장

인구구조로 보는 주택시장 전망

인구밀도와 주택 가격

'인구 충격' 혹은 '인구 절벽'에 대한 이야기는 내가 건설사에 입사하고, 아니 입사하기 전부터 근 10년간 들어온 이야기다. 일례로 2009년 한 언론은 '향후 10년간 생산 가능 인구가 줄어 2018년에는 퍼펙트스톰이 발생할 것'(서울경제, 〈인구대재앙, 저출산 복합불황이 온다〉)이라고 경고하기도 했다.

2018년 3월 현재 이 기사는 반은 맞고, 반은 잘 와닿지 않는다. 저출산 경향은 2009년보다도 훨씬 심화되었기 때문에 그에 대해서는 동의하지만, 주택시장이 과연 '퍼펙트스톰일 정도로 망가졌는가?'에 대해서는 동의하기 힘들기 때문이다. 지난 10년간 인구가 제일 많이 감소한 서울의 주택 가격은 2018년 3월 현재 평균 2,300만 원 수준으로, 8년 전 1,800만 원에 비해 약 30% 상승했다. 서울의 부동산 중심인 강남의 분양가는 평당 5,000만 원의 시대를 열었다. 인구 감소에 따른 주택 수요 감소는 합리적인 추론이지만 10년이 지난 지금도 여전히 와닿지 않는 것이 사실이다.

　주택시장 수요 분석에서 인구 데이터는 필수 불가결한 요소이다. 따라서 나 역시도 지난 몇 년간 머리를 싸매며 인구 증감률 데이터로 주택시장의 흐름을 이해하려고 노력했지만 답이 잘 보이지 않았다. 그러던 중 인구 증감률보다는 '인구밀도'가 지역 주택시장의 중장기 흐름을 더 잘 설명해준다는 사실을 발견했다.

인구 증감률과 주택 가격 변동률의 상관관계

　〈그림 1〉은 시도별 인구와 주택 가격의 최근 3년간 변동률을 비교해놓은 것이다(2015~2017년).

　어떤 상관관계가 보이는가? 지난 3년간 인구 감소율이 가장 높은 서울과 부산의 가격 상승률이 단연 압도적이다. 그렇다면 인구가 증가한 지역의 가격은? 경기, 인천 수도권을 제외하고 충남과 충북의 경우에는 오히려 가격이 떨어지는 추세이다. 그에 반해 5대 광역시와 전남, 전북 등 호남 지역은 인구가 감소했는데도 오히려 가격이 상승했다.

　이러한 결과를 놓고 보면, 오히려 인구와 주택 가격이 정반대의 흐름을 보이는 것은 아닌지 착각할 정도이다. 내가 지난 몇 년간 인구 증가와 주택 가격의 상관성을 놓고 고민에 빠졌던 것도 바로 이러한 경향 때문이었다.

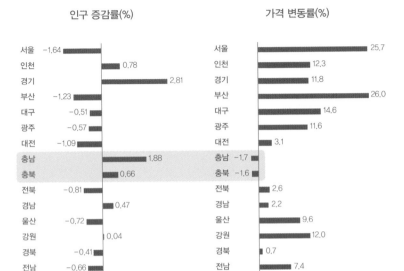

인구 증감률(%)		가격 변동률(%)	
서울	-1.64	서울	25.7
인천	0.78	인천	12.3
경기	2.81	경기	11.8
부산	-1.23	부산	26.0
대구	-0.51	대구	14.6
광주	-0.57	광주	11.6
대전	-1.09	대전	3.1
충남	1.88	충남	-1.7
충북	0.66	충북	-1.6
전북	-0.81	전북	2.6
경남	0.47	경남	2.2
울산	-0.72	울산	9.6
강원	0.04	강원	12.0
경북	-0.41	경북	0.7
전남	-0.66	전남	7.4

그림 1 인구 증감률과 주택 가격 변동률의 상관관계(행정안전부, 부동산114 REPS)

인구밀도와 주택시장

〈그림 2〉는 시도별 인구밀도와 주택 가격의 최근 3년간 변동률을 비교한 것이다.

인구밀도가 압도적으로 높은 서울, 그리고 두 번째로 높은 부산의 가격 상승이 가장 가팔랐던 것을 볼 수 있다. 인구밀도가 '1,000명/km² 이상인 지역은 세종시의 영향을 받은 대전을 제외하고 대부분 10% 이상의 가격 상승률을 기록했다. 인구 증감률과 반대의 흐름을 보였던 주택 가격이 인구밀도 데이터와는 긴밀한 상관관계를 보이는

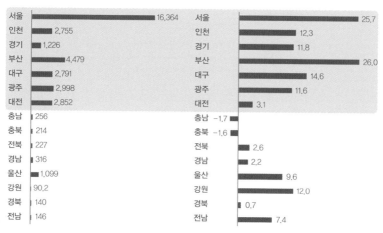

인구밀도(명/km²)

서울	16,364
인천	2,755
경기	1,226
부산	4,479
대구	2,791
광주	2,998
대전	2,852
충남	256
충북	214
전북	227
경남	316
울산	1,099
강원	90,2
경북	140
전남	146

가격 변동률(%)

서울	25,7
인천	12,3
경기	11,8
부산	26,0
대구	14,6
광주	11,6
대전	3,1
충남	-1,7
충북	-1,6
전북	2,6
경남	2,2
울산	9,6
강원	12,0
경북	0,7
전남	7,4

* 인구밀도는 2015년 기준, 가격 변동률은 2015~2017 통계

그림 2 인구밀도와 주택 가격과의 상관관계(통계청, 부동산114 REPS)

것이다.

예외적으로 인구밀도가 낮은 강원과 전남도 지난 3년간 높은 상
승률을 보였다. 하지만 강원도는 평창동계올림픽 개최에 따른 교통
체계 확충*과 원주혁신도시 같은 외부효과, 전남은 나주혁신도시 개
발과 민간 아파트 공급 부족**에 따른 가격 상승이 그 원인으로, 인구
구조에서 그 답을 찾기는 어렵다.

주택시장이 어느 하나의 변수로 설명할 수 없는 복잡한 시장임
을 감안할 때, 인구밀도는 전국 시도의 주택 가격 흐름을 비교적 잘

---

* 2017년 강릉 KTX 개통과 동서고속도로 개통(서울-양양).

** 전남은 순수 민간 분양 아파트(임대 분양을 제외한 물량)의 공급 비중이 지난 5년간(2013~2017
년) 56%에 불과해, 전국 평균(82%)에 비해 상당히 저조했다.

설명해준다. 또한 토지에 기반한 인구밀도는 좀처럼 변하기 힘든 데이터이다. 지역별 중장기 주택시장 예측에서 중요한 변수인 것이다.

앞서 주택 고령화에 대해 이야기하면서 노후 주택이 많은 지역은 주택 가격의 상승 모멘텀이 약하다고 언급했다. 하지만 인구밀도가 높은 지역은 가용 토지가 제한되어 있기 때문에 도시 팽창 여력이 낮다. 따라서 구도심에 대한 선호가 유지될 수밖에 없고, 노후 주택이더라도 구도심에 있으면 젊은주택보다 가격이 높은 경우도 있다. 인구밀도가 가장 높은 서울이 그 대표적인 예이다. 재건축 아파트를 제외하더라도 서울 도심의 10년 된 아파트 가격과 경기도 택지 아파트의 분양가는 여전히 큰 차이를 보인다. 지방에서는 5대 광역시와 기타 지방의 인구밀도 격차가 크다.* 따라서 5대 광역시는 고령주택이더라도 2017년 +1.9%의 가격 상승률을 보인 반면 기타 지방의 고령주택은 마이너스 상승률(-1.3%)을 기록했다.

---

* 5대 광역시의 평균 인구밀도는 2,844명/km², 기타 지방의 평균 인구밀도는 198명/km²이다.

빅데이터로 예측하는 대한민국 부동산의 미래

데이터 활용 레시피

행정구역별	2015	2010	2005
전국	509.2	485.6	474.5
서울특별시	16,364.0	16,188.9	16,221.0
부산광역시	4,479.9	4,452.3	4,609.4
대구광역시	2,791.0	2,767.4	2,786.5
인천광역시	2,755.5	2,587.5	2,546.3
광주광역시	2,998.8	2,945.6	2,827.5
대전광역시	2,852.3	2,781.2	2,673.0
울산광역시	1,099.6	1,022.3	992.5
세종특별자치시	439.0	-	-
경기도	1,226.4	1,119.3	1,028.1
강원도	90.2	88.2	88.2
충청북도	214.6	203.4	196.5
충청남도	256.6	235.0	219.7
전라북도	227.4	220.3	221.5

재료 활용법	인구밀도가 높을수록 중장기 주택 가격의 상승 확률이 높다. 통상 인구밀도가 1,000명/km² 이상인 지역은 주택 가격 상승에 유리한 조건이라고 할 수 있다. [단위/공표 주기/공개 시점/지역 범위]: 명/km², 5년, 1966~2015년, 전국 시도
재료 원산지	통계청 KOSIS(http://kosis.kr) 접속→국내통계→인구·가구→인구총조사→인구밀도
재료 잘 다루는 법	① 서울시 인구밀도는 16,364명/km²으로 전국 평균 509.2명/km²의 30배 수준→인구 집중과 토지 부족으로 중장기 흐름이 양호하다. ② 5대 광역시의 평균 인구밀도는 2,844명/km²으로, 기타 지방에 비해 인구밀도가 높다→기타 지방에 비해 5대 광역시의 수요 여건 양호. ③ 같은 시도 내 지역이라도 인구밀도의 편차가 크기 때문에 시·군·구별 세부 현황 체크가 필요하다(자치구별 〈통계연보〉에서 확인 가능).
2018년 재료의 맛!	• 서울의 인구밀도는 글로벌 부동산 도시인 런던(5,100명/km²)의 3배이며, 부산의 인구밀도는 도쿄·요코하마(4,750명/km²)와 비슷한 수준. 대구의 인구밀도는 뉴욕(2,050명/km²)과 유사한 수준이다. • 서울, 부산, 대구의 재건축이 여전히 강세를 보이는 이유는 '인구 과밀의 주거 환경' 때문이다(택지 부족으로 구도심에 대한 수요가 몰리기 때문).

- 주민등록 인구 및 세대현황 (월간)
  - 작성기준 : 매월 말일 / 공표일시 : 매월 1일 12시 이후(공표일이 주말, 공휴일인 경우에는 다음 평일에 공표)

행정기관	2018년 06월					
	총 인구수	세대수	세대당 인구	남자 인구수	여자 인구수	남여 비율
종로구	153,780	73,655	2.09	75,247	78,533	0.96
중구	126,032	61,091	2.06	62,260	63,772	0.98
용산구	229,677	108,516	2.12	111,078	118,599	0.94
성동구	308,066	135,666	2.27	151,571	156,495	0.97
광진구	355,748	161,294	2.21	173,216	182,532	0.95
동대문구	348,903	160,757	2.17	174,128	174,775	1.00
중랑구	405,551	179,690	2.26	201,803	203,748	0.99
성북구	440,272	186,696	2.36	214,430	225,842	0.95
강북구	322,385	143,187	2.25	157,769	164,616	0.96

재료 활용법	인구수와 세대수는 주택 수요의 중요한 지표이다. 인구수는 '주택 수요의 총량'을 가늠할 수 있으며, 세대수 증가율은 '주택 수요의 흐름'을 가늠할 수 있다. [단위/공표 주기/공개 시점/지역 범위]: 명(세대), 월 단위, 2008년 1월~현재, 전국 시도/시·군·구
재료 원산지	행정안전부(http://www.mois.go.kr) 접속→정책자료→통계→주민등록 인구통계
재료 잘 다루는 법	① 인구 규모에 따른 도시 분류: 50만 이상(대도시), 20~40만(중도시), 20만 미만(소도시). ② 인구 증가보다 세대수 증가가 주택 수요 증가에 유의미한 지표이다. 주택 수요는 세대수를 기반으로 하기 때문에 세대 분화가 빠른 도시는 소형 아파트의 수요가 증가한다는 의미이다.
2018년 재료의 맛!	• 2018년 1분기 현재 전년 동기 대비 높은 세대수 증가율을 기록한 수도권 지역은 화성시(+11%), 하남시(+11%), 김포시(+9%)이다. 다만 화성 동탄2신도시의 면적이 김포 한강과 하남 미사지구의 2~4배 수준임을 감안하면 화성시의 세대수 증가율은 그리 높은 편이 아니다. • 2018년 1분기 현재 전년 동기 대비 높은 세대수 증가율을 기록한 지방 도시는 세종시(+17%), 양산시(+8%), 부산 강서구(+6%)로, 최근 지방 하락세에도 불구하고 세대수 증가에 힘입어 플러스 가격 상승률을 기록 중이다.

5장

경제지표와 경제정책으로
보는 주택시장 전망

청년 취업자 수와 경제정책 불확실성 지수

우리나라 경제와 주택시장은 어떤 관계에 있을까? 경제가 좋아지면 당연히 거시 경기의 도움으로 주택시장이 좋아질까?

〈그림 1〉은 경제 동향을 대표하는 GDP 성장률과 주택 가격 변동의 중장기 추이(2001~2017년)를 비교한 것이다. 흐름의 양상을 면밀히 살펴보면 최근 들어 GDP 성장률과 주택 가격 변동 간에 비동조화 경향이 두드러짐을 알 수 있다.

두 지표 간 흐름의 분기점은 2008년 금융 위기 전후를 기점으로 나타난다. 금융 위기 전인 2002년과 2006년에는 GDP 성장률이 7%, 5%에 달하자 주택 경기도 이에 응답하듯 20%가 넘는 폭등세를 보였다. 그러나 2008년 금융 위기 이후 경제와 주택시장은 각기 다른 길을 걷는다. 2008년의 글로벌 위기는 수출에 민감한 우리나라의 경제 성장률을 끌어내렸다. 2007년 5.5%에 달했던 GDP 성장률이 2008년에는 2.8%, 2009년에는 0.7%까지 하락한다. 반면 전국의 주택 가격

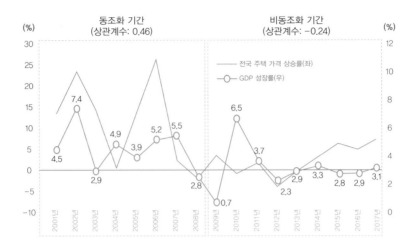

그림 1 GDP 성장률과 주택 가격과의 상관관계(한국은행, 부동산114 REPS)

상승률은 비록 2008년 −2%를 기록했지만 2009년 3.6%로 상승한다. 하락폭을 넘어서는 상승세를 기록한 것이다. 미 금융 위기의 본질이 '부동산 경기 하락'임을 감안할 때 글로벌 경기와 정반대의 흐름을 보였던 것이다. 그러나 주택 가격은 2010년 이후 약보합세를 보이다가 2012년 수도권 주택 경기의 불황으로 다시 −4%를 기록하는 부침을 겪는다. 주택 경기와 반대로 GDP 성장률은 2010년 6.5%의 회복세를 기록한 후 2012년을 제외하고 2017년까지 2.8~3% 수준의 성장률을 기록한다.

이렇듯 거시 경제가 2013년 이후 뉴노멀의 '평탄한 흐름'을 이어 갔다면 주택 가격은 그와 달리 연평균 5%의 높은 성장세를 보여왔다. 하지만 2018년에 접어들며 그 흐름에 변화가 일고 있다. 서울을 제외한 전국 주택 가격의 둔화세가 두드러지는 가운데 경제는 2018년 3월

빅데이터로 예측하는 대한민국 부동산의 미래

을 기준으로 17개월 연속 수출 증가를 기록하는 등 나름 상승 모멘텀을 유지하고 있는 것이다(여전히 비동조화 경향이 관찰되고 있다).

지금까지 살펴본 경제지표와 주택 가격의 흐름을 종합해보면, 거시 경제성장률만으로는 주택 경기의 흐름을 설명하기가 어렵다는 것을 알 수 있다. 그럼 어떤 경제지표가 주택 경기를 설명할 수 있을까?

청년 취업자(20~29세) 수*의 증가와 주택시장의 관계

결론부터 이야기하면, 주택시장의 흐름을 잘 설명하는 경제지표로 '청년 취업자 수의 증가율'을 꼽을 수 있다. 더 정확히 말하면, '20~29세' 취업자 수의 증가율이다. 사실 이 연령층은 주택 경기와 거의 상관없는 연령대로, 생애 주기나 소득수준을 고려할 때 주택 구매의 주 수요층도 아니다. 그런데 왜 이 연령대를 주목해야 하는가?

먼저 팩트체크를 위해 2010년부터 2017년까지 8년간의 연령대별 취업자 수의 증가율과 전국 주택 가격 변동률의 상관계수를 알아보자. 〈그림 2〉에서 볼 수 있듯 압도적으로 20~29세 취업자 수의 증가율이 주택 가격 변동률과 높은 상관성을 보이는 것을 알 수 있다. 즉 20~29세 취업자 수가 증가하면 주택 가격의 상승 가능성이 높다는 이야기다. 과연 청년층의 취업자 수 증가는 무엇을 의미하길래 주

---

* 통계청의 '청년 취업자' 연령 기준은 '15~29세'이지만 여기서는 채용 시장을 대표하는 대기업의 신규 채용 연령대를 반영하여 '20~29세'로 정의했다.

연령 구분	연령별 취업자 수의 증가율과 주택 가격 변동률의 상관계수
20~29세	0.82(높은 상관관계)
30~39세	-0.78
40~49세	-0.38
50~59세	-0.73
60세 이상	0.14

그림 2 연령별 취업자 수의 증가율과 주택 가격 변동률의 상관계수

택 경기와 밀접한 상관관계를 보이는 것일까?

　　20~29세는 집을 살 나이는 아니지만 그들을 고용하는 것은 '기업'이라는 점을 생각해봤을 때, 청년층 취업자 수의 증가는 '신규 고용'의 숫자가 늘고 있다는 것을 의미한다. 기업이 신규 고용을 늘리는 것은 최근의 경향을 보더라도 쉬운 일이 아니다. 그만큼 신규 고용 증가는 실제 경기 흐름을 가장 민감하게 비춰주는 지표라고 할 수 있다. 따라서 신규 고용의 증가는 기업의 호실적을 의미하고, 결과적으로 근로자들의 지갑이 두둑해짐으로써 가계소득의 증가를 기대할 수 있다. 월스트리트의 유명 애널리스트인 조지프 엘리스는《경제를 읽는 기술》에서 기업 이익이 증가할 경우 고용 증가가 발생하며, 이는 다시 개인별 소득 증가로 이어져 '소비자 지출'이 증가한다는 인과관계를 실증적 데이터로 밝혀냈다(〈그림 3〉). 즉 신규 고용 증가는 근로자들의 임금 상승을 의미하며, 결과적으로 소비자 지출을 활성화시킴으로써 전반적인 경기의 흐름을 끌어올리는 역할을 하는 것이다. 따라서 20~29세 청년층의 신규 고용 증가가 주택시장과 밀접한 관계를 보이

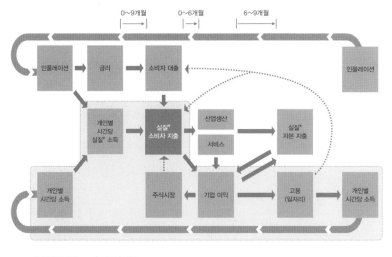

세 0~9개월 · 0~6개월 · 6~9개월

| 인플레이션 | 금리 | 소비자 대출 | 인플레이션 |

개인별 시간당 실질* 소득 → 실질* 소비자 지출 → 산업생산 / 서비스 → 실질* 자본 지출

개인별 시간당 소득 · 주식시장 ← 기업 이익 → 고용 (일자리) → 개인별 시간당 소득

➡ 일차적 영향   ┈┈▶ 부차적 영향
* 인플레이션 조정 후

그림 3 경제 주기의 연대기(《경제를 읽는 기술》)

는 것은 그리 이상한 일이 아닌 것이다.

2018년 3월 국회 예산정책처에서 발표한 최근 연구 결과*에 따르면, 연령대별 취업자 수의 변동 중 '청년층(15~29세) 취업자 수의 변동'이 금융 위기 이후 가장 경기 상황에 민감하다. 청년층의 고용 동향이 최근의 경기 변동을 가장 잘 나타내는 지표임을 다시 한 번 확인해준 셈이다. 더불어 해당 연구는 60세 이상의 고용 동향 또한 최근 경기 동향에 민감하게 반응한다고 밝혔는데, 〈그림 2〉를 봐도 30세 이상 연령대 중 유일하게 60세 이상 취업자 수의 상관계수가 +부호를 보이고 있다.

─────────────

* 《경제동향&이슈》, 〈경기 변동과 연령층별 고용 변동 간 관계 분석〉, NABO(국회 예산정책처), 2018년 3월.

물론 통계적으로 +0.14의 상관계수는 '상관없음'이라고 결론 내려야 타당하다. 하지만 나는 그 '차별화된 방향성'에 주목하여 60세 이상의 취업자 수가 주택 경기에 미치는 영향을 살펴보았다.

〈그림 4〉는 청년층(20~29세)과 노인층(60세 이상)의 취업자 수 증가율과 전국 주택 가격 변동률의 동향을 나타낸 것이다. 주택 가격과 높은 상관성을 가진 20~29세 취업자 수의 증가율은 2017년을 제외하고 주택 가격 변동과 유사한 흐름을 보인다.* 더불어 60세 이상 취업자 수의 증가율 흐름을 살펴보면, 긴 시간은 아니지만 최근 3년간 (2015~2017년)의 주택 경기와 유사한 흐름을 보이는 것을 알 수 있다. 앞서 소개한 국회 예산정책처의 연구 결과를 대입하면, 60세 이상의

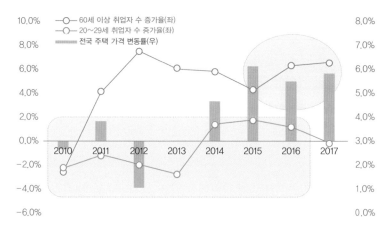

그림 4 청년층과 노인층의 취업자 수와 주택 경기(통계청, 부동산114 REPS)

---

* 2017년은 전국의 대세적인 가격 상승기라기보다는 서울(특히 강남 재건축)이 주택 가격의 상승을 주도한 해였다.

빅데이터로 예측하는 대한민국 부동산의 미래

취업자 수 증가는 최근의 경기 호조세를 대변하고, '가계경제 개선→주택 경기 상승'의 인과관계를 설명해준다.

인구통계상으로도 2020년 노령화지수가 123.7(유소년 100명당 65세 이상 인구가 123.7명이라는 의미)로 추계되는 우리나라의 고령화 상황을 감안할 때, 고령층의 경제 수준 향상(취업자 수 증가 등)이 주택 구매로 이어질 경우 주택 경기 상승의 중요한 요인이 될 수 있다. 생애 주기상 60세 이상은 주택을 구매하기보다 처분한다는 이론이 있지만 한국감정원에서 국토부 실거래가 신고 자료를 분석한 결과를 보면 꼭 그렇지도 않다. 분석 결과 2011년에 비해 2015년 아파트 구입자의 수가 가장 증가한 연령대가 60대였던 것이다(2011년 대비 57.2%의 증가율). 즉 고령 인구의 주택 구매 태도가 이전과 달리 적극적으로 변했음을 알 수 있다.

그렇다면 왜 주택 구매의 주 수요층인 40~59세 취업자 수의 증가율은 주택 경기와 별다른 상관성이 없는 것일까?

통계청이 발표하는 취업자 수에는 '자영업자 수'가 포함되어 있다. 그런데 우리나라 자영업의 연령대별 비중을 보면, '50대(32.4%)＞40대(27.7%)＞60대 이상(24.7%)'순이다(〈그림 5〉). 즉 40, 50대는 타 연령에 비해 자영업의 비중이 높아 '40~59세 취업자 수 통계'가 거시경기를 설명하는 기업의 채용 동향을 온전히 반영하지 못하는 한계를 가지고 있다. 오히려 40, 50대 가구의 가계 경기를 알려면 자영업 동향을 면밀히 살펴봐야 한다. 자영업자의 매출 규모를 연령대별로 분석해봐도 연 8,800만 원 이상의 매출 사업장 비중에서 40대(41%)와 50대(35%)가 60대(21.4%)보다 월등히 높다. 질적인 면에서도 40, 50

사업자의 성·연령별 규모(2015년/단위: 천 개, %)		
전체	4,790	100
남성	2,906	60.7
여성	1,883	39.3
30대 이하	725	15.1
40대	1,328	27.7
50대	1,553	32.4
60대 이상	1,183	24.7

그림 5 40, 50대 자영업 비율(통계청, 〈자영업 현황 분석〉)

대가 높은 비중을 차지하고 있는 것이다.

지금까지 연령대별 취업자 수의 동향과 주택시장과의 상관관계를 분석해보았다. 여러 경제지표들이 있지만 실제 현장에서 검증해본 바로는, 주택 가격 변동과 높은 상관성을 가진 지표들이 그리 많지 않았다. 상식적으로는 가계소득 데이터가 주택시장과 높은 상관성이 있을 것 같다. 하지만 주택이라는 재화는 사실 소득보다는 '빚의 비중'이 더 큰 재화로, 오히려 '대출 동향'이 더 높은 상관관계를 보인다. 그러나 대출 동향은 '경기의 좋고 나쁨'을 가리키는 지표라고 하기엔 무리가 있다.

결국 이런저런 시행착오와 현장 검증 과정을 통해 기업 경기를 대표하는 '20~29세 취업자 수의 동향'이 경제 흐름을 통해 주택 경기를 내다보는 데 가장 적합한 지표라는 것을 발견할 수 있었다.

빅데이터로 예측하는 대한민국 부동산의 미래

경제정책 불확실성 지수로 본 주택시장

2016~2017년 우리나라는 경제·정치적으로 굵직한 사건들이 많이 발생했다. 다시 말해 경제·정치적 불확실성이 그 어느 때보다 고조된 시기였다.

정치적으로는 박근혜 대통령의 탄핵과 중국의 사드 보복 조치, 트럼프 대통령 당선, 북한의 지속적인 도발이 있었고, 경제적으로는 미국 금리 인상, 브렉시트 같은 글로벌 변수가 대내외적으로 불확실성을 증폭시켰다.

어느 때보다 경제정책의 불확실성이 컸던 최근, 주택 경기는 이러한 불확실성에 얼마나 노출되었을까? 만약 경제정책의 불확실성이 주택시장에 의미 있는 영향을 미쳤다면, 어떤 방법으로 보이지 않는 경제정책의 불확실성을 측정해서 주택시장의 흐름을 진단할 수 있을까?

2012년 미국의 한 연구팀은 경제정책의 불확실성을 계량화하여 그 흐름을 나타내는 지수를 개발했다. 우리말로 번역하면 '경제정책 불확실성 지수Economic Policy Uncertainty Index'이다.* 이 지표는 그 신뢰성을 인정받으며 미 샌프란시스코 연방은행 통계 사이트인 FRED와 〈월스트리트저널〉, 〈블룸버그〉에 경제정책의 불확실성을 설명하는 지표로

---

* 미국의 Alfred P. Sloan Foundation, Stanford Institute for Economic Policy Research 등의 지원을 받아 연구되고 있으며, 주요 언론에 '불확실성, 경제, 정부 기관과 정책 관련 단어가 언급되는 빈도'를 측정하여 이를 지수화한다. 금융시장의 변동성 등을 통해 측정되는 금융 불확실성과 달리 경제정책의 불확실성을 대표하는 지수로 사용된다. 100보다 크면 불확실성이 크다는 의미이다.

소개되고 있다. 흥미롭게도 이 연구기관에서는 우리나라 경제정책의
불확실성 동향도 지수화해서 공개하고 있는데, 〈그림 6〉은 우리나라
의 경제정책 불확실성 지수의 중장기 추이와 주요 사건을 나타낸 도
표이다(http://www.policyuncertainty.com).

해당 도표는 1990년부터 2016년까지의 불확실성 동향을 보여
준다. 먼저 경제정책 불확실성 지수가 고점에 달했던 기간을 살펴보
면, 2002년 11월 걸프전쟁 발발, 2008년 9월 리먼브라더스 파산, 그
리고 최근 박근혜 대통령 탄핵 발의(2016년 12월) 때 경제정책 불확실
성이 고조되었다는 것을 알 수 있다. 그 외에 비교적 높은 불확실성을
야기했던 사건으로 2000년 대우자동차 사태, 2011년 말 유로존 사태,

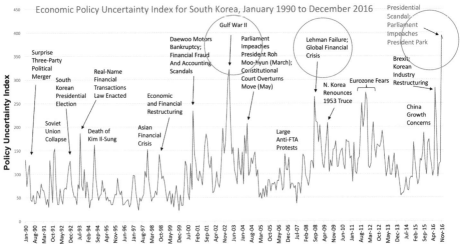

Notes: Index reflects scaled monthly counts of articles in six South Korean newspapers containing 'uncertain' or 'uncertainty', 'economic' or 'economy' or 'commerce', and one or more of the policy terms specified for South Korea in Appendix A of "Measuring Economic Policy Uncertainty" by Baker, Bloom and Davis. The series is normalized to mean 100 from 1995 to 2014.

그림 6 우리나라의 경제정책 불확실성 지수와 주요 사건

빅데이터로 예측하는 대한민국 부동산의 미래

2016년 브렉시트를 꼽을 수 있다.

이제 경제정책의 불확실성 흐름과 주택 가격의 변동을 병행해서 살펴보자. 그러면 경제정책 불확실성 지수와 주택 경기의 선·후행 관계를 따져볼 수 있을 것이다. 그동안 추상적으로만 생각해왔던 경제정책의 불확실성과 주택 경기의 상관관계를 가시적인 패턴으로 확인해볼 수 있는 것이다.

〈그림 7〉은 1993~2015년, 무려 23년간의 경제정책 불확실성 지수(이하 '불확실성 지수')와 KB 주택 가격 변동률의 동향을 나타낸 것이다. 23년의 시간 동안 불확실성 지수가 큰 변동을 보였던 구간에 주목해보자. 첫 번째 구간은 2000~2003년으로, 2000년에 접어들며 불확

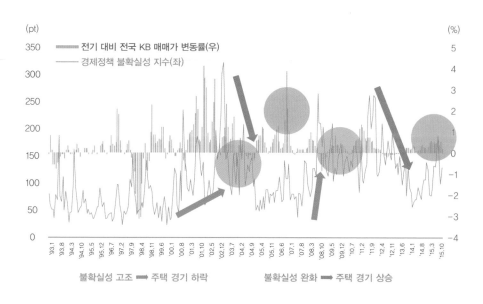

그림 7 주택 경기와 경제정책 불확실성과의 장기적 상관관계(월 단위)

실성이 큰 폭으로 증가했다(대우자동차 사태, 걸프전쟁 발발). 이후 주택 가격은 2002년까지 큰 폭의 활황세를 보이다 2003년 마이너스 변동률을 기록하며 2004년까지 그 흐름이 지속된다. 두 번째 구간은 불확실성이 급격히 완화된 2003~2004년으로, 이후 주택 가격은 2006년까지 높은 가격 상승률을 기록한다. 세 번째 구간은 그 유명한 2008년 금융 위기에 따른 불확실성 고조기로 주택 가격 역시 2012년까지 전반적인 하락세를 겪는다. 이후 금융 위기의 불이 꺼지자 우리나라 주택 경기는 2013년 이후 플러스 상승률로 전환되며, 주택 경기의 호황세가 시작된다.

23년간 총 4번의 '불확실성 격변기'를 살펴보며 주택 가격의 변동은 불확실성 지수에 후행하고, 경제정책의 불확실성 고조 혹은 완화에 따라 출렁이는 것을 확인했다. 더 나아가 2016년부터 2017년까지 최근의 불확실성 지수와 주택 경기와의 관계를 살펴보면 향후 주택시장에서 경제정책의 불확실성이 야기하는 리스크를 진단해볼 수 있을 것이다.

2016~2017년, 우리나라에 경제·정치적으로 두 가지 큰 이슈가 발생했다. 경제적으로는 대우조선의 대규모 분식 적자가 드러나는 등 조선업 경기가 급랭하며 '조선업 쇼크'가 발생했다. 정치적으로는 최순실 국정 농단에 따른 박근혜 대통령의 탄핵 사건이 있었다. 2016~2017년 불확실성 지수의 흐름을 확대해서 그린 〈그림 8〉을 보면, 조선업 쇼크가 발단이 되어 2016년 6월 불확실성 지수가 큰 폭으로 상승한 것을 알 수 있다. 조선소가 기간산업인 거제시의 주택 경기는 갑자기 얼어붙었고, 이전까지 가파르게 상승하던 거제시의 주택

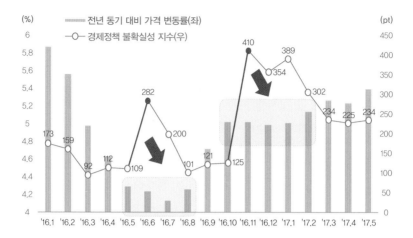

그림 8 경제정책의 불확실성과 주택 경기 동향

시장도 하락 국면으로 진입했다.* 이에 따른 영향으로 경상권 주택시장이 침체기를 겪으며 전국의 주택 가격 또한 5월에서 8월까지 상승폭이 크게 둔화되었다. 잠시 진정되는가 싶던 불확실성 지수는 10월 125포인트에서 11월 410포인트로 급상승하며 23년 만에 가장 높은 수치를 기록한다. 대한민국을 뒤흔들었던 최순실 국정 농단이 보도된 바로 그 시점이었다. 최순실 사태가 우리나라의 정치적 불확실성을 키워가던 11월부터 다음 해 2월까지 불확실성 지수는 300포인트 구간에 머무르며 상승폭을 키워가던 주택 경기에 브레이크를 걸었다. 이후 2017년 5월 문재인 대통령의 당선으로 불확실성 지수는 그나마

---

* 2014년 한 해에만 +5.7%의 가격 상승률을 기록했던 거제시는 2016년 하반기에만 -4%를 기록하는 등 급진적인 하락세에 접어들었다.

200포인트 구간으로 안정되었다. 주택 가격 역시 다시 상승폭을 키워가는 모습을 보였다.

최근의 경제정책 불확실성과 주택 경기의 흐름을 살펴본 결과, 앞서 결론 내렸던 것과 마찬가지로 경제정책 불확실성은 주택 경기에 부정적인 영향을 미쳤다. 그러나 그 영향력이 이전만큼 강하다고는 할 수 없다. 경제정책 불확실성이 무려 400포인트를 상회하는 최고조 상황에서도 주택 가격은 둔화되긴 했지만 여전히 상승했기 때문이다. 이는 2017년 상반기 당시 주택시장의 내재적 모멘텀이 견고했음을 의미한다. 그러나 2018년 현재, 우리나라 주택시장에서 가장 많은 비중을 차지하는 경기도의 주택시장이 둔화하는 등 상승 모멘텀이 약화되고 있다. 또한 정치·경제적으로 '남북 관계 급변', '미중 무역 전쟁' 등 커다란 이슈들이 불확실성을 고조시키고 있다.* 주택시장의 내재적 모멘텀이 약해지는 상황에서, 외부 충격 변수인 경제정책의 불확실성이 주택시장에 미치는 영향력은 커질 수밖에 없다. 따라서 지속적으로 불확실성 지수를 모니터링해나가며 주택시장의 외부 충격 리스크에 대비해야 시장 위험에 선제적으로 대응할 수 있다.

---

* 2018년 1월 95포인트였던 불확실성 지수는 군산 GM 사태, 남북 정상회담 논의 등 불확실성이 고조되며 3월 129포인트까지 치솟은 뒤 4월 103포인트로 완화되었다.

데이터 활용 레시피

재료 소개: 연령별 취업자 수

성별	연령계층별	2018. 06	2018. 05	2018. 04	2018. 03	2018. 02	2018. 01
계	계	27,126	27,064	26,868	26,555	26,083	
	15 - 19세	209	205	189	213	232	
	20 - 29세	3,715	3,703	3,661	3,644	3,654	
	30 - 39세	5,607	5,616	5,624	5,597	5,596	
	40 - 49세	6,695	6,697	6,689	6,664	6,658	
	50 - 59세	6,390	6,379	6,375	6,271	6,213	
	60세이상	4,511	4,465	4,331	4,165	3,730	
	15 - 64세	24,662	24,633	24,524	24,345	24,232	
	15 - 24세	1,494	1,506	1,488	1,496	1,519	
	15 - 29세	3,923	3,908	3,850	3,957	3,886	
남자	계	15,484	15,474	15,391	15,262	15,101	
	15 - 19세	89	89	82	87	103	
	20 - 29세	1,767	1,774	1,750	1,745	1,769	
	30 - 39세	3,429	3,423	3,438	3,437	3,452	
	40 - 49세	3,943	3,952	3,952	3,936	3,933	

재료 활용법	연령별 취업자 수 가운데 20~29세 취업자 수(청년 취업자 수)의 증감이 체감 경기를 가장 잘 반영하는 지표이다. [단위/공표 주기/공개 시점/지역 범위] : 천 명, 월 단위, 1963년~현재, 전국
재료 원산지	통계청 KOSIS(http://kosis.kr) 접속→국내통계→고용·임금→고용→경제활동인구조사→취업자→성/연령별 취업자
재료 잘 다루는 법	① 20~29세 외에 최근 60세 이상 취업자 수의 증감도 경기 순응적인 경향을 보인다. ② 20~29세 취업자 수는 '기업 경기'를 반영하는 지표, 60세 이상 취업자 수는 베이비부머의 '소득·소비 경기'를 반영하는 지표이다. ③ 취업자 수는 '계절적 영향'이 크므로 계절적인 영향을 제거하기 위해 전년 동기 대비 증감률로 따지는 게 정확하다.
2018년 재료의 맛!	• 20~29세 취업자 수는 최근 0.8%의 증가세를 기록했다(2018년 3월, 전년 동기 대비). 이는 주택시장이 활황이던 2014~2016년 평균치에 미달하는 수준으로, 향후 주택 경기에 부정적인 영향을 줄 것으로 보인다. • 60세 이상 취업자 수의 증가율은 2017년에 비해 낮은 수준이나 최근 증가 조짐을 보이고 있다. 2017년 평균 수준인 6% 도달 시 주택 경기에 긍정적인 영향을 미칠 것으로 보인다.

흔히 언론에서 '00지역에 00역이 개통되어 역세권 수혜를 입을 전망', '00지역의 수십 년 숙원 사업이던 광역철도가 개통, 주택 가격 들썩'과 같은 헤드라인을 접해봤을 것이다. 우리나라에서 교통 개발, 즉 철도·도로 연장과 주택시장은 어떤 연관이 있기에 이런 기사들이 나오는 것일까? 결론부터 말하자면 교통 개발은 앞서 살펴본 인구밀도와 마찬가지로 그 지역의 중장기 주택 가격 상승에 중요한 요인으로 작용하며, 특히 지방 도시의 주택 가격에 큰 영향을 미친다. 수도권의 경우는 기본적인 교통 인프라가 잘 갖추어져 있고, 지방 도시와 달리 교통 개발 외에도 인구, 학군, 생활 편의 시설 등 다양한 가격 상승 요인이 존재하기 때문이다.

먼저 주요 철도 개통과 해당 지방 시장의 주택 가격 상승률을 살펴보자. 2010년, KTX 경부선이 완전 개통되자(경부선 2단계 동대구-부산 개통) 2011년 부산, 대구, 울산 등 수혜 지역의 주택 가격은 평균 10%나 상승했다. 이후 2010~2012년 마산, 창원중앙, 진주, 여수 KTX역이 개통되며 남해 생활권이 지방의 주택 가격 상승을 주도했다. 2015년에는 포항 KTX역이 개통되며 2015년 포항의 주택 가격이 전년 대비 7%의 상승률을 기록하는 등 지방의 주택시장은 철도 연장에 민감하게 반응했다. 그러나 철도 연장과 KB 아파트 가격지수의 중장기 흐름을 살펴보면, 철도 연장 전후로 두드러진 가격 상승의 흔적은 보이지 않는다(〈그림 1-1〉). KB 아파트 가격지수는 전국의 평균 가격지수로, 재고주택의 비중이 많은 수도권의 주택 가격 흐름을 추종할 수밖에 없기 때문이다. 앞서 밝혔던 지방 주택시장이 수도권보다 교통 개발에 민감하게 반응한다는 증거가 여기에 있다.

도로 연장의 경우도 마찬가지다. 2001년 12월 서해안고속도로의 연장 완료 이후 2002년 당진시의 주택 가격은 10% 급등했다. 2011년에는 남해고속도로가 8차선으로 확장되며 창원, 김해 역시 10% 이상 주택 가격이 상승했다. 2016년에는 울산과 포항을 잇는 울산-포항고속도로가 개통하며 울산·포항권의 가격 상승을 견인했다.

이상의 철도·도로 개발 역사를 종합해보면, 2010~2012년 마산, 창원, 여수 KTX역 개통, 2011년 남해고속도로 확장 등 2010년대 초반에는 주로 경상·남해권에 집중적으로 교통 개발이 이루어졌음을 알 수 있다. 그렇다면 향후 철도·도로 연장 계획은 지방 주택 경기에 어느 정도 기여할 수 있을까? 2018년 기재부가 발표한 철도·도로 예산은 11조 원으로 전년에 비해 큰 폭으로 감소했다(2017년 14조 원). 더욱이 2014~2016년 15~16조 원 수준에 비하면 큰 기대를 가지기가 어려운 수준이다. 다만 주요 개발 계획을 살펴보면, 호남고속철 2단계

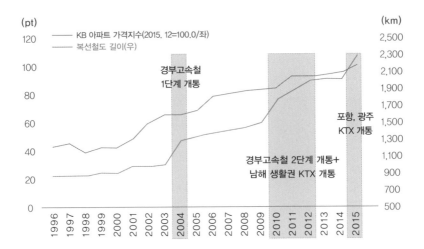

그림 1-1 우리나라 철도 개발과 주택 가격의 변화(한국철도공사, 〈한국철도 통계〉)

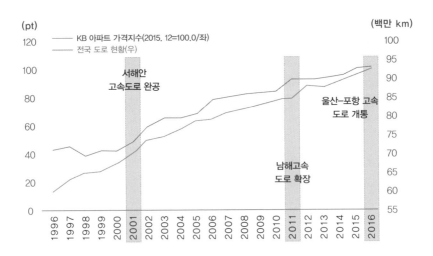

그림 1-2 우리나라 도로 개발과 주택 가격의 변화
(국토부, 〈연도별 도로 현황[개통 포장 기준]〉)

빅데이터로 예측하는 대한민국 부동산의 미래

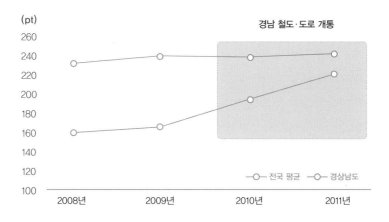

그림 2 경상남도 철도·도로 개통 전부터 개통 시점까지의 가격 흐름 비교
(부동산114 REPS)

(광주송정-목포)가 2025년 개통하고, 2022년에는 대구 1호선이 하양역(경산)까지 연장된다. 춘천과 속초를 잇는 동서고속철도가 2025년 개통 예정이며, 광주 2호선은 2025년 개통할 예정이다. 도로 개발과 관련해서는 '새만금-전주간 고속도로'가 2023년 개통 예정이다. 주로 전라, 강원 지역의 교통 개발 계획이 가시화되고 있다.

수도권 역시 지방만큼은 아니지만 교통 개발에 따른 가격 상승 모멘텀을 무시할 수는 없다. 수도권의 교통 개발과 그에 따른 주택시장에 미치는 영향을 전망하기 위해 '택지 입주에 따른 수도권의 생활권 변화'(교통 수요)와 국토부의 '제3차 대도시권 광역 교통 시행 계획(2017~2020년)'(교통 인프라 공급)을 참고해보자.

먼저 수도권의 생활권 변화를 살펴보기 위해 통계청의 〈국내인구이동통계〉를 살펴보자. 2017년 수도권의 순유입 인구는 1만 6,000

명으로 2012년 이후 5년 만에 순유입으로 전환되었다. 연령대 또한 20대부터 60대까지 고르게 유입되었다. 앞서 인구밀도 통계에서 살펴보았듯이 그렇지 않아도 높은 인구밀도를 자랑하는 수도권에 순유입이 지속된다면 통근·통학에 따른 교통 정체는 더욱 심화될 것이다. 결국 이러한 인구 이동 추세가 수도권 주택시장의 교통 개발 민감도를 상승시킬 것이며, 그 민감도는 업무 지구와 학군이 몰려 있는 서울과의 접근성의 '우위·열위'에서 기인할 것이다.

〈그림 3〉은 '서울로 통근·통학하는 비율이 높은 경기도 내 상위 시·군·구' 12개 지역과 해당 지역에 입주 혹은 입주 예정인 택지의 현황을 정리한 것이다. 이 지역들은 추가로 택지 입주(아파트 공급)가

순위	시·군·구	서울 통근·통학 비율	주요 택지·재건축 개발
1	경기도 과천시	38.9%	과천지식정보타운
2	경기도 광명시	38.8%	광명 재건축, 광명역 역세권
3	경기도 하남시	35.8%	미사지구, 하남 현안지구
4	경기도 구리시	35.5%	구리 갈매지구
5	경기도 남양주시	30.0%	별내신도시, 다산(진건)신도시
6	경기도 고양시	29.7%	삼송지구, 원흥지구
7	경기도 의정부시	29.2%	민락지구, 구도심 공원특례사업
8	경기도 성남시	25.9%	위례신도시, 성남 재건축
9	경기도 부천시	24.5%	부천 재건축
10	경기도 김포시	23.6%	김포 한강신도시
11	경기도 안양시	22.7%	안양 재건축
12	경기도 의왕시	20.8%	장안지구

그림 3 서울로 통근·통학하는 비중이 높은 경기 지역과 해당 지역의 택지·재건축 개발 현황
(경기연구원[2015년], 지은이 자체 조사)

빅데이터로 예측하는 대한민국 부동산의 미래

예정되어 있어 서울과의 접근성 개선이 주택시장에 큰 영향을 미칠 것으로 예상된다. 국토부의 2020년 수도권 광역도로 교통 여건 전망을 살펴봐도, 예상대로 이들 지역은 극심한 교통 혼잡을 겪을 것으로 보인다(〈그림 4〉).

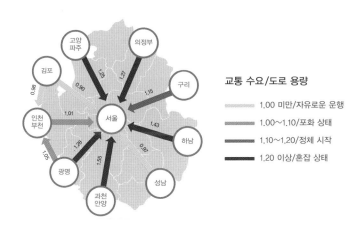

	구분	교통 수요/도로 용량	1일 교통량(대)
1	고양·파주축	1.25	246,850
2	의정부축	1.27	102,235
3	구리축	1.15	324,680
4	하남축	1.43	153,830
5	성남축	0.97	431,777
6	과천·안양축	1.55	278,571
7	광명축	1.28	187,623
8	인천·부천축	1.01	278,697
9	김포축	0.90	113,471
10	인천-김포축	0.98	49,732
11	인천-시흥·안산축	1.05	259,342

그림 4 수도권 광역도로의 교통 여건 전망(국토부)

〈그림 4〉의 보라색으로 연결된 지역의 교통량이 '혼잡 심화'가 예상되는 지역으로, 고양·파주, 의정부, 하남, 광명, 과천·안양이 이에 해당한다. 이를 역으로 생각하면, 정부는 예상 교통 수요에 비해 도로 용량이 부족한 지역* 위주로 철도·도로 계획을 수립할 가능성이 높다는 것을 알 수 있다.

2017년 국토부가 계획한 '광역철도 선정 사업 현황'을 살펴보면(〈그림 5〉), 정부는 이미 교통 수급 예측을 기준으로 해당 지역에 중장기 철도 계획을 수립해놓은 것을 확인할 수 있다. 보통 주택시장에 교통 개발이 영향을 미치는 시점은 '개발 계획 고시', '개발 착공', '개발 완료' 단계이다. 이 중 '개발 계획 고시' 시점이 가장 큰 영향을 미친다. 해당 철도 사업의 진행 단계를 눈여겨봐둔다면, 둔화되는 경기도 주택시장에서 추가 상승 여력을 가진 기회 지역을 포착할 수 있을 것이다.

구분	축 구분	사업명	노선	연장 (km)	사업비 (억 원)	현황	개통 예정
1	성남축	신분당선 연장	강남-용산	7.8	13,128	공사 단계	2024~2025년
2	구리축	별내선	암사-구리-별내	12.9	12,971	공사 단계	2023년
3	의정부축	진접선(4호선 연장)	당고개-진접	14.8	13,905	공사 단계	2021~2022년
4	하남축	하남선(5호선 연장)	강일역-검단산역	7.7	9,868	공사 단계	2020년
5	인천-시흥·안산축	수인선 복선전철	수원-인천	52.8	19,223	공사 단계 (1, 2단계 완료)	2019년

* 도로 용량 대비 교통 수요가 1이 넘는 지역.

6	광명축	신안산선 복선전철	안산, 시흥- 여의도(-서울역)	43.6 (46.9)	33,895 (40,981)	설계 단계	2023년
7	고양·파주축	수도권 광역급행철도A	(1단계) (파주-)킨텍스-삼성	36.4 (43.1)	28,998 (33,909)	설계 단계	2023~2024년
8	성남축	삼성-동탄 광역급행철도	(2단계) 삼성-동탄	39.5	15,547	설계 단계	2021~2022년
9	의정부축	의정부 양주선(7호선 연장)	도봉산-옥정	15.0	6,337	설계 단계	2024년
10	성남축	신분당선 연장	(2단계) 광교-호매실	11.1	11,169	계획 단계	미정
11	인천·부천축	수도권 광역급행철도B	송도-청량리	48.7	46,038	계획 단계	미정
12	의정부축, 과천·안양축	수도권 광역급행철도C	의정부-금정	47.9	39,660	계획 단계	미정
13	고양·파주축	신분당선 서북부 연장	동빙고-삼송	21.7	12,119	계획 단계	예비 타당성 조사 대상 선정
	합계(13개)			359.9 (369.9)	262,858 (274,855)	–	–

그림 5 수도권의 광역철도 선정 사업 현황(국토부, 지은이 자체 조사)

PART 1 데이터로 전망하는 대한민국 주택시장

주택시장 2대 리스크 점검
중산층의 가계부채와 입주 리스크

주택시장을 근본적으로 위협하는 요인은 '빚'과 '공급 과잉' 두 가지로 압축할 수 있다. 미국은 집값보다 더 많은 대출을 해주었고 (LTV[*] 100% 이상), 비우량 주택담보대출(서브프라임 모기지)이 부실을 맞으며 2008년 금융 위기를 맞이했다. 우리나라는 30만 호 이상의 입주 물량을 7년간 쏟아내며 2010년 수도권 시장이 불황을 맞았다.

2018년 현재, 가계부채의 심각성은 2년 전부터 수면 위로 떠올랐고, 44만 호의 역대급 입주 물량은 과거 '미분양 시대의 재현'과 같은 공포심을 불러일으키고 있다.

7장에서는 주택시장의 역사에 심각한 후유증을 안겨줬던 빚과 공급 과잉의 리스크를 진단하면서 주택시장의 미래 위험에 대해 살펴보자.

---

* Loan to Value(집값 대비 담보대출 비율).

중산층의 가계부채

앞서 주택 가격의 하락 모멘텀으로 가계부채를 언급했다. 그러나 가계부채를 살펴볼 때 유의할 점이 하나 있다. 우리나라의 '전체' 가계부채량과 증가율을 따지기보다는 '소득 분위'로 나누어봐야 의미 있는 시그널을 감지할 수 있다는 것이다. 실제 아파트를 살 수 있는 가계 소득 분위는 '3분위 이상'(중산층 이상) 가구이다. 굳이 데이터로 설명하지 않아도 대한민국의 아파트 가격은 기타 주택(다가구, 다세대 등)에 비해 월등히 높은 수준이기 때문이다. 흔히 언론이나 연구기관은 가계부채의 심각성을 다룰 때 1, 2분위 저소득 계층의 신용 위험이 심각하다는 식으로 결론을 맺는다. 그러나 아파트 시장에서 1, 2분위 저소득 계층의 신용 위험은 그다지 위협이 되지 않는다. 1, 2분위 가구는 아파트의 주 수요층이 아니기 때문이다. 따라서 가계부채에 따른 주택시장의 리스크에 관심이 있다면, '중산층 이상'(3분위 이상)의 가계부채를 다룬 뉴스나 보고서에 주목해야 한다.

우리나라 가계부채의 민낯을 살펴보기 위해 신용 정보 회사인 KCB(코리아크레딧뷰로)의 '가계대출 빅데이터' 조사 결과를 살펴보자 (〈그림 1〉). KCB가 조사한 '대출 유형별 가계대출 증가율' 데이터가 주는 시사점을 두 단어로 압축하면, '부자 선발대'와 이를 뒤따르는 '중산층 후발대'로 요약할 수 있다.

2014년 1분기에서 2015년 1분기까지의 유형별 대출 증가율의 추이를 살펴보면 은행 대출과 주택담보대출의 증가세가 두드러진다. 주택시장은 2013년 회복세 조짐을 보이며 2014~2015년 본격적인

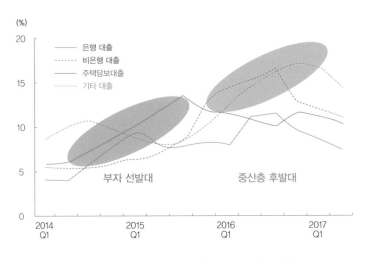

그림 1 유형별 가계대출 증가율(KCB, 한국금융연구원)

상승 국면에 돌입했다. 즉 은행 대출과 주택담보대출의 증가세가 주택 경기의 상승을 견인한 것이다. 그렇다면 은행 대출과 주택담보대출은 어느 계층이 적극적으로 이용했을까? 중산층보다는 4, 5분위 고소득 계층일 가능성이 높다. 〈2017 가계금융·복지조사〉 통계를 보면 4, 5분위의 담보대출 비중이 80%를 상회한다(〈그림 2-1〉). 아무래도 고가의 주택 등을 담보로 한 대출에 4, 5분위 가구가 유리할 수밖에 없다. 이를 다시 해석하면 부자 선발대가 은행 대출과 주택담보대출의 도움을 받아 상승 국면을 향해 달려가는 '부동산 열차'에 올라탔다는 것을 알 수 있다(게다가 2014~2015년 LTV는 70% 수준이었다!).

2016년 주택 경기가 완연한 상승 국면에 진입하자 이번에는 중산층 후발대가 비은행 대출, 기타 대출(신용대출 등)을 이용하여 정점을 향해 달려가는 부동산 열차 후미에 올라탔다. 2016년 전까지 후한

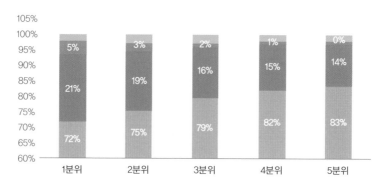

그림 2-1 총 금융 부채 대비 소득 분위별 대출 종류 비중

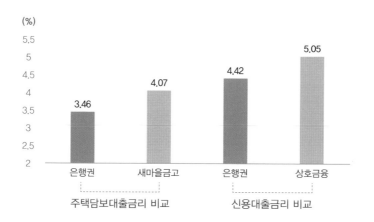

그림 2-2 2018년 2월 기준 은행권과 비은행권의 대출금리 비교(한국은행)

인심을 베풀던 은행이 주택시장의 호황으로 대출액이 증가하자 중산
층 후발대에 대해서는 야박하게 굴었기 때문이다. 따라서 은행 대출,
주택담보대출과 같은 우량 대출의 증가세는 2016년 3분기 이후 동반
하락한다. 이미 2014년에 빠르게 부동산 열차에 탑승했던 고소득층

101

은 충분한 시세 차익을 거두었고, 2016년 이후 대세에 합류한 중산층 가구는 더 높은 금리로 덜한 시세 차익을 거두었다.

결국 가계부채 리스크의 핵심은 '중산층 가계부채'에 있는 것이다. 2016년 중산층 후발대의 본격적인 주택 매입 개시 후, 2016~2017년 수도권의 가격 상승률은 6%[*]를 기록했다. 따라서 향후 수도권의 주택 가격이 그간의 상승분을 반납하고 6% 이상 하락한다면, 소위 '깡통주택'의 급증으로 인한 가계부채 충격이 발생할 것이다.

부자 선발대와 중산층 후발대의 양극화 흐름은 소득 분위별 '연체 금액 비중'의 추이를 봐도 알 수 있다. 2015년 이후 4, 5분위 고소득 계층은 연체 금액의 비중이 감소하는 반면 3분위 이하 계층에서는 연체 금액이 증가한다(〈그림 3-1〉). 더불어 과다 채무자의 비중 역시 3분위가 4, 5분위에 비해 여전히 높으며, 꾸준한 증가세에 있다(〈그림 3-2〉). 가계부채의 위험을 분석한 한국감정원의 최근 연구 역시 주택 가격이 앞서 이야기한 6% 수준으로 하락할 경우 3분위 가계의 부도 확률이 고소득 가계[**]에 비해 5~10배 높다는 시뮬레이션 결과를 내놓았다. 중산층 가구의 취약성을 데이터로 입증한 이 연구 결과는 중산층 부채가 가계부채 리스크의 핵심임을 다시 한 번 확인시켜준다.

가계부채 리스크의 지리적 진원지는 수도권을 꼽을 수 있다. 최근 지방 주택시장이 하락세에 있지만 재고주택 수와 주택담보대출

---

[*] 부동산114 REPS.

[**] 한국감정원이 실시한 2016년 소득 분위별 가계부채 부실 위험 시뮬레이션 결과, 주택 가격이 6% 하락해도 고소득 가계의 부도 확률은 0.65%에 불과하다. 반면 3분위 가계의 부도 확률은 3.19~6.22%이다.

그림 3-1 총 연체 금액 대비 소득 분위별 비중 추이

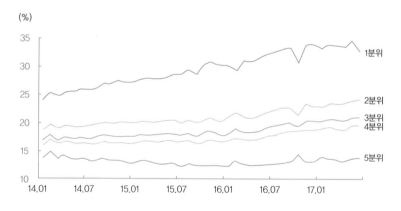

그림 3-2 소득 분위별 과다 채무자(DTI 40% 이상)의 비중

총량에서 전국적인 영향을 미치기에는 수도권에 비해 미약한 수준이다. 다시 KCB의 가계대출 빅데이터로 돌아가 '지역별 집단 대출 신규 약정금액 추이'를 살펴보면, 수도권의 집단 대출 규모가 5대 광역

시와 기타 지방에 비해 압도적인 수준임을 알 수 있다(〈그림 4〉). 또한 그 시계열 흐름을 살펴보면 2015~2016년에 대출이 집중적으로 몰려 있는 것을 알 수 있는데, 이는 아파트 입주가 도래하는 2~3년 후인 2017~2019년에 잔금대출이 몰려 있다는 것을 의미한다. 따라서 가계대출이 주택시장의 시험대에 오를 시점은 금리 상승이 본격화되는 2018~2019년이 될 것이다. 이는 반대로, 올해와 내년을 잘 넘기면 더 이상 가계대출이 주택시장의 리스크로 부각되기는 어렵다는 것을 의미한다.

결국 가계대출 리스크의 충격 수준은 수도권에 거주하는 중산층 가계의 부채 건전성에 달려 있다. 그리고 그 임계 시점은 신규 집단대출이 가장 많이 발생했던 2015년 12월의 3년 후인 2018년 12월이 될 것이다. 즉 올 연말이 가계부채 리스크의 8부 능선이 될 전망이다. 부디 가계부채의 심각성을 걱정하는 마지막 해가 되길 바란다.

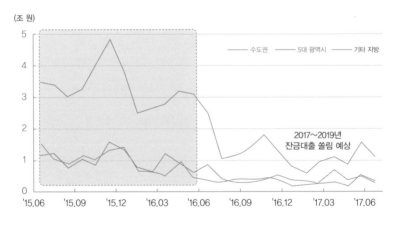

그림 4 지역별 집단 대출 신규 약정금액의 추이

입주 리스크

'아파트 공급'이라는 용어는 일반인들에게는 몰라도 나 같은 '업자'들에게는 다소 헷갈리는 용어이다. '공급'은 엄밀히 말하면 '분양 물량'과 '입주 물량', 두 가지 의미를 모두 내포하고 있기 때문이다. 이 때문에 나는 부동산 관련 뉴스에서 '아파트 공급'이라는 단어를 보면 '아파트 분양'을 의미하는 것인지 아니면 '아파트 입주 물량'을 이야기하는 것인지 파악하기 위해 데이터 출처를 다시 확인해보곤 한다.

분양과 입주 물량 가운데 우리가 흔히 말하는 주택시장, 즉 재고주택시장에 더 큰 영향을 미치는 변수는 무엇일까? 바로 입주 물량이다. 주택시장의 장기간 흐름을 추적해보면, 주택시장이 호경기일 때는 너도나도 분양을 받으려 하기 때문에 분양 물량이 증가한다. 2015년 51만 호의 역대급 분양이 그것을 말해준다. 즉 분양 물량은 주택시장의 '결과'를 말해주는 지표로, 장기적 관점에서 봤을 때 영향을 주는 지표라기보다는 영향을 받는 지표라고 할 수 있다. 반면에 입주 물량은 유통·제조업에서 흔히 말하는 '재고' 같은 의미이다.

제때 팔리지 않고 쌓이면 눈덩이같이 불어나 심각한 재무 손실을 입히는 재고 리스크를 주택시장에 적용하면 '입주 리스크'가 된다. 호경기 때 분양을 받았던 사람들이 2~3년 후 막상 주변 지역에 입주 물량이 증가하고 주택 가격이 떨어지는 조짐을 보이면 쌓이는 재고에 놀라 계약을 포기한다. 주택을 보유함으로써 기대되는 이익보다 손실이 훨씬 크게 다가오기 때문이다. 따라서 분양 가격에 비해 2,000~3,000만 원 손해를 보더라도 분양권을 '던지는' 사태가 벌어지는데, 이러한 심리가 확산되어 입주 리스크가 발생한다.

입주 리스크는 주택시장이 가정할 수 있는 시나리오 가운데 '최악의' 시나리오라고 할 수 있다. 수분양자 입장에서는 몇천만 원의 손실을 보는 것이고, 공급자 입장에서는 몇 억짜리 재고가 무더기로 쌓이는 심각한 재무 손실을 입는 것이기 때문이다. 그런 점에서 역대 최고 수준의 입주 물량이 예고된 올해 상황에서 데이터로 입주 리스크를 진단하는 것은 시장 예측에서 중요한 의미를 가진다.

그렇다면 입주 리스크의 징후를 알려주는 데이터 시그널에는 무엇이 있을까?

무엇보다 '준공 후 미분양'이 입주 리스크를 진단하는 대표적인 시그널이라고 할 수 있다. 준공 후 미분양은 국토부에서 월 단위로 발표하는 통계로, 우리가 흔히 말하는 '전국 미분양 통계'는 준공 후 미분양이 포함된 수치이다. 다시 말해 '전국 미분양 통계=준공 전 미분양+준공 후 미분양'으로, 국토부는 준공 후 미분양 통계를 따로 공표하고 있다. 이 준공 후 미분양이 발생하는 경로는 두 가지인데, 첫 번째는 분양 초기부터 팔리지 않은 물량이 입주(준공) 때까지 팔리지 않은 경우이고, 두 번째는 분양받은 세대가 입주 시기에 분양 계약을 포기함으로써 '해약 세대'가 발생한 경우이다. 두 가지 모두 결과적으로 주인 없는 '불 꺼진 집'을 양산하는데, 준공 후 미분양 통계를 통해 지역에 불 꺼진 집이 몇 가구나 되는지 알아봄으로써 입주 리스크의 수준을 진단할 수 있다.

과거 우리나라의 입주 리스크 발생 시점을 살펴보기 위해 준공 후 미분양의 중장기 추이를 확인해볼 필요가 있다(〈그림5〉).

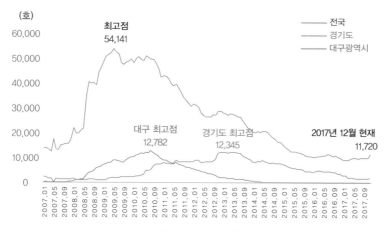

그림 5 준공 후 미분양 추이(국토부)

우리나라의 준공 후 미분양이 절정이었던 시기, 즉 최악의 입주 리스크가 발생한 것은 2009년 5월로, 2008년 리먼브라더스 사태 발생 후 1년이 지난 때였다.

당시 준공 후 미분양은 5만 4,141호였다. 2017년 준공 후 미분양을 합친 우리나라의 전체 미분양이 5만 호 수준인 점을 감안하면 어마어마한 수치라고 할 수 있다. 흔히 2,000세대를 대규모 단지라고 부르는데, 이런 대규모 단지 25개가 통째로 불 꺼진 집이 되었던 것이다. 그렇다면 당시 준공 후 미분양의 최대 주범은 어느 지역이었을까? 바로 대구광역시다.

대구광역시의 준공 후 미분양은 2008년 하반기부터 급격히 증가해 2010년 8월 1만 2,782호로 정점을 찍는다. 당시 대구의 준공 후 미분양을 규모별로 따져보면 전용면적 85m² 초과(34평 초과) 대형 평형의 미분양이 대다수였는데, 이 중 수성구의 대형 평형이 대구의 입주 리스크를 초래했다고 할 수 있다. 2007년 당시 대구의 주택시장은 그 여름의 더위만큼이나 뜨거웠고, 절정을 달리고 있었다. 더불어 대형 평형의 인기에 힘입어 건설사들 역시 단지 내 대형 평형을 절반 이상 공급하였으니, 대구에서 제일 잘사는 수성구에 일반 대형 평형이 아닌 최고급 대형 평형을 공급하는 것은 당연한 수순처럼 보였다. 하지만 금융 위기가 터지자 34평보다 많게는 평당 1.4배 비싼 대형 평형의 거품은 쉬 꺼지고 말았다. 결국 준공 후 미분양 1만 호라는 직격탄을 맞은 대구는 이후 3년간 다른 지역보다 더욱 가파른 하락세를 맞이했다.

두 번째로 입주 리스크를 겪은 도시는 경기도였다. 경기도 역시 대구와 비슷한 수준인 1만 2,345호의 준공 후 미분양을 기록했는데, 대부분 용인시와 고양시의 대형 평형에서 비롯되었다. 2018년 현재 용인과 고양의 40평 초과 대형 평형은 최근의 수도권 호황에도 불구하고 10년 전 분양가를 소폭 상회하는 시세를 형성하며 시세가 폭등한 중소형(20~30평대) 상품과 전혀 다른 길을 걷고 있다.

대구와 경기도의 준공 후 미분양의 공통 주범은 국민 주택 규모 이상의 대형 평형이었다. 이에 입주 리스크라는 최악의 상황을 겪은 건설사들은 이후 중소형 상품 위주로 공급 구조를 전환했고, 2018년 2월 현재 준공 후 미분양은 1만 1,712호의 안정적인 수준을 유지하고 있다. 장기적 관점에서 1만 1,712호의 준공 후 미분양은 2007년 이래 역사적인 저점 수준이며, 과거 대구, 경기도의 준공 후 미분양보다도 낮은 절대 안정 상태라고 할 수 있다. 따라서 2018년 대규모 입주 물량에도 준공 후 미분양의 급증 가능성은 매우 낮다고 할 수 있다.

준공 후 미분양 외에 좀 더 선행해서 입주 리스크 시그널을 보내는 지표로는 '전세가율'을 꼽을 수 있다. 앞서 전세가율의 의미를 알아봤는데, 전세가율이 높다는 것은 실수요 압력이 높다는 뜻이다. 입주 리스크를 촉발하는 원인 중의 하나가 바로 '투기 수요의 과다'인데, 투기 수요는 말 그대로 '입주할 생각이 없는' 수요로서, 시장 변동에 따라 입주 포기 가능성이 높은 수요이다. 반대로 실수요, 즉 아파트에 입주해서 살고 싶은 수요가 많은 곳은 시장 변동이 발생해도 어떻게든 잔금을 치를 가능성이 높다. 따라서 전세가율이 높을수록 실수요 압력이 높아 시장 변동에도 입주 리스크가 발생할 가능성이 낮다고 할 수 있다.

최근의 전국 전세가율 동향을 연령별로 분류해서 살펴보면, 그 흐름이 2015~2016년 정점에 달한 후 2017년 하락하는 공통된 경향을 보인다(〈그림 6〉). 다만 주택 고령화로 인해 과거 고령주택보다 낮은 전세가율을 보였던 젊은주택의 전세가율이 고령주택과 비슷한 수준으로 유지되고 있는 점은 긍정적이다. 신규 아파트 입주에 대한 선호도는 곧 젊은주택의 전세가율 수준으로 가늠할 수 있기 때문이다. 다만 최근의 하락폭을 보면 젊은주택과 고령주택 모두 70%의 마지노선에 도달해 있다. 내 경험상으론 전세가율이 적어도 70%는 넘어야 주택시장에 긍정적인 모멘텀을 만들어낼 수 있다. 그런 점에서 2018년의 전세가율 반등 여부는 중요한 변수가 될 전망이다.

준공 후 미분양과 전세가율의 시그널을 종합해보면, 양과 질적인 측면에서 이전과 같은 급진적인 입주 리스크가 발생할 가능성은 낮다. 그러나 동탄2신도시 등 수도권의 대규모 택지 입주(아파트 공급)가

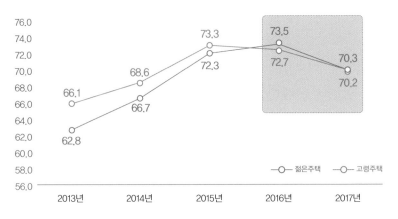

그림 6 젊은주택과 고령주택의 전세가율 추이(부동산114 REPS)

시작되며 젊은주택의 전세가율이 하락하는 상황은 앞으로도 예의 주시해야 할 부분이다. 앞서 중산층의 가계부채에서 언급했듯이 결국 입주 리스크도 동탄2신도시 같은 수도권 중산층의 입주 태도에 달려 있기 때문이다.

빅데이터로 예측하는 대한민국 부동산의 미래

데이터 활용 레시피

재료 소개: 가계신용(가계대출)

	재료 활용법	• 가계대출 증가세 회복→주택 경기 회복의 선행 시그널. • 가계대출 둔화세 시작→주택 경기 둔화의 선행 시그널. [단위/공표 주기/공개 시점/지역 범위]: 십억 원, 분기, 2002년~현재, 전국
재료 원산지	한국은행 ECOS(http://ecos.bok.or.kr) 접속→통계검색→간편검색 →3.예금/대출금/기타금융→3.6.가계신용→3.6.1가계신용(분기별)→가계대출
재료 잘 다루는 법	① 가계대출은 대출 총량도 중요하지만 전년 동기 대비 증감률 동향이 더 중요하다. ② 가계대출은 예금 취급 기관의 대출 동향에 주목해야 하며, 이 중 금리가 높은 비은행 예금 취급 기관의 대출이 증가할수록 부채 리스크가 증가한다. ③ 가계대출은 금리 동향과 함께 살펴봐야 하며, 은행연합회(http://www.kfb.or.kr/info/interest_loan.html?S=FAC)에서 시중 대출 금리를 확인할 수 있다.
2018년 재료의 맛!	• 가계대출 증가율은 2016년 4분기 11.6%의 최고치를 기록하며 주택 경기의 정점을 알려주었다. 2013년 3분기에는 6%대의 증가세를 회복하며 주택 경기의 회복을 알려주었다(전년 동기 대비). • 2018년 1분기 현재 7.8%의 증가율을 기록하며 상승폭의 둔화세 지속. 향후 상승폭 둔화로 5% 수준으로 진입할 경우 본격적인 경기 둔화가 예상된다.

통계표	항목명1	단위	변환	2013.2	2013.3	2013.4	2014.1	2014.2	2014.3
3.6.1 가계신용(분기별)	주택담보대출	십억원	원자료	407,010.9	409,160.6	418,121.1	422,146.3	432,038.7	445,163.6

재료 활용법	• 주택담보대출 증가세 회복→주택 경기 회복의 선행 시그널. • 주택담보대출 둔화세 시작→주택 경기 둔화의 선행 시그널. [단위/공표 주기/공개 시점/지역 범위]: 십억 원, 분기, 2002년~현재, 전국
재료 원산지	한국은행 ECOS(http://ecos.bok.or.kr) 접속→간편검색→3.예금/대출금/기타금융→3.6.가계신용→3.6.1 가계신용(분기별)→가계대출→주택담보대출
재료 잘 다루는 법	① 주택담보대출의 억제는 신용대출 등 기타 대출의 증가를 유발하는 풍선효과를 일으킨다. ② 주택담보대출은 가계대출에서 높은 비중을 차지하며, 통계청의 〈가계금융·복지조사〉와 함께 살펴보면 가구 특성별로 자세한 가계부채 현황을 살펴볼 수 있다.
2018년 재료의 맛!	• 주택담보대출 증가율 역시 2016년 4분기 11.2%의 최고치를 기록하며 주택 경기의 정점을 알려주었다. 2014년 2분기에는 6%대의 증가세를 회복하며 주택 경기의 회복을 알려주었다(전년 동기 대비). • 2018년 1분기 현재 5.8%의 증가율을 기록하며 둔화세가 심화되었다. 이는 경기의 영향보다는 '부동산 대출 규제'에 따른 인위적인 감소세이다.

재료 활용법	준공 후 미분양 증가는 '불 꺼진 집'이 증가한다는 의미로 입주 리스크가 발생할 가능성이 높다는 의미이다. [단위/공표 주기/공개 시점/지역 범위]: 세대, 월 단위, 2007년 1월~현재, 전국 시·군·구
재료 원산지	국토교통부 통계누리(http://stat.molit.go.kr) 접속→주택→승인통계→ 미분양주택현황보고→공사완료후 미분양현황
재료 잘 다루는 법	① 국토부에서 발표하는 미분양은 '준공 전 미분양'과 '준공 후 미분양'으로 나뉜다. 그중 준공 이후에도 분양되지 않은 준공 후 미분양은 시장에 심각한 영향을 미친다. ② 과거 준공 후 미분양의 주범이었던 국민주택 초과 규모($85m^2$ 초과)의 아파트 공급이 급감하며 준공 후 미분양의 위험도는 낮은 수준이다.
2018년 재료의 맛!	• 준공 후 미분양 '2018년 2월 1만 1,712호→2018년 3월 1만 1,993'로 소폭 증가. 절대적인 수준은 안정적이며, 대부분 국민주택 규모($85m^2$) 이하 미분양으로, 입주 리스크 가능성은 낮다. • 3월 준공 후 미분양의 상위 지역은 거제시(915호), 김천시(850호), 예산군(589호)으로, 경상·충청 지역에 분포해 있다.

113

PART 1 데이터로 전망하는 대한민국 주택시장

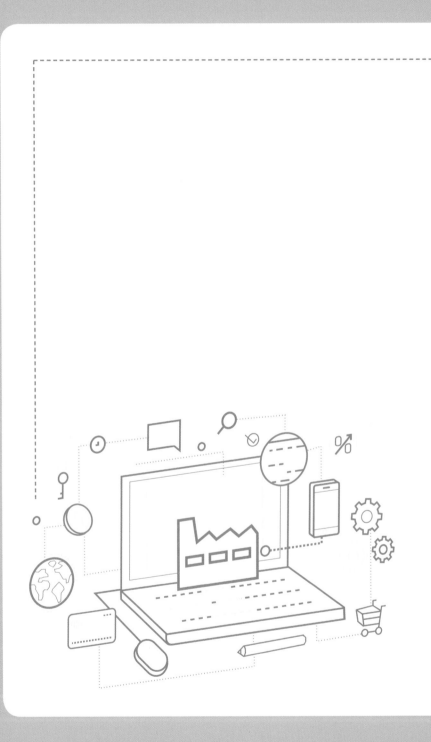

데이터로 쪼개 보는 전국 '시도별, 시·군·구' 주택시장

PART 1에서는 전국의 평균적인 주택시장의 흐름을 관통하는 지표를 소개하고, 이를 활용하여 시장을 전망했다. PART 2에서는 전국의 시도 단위뿐 아니라 시·군·구 단위까지 '쪼개서' 하위 시장의 수급 분석과 주택 가격의 적정 수준을 진단하고 향후 추세를 전망한다. 또한 시도별로 상위 주택시장을 대표하는 시·군·구와 독립적인 흐름을 가진 시·군·구에 대해 정리한다. 이를 통해 '00시의 흐름을 보려면 00구의 주택시장을 보면 된다', '00구는 00시와 달리 독립적인(상관성이 없는) 주택시장이므로 별개로 봐야 한다' 같은 통찰력을 얻을 수 있을 것이다. 나의 개인적인 실전 시장 예측 스토리도 들어 있는 이번 파트에서는 2013년 당시 저점을 통과하던 경기도 지역과 리스크가 큰 지방 소도시의 시장성을 예측하여 분양에 성공한 사례도 소개한다. 누구나 알 수 있는 '부동산 입지'가 아닌 '보이지 않는 시장의 흐름'을 읽어낸 사례를 통해 실전용 주택 데이터에 대해 알게 된다.

데이터로 쪼개 보는 전국 '시도별, 시·군·구' 주택시장

전국 시도
주택시장 전망

전국 시도별 공급 물량 분석

- 입주 (예정) 물량으로 본 시도별 공급 동향
- 분양(예정)으로 본 시도별 공급 동향

전국 시도 주택 가격의 밸류에이션

- 주택 가격 밸류에이션의 기준: 중년주택의 가치
- 중년주택의 가치 흐름으로 본 시도 주택 가격의 밸류에이션

전국 시·군·구
주택시장 전망

시·군·구 주택시장의 6대 선행지표

지역 간 주택시장의 상관관계

지역 산업의 흥망성쇠와 주택시장

데이터로
일궈낸
반전 분양
스토리

1장

전국 시도별 주택시장 분석

시도별 공급량 입체 분석: 시도별 '입주·분양' 예정 물량

주택 공급에 따른 시장의 영향을 전망할 때 먼저 '입주 예정 물량'을 확인해야 한다. 입주 예정 물량은 분양(착공)하고 2~3년 뒤 해당 지역에 공급하는 '확정된' 물량이기 때문이다. 반면 '분양 예정 물량'은 건설사의 분양 계획에 따라 언제든 바뀔 수 있는 유동적인 물량이다.[*]

전국 시도별 입주 (예정) 물량의 장기 추이 분석

주택시장을 예측할 때 바람직한 자세는 중장기 흐름을 잘 살펴

---

[*] 입주 물량은 재고(Stock) 개념으로, 지역의 가구 수에 비해 적정 수준을 초과해 공급할 경우 해당 재고주택시장을 악화시킬 수 있다. 그에 비해 분양 물량은 향후 '지어질 물량'에 대한 개념이므로 해당 지역에 대한 주택시장의 기대치에 따라 물량에 상관없이 그 지역의 주택시장을 달구는 불쏘시개 역할을 하기도 한다.

보는 것이다. 물론 최근 들어 전세가율이 이전보다 상승하고, 저금리 기조가 장기간 지속되어 급진적인 하락 가능성은 낮지만 장기적인 관점에서 '평균으로의 회귀'라는 기본 원칙을 무시해서는 안 된다.

〈그림 1〉은 20년간(2000~2019년[예정])의 전국 및 주요 시도의 입주 물량 추이를 도표로 나타낸 것이다.

보다시피 2018년 역대 최다 입주 물량이 예정되어 있다. 늘 가장 많은 입주 물량을 기록했던 경기도에 16만 호가 몰려 있어 전국 44만 호의 입주 물량 기록을 세우는 데 가장 큰 기여를 하고 있다. 경기도의 대규모 입주 물량은 동탄2신도시, 남양주 다산(진건), 고양 삼송 등 2015년 이후 본격적으로 분양한 택지들의 입주 물량이 그 원인이라고 할 수 있다.

서울은 2018~2019년 연평균 3만 호가 넘는 수준으로, 2014년

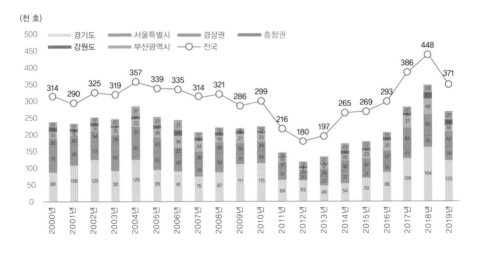

그림 1 전국 및 주요 시도의 중장기 입주 물량 추이(부동산114 REPS, 2018년 5월 검색 기준)

빅데이터로 예측하는 대한민국 부동산의 미래

이후 오랜만에 3만 호를 상회하지만 대부분 재건축 입주 물량이어서 조합원을 제외한 일반 분양분은 그리 많지 않다. 또한 2000년부터 2011년까지는 3만 호 이상의 입주 물량이 꾸준히 있었지만 2012년 이후에는 2~3만 호에 머무르며 공급 모멘텀(택지 공급* 또는 도시 정비 사업 분양)이 축소되고 있다.

지방 시도 지역에서 두드러지는 것은 경상권(경상남도+경상북도)의 입주 물량이다. 이제껏 경상권에서 보지 못한 연평균 6만 호의 공급이 2017~2018년 2년 연속 이루어질 전망이어서 당분간 재고주택의 가격 회복이 쉽지 않을 것으로 보인다.

그에 비해 충청권(충청남도+충청북도)의 입주 물량은 천안을 중심으로 2016년부터 3년간 가파르게 증가하다 2019년 1만 8,000호 수준으로 급감하는 모습을 보인다. 충청권은 산업도시가 많아 젊은 층의 유입이 계속되어 다른 지방 도시에 비해 인구구조가 우량한 편이다.** 따라서 2019년 이후에는 천안, 청주 등의 중심 도시 위주로 주택시장이 회복될 가능성이 높다.

최근 해운대를 시작으로 가격 하락이 지속되는 부산의 입주 물량은 연평균 2만 호 수준이 계속될 전망이다. 하지만 서울과 마찬가지로 재건축 분양이 많고, 물량 수준도 역사적으로 높은 편이 아니어서 현재의 흐름은 정부 규제에 따른 가격 조정 상태에 있는 것으로 보

---

* '신도시 개발'의 개념으로 일시에 대규모 주택 공급을 위한 택지를 조성하는 것을 의미한다. ex)위례신도시.

** 〈2017년 국내인구이동통계〉에 따르면 충남과 충북은 2007~2017년 진행된 4번의 조사에서 모두 순유입이 일어난 지방 도시이다.

아야 한다. PART 1에서 기술했듯이 부산 역시 인구밀도가 높고(도쿄와 비슷한 수준), 서울 다음으로 '부의 수준*'이 높은 도시이다. 따라서 정부 규제가 현재보다 심화되지 않는 한 대세적인 하락은 없을 것으로 예상된다.

지방 도시 가운데 근래 들어 가장 약진했던 지역은 단연 강원도라고 할 수 있다. 평창동계올림픽 개최와 원주혁신도시의 개발 그리고 속초의 분양 활황이 바로 강원도 주택시장의 힘이었다. 그러나 강원도는 2018~2019년, 10여 년 만에 처음으로 1만 호가 넘는 입주 물량이 예정되어 있다. 따라서 절대적인 물량으로 볼 때 입주 리스크에서 자유로울 수 없는 지역이라고 할 수 있다.

입주 물량 매트릭스를 활용한 시도별 입주 리스크 진단

중장기 입주 물량의 추이를 통해 주요 시도의 주택시장에 대해 알아보았다. 이제 좀 더 입체적인 분석을 위해 도시 규모 대비 입주 물량에 대해 살펴보자. 이를 위해 두 가지 척도를 적용한 입주 물량 매트릭스를 소개한다.

입주 물량 매트릭스의 가로축은 '해당 시도의 장기 평균(2000~2016년) 대비 2017~2019년의 연평균 입주 물량', 세로축은 '해당 시도의 가구 수 대비 2017~2019년의 누계 입주 물량'을 의미한다. 전자는 장기 연평균 대비 향후 입주 물량이 어떤지, 후자는 도시 규모 대비

---

* 〈2017 한국 부자 보고서〉 기준으로, 인구 대비 부자 수 비중은 서울(1.1%) 다음으로 부산이 높다 (0.48%).

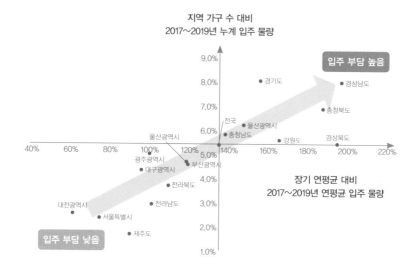

지역 가구 수 대비
2017~2019년 누계 입주 물량

그림 2 전국 시도별 2017~2019년 입주 물량 매트릭스

입주 물량이 적정한지를 알 수 있는 지표이다. 이 두 지표를 적용한 입주 물량 매트릭스에, 2017~2019년 전국 시도별 입주 물량을 표시했다(〈그림 2〉).

  3사분면에서 1사분면으로 갈수록 입주 물량이 장기 연평균 대비 많고, 지역 가구 수 대비 입주 물량도 많아서 입주 부담이 심화되는 지역이라고 할 수 있다. 경상남도, 충청북도가 이에 해당한다. 특히 경남의 경우 2017~2019년 연평균 입주 물량이 장기 연평균 대비 2배 수준인 데다 지역 가구 수 대비 8% 수준의 공급이 이루어질 것으로 예상되어 전국 시도 가운데 입주 부담이 가장 클 것으로 보인다.

  반면 서울과 대전은 3사분면 끝에 자리하고 있다. 서울은 입주 물량이 장기 연평균 대비 75% 수준, 지역 가구 수 대비 2.4%에 불과하고, 대전 역시 장기 연평균 대비 61% 수준, 지역 가구 수 대비 2.6%로, 서울과 함께 적은 수준의 공급이 예상된다. 대전의 입주 물량이 저조한 데는 사연이 있는데, 바로 세종시 때문이다. 2014년부터 세종시에 연 1만 호 이상의 입주 물량이 공급되며 대전 인구의 세종시 유입이 계속되었다. 그로 인해 대전의 분양시장은 얼어붙었고, 결과적으로 대전의 입주 물량도 급감했다. 그러나 지금은 사정이 다르다. 세종시 분양이 마무리되어가는 데다 2018년 1월 대전 탄방동의 재건축 사업장이 오랜만에 분양했는데, 1순위 평균 청약 경쟁률이 321:1을 기록하는 기염을 토했다. 시간을 조금 더 되돌려 2017년 여름, 세종시와 차량 거리로 20분도 채 안 되는 유성구 반석동에 분양한 사업장 역시 57.7:1의 1순위 평균 청약 경쟁률을 기록했다. 대전의 완연한 회복세가 시작된 것이다.

입주 물량 매트릭스에서 얻을 수 있는 또 하나의 통찰은 울산광역시를 제외한 4대 광역시(부산, 대구, 대전, 광주)가 모두 입주 부담이 적은 3사분면에 있다는 것이다. 광역시 역시 수도권과 마찬가지로 인구밀도가 높은 과밀 상황 속에서 토지의 공급 부족 현상이 본격화되고 있는 것이다.

울산광역시가 입주 부담이 높은 1사분면에 있는 이유는 '울산 북구 도시 개발 사업'에 따른 대규모 공급 때문이다. 이로 인해 울산은 북구에만 1만 호가 넘는 입주 물량이 예정되어 있다(2017~2019년 누계). 더욱이 최근 철강·자동차 산업의 약세로 지역 경기까지 하향 곡선을 그리고 있어 전통적인 선호 지역인 남구를 제외하면, 당분간 울산은 보수적인 접근이 필요한 시장이다.

경기도 역시 1사분면에 자리하고 있는데, 경기도는 규모가 큰 여러 하위 지역(市)들이 있어서 판단하기가 쉽지 않은 시장이다. 다만 경기도의 대량 입주 물량은 화성 동탄2신도시, 김포 한강, 남양주 다산(지금), 고양 삼송 등 택지 공급의 영향 때문인데, 특히 동탄2신도시는 총면적이 무려 2,400만 m²로 위례신도시의 4배에 달하는 매머드급 규모이다.

한편 동탄2신도시는 시범 지구를 제외한 나머지 생활권의 분양권 시장이 좋지 않은데, '대규모 입주 물량+조정 대상 지역 선정'의 시너지 때문이라고 할 수 있다. 현재 동탄2신도시와 평택시를 제외한 경기도 택지는 대부분 분양가 수준 이상의 분양권 프리미엄이 붙어 있어 국지적 공급 과잉 지역을 제외하면 입주 부담의 우려가 덜하다고 할 수 있다.*

이 외에도 1사분면의 경상권과 충청권에서도 차별화된 양상을 볼 수 있다. 경상권에서는 경북이 경남보다 가구 수 대비 적은 입주 물량이 예정되어 있고, 충청권은 충남의 입주 물량이 충북에 비해 가구 수와 장기 연평균 대비 적은 수준이다. 즉 경남보다는 경북이, 충북보다는 충남의 입주 부담이 덜하다고 할 수 있다.

강원도는 1사분면에 가까스로 걸쳐 있는 모양세인데, 향후 3년간 장기 연평균 대비 1.6배에 달하는 입주 물량이 부담스럽다. 그러나 지역 규모(지역 가구 수 대비 누계 입주 물량)는 전국 평균 수준으로, 그리

---

* 한때 경기도 미분양의 대부분을 차지하던 김포시(한강신도시) 미분양은 최대 3,000호 수준까지 다다랐다가 2017년 12월 현재 81호 수준까지 감소했으며, 대부분의 단지에 프리미엄이 붙어 있다.

부담스러운 정도는 아니다. 이는 지난 6년 동안 수도권에서 강원도로 순유입이 지속되었기 때문인데, 가장 큰 전입 사유는 '자연환경'인 것으로 조사되었다(〈그림 3〉). 강원도의 쾌적한 자연환경이 수도권 '은퇴 인구의 웰빙 주거지' 혹은 '세컨하우스'의 가치를 만들어내고 있는 것이다. 따라서 '쾌적한 주거 환경 선호'와 '인구 고령화'가 맞물린 꾸준한 인구 유입이 지속되느냐에 강원도 입주시장의 명암이 달려 있다.

구분	2012년	2016년	2017년	전입 사유 1순위
순이동 인구	약 +1,000명	약 +2,000명	약 +2,000명	2016년: 자연환경 2017년: 자연환경

그림 3 강원도의 순이동 인구 추이(〈2017년 국내인구이동통계〉)

마지막으로, 3사분면에 자리한 전라도와 제주도는 전국 평균에 비해 저조한 공급이 예상된다. 전남은 2016~2017년 분기별 평균 5,000건의 거래가 꾸준히 이루어지며 안정적인 시장 모멘텀을 유지하고 있다. 공급 과잉 여파로 거래량이 급감한 경남과 대비되는 모습이다(〈그림 4〉).

제주도의 주택시장은 공급 부담이 없는데도 사드 사태에 따른 중국인 관광객의 급감으로 하향세에 있다. 다른 지방 시장과 달리 제주도는 수급 여건보다 '개발 기대감' 같은 투자 심리에 민감한 시장이라는 것을 알 수 있다(〈그림 5〉).

그림 4 전남과 경남의 아파트 매매 거래 동향(국토부 온나라 통계)

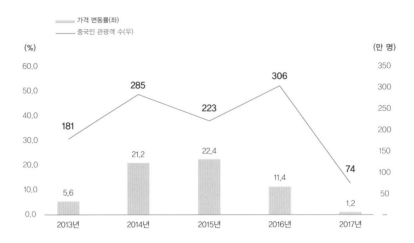

그림 5 제주도 중국인 관광객 수와 주택 가격 변동률과의 관계(제주도 입도 관광객 통계)

2018년 시도별 분양 (예정) 물량 미리 보기

2018년 1월 기준으로, 전국에 예정되어 있는 분양 물량은(임대 분양 제외) 41만 호로 추정된다. 하지만 이는 사업 인허가 여부에 따라 감소할 수도, 증가할 수도 있는데, 내 경험상으론 감소할 가능성이 더 크다. 한편 2017년 분양 물량이 감소된 데는 정부의 신규 택지 지정 중단의 영향도 있지만 애초 2017년에 공급하려던 재건축과 택지 내 분양이 사업 일정상 2018년으로 지연된 영향도 있는데, 어쨌든 2017년의 분양 물량 감소는 2~3년 뒤 입주 충격을 줄여주는 완충제로 작용할 수 있다. 눈여겨볼 것은 2018년의 분양 물량이 양적으론 증가하겠지만 재건축·재개발 등의 도시 정비 사업(공공사업 포함) 물량을 제외하면 2017년과 비슷한 수준일 거라는 점이다(〈그림 6〉).

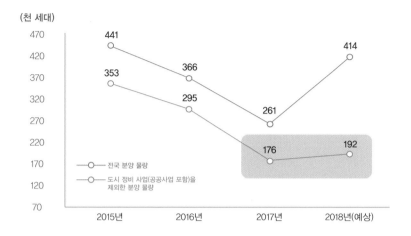

(천 세대)

	2015년	2016년	2017년	2018년(예상)
전국 분양 물량	441	366	261	414
도시 정비 사업(공공사업 포함)을 제외한 분양 물량	353	295	176	192

그림 6 전국의 분양 물량 추이와 전망(부동산114 REPS)

　　이를 역으로 생각하면, 2018년에 도시 정비 사업 분양이 정점에 달할 거라는 추론을 할 수 있다. 2018년 1월 현재, 전국 기준으로 약 17만 호의 도시 정비 사업 분양 물량*이 예정되어 있다(〈그림 7〉). 지난 3년간 연평균 7만 호 수준의 2배가 넘는 어마어마한 물량이다. 하지만 이 물량이 다 일반 수분양자에게 가는 것은 아니다. 도시 정비 사업의 특성상 적어도 절반 이상은 조합원들의 몫이다. 정부는 재건축 사업의 분양 과열을 막기 위해 초과이익환수 등의 강경책을 준비하고 있지만, 이는 관리처분**을 이미 통과해 규제를 피해간 재건축 단지

---

* 조합원 분양 물량을 포함한 수치.

** 재건축 사업의 추진 단계를 간략히 설명하면, '정비 구역 지정→조합 설립→시공사 선정→사업 시행 인가→관리처분 계획 인가→착공 및 분양→준공 및 청산'순이다. 2017년 12월 31일까지 '관리처분 계획 인가'를 신청한 재건축 사업장은 초과이익환수 대상에서 제외된다.

PART 2 데이터로 쪼개 보는 전국 '시도별, 시·군·구' 주택시장

	2015년	2016년	2017년	2018년
전국	71,630	65,052	70,284	177,332
경기도	8,190	9,097	11,057	48,798
서울	37,751	33,622	36,418	39,248
부산	7,938	6,998	8,943	26,426
대구	1,814	2,178	1,507	11,322

그림 7 도시 정비 사업 분양 물량의 추이와 전망(단위: 세대/부동산114 REPS)

의 호가를 높이고 있으며, 이미 분양 단계에 접어든 사업장은 정부의 투기 지역 규제에도 높은 청약 성적을 기록하고 있다. 정부가 투기 지역으로 규제하고, 중도금대출도 수분양자 스스로 해결해야 하는 과천시 연초 재건축 분양 사업장(과천 7-1 구역)의 경우에도 평균 14.88:1의 1순위 청약률을 기록하며 분양 개시 수일 만에 완판되었다.

2018년 1월 기준으로, 경기도에서 대규모 재건축이 예정된 지역은 안양시(약 1만 3,000호), 성남시(약 1만 호), 과천시(약 5,000호) 정도인데, 안양시 재건축 사업장은 평촌신도시가 있는 동안구, 성남시는 중원구에 집중되어 있다. 이 지역들의 공통점은 2018년 초 경기도의 가격 상승을 주도한 지역이라는 것이다. 여전히 재건축에 대한 기대감이 꺾이지 않은 것을 확인할 수 있다.

서울은 강남구(약 7,000호), 서초구(약 4,000호) 등 주로 강남권에 재건축 분양이 몰려 있다. 그럼에도 그 외의 구에 3,000호씩 고르게 예정된 것이 특징이라면 특징인데, 몇 개의 사업장은 조합 일정상 연기될 가능성이 높아 2018년에도 서울의 전반적인 공급 여건은 개선되기 힘들 것으로 보인다.

지방 도시 정비 사업의 맹주라고 할 수 있는 부산은 조정 대상 지역인 연제구(약 5,000세대)와 부산진구(약 4,000세대), 동래구(약 3,000세대), 미규제 지역인 북구(약 4,000세대)에 분양이 예정되어 있다. 아무래도 조정 대상 지역인 연제구와 부산진구, 동래구의 분양 결과가 향후 부산 주택시장의 바로미터가 될 것으로 보인다.

도시 정비 사업을 제외한 분양 물량을 살펴보면(〈그림 8〉), 서울은 북위례와 지역주택조합의 분양이, 경기도는 2017년 이후 6만 호 수준으로 감소된 상태에서 2018년 역시 비슷한 수준의 물량이 예정되

	2015년	2016년	2017년	2018년
전국	353,829	295,474	176,731	192,951
서울	4,083	2,047	3,956	4,340
경기도	153,687	120,806	60,196	69,332
인천	18,599	12,908	12,789	17,512
부산	12,819	12,332	17,682	7,547
강원도	8,725	16,787	12,830	9,861
충남	25,968	8,739	7,035	16,973
충북	18,411	9,589	10,823	16,314
경남	23,990	41,237	15,862	5,962
경북	26,410	15,202	4,405	7,366

그림 8 도시 정비 사업 제외 분양 물량의 추이와 전망(단위: 세대/부동산114 REPS)

어 있다. 수원시(팔달구, 장안구), 과천시(과천지식정보타운), 화성시(동탄2신도시)가 올해 경기도의 주요 분양 예정지이다. 인천시는 수도권에서 오랜만에 대규모 공급이 이루어지는 검단신도시의 분양이 시작되며, 부산은 사하구와 기장군(일광신도시) 분양이 예정되어 있다. 강원도는 2018년에도 적지 않은 분양이 예정되어 있는데, 원주시, 춘천시에 집중되어 있다. 충북은 통합시인 청주의 동남지구, 오송택지가 예정되어 있으며, 경남은 창원의 분양이 줄어들며 2017년 대비 30% 수준의 물량이 예정되어 있다.

　도시 정비 사업을 제외한 2018년 분양 사업장의 특징을 살펴보면, 수도권은 그간 분양을 주도했던 김포 한강, 동탄2신도시의 분양이 마무리되고, 본격적으로 시작되는 검단신도시의 분양 결과가 경기도 분양시장에 큰 영향을 미칠 것이다. 부산은 강서구의 명지국제신도시 1단계 분양이 마무리되며 공급이 주춤할 것으로 보이나, 2018년 말 명지국제신도시의 2단계 분양이 재개될 가능성도 있다. 충청권은 예년 수준의 분양이 지속되는 가운데 지역별 양극화가 심화될 것으로 예상된다.

데이터 활용 레시피

 국토교통 통계누리

⊙ 민간아파트분양시장동향

통계표보기	메타정보	관련파일

| 검색분야 | 주택/민간아파트분양시장동향 | 통계표명 | 지역별 신규 분양세대수 (201510 ~ 201704) | 상세보기 |
| 기간선택(월) 270 | 201704 ▼ ~ 201704 ▼ | 검색 | 양식선택 | 양식1 ▼ |

단위 : 세대

| ili 차트 감추기 | | 저장하기▼ | 자동 합계표시 | 항목 제한 해제 | 수치항목 서식변경 | 항목 위치 변경 | 계산항목추가 |

열(Monthly) ▼

값 ▼	LEVEL1 ▼		
지역별 ▼	세대		
전국	8,356		
수도권	963		
서울	313		
인천	0		
경기	650		
5대광역시 및 세종	1,635		
부산	0		
대구	745		
광주	218		

재료 활용법	시도별 분양 물량은 주택시장에 '후행'하는 지표로, 주택시장에 '선행'하는 입주 물량과 다른 의미를 가진다. [단위/공표 주기/공개 시점/지역 범위]: 세대, 월 단위, 2015년 10월 ~2017년 4월, 전국 시도
재료 원산지	국토교통부 통계누리(http://stat.molit.go.kr) 접속→주택→승인통계 →민간아파트분양시장동향→지역별 신규 분양세대수
재료 잘 다루는 법	① 주택시장이 '회복→상승'하면 분양 물량이 급증한다. ② 분양 물량은 미분양과 함께 살펴봐야 '공급 과잉' 여부를 간접적으로 판단할 수 있다! 국토부에서 제공하는 분양 물량 통계는 속보성이 떨어지고, 시도에 국한되어 있기 때문에 활용도가 떨어진다.
2018년 재료의 맛!	• 부동산114 REPS 통계에 따르면, 2018년 재건축·재개발 분양 물량은 17만 호로 역대 최고치이다. 최근 10년간 연평균 5만 호의 공급 수준을 감안하면, 2018년은 '재건축 분양의 해'가 될 것이다(2018년 예정된 총 41만 호의 물량 가운데 35%가 재건축 분양). • 부동산 정책이 '재건축 규제'에 초점을 두고 있는 만큼 향후 정부의 규제 강도에 따라 2018 분양시장의 온도가 결정될 것이다.

🧑‍🦱 수도권의 공급 여건 정밀 진단:
2018년 서울과 경기권 시·군·구의 순공급 규모

〈그림 9〉는 2018년 서울·경기권의 지역별 아파트 순공급 규모 (입주 물량 기준)를 나타낸 것이다. 여기서 순공급은 '신규 입주 주택에서 멸실되는 주택을 제외한' 그야말로 실질 공급 규모를 의미하는데, 새로 입주하는 주택보다 재건축 개발로 사라지는 주택이 더 많을 경우 해당 지역에 공급되는 아파트는 실질적으로 줄어드는 셈이 된다.

먼저 서울의 2018년 순공급 규모를 살펴보면, 신규 입주 물량보다 멸실 주택이 더 많은, 즉 순공급이 '마이너스'인 지역이 서초, 강남, 강동구에 몰려 있다. 최근 대단위 재건축으로 대규모 멸실이 발생한 결과다. 따라서 재고주택 부족으로 강남권의 전세 수요가 지속적인 강세를 유지할 것으로 예상된다. 서대문구(가재울뉴타운), 동대문구(답십리뉴타운), 성동구(행당 재건축) 등은 대규모 재건축 단지의 입주 물량 공급이 시작된 지역으로 2,000세대 이상의 순공급이 이루어질 예정이다.*

경기도는 화성시(3만 1,000세대), 용인시(1만 5,000세대), 평택시 (8,900세대)에 많은 공급이 예정되어 입주 부담이 예상되는 지역이다. 김포시 역시 1만 호 이상의 입주 물량이 예정되어 있다. 다만 투자 수요보다는 서울에서 이동한 '실수요'가 대부분을 차지하여 입주 부담

---

* 2018년, 가락시영아파트를 재건축한 송파헬리오시티 9,510세대가 공급되면서 순공급 규모가 7,691세대가 된 송파구는 잠실, 위례신도시 등에서 가격 조정이 심화되고 있다.

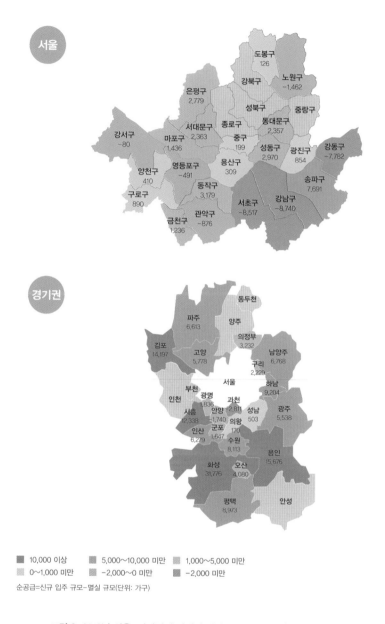

서울

도봉구
126

강북구

노원구
-1,462

은평구
2,779

성북구

중랑구

서대문구
2,363

종로구

동대문구
2,357

강서구
-80

마포구
1,436

중구
199

성동구
2,970

광진구
854

강동구
-7,782

양천구
410

영등포구
-491

용산구
309

송파구
7,691

구로구
890

동작구
3,179

서초구
-8,517

강남구
-8,740

금천구
1,236

관악구
-876

경기권

동두천

파주
6,613

양주

의정부
3,232

김포
14,197

고양
5,778

남양주
6,768

구리
2,229

서울

하남
9,204

부천

광명
1,836

과천

인천

시흥
12,338

안양
-1,740

성남
503

광주
5,538

의왕
170

군포
1,647

수원
8,113

안산
6,279

용인
15,676

화성
31,776

오산
4,080

평택
8,973

안성

■ 10,000 이상 ■ 5,000~10,000 미만 ■ 1,000~5,000 미만
■ 0~1,000 미만 ■ -2,000~0 미만 ■ -2,000 미만

순공급=신규 입주 규모-멸실 규모(단위: 가구)

그림 9 2018년 서울·경기권의 지역별 아파트 순공급 규모(부동산114 REPS)

은 적은 편이다.* 시흥시 또한 배곧신도시 개발로 1만 2,000호의 입주 물량이 대기하고 있는데, 주변인 광명·안양·부천·인천 남동구의 주택 경기가 호조세를 이어가며, 평당 900만 원의 분양가에 대한 프리미엄이 여전히 형성되어 있다. 하남시는 약 9,000호의 입주 물량이 예정되어 있다. 하지만 미사지구의 분양권 프리미엄이 유지되고 있고, 2019년 이후 5호선 미사역의 개통이 예정되어 있어 안정적인 입주시장이 예상된다. 수원시는 8,000호의 입주 물량이 예정되어 있는데, 수원의 인구 규모(123만 명)에 비하면 미약한 공급 수준으로, 2018년에도 수요 우위 시장이 지속될 것으로 전망된다.

시도별 밸류에이션 분석: 중년주택의 가치 흐름

와닿지 않는 주택 가치 평가 기준, PIR

주식시장에는 PBR, PER 등 나름의 적정한 가치 평가 방법이 있다. 주택시장에도 PIR(Price to Income Ratio, 연소득 대비 주택 가격 비율)이라는 주택 가치 평가 방법이 있다. 하지만 국민은행에서 매월 발표했던 PIR 통계는 2018년 이후 중단되었고, 한국주택금융공사에서 발표하는 PIR 통계는 정책금융인 보금자리론의 이용자들을 대상으로 한 것이어서 모집단의 성격이 제한적이다. 게다가 시도 단위로만 발표되어 같은 시도라도 시·군·구별 시장 양극화가 나타나는 최근의

---

* 2017년 전국 시·군·구 가운데 김포시 순유입률(7.2%)은 전국 4위이다(통계청).

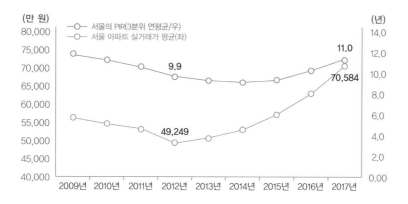

그림 10 서울의 PIR과 연도별 평균 실거래가 추이(KB부동산, 국토부)

경향을 고려할 때, 해당 시·군·구의 정확한 주택 가격의 가치 흐름을 파악하는 데는 한계가 있다. 〈그림 10〉은 서울시 PIR의 연도별 추이와 국토부에 신고된 서울시 아파트의 평균 실거래가의 흐름을 비교한 것이다.

2012년 실거래가 기준 4억 9,000만 원 수준이던 서울의 아파트 가격은 2017년 7억 원까지 상승하며 6년간 40%의 상승률을 기록했다. 처음 실거래 통계가 발표된 2006년 이후 최고치를 기록한 것이다. 반면 PIR은 2012년 9.9에서 2017년 11.0의 더딘 상승률을 기록했다. 즉 2012년에는 서울에서 집을 사려면 연소득을 한 푼도 안 쓰고 9.9년, 약 10년이 걸렸는데 2017년에는 그보다 1년만 더 모으면 집을 살 수 있다는 이야기다. PIR이 맞다면, 지난 6년간 우리나라 중산층의 가구 소득이 집값에 비례할 만큼 상승했다는 것인데, 가구 소득이 40%나 상승했다는 통계는 어디서도 찾아보기 힘들다.

중년주택의 가치 흐름이 중요하다

그렇다면 시·군·구 단위로도 분석할 수 있고, 실물 경기를 잘 반영하는 가치 평가 방법은 없는 것일까?

분양시장의 결과지표라고 할 수 있는 미분양과 젊은주택(입주 1~5년) 가격 대비 중년주택(입주 6~10년)의 가치 흐름을 비교한 〈그림 11〉을 보자.

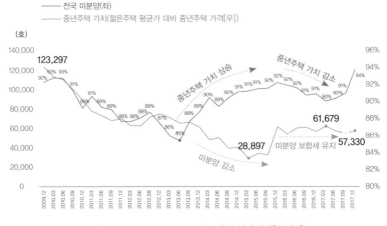

그림 11 중년주택의 가치와 미분양의 상관관계(분기별)

2013년 2분기 중년주택의 가격은 젊은주택 가격 대비 85% 수준을 보이다, 2015년 4분기 92% 수준까지 꾸준히 상승했다. 반대로 같은 기간 전국의 미분양은 완연한 감소세를 보이며, 2015년 1분기 2만 8,897호로 역사적 저점에 다다른다. 2013년 이후 중년주택의 가치와 미분양이 두드러진 역상관관계(반대 흐름)를 보이는 것을 알 수 있다.[*] 중년주택의 가치가 상승할수록 미분양이 감소하는 것이다.

혹여 2013년부터 분양 물량이 감소해서 미분양이 줄어든 것은 아닐까? 〈그림 12〉는 2013년 이후 오히려 분양 물량이 증가했음을 보여준다. 이렇듯 공급 증가에도 미분양이 감소한 것은 결국 '가치 흐름'이 매력적인 국면에 있다는 것을 의미한다.

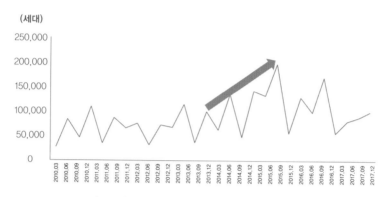

그림 12 전국의 분양 물량 추이(분기별/부동산114 REPS)

최근에도 중년주택의 가치와 미분양의 역상관성은 지속해서 나타난다. 2016년 중년주택의 가치가 고점을 찍고 2017년 초까지 감소세를 보이자 미분양 역시 6만 호 근방에서 보합세를 유지했다.

그러면 왜 2009~2012년에는 중년주택의 가치 하락과 상관없이 미분양이 감소했을까?

그 이유는 '준공 후 미분양'에 있다. 2009년 말 전국의 준공 후 미분양은 5만 87호로 역사적인 고점 수준에 있었다. 준공 후 미분양은

---

* 2013년 1분기에서 2017년 4분기까지 '전국의 미분양과 중년주택 가치'(젊은주택 대비)의 상관계수는 -0.47이다.

소위 '낙인 찍힌 상품'이라고 할 수 있는데, 시장의 좋고 나쁨과 별개로 입주 때까지도 팔리지 않는 상품을 사는 사람은 별로 없다. 안 팔린 데는 다 이유가 있을 거라고 생각하기 때문이다. 따라서 시공사에 심각한 손실을 입히는 준공 후 미분양은 건설사들의 입주 마케팅을 통한 인위적 판매에 의존할 수밖에 없다. 이는 정상적인 시장가치가 반영된 판매로 볼 수 없다. 결국 정상적인 주택시장은 준공 후 미분양이 해소된 2013년 이후부터라고 할 수 있다.

그렇다면 대체 입주 6~10년의 중년주택 가치가 어떤 의미를 가지길래 분양시장(미분양)의 원인 변수가 되는 걸까?

건설사는 예정 사업장의 분양가를 책정할 때 신규 분양 단지와 조건이 유사한 입주 1~5년의 젊은주택 가격을 기준으로 삼는다. 즉 입지에 차이가 없다면 젊은주택의 시세에 준해 가격을 책정하는데, 실제 분양을 받는 사람들은 이제 막 입주한 새 아파트(젊은주택) 거주자보다는 입주한 지 어느 정도 되어 교체를 원하고, 시세도 어느 정도 받쳐줘 자금 조달이 비교적 수월한 '중년주택 거주자'일 가능성이 높다. 물론 고령주택 거주자도 심한 노후화로 교체 욕구가 크지만 갈수록 커지는 시세 차이로 신규 주택을 구입할 가능성은 중년주택 거주자에 비해 낮을 수밖에 없다. 따라서 중년주택 가격이 젊은주택 가격에 근접할수록, 신규 분양가에 대한 저항감이 감소해 분양시장에 긍정적인 가치 흐름을 만들어낸다.

그렇다면 분양시장뿐 아니라 재고주택시장에도 중년주택의 가치는 의미가 있을까?

〈그림 13〉은 미분양 대신 재고주택의 결과지표인 가격 변동률(전

빅데이터로 예측하는 대한민국 부동산의 미래

년 동기 대비)과 중년주택의 가치를 비교한 것이다. 직관적으로 봐도 중년주택의 가치와 가격 변동률이 의미 있는 정(+)의 상관관계를 보이는 것을 알 수 있다. 중년주택의 가치가 상승할수록 가격도 상승하는 흐름인 것이다.

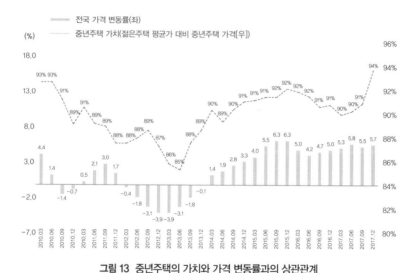

그림 13 중년주택의 가치와 가격 변동률과의 상관관계

2011년 이후 중년주택의 가치가 젊은주택 대비 90% 미만으로 떨어지자 2012~2013년 대세적인 가격 하락이 시작되고, 2013년 하반기 이후 중년주택의 가치가 반등하자 재고주택의 가격도 2014년 이후 플러스(+) 흐름으로 반전한다. 2017년 말, 중년주택의 가치가 급등한다. 이는 2018년 상반기에도 여전히 상승하고 있는 주택 가격의 흐름에 대해 잘 설명해준다.* 중년주택의 가치 흐름이 재고주택의 가격 변동에 유의미한 선행 모멘텀을 만들어내고 있는 것이다.

주택 가격의 과열 기준:
젊은주택 가격이 중년주택 가격을 10% 초과할 때

중년주택의 가치와 분양시장(미분양 추이), 재고주택시장(가격 변동률 동향)의 상관성을 살펴보았다. 요약하면, 중년주택의 가치가 상승(하락)하면 미분양이 감소(증가)하고, 재고주택의 가격은 상승(하락)한다. 또한 중년주택의 가치가 젊은주택 대비 90% 수준일 때가 시장의 임계점이다. 중년주택의 가치가 젊은주택의 90% 수준에 도달하자 미분양이 감소했고(〈그림 11〉), 중년주택의 가치가 젊은주택 대비 90% 밑으로 하락하자 재고주택의 가격이 하락했다(〈그림 13〉). 이는 젊은주택의 가격이 중년주택 가격의 10%를 초과할 경우 주택 가격이 과열 상태가 된다는 것을 의미한다. 예를 들어, 어느 지역의 중년주택 가격이 평당 1,000만 원일 때 젊은주택 가격이 평당 1,100만 원을 넘을 경우, 혹은 신규 분양가가 1,100만 원을 훌쩍 초과할 경우 데이터는 가격 버블을 경고한다.

중년주택의 가치 흐름으로 본 시도별 밸류에이션 분석

그렇다면 시도별 중년주택의 가치 흐름은 어떤 상황일까?

먼저 수도권의 흐름을 살펴보면, 2017년 말 현재 서울의 중년주택 가격은 젊은주택 대비 94% 수준이다. 비록 최근에 젊은주택 가격이 상승하면서 중년주택의 상대적 가치가 하락하고 있지만 절대적

---

* 2018년 1분기 현재, 전국의 아파트 가격은 전년 동기 대비 8.9%의 상승률을 기록했다(부동산114 REPS).

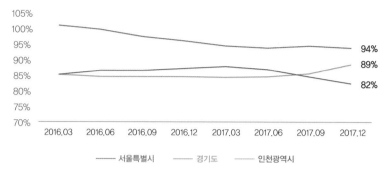

그림 14 수도권의 젊은주택 대비 중년주택의 가치 흐름 추이

수준은 양호한 편이다(〈그림 14〉).

경기도는 지속적으로 중년주택의 가치가 상승하고 있으며, 절대적 수준도 젊은주택 대비 89%로 양호한 수준에 근접해 있다. 반면 인천광역시는 2017년 1분기를 정점으로 중년주택의 가치가 하락하고 있으며, 절대적 수준도 젊은주택 대비 82%로 낮다. 따라서 인천의 경우에는 유사한 입지를 가정했을 때, 분양가를 과도하게 책정할 경우 시장 경색이 우려되며, 신규 주택의 가격 상승 여력도 그리 많지 않다.

2017~2018년 1분기, 수도권의 1순위 평균 청약 경쟁률 또한 이러한 가치 흐름에 동조한다. 중년주택의 가치가 가장 높은 서울(14.1:1)＞경기(6.8:1)＞인천(5.3:1)순으로 청약 성과를 보였다.

경상권의 흐름을 보면, 대구광역시는 오히려 중년주택의 가격이 젊은주택 가격보다 높은 것을 알 수 있다(〈그림 15〉).

이러한 역전 현상은 중년주택이 젊은주택보다 우월한 입지에 있는 경우 나타난다. 신규 주택을 지을 토지가 부족한 도심 내 중년주택

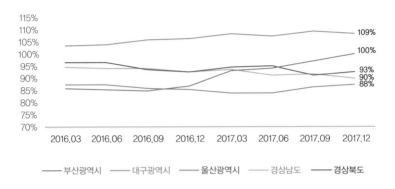

그림 15 경상권의 젊은주택 대비 중년주택의 가치 흐름 추이

의 가격이 외곽의 젊은주택보다 높은 가격을 유지하는 것이다. 따라서 신규 분양가에 대한 저항이 적고, 도심 내 전세 수요가 외곽의 신규 분양시장으로 쉽게 유입된다. 결론적으로 2017~2018년 1분기 현재, 대구광역시의 1순위 평균 청약률은 54.5:1을 기록하며 분양시장이 활황이다.

　부산도 대구와 유사한 가치 흐름을 보인다. 2016년 정부의 11·3 대책에 따른 조정 대상 지역 선정 이후 부산은 지속적인 규제 강화 속에 해운대구를 중심으로 가격 조정이 이루어지고 있다. 그럼에도 2017년 말에 분양한 동래구 이편한세상동래온천의 1순위 평균 청약률은 25.67:1이었다. 물론 동래구 역시 정부의 조정 대상 지역이며, '전매 제한'으로 분양권 거래가 불가능한 지역이다. 그런데도 이런 분양 성적을 올린 것은 결국 매력적인 가격 덕분인데, 2017년 기준으로 동래구 중년주택의 평균 평당가는 1,400만 원이었다. 그에 비해 이편한세상동래온천 34평의 평당 분양가는 1,200만 원이었다. 이주 가능성이 높은 중년주택 가격에 비해 신규 분양가가 오히려 저렴했던 것이다. 가격 앞에 장사 없다는 진리가 통한 사례다.

경상북도는 지속적으로 중년주택의 가치가 하락하고 있으나 젊은주택 대비 90% 이상의 가격 수준을 보이며 절대적인 수준은 양호한 편이다. 그럼에도 경북의 주택시장이 당분간 개선될 여지가 보이지 않는 이유는 앞서 살펴봤듯이 과다한 입주 물량 때문이다. 따라서 주택시장은 가치 흐름뿐 아니라 공급 수준도 동시에 살펴봐야 한다.

경상남도 역시 중년주택의 가치 하락이 지속되며 절대적인 수준인 90%도 위협받고 있는데, 이는 앞서 살펴본 입주 물량 매트릭스의 분석 결과와 일치한다(경남이 경북보다 입주 리스크가 더 심각했다).

울산광역시는 2017년 6월 이후로 중년주택의 가치가 소폭 반등하고 있지만 절대적인 수준에는 미달하고 있다. 울산은 2017년, 10년 만에 마이너스 가격 변동률을 기록했는데, 입주 물량 증가와 지역 경기(자동차, 조선)의 악화가 겹치면서 중년주택의 가치도 동반 하락하고 있다.

종합하면, 경상권 역시 중년주택의 가치 흐름에 동조한 청약 경쟁률을 보였다. 중년주택의 가치가 100%를 상회한 대구(54.5:1)와 부산(43.3:1)은 상당히 높은 1순위 청약 경쟁률을 기록했고, 중년주택의 가치가 80% 수준에 머무른 울산은 광역시임에도 6.4:1의 경쟁률을 기록했다.

이제 호남권의 흐름을 살펴보자. 전라남도 역시 대구와 마찬가지로 중년주택 가격이 젊은주택 가격보다 높은 것을 알 수 있다(〈그림 16〉).

그 이유는 전남을 대표하는 여수, 순천, 목포 등 원도심의 중년주

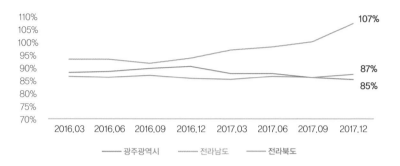

그림 16 호남권의 젊은주택 대비 중년주택의 가치 흐름 추이

택 가격이 높게 형성되어 있기 때문인데, 인구밀도가 높아 공급 토지가 부족한 대구나 부산의 상황과는 다르다. 전남은 인구밀도가 낮음에도 원도심 개발이 부진해 도심 내 시세를 형성할 젊은주택의 재고가 부족하다. 따라서 노후도가 심각한 도심에서 비교적 젊다고 할 수 있는 중년주택이 시세를 주도할 수밖에 없는 상황이다.

결과적으로, 전남의 중년주택 가치가 가파르게 상승한 덕에 분양가에 대한 낮은 저항감이 형성됐고, 전남을 대표하는 여수, 순천, 목포의 분양시장은 호황을 맞아 높은 청약 경쟁률을 기록했다(2017년 기준으로 1순위 평균 청약 경쟁률은 여수시 8.1:1, 순천시 3.9:1, 목포시 3.7:1이다). 재고주택시장도 급격히 상승해서 지난 2년간 연평균 10%가 넘는 가격 상승률을 보였다.

전북은 중년주택의 가치가 90% 미만인 85% 수준에서 등락을 반복하고 있는데도 2017년 전주혁신도시의 영향으로 1순위 평균 청약 경쟁률은 7.3:1을 기록했다. 이는 전북 자체의 가치 흐름과는 상관없는 외부효과에 의한 현상으로, 혁신도시를 제외한 전북의 주택시장을 살펴볼 때는 가급적 보수적인 관점을 취하는 것이 좋다.

2016년 중년주택의 가치가 젊은주택의 90% 수준까지 도달했던 광주광역시는 최근 하향세에 있다. 이는 광주 분양시장의 활황으로 입주권 프리미엄이 높게 형성되어 젊은주택의 가격이 크게 상승했기 때문이다. 게다가 광주 역시 주택 노후도가 심각해 중년주택이 젊은주택의 가격을 따라잡기 어려운 시장이다. 따라서 광주는 인구밀도도 높고 수급 상황도 양호하지만 현재 가격 이상으로 젊은주택이 비싸지거나 분양가가 높게 책정될 경우 가격 리스크가 발생할 수 있는 지역이다.

마지막으로 중부권(충청, 강원)의 흐름을 살펴보자(〈그림 17〉). 충청권에서는 충남을 제외한 대전과 충북의 중년주택 가격 흐름이 상승세에 있다. 앞서 언급했듯이 회복기를 맞이한 대전은 2017년 말 중년주택 가격이 젊은주택의 90%를 상회하는 수준에 이르렀다. 이에 걸맞게 2017년 대전의 1순위 평균 청약 경쟁률은 24.8:1을 기록했으며, 2017년 본격적인 가격 상승이 시작되었다. 충북은 상황이 조금 다르다. 중년주택의 가치 흐름은 양호하지만 최근 가격 하락이 지속되는데, 입주 물량에 대한 부담이 가치 흐름보다 강하게 작용하기 때문인 것으로 판단된다(입주 물량 매트릭스 참고). 충남 역시 입주 물량 부담으로 중년주택의 가치 흐름이 2016년 말 이후 하락세에 있다. 절대적인 수준인 90%를 하회한다면 현재의 시장 흐름보다도 악화될 가능성이 있다.

충청권과 달리 강원도는 지속적으로 80% 수준을 유지하고 있다. 그럼에도 최근까지 강원도의 분양시장과 재고주택시장은 양호한 흐름을 보였는데, 중년주택 가운데 고령화의 문턱에 선 주택들이 많아

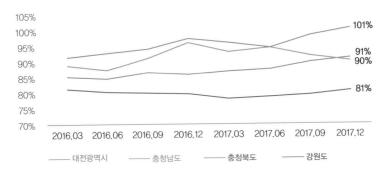

그림 17 중부권의 젊은주택 대비 중년주택의 가치 흐름 추이

서이다. 입주 6~10년의 중년주택 가운데 입주 9~10년의 비중이 높은 것이다.

　강원도는 〈그림 18〉에서 보다시피 2010년부터 4년간 공급 자체가 적었다. 고령화의 문턱에 선 중년주택이 많을 수밖에 없고, 신규주택과의 가격 차이가 좀처럼 좁혀지기 힘든 이유이다. 따라서 강원

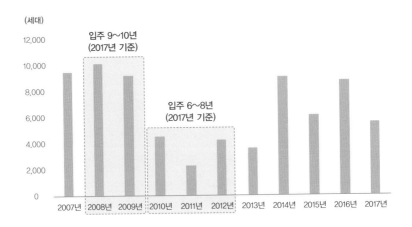

그림 18 강원도의 입주 물량 추이

빅데이터로 예측하는 대한민국 부동산의 미래

도는 당분간 중년주택의 가치로 주택시장 흐름을 가늠하는 것이 힘든 지역이라고 할 수 있다.

지금까지 중년주택의 가치 흐름을 통해 시도별 재고주택시장과 신규 분양시장의 흐름을 짚어보았다. 중년주택의 가치 흐름은 전국 평균 시장뿐 아니라 대체적으로 시도별 시장 흐름과도 연관성이 있었다. 물론 예외인 지역도 있었다. 하지만 주택시장이 다양한 변수에 의해 복잡하게 돌아가는 시장이라는 점을 감안할 때, 이 정도의 설명력을 가진 가치 평가 지수는 비교적 훌륭한 예측력을 보인다고 할 수 있다. 따라서 앞서 소개한 입주 물량 매트릭스를 통해 공급 수준을 판단하고, 중년주택의 가치 흐름을 통해 가격 수준을 가늠한다면, 시도별 주택시장의 흐름을 꽤 정확하게 전망할 수 있을 것이다.

데이터 활용 레시피

재료 소개: 주택 연령별 가격지수							

한국감정원 연령별 매매가격지수(아파트)

▸지역: 전국 ▾ ▸검색기간: 2017년 ▾ 07월 ▾ ~ 2018년 ▾ 06월 ▾ 확 인

작성 통계리스트

■ 전국지가변동률조사 >
■ 전국주택가격동향조사 ∨
  ⊞ 월간동향
    ⊞ 종합주택유형
    ⊟ 아파트
      ⊟ 매매가격지수
        • 매매가격지수
        • 규모별 매매가격지수
        • 연령별 매매가격지수
        • 계절조정 매매가격지수
    ⊞ 전월세통합지수
    ⊞ 전세가격지수
    ⊞ 월세가격지수

지역	연령	'17.07	'17.08	'17.09	'17.10	'17.11	'17.12
전국	5년 이하	99.5	99.7	99.9	100	100	100.1
	5년 초과 ~ 10년 이하	99.5	99.7	99.7	99.9	100	100.1
	10년 초과 ~ 15년 이하	99.7	99.8	99.9	100	100	100
	15년 초과 ~ 20년 이하	99.8	99.9	99.9	100	100	100
	20년 초과	99.5	99.8	99.8	99.9	100	100.1
수도권	5년 이하	98.7	99.1	99.4	99.6	100	100.2
	5년 초과 ~ 10년 이하	99.1	99.4	99.5	99.8	100	100.2
	10년 초과 ~ 15년 이하	99.3	99.4	99.7	99.9	100	100.2
	15년 초과 ~ 20년 이하	99.3	99.6	99.6	99.8	100	100.2
	20년 초과	98.5	99.3	99.4	99.7	100	100.5
지방권	5년 이하	100	100.2	100.2	100.3	100	100
	5년 초과 ~ 10년 이하	99.9	100	100	100	100	99.9

재료 활용법	주택 고령화의 심화에 따라 주택 연령별 가격 동향을 살펴보는 것이 중요하다. 중년주택(입주 6~10년)의 가격 동향은 주택시장의 중요한 선행지표이다. [단위/공표 주기/공개 시점/지역 범위]: pt, 월 단위, 2012년 1월~현재, 전국 시도
재료 원산지	한국감정원 통계사이트(http://www.r-one.co.kr/rone) 접속→부동산통계→전국주택가격동향조사→월간동향→아파트→매매가격지수→연령별 매매가격지수
재료 잘 다루는 법	① 주택 고령화의 심화로 고령주택의 가격과 젊은주택의 가격 차이가 갈수록 심화되고 있다. ② 입지가 비슷한 젊은주택과 중년주택 간의 가격을 비교했을 때, 중년주택의 가격이 젊은주택의 90% 이상(미만)이면 시장 상승(침체) 신호이다.
2018년 재료의 맛!	• 한국감정원 통계에 따르면, 중년주택의 가격 상승률은 2016년 7월부터 젊은주택의 가격 상승률을 하회하며 주택 경기의 둔화 조짐을 미리 알려주었다. • 그러나 부동산114 REPS 통계에 따르면, 중년주택은 여전히 젊은주택 대비 90% 이상의 가격 수준을 유지하며 아직까지는 주택 가격의 건전성이 유지되고 있음을 보여준다.

전국 시·군·구
주택시장 분석

지난 8년간 2만 시간 넘게 사업지의 시장분석과 전망을 하면서 최근 들어 격하게 깨닫는 것이 있다. 동일한 시도 내에서도 다른 시장 흐름을 보이는 시·군·구 지역이 많아졌다는 것이다. 전문용어로, 양극화가 심해졌다. 시·군·구별로 인구구조가 다르고, 공급 물량이 다르고, 전세가율이 달라서 개별적인 '시장의 결'을 면밀히 살펴봐야만 주택시장의 흐름을 읽을 수 있는 시대가 온 것이다.

2장에서는 주택시장의 결과지표인 '미분양'과 '가격 변동률'의 원인 변수가 되는 6대 선행지표를 소개한다. 또한 이를 적용해 시장 예측을 한 실제 분양 사례를 소개하고, 시·군·구별 주택시장의 전망을 위한 필살기를 구체적으로 살펴본다.

시·군·구 주택시장의 6대 선행지표

〈그림 1〉은 주택시장의 결과지표인 미분양(분양시장)과 가격 변동률(재고주택시장)의 원인이 되는 6대 선행지표와, 유망 시장을 진단하는 체크리스트를 정리한 것이다.

시·군·구 주택시장의 6대 선행지표		선행지표 체크리스트(시·군·구 기준)
실수요 입력	전세가율 (매매가 대비 전세가율)	⇨ 전세가율이 적어도 70%를 넘는가? 80%를 상회할 경우 실수요 입력(전세→매매 전환) 매우 우수.
수급 분석	입주 물량	⇨ 입주 물량이 2,000호 이하인가? 인구 15만 명 이하 도시는 '1,000세대' 이하 기준 적용. 예외 지역: 택지가 공급된 수도권·서울시.
	국토부 미분양	⇨ 국토부 미분양이 900호 이하인가? 인구 15만 명 이하 도시는 '500호' 이하 기준 적용. 예외 지역: 3개월 내 2,000세대 이상 분양된 수도권, 5대 광역시, 통합시(창원, 전주).
가격 트렌드	중년주택의 가치 흐름 (젊은주택 대비)	⇨ 중년주택의 가치(젊은주택 대비)가 상승 추세인가? 중년주택의 가치 흐름이 상승할수록 시장 흐름 양호.
	리딩 단지의 시세 추이 (KB시세와 국토부 실거래가 비교)	⇨ 리딩 단지의 KB시세 대비 실거래가가 높게 형성되어 있는가?
	주택 순환주기 (분기별 매매가· 매매가 장기 추세)	⇨ 현재 주택 가격이 장기 추세 대비 높은 수준인가? 주택 순환주기를 통해 '상승, 둔화, 하락, 회복' 국면 파악.

그림 1 시·군·구 주택시장의 6대 선행지표와 체크리스트

전세가율

　전세가율은 여전히 주택시장의 방향성을 잘 설명해주는 선행지표이다. 보통 주택시장에서는 투자 수요, 실수요를 분류해서 언급하는데, 결국 실수요가 풍부한 시장에 투자 수요도 몰리는 법이다. 해당 지역에 실수요가 풍부한지는 전세가율을 통해 알 수 있다. 실수요가 많을수록 전세가가 올라가고, 따라서 전세가율은 높아진다.

　〈그림 2〉는 실수요 압력이 심한 의왕시의 전세가율 추이와, 반대로 실수요에 비해 공급량이 많은 동탄2신도시의 전세가율 추이를 보여준다.

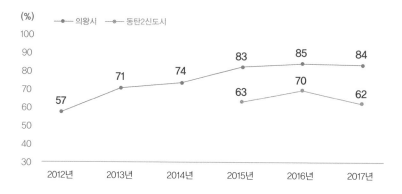

그림 2　의왕시와 동탄2신도시의 전세가율 추이

　의왕시는 2015년부터 심화된 공급난으로 매매가 대비 전세가가 80%대에 진입했다. 결국 버티다 못한 세입자들은 주택을 구매하기 시작했고, 2016~2017년 약 8%의 가격 상승률을 기록했다. 반면 동탄2신도시는 2017년에만 1만 세대가 넘는 입주 물량이 공급되며 역전세난이 발생했다. 전세가율 역시 2016년 70%를 정점으로 2017년 현재 62%로 급락했다. 이렇듯 전세가율을 통해 한눈에 그 지역에 실수요가 부족한지, 충분한지를 알 수 있다.

전국 평균 전세가율은 저금리에 따른 전세 공급 부족으로 70%를 넘은 지 오래다. 따라서 유망 지역을 판단할 때 해당 시·군·구의 전세가율이 최저 70% 이상은 되어야 하며, 80%를 넘은 경우에는 전세에서 매매로 전환하는 실수요 여건이 우수한 지역이다.

입주 물량

주택시장의 공급지표에는 통상적으로 두 개의 지표가 있다. 하나는 아파트가 완공되어 입주가 가능한 상태인 '입주 물량', 다른 하나는 지자체의 승인을 얻어 분양을 하게 된 분양권 상태의 '분양 물량'이다. 앞서 〈시도별 공급량 입체 분석〉에서 설명했듯이 분양 물량보다는 입주 물량이 실제 주택시장에 미치는 영향이 직접적이다. 또한 분양하고 2~3년 뒤 확정된 예측 가능한 지표이기 때문에 관심 지역의 입주 물량이 어느 정도여야 적정한지 따져본다면 시장 예측에서 중요한 단서를 얻을 것이다.

수도권 시·군·구의 적정 입주 물량

먼저 수도권의 시·군·구별 적정 입주 물량을 따져보기 위해 〈그림 3〉을 살펴보자. 2017년 수도권 내 48개 시·군·구의 입주 물량 공급에 따른 가격 변동률을 나타낸 점도표이다. 예상했듯이, 전반적으로 입주 물량이 많을수록(공급이 많을수록) 가격 상승률이 감소하는 패턴을 보인다. 대체적으로 입주 물량이 2,000세대를 초과할 때 가격 상승

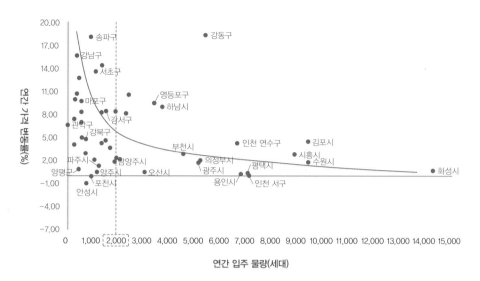

그림 3 수도권의 입주 물량과 가격 변동률의 상관관계

률이 급감하는 모습이다. 예외적으로 3%가 넘는 가격 상승률을 보인 지역도 있는데, 택지 공급이 있었거나 서울의 재건축 지역이라는 공통점이 있다. 수도권 택지는 해당 지역의 수요뿐만 아니라 인접 지역의 광역 수요까지 흡수하기 때문이며, 서울의 재건축 지역은 장기간 신규 공급이 없었던 데다 기본적으로 인구밀도가 높기 때문에 가격 흐름이 공급 규모에 큰 영향을 받지 않는다.

택지 공급과 서울의 재건축을 제외하고 입주 물량이 3,000세대를 초과한 용인시, 오산시, 평택시*는 1%에도 못 미치는 가격 상승률을 보였다. 수원시는 9,000세대가 넘는 입주 물량에도 2%의 가격 상승률을 보였는데, 이는 인구 123만 명의 대규모 수요가 받쳐주기 때문이다. 그에 비해 화성시는 동탄2신도시라는 택지 공급이 이루어졌음에도 미사지구(하남), 송도국제도시(연수구), 한강신도시(김포) 등과 달리 1만 호를 초과한 압도적인 입주 물량으로 인해 1%에도 못 미치는 가격 상승률을 보였다.

2,000세대 이하의 입주 물량이 공급된 지역은 대부분 3%가 넘는 가격 상승률을 보였다. 하지만 마이너스 상승률을 기록한 지역도 있는데, 안성시, 포천시, 양평군이 그런 경우이다. 해당 지역들은 1,000세대 이하의 입주가 이루어졌음에도 1%에 미달하거나 마이너스 가격 변동률을 기록했는데, 3곳 모두 인구가 20만 명 미만이라는 공통점이 있다(안성시 18만 명, 포천시 15만 명, 양평군 11만 명). 여기에 확고한 기반산업이 부재해 가계소득이 높지 않다는 특징도 공유한다. 따라서 인구가 20만 명 미만이고, 부를 창출할 기반산업이 미약한 지역이라면 1,000세대의 입주 규모도 감당하기 어렵다.

지방 시·군·구의 적정 입주 물량

다음으로 지방 시·군·구의 적정 입주 물량에 대해서도 알아보자. 〈그림 4〉는 2017년 84개 지방 시·군·구의 입주 물량 공급에 따른 가격 변동률을 나타낸 점도표이다. 수도권과 유사하게 입주 물량이 많을수록(공급이 많을수록) 가격 상승률이 감소하는 패턴을 보인다.

대체적으로 입주 물량이 1,000세대를 초과할 때 가격 상승률이 급감하는 모습이다. 예외적으로 3%가 넘는 가격 상승률을 보인 지역

＊용인, 오산, 평택에도 택지 공급이 있었지만 지역주택조합 등 다양한 형태의 공급이 혼재되어 순수한 택지 공급 시장으로 보기는 어렵다.

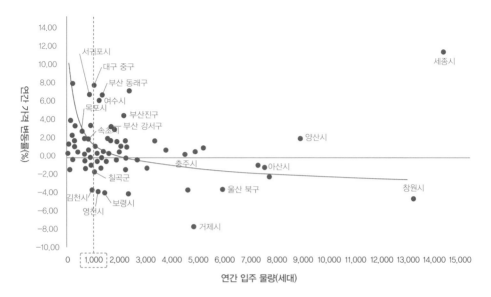

그림 4 지방의 입주 물량과 가격 변동률의 상관관계

은 부산 동래구, 강서구, 부산진구, 대구 중구처럼 인구밀도가 높은 광역시가 대부분이다. 여수시 또한 1,000세대가 넘는 입주 물량에도 6%의 가격 상승률을 보였는데, 이는 기반산업인 석유화학이 2017년 호황을 맞이했고, 중년주택의 가치 또한 꾸준히 상승해서 웅천 택지 지구 같은 신규 분양에 높은 프리미엄이 붙었기 때문이다.

세종시는 대규모 입주 물량과 정부의 부동산 규제에도 2017년 한 해에만 10%가 넘는 연간 상승률을 기록해 일반적인 '입주-가격' 패턴에서 벗어나 있다. 하지만 이러한 예외 지역들을 제외하면 1,000 세대 이상의 입주 물량이 공급된 지방 시장은 마이너스 가격 변동률 을 기록하거나 최근 양산시(물금신도시)가 기록한 1.7% 정도가 가장 높은 수치이다. 그에 반해 1,000세대 미만의 입주가 발생한 목포시, 속초시, 서귀포시*는 2% 이상의 가격 상승률을 기록했다. 또한 10만 명 이하의 인구 규모가 작은 도시는 적은 입주 물량에도 수도권과 마찬가지로 대부분 마이너스 가격 변동률을 기록했다.

국토부 미분양

미분양은 해당 지역의 신규 분양 흐름을 파악하는 중요한 지표이다. 이에 국토부는 매월 전국의 미분양 현황을 시·군·구 단위로 발표한다. 해당 미분양 단지의 세부 현황을 공표하는 지자체도 있다. 그렇다면 시·군·구 단위의 적정 미분양 수준은 어느 정도일까?

예비 청약자 입장에서 미분양이 증가하면 청약을 망설일 수밖에 없다. 굳이 청약을 하지 않아도 잔여 분양 물량이 남으면 원하는 동·호수를 계약할 수 있기 때문이다. 우리나라의 청약제도는 일단 청약을 하면 금융결제원의 난수 추점을 통해 '랜덤으로' 동·호수가 결정된다. 말 그대로 복불복, 운에 맡겨야 하는 셈이다. 물론 청약 열기가 뜨거워 동·호수에 상관없이 당첨 자체가 행운이 되는 서울의 재건축이나 경기도 택지의 경우는 예외다.

결국 미분양의 적체는 청약률 급감, 즉 청약 수요의 감소로 이어져 분양시장의 침체를 불러온다. 따라서 시·군·구별 미분양과 그에 따른 청약률 패턴을 분석한다면 청약률이 급감하는 미분양 구간을

---

* 제주도는 최근 주택 가격의 조정이 일어나고 있지만 서귀포시는 제주시에 비해 '제주영어교육도시', '제2공항', '신화역사공원' 등 개발 모멘텀이 강하다고 할 수 있다.

알아내어 적정 수준의 미분양을 가늠해볼 수 있을 것이다.

수도권 시·군·구의 적정 미분양

〈그림 5〉는 수도권 시·군·구의 미분양 수준에 따라 연평균 청약 경쟁률이 어떻게 변하는지 나타낸 것이다. 여기서 미분양 기준은 최근 2년 동안 전국적으로 미분양이 가장 많았던 2017년 3월의 통계를 활용했으며, 청약률은 2017년 연평균 청약률을 기준으로 삼았다. 미분양이 증가하면 향후 청약 경쟁률이 하락할 것이라는 가정을 검증하기 위해서다(2017년 초 미분양 증가→2017년 청약 경쟁률 하락).

전반적인 패턴을 보면 미분양이 1,000호를 넘어설 경우 청약 경쟁률이 급감하는 것을 알 수 있다. 재밌는 것은 동탄2신도시의 입주로 화성시 주택시장이 어려움을 겪고 있음에도 평균 청약률은 11:1의

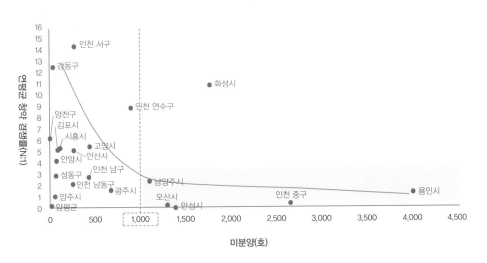

그림 5 수도권의 미분양과 청약률의 상관관계(국토부, 아파트투유)

높은 경쟁률을 기록했다는 것이다. 여기에 평균 청약률 지표의 함정이 있다. 화성시의 높은 청약률은 오로지 동탄역 알짜 입지에 분양한 몇몇 단지*의 폭발적인 청약률에 기인한 것이다. 동탄2신도시에 분양한 다른 단지들은 대부분 1순위 미달이란 성적을 보였다. 따라서 평균 청약률은 해당 지역의 신규 분양시장을 읽는 중요한 지표이긴 하지만 동탄2신도시같이 많은 분양이 이루어지는 택지 분양에서는 개별 단지별로 양극화의 여부를 반드시 체크해야 한다.

화성시를 제외하고 미분양이 1,000호를 초과한 인천 중구(영종하늘도시), 용인시, 안성시, 오산시 모두 모집 세대를 채우지 못하는 청약 결과를 보였다. 반대로 미분양이 1,000호 미만인 인천 연수구(송도국제도시)는 연평균 8.8:1의 높은 청약 경쟁률을 보였고, 고양시와 안산시도 5:1이 넘는 청약 경쟁률을 보였다. 그러나 여기서도 예외 지역은 있다. 양주시는 옥정신도시에 입주가 몰리며 미분양은 해소됐지만 신규 분양에 대한 수요 고갈로 청약 성적이 저조했고, 양평군은 앞에서도 밝힌 인구 수준과 기반산업의 부재로 청약 결과가 저조했다.

지방 시·군·구의 적정 미분양

지방 시장의 미분양 증가에 따른 청약 경쟁률 패턴을 보면, 대체적으로 500호 이상의 미분양이 발생한 도시는 저조한 청약 경쟁률을 보였다.

---

* 동탄역 롯데캐슬은 702세대 모집에 5만 4,436건의 청약이 몰리며 평균 77.5:1의 청약 경쟁률을 기록했다.

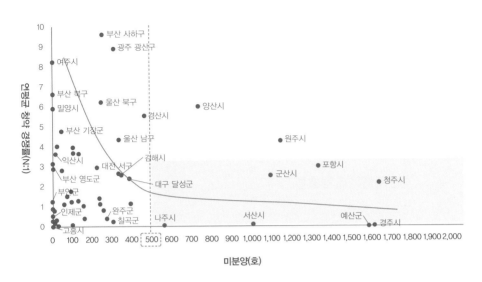

그림 6 지방의 미분양과 청약률의 상관관계(국토부, 아파트투유)

2017년 초 미분양이 500호를 초과한 나주시는 2017년 평균 0.05:1의 청약 경쟁률을 기록했다. 또한 미분양이 1,000호를 초과한 군산, 서산, 포항, 청주, 경주, 포항은 3:1 미만의 청약 경쟁률을 기록했다. 그에 반해 미분양이 500호를 초과했는데도 높은 청약 경쟁률을 보인 도시도 있다. 양산시는 물금신도시 분양이 비교적 호황을 맞으며 높은 청약 경쟁률을 유지했고, 원주는 혁신도시 개발의 후광과 평창동계올림픽 개최에 따른 원주 만종역 KTX 개통으로(2017년 12월) 1,000호가 넘는 미분양에도 평균 4:1의 청약 경쟁률을 기록했다. 특히 양산시의 경우, 최근 2년간 물금신도시에 약 6,000세대의 분양이 이루어졌던 것을 감안하면 700호 정도의 미분양은 우려할 만한 수준은 아니다. 그에 비해 1,000호가 넘는 미분양에도 많은 청약 수요가 몰린 원주시는 향후 입주 시점에 다다랐을 때 분양시장의 거품이 꺼질 우려가 있다.

미분양이 500호 이하의 지방 시장은 대체적으로 높은 청약 성적을 기록했다. 하지만 '군 단위' 지역은 미분양이 전혀 없음에도 작은 인구 규모 때문에 모집 세대를 다 채우지 못하는 경우가 많았다.

중년주택의 가치 흐름

중년주택의 가치가 중요하다는 것은 앞서 〈시도별 밸류에이션 분석〉에서 다루었다. 여기서는 실제 시·군·구 아파트의 중년주택과 젊은주택의 시세 추이를 통해 시장의 흐름과 어떻게 연동되는지 살펴보자.

수도권 사례

대한민국의 주택시장을 대표하는 강남에서도 중년주택의 시세가 중요할까? 강남은 재건축 단지가 많으므로 주택시장의 연령 구분이 의미 없을 수 있다. 오래된 단지라도 재건축이 되면 지분 가치를 반영해서 가격이 높게 형성되기 때문이다. 따라서 재건축 대상 단지를 제외한 시세를 비교해 강남의 시장 흐름을 예측할 수 있는지 알아보자. 〈그림 7〉은 강남구 재건축 단지를 제외한 젊은주택 대비 중년주택의 가치 흐름이다.

2008년 중년주택의 가치는 젊은주택 대비 85% 수준이었다. 주택시장의 저점 회복기였던 2013년을 1년 앞둔 2012년 강남의 중년주택 가치는 94% 수준까지 상승했다. 물론 젊은주택의 가격이 하락하기

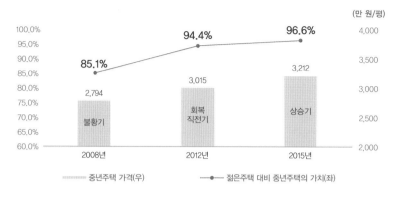

그림 7 강남구 중년주택의 가치 흐름

도 했지만 중년주택의 가격이 서서히 밀고 올라가고 있었다. 2015년 강남의 주택 가격이 본격적으로 상승하자 중년주택의 가치는 97% 수준까지 상승했다. 이를 통해 시장의 저점·회복기에는 상대적으로 가격이 저렴한 중년주택의 거래가 활발해지고, 이후 점차 가격이 비싸고 '신상'인 젊은주택으로 매수 심리가 확대된다는 것을 알 수 있다.

강남구 역삼동의 개나리SK뷰(2012년 입주, 240세대)와 개나리푸르지오(2006년 입주, 332세대)를 통해 실제 사례를 살펴보자(〈그림 8〉). 두 단지 모두 재건축 단지가 아니며, 소형 단지이고 입지가 유사하다(즉 상품 차이가 없다). 여기에 준공한 해가 달라 젊은주택과 중년주택으로 구분할 수 있다(2014년 기준).

먼저 두 단지의 KB시세를 살펴보자. 개나리푸르지오는 2012년 이후 지속적으로 가격이 하락하며, 2014년 10억 원에서 강보합세를 유지했다(전용 84m² 기준). 그에 비해 개나리SK뷰는 같은 기간 11억 원을 유지하며 개나리푸르지오와 10%의 시세 차이를 보인다. 2015년

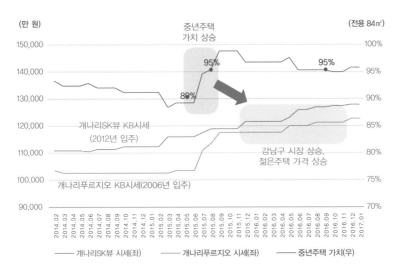

그림 8 서울 강남구 중년주택의 가치 흐름 사례(개나리SK뷰 VS 개나리푸르지오)

하반기, 중년주택인 개나리푸르지오의 시세가 11억 원으로 급등하며 개나리SK뷰의 95% 수준까지 가치가 상승한다. 개나리푸르지오의 시세 상승에 힘입은 젊은주택 개나리SK뷰의 가격도 2016년 급등하는데, 이는 강남의 상승이 본격화된 2016년의 흐름과 일치한다. 즉 중년주택인 개나리푸르지오의 가치 흐름이 2015년 하반기 가파르게 상승하며 강남 대세 상승장의 신호탄이 된 것이다.

최근 강남과 함께 높은 가격 상승이 일어난 강동구의 사례도 살펴보자. 〈그림 9〉는 둔촌푸르지오(2010년 입주, 800세대)와 GS강동자이(2003년 입주, 596세대)의 시세 추이를 나타낸 것이다. 두 단지 모두 재건축 대상이 아니며, 단지 규모와 입지 수준이 유사하다(즉 상품 차이가 없다). 또한 준공한 해가 달라 젊은주택과 중년주택으로 분류할 수 있다(2015년 기준).*

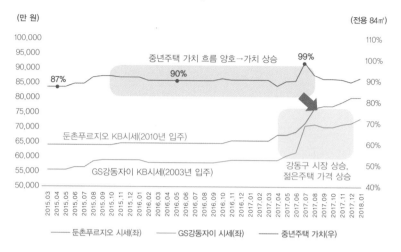

(만 원)　　　　　　　　　　　　　　　　　　　　　　　　　　(전용 84㎡)

중년주택 가치 흐름 양호→가치 상승

둔촌푸르지오 KB시세(2010년 입주)

GS강동자이 KB시세(2003년 입주)

강동구 시장 상승, 젊은주택 가격 상승

―― 둔촌푸르지오 시세(좌)　　―― GS강동자이 시세(좌)　　―― 중년주택 가치(우)

그림 9 서울 강동구 중년주택의 가치 흐름 사례(둔촌푸르지오 VS GS강동자이)

GS강동자이는 2015년 하반기 5억 9,000만 원으로 시세가 상승하며(전용 84m² 기준) 당시 6억 5,000만 원이던 둔촌푸르지오의 90% 수준에 도달한다. 이후 GS강동자이는 둔촌푸르지오 대비 90%의 시세 수준을 꾸준히 유지하다 고덕지구의 재건축으로 강동구 분양시장이 상승하자 2017년 7억 원까지 가격이 급등한다. 이에 젊은주택인 둔촌푸르지오도 GS강동자이의 시세 급등에 힘입어 2017년 하반기 이후 더욱 크게 상승한다. 강남과 마찬가지로 강동구 역시 중년주택의 가격이 먼저 상승한 후 재건축 개발과 같은 이벤트가 생기자 젊은주택의 가격이 급등하며 대세 상승장이 시작된 것이다.

＊ 둔촌푸르지오와 GS강동자이는 엄밀히 말해 중년주택과 고령주택에 해당하지만 노후 단지가 많은 서울의 주택 환경을 고려해 젊은주택과 중년주택으로 분류했다.

지방 사례

몇 년 전까지 강남 못지않게 지방 시장을 달구었던 부산광역시의 사례를 살펴보자. 〈그림 10〉은 재건축 단지를 제외하고 계산한 부산 금정구 중년주택의 젊은주택 대비 가치 흐름을 나타낸 것이다.

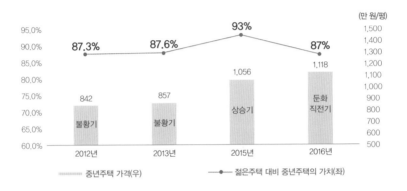

그림 10 부산 금정구 중년주택의 가치 흐름

2015년 금정구의 중년주택 가치는 젊은주택의 93%까지 상승하며 2015년 금정구의 평균 주택 가격을 11% 상승시킨다. 당시 금정구 중년주택의 평균 가격은 평당 1,000만 원이 넘었으며, 이러한 상승세가 젊은주택으로 전이되었다. 2016년 젊은주택의 가격이 급등하자 금정구의 주택 가격 상승세도 주춤하며, 중년주택의 가치는 젊은주택 대비 87%까지 하락한다. 이후 2017년부터 금정구를 비롯한 부산 주택 시장의 가격 조정이 시작되었다.

금정구의 실제 사례를 검증하기 위해 단지 규모와 입지가 유사한 금정산쌍용예가(2012년 입주, 514세대)와 금정힐스테이트(2010년 입주, 301세대)의 시세 흐름을 살펴보자(엄밀히 말해 금정힐스테이트는 2014년 하반기 기준으로 젊은주택이지만, 입주 6년을 목전에 두고 있던 상황을 감안해서 '중년주택'으로 분류했다).

2014년 금정힐스테이트의 가치 흐름은 젊은주택인 금정산쌍용 예가 대비 95% 수준을 유지했다. 시장 상승장을 위한 가치 흐름이 만들어지고 있던 것이다. 이번에도 중년주택의 가격 상승 뒤 젊은주택의 가격 상승과 함께 2015년 금정구의 상승장이 시작되었다. 그러나 2015년 여름, 젊은주택의 지나친 가격 상승으로 중년주택의 가치가 84% 수준까지 하락한다. 가격 부담에 따른 시장 하락장의 전조 현상이 관찰된 것이다. 예상대로 금정구의 주택시장은 2016년 약세 국면에 접어들었고, 젊은주택의 가격 또한 강보합 흐름으로 전환되었다.

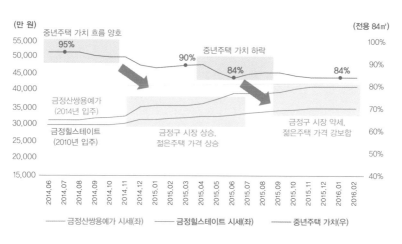

그림 11 부산 금정구 중년주택의 가치 흐름 사례(금정산쌍용예가 VS 금정힐스테이트)

수도권과 지방 아파트의 사례를 통해 공통적인 패턴을 찾을 수 있다. 대세 상승의 조짐은 상대적으로 가격이 저렴한 중년주택의 시세 상승에서 확인할 수 있으며, 대세 상승 이후 젊은주택의 가격 상승폭이 중년주택에 비해 더욱 크게 나타난다는 것이다. 이는 어느 지역의 매수세가 회복되면 상대적으로 가격 부담이 적은 중년주택 위주로 거래가 이루어지다, 시세 상승이 지속되면 시세 차익에 대한 기대감으로 상품성이 우월한 젊은주택의 매수세가 강화되기 때문이다.

리딩 단지의 시세 추이:
KB시세와 국토부 실거래가 비교하기

아파트 가격은 여러 기관에서 제공한다. 그중 가장 역사와 전통을 자랑하는 통계는 KB시세이다. KB시세는 지역의 중개업소에서 제공하는 정기적인 시세 정보를 바탕으로 산출된다. 따라서 중개업소가 부르는 '호가'일 가능성이 높다. 실제 거래가보다 다소 높게 책정될 수도 있다는 이야기다. 그러나 KB시세는 가장 많은 사람들이 이용하고 있고, 실제 은행 담보 대출 때도 KB시세를 활용하기 때문에 주택 가격의 기준선으로 활용하기에 부족함이 없다.

KB시세를 기준선으로 잡고 국토부에 신고되는 실거래가와 비교하면 해당 주택시장의 회복 국면 혹은 하락 국면을 포착할 수 있다. 주택시장이 회복해 상승장에 있다면 KB시세 대비 실거래가는 높게 형성될 것이고, 하락장에 있다면 낮게 형성될 것이기 때문이다.

해당 가정을 증명하기 위해 나는 KB시세와 실거래가 분포를 결합한 'KB×국토부 시세 그래프'를 그려보았다. 먼저 지역 주택시장이 회복될 때의 KB×국토부 시세 패턴에 대해 알아보고, 다음으로 하락장에서의 KB×국토부 시세 패턴을 살펴보자.

수도권의 회복 국면 사례

〈그림 12-1〉은 저점에서 회복기를 맞이하던 광명 철산래미안자이 33평의 시세 추이다. 2012년 말까지 KB시세 대비 실거래가가 대체적으로 낮게 형성되다 2013년 이후 높게 형성되는 것을 볼 수 있다. 실제 거래 가격이 기준 시세를 넘어선 모습이 나타난 것이다. 다만 시장이 저점이어서 거래량은 많지 않다. 이후 경기도 주택시장의 회복과 함께 2013년 5억 원이던 시세가는 2018년 초 7억 원까지 상승했다.

한편 같은 기간 해당 아파트의 층별 실거래가 분포를 보면 거래량이 많지 않고 저점 국면이었던 탓에 저층과 고층 간의 실거래가 차이가 그리 크지 않은 것을 알 수 있다(〈그림 12-2〉). '층별 위계가 뚜렷하지 않은' 모습을 보인 것이다.

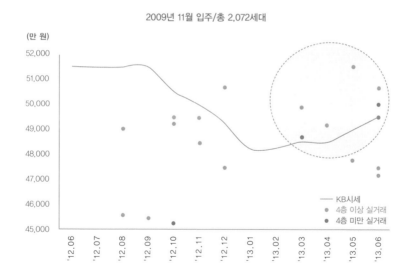

그림 12-1 광명시 회복 국면 사례: 철산래미안자이(33평) KB×국토부 시세 그래프

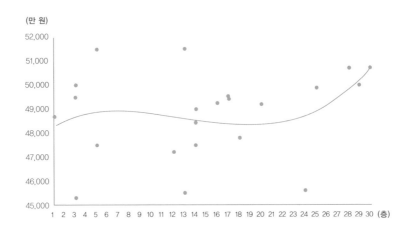

그림 12-2 철산래미안자이(33평) 층별 실거래가 분포(국토부 실거래가)

지방의 회복 국면 사례

〈그림 13-1〉은 여수 주택시장의 상승기였던 2014년이 오기 1년 전인 2013년, 여수시의 대표 아파트인 여수웅천지웰 34평의 KB×국토부 시세 그래프이다. 해당 아파트의 KB시세는 정중동의 경향을 보인다. 아파트의 대세적 흐름이 크게 변함이 없는 전형적인 저점의 모습이다. 그러나 실거래가 동향을 보면 2013년 하반기 이후 대체적으로 KB시세보다 높은 가격대에서 거래가 이루어지는 것을 볼 수 있다. 시장 회복의 시그널이라고 할 수 있다. 이후 2013년 2억 3,000만 원 수준이던 해당 단지의 시세는 2015년 2억 5,000만 원, 2018년 초에는 3억 원까지 상승한다. 한편 해당 아파트의 같은 기간 층별 실거래가 분포를 보면, 고층일수록 대체적으로 거래 가격이 높아지는 '층별 위계'를 확인할 수 있다(〈그림 13-2〉).

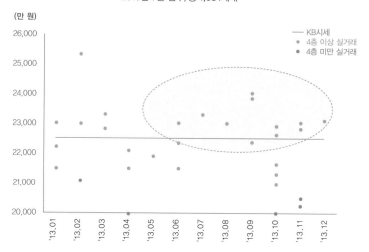

2010년 7월 입주/총 1,084세대

그림 13-1 여수시 회복 국면 사례: 여수웅천지웰(34평) KB×국토부 시세 그래프

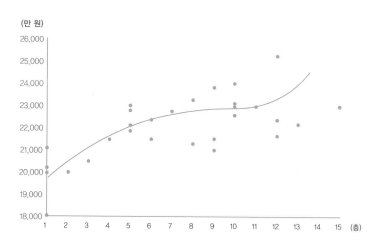

그림 13-2 여수웅천지웰(34평) 층별 실거래가 분포(국토부 실거래가)

PART 2 데이터로 쪼개 보는 전국 '시도별, 시·군·구' 주택시장

지방의 하락 국면 사례

거제시는 대우조선 사태가 발생하는 등 조선업의 침체로 주택시장이 급격히 얼어붙은 시장이다. 거제시의 리딩 단지인 거제자이아파트(34평)의 2017년 시세 추이를 보면 KB시세가 여름 이후 급격히 하락하는 것을 확인할 수 있다. 하지만 그 이전부터도 실거래가는 KB시세 대비 꾸준히 낮게 형성되어 있는 것을 볼 수 있는데, 2017년 하반기 이후에는 KB시세와 실거래가의 차이가 더욱 벌어지며 시장 경색이 심화되었다(〈그림 14-1〉).

한편 해당 아파트의 같은 기간 층별 실거래가 분포를 보면, 4층 이하의 저층과 11층 이상의 고층에 거래가 밀집되어 있다. 이는 시장 악화에 따른 저층 급매와 선호도가 높은 고층 매물이 시세 조정을 받으며 그나마 거래가 되었기 때문에 나타난 현상이다.

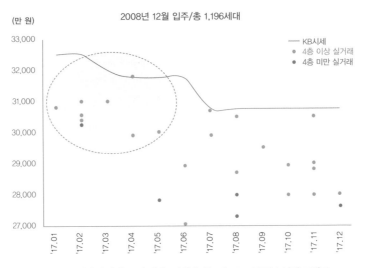

그림 14-1 거제시 하락 국면 사례: 거제자이(34평) KB×국토부 시세 그래프

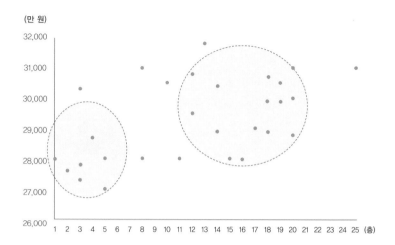

그림 14-2 거제자이(34평) 층별 실거래가 분포(국토부 실거래가)

데이터 활용 레시피

	재료 소개: 국토부 실거래가

재료 활용법	국토부 실거래가는 '실제 거래가'를 제공함으로써 주택시장의 흐름을 직관적으로 파악할 수 있게 해준다. 시세 기준인 KB시세와 비교해서 살펴보면 '시장 회복-상승-둔화-하락' 국면을 파악할 수 있다. [단위/공표 주기/지역 범위]: 만 원, 수시, 전국 시·군·구 아파트 단지별
재료 원산지	국토부실거래가 공개시스템(http://rt.molit.go.kr) 접속→실거래가 자료 제공
재료 잘 다루는 법	① 실거래가 가운데 '너무 높거나 낮은 것'은 제외하고 판단해야 한다→최근 거래가 대비 너무 높거나 낮은 거래가는 개별 사유에 의한 것으로, 시장 흐름과는 무관한 통계이다. ② 실거래가와 해당 층을 동시에 확인해야 한다→층에 따라 가격 편차가 있기 때문에 비슷한 층의 실거래가 흐름을 비교하는 게 보다 정확하다.
2018년 재료의 맛!	• 2018년 1분기 현재 서울의 평균 실거래가는 '평당 2,233만 원'으로 전국 평균 대비 약 2배 수준이다. 이는 금융 위기 직전인 2007년과 비슷한 수준이다. • 정부 규제에 따른 '똘똘한 서울 집 한 채' 현상이 심화되어 서울의 주택 가격이 천장을 뚫은 상황이다. 향후 블랙스완급의 외부 충격이 발생할 경우 서울 집중 현상은 시장 충격의 방아쇠가 될 것이다.

주택 순환주기: '현재 시세'와 '장기 추세 가격'의 차이를 보면 현재 그리고 미래 시장이 보인다!

PART 1에서도 주택 순환주기를 언급했는데, 주택 순환주기를 구성하는 매매가 순환변동치는 지역 평균 매매가의 장기 추세 대비 현재 매매가가 어느 수준인지를 알아보는 데 중요한 단서가 된다. 만약 현재 매매가가 장기 추세 대비 역사적 고점에 있다면 시장 과열 국면이고, 반대로 매매가가 장기 추세 대비 역사적 저점에서 장기 추세와 점차 그 간격을 좁혀간다면 회복 국면에 접어들었다고 판단할 수 있다. 예를 들어, 어느 지역의 현재 매매가가 평당 1,300만 원이고 장기 추세 가격이 1,000만 원이라면 현재 가격은 장기 추세가 대비 300만 원이나 높은 과열 국면에 있다고 할 수 있다. 반대로 현재 매매가가 평당 700만 원이면 장기 추세가 대비 300만 원이나 낮은 불황 국면에 있는 것이다. 이후 매매가가 점차 상승해서 장기 추세 가격 1,000만 원에 근접한다면 해당 주택시장은 회복 국면에 접어들었다고 할 수 있다.

장기 추세 가격인 1,000만 원을 도출하는 과정은 시계열 분석을 필요로 한다. 더 명확히 말하면, 시·군·구의 과거 분기별 평당 매매가를 원재료로 HP-필터링^{filtering}*이라는 시계열 기법을 활용해 장기 추세 가격을 추출할 수 있다. 하지만 일반 독자들이 지역 매매가의 장

---

* HP-필터(호드릭-프레스콧 필터Hodrick Prescott filter)는 경기지수(주택 매매가)의 '추세'와 '순환 변동'을 분리해내는 방법으로, 경기 변동에 관해 시계열 데이터를 분석할 때 사용한다. 시계열 데이터에서 장기 추세(지속적으로 증가하는 부분)를 제거해 경기 변동을 알아보는 방법이다. 따라서 HP-필터를 통해 주택 매매가의 장기 추세를 제거함으로써 주택 경기 변동을 파악할 수 있다.

기 추세 가격을 구해 순환변동치를 추출하는 일은 결코 쉽지 않은 작업이다. 때문에 관심 지역의 향후 주택시장 경기를 판단하는 데 참고할 수 있도록 〈책 속의 책〉에 순환변동치값을 구해 전국 시도별 주택 순환주기를 그려놓았다. 이를 통해 해당 시도에 속한 관심 지역 시·군·구의 거시적인 시장 국면을 간접적으로 확인할 수 있을 것이다. 물론 같은 시도에 있더라도 상위 지역과 별개의 흐름을 보이는 시·군·구가 있기 마련이다. 이러한 지역에 관해서는 〈상위 지역을 대표하는 시·군·구와 독립적인 시·군·구〉에 정리해놓았다. 따라서 '시도별 주택 순환주기'와 '상위 지역과 독립적인 시·군·구 지역'을 병행하여 참고한다면, 전국의 어느 도시라도 그 흐름을 이해하는 데 어려움을 겪지 않을 것이다.

수도권의 회복 국면 사례: 안양시

〈그림 15〉는 안양시의 중장기 주택 순환주기와 연간 입주 물량을 결합해 그린 그래프이다. 이 '순환주기×입주 물량 그래프'는 내가 전국 어느 지역을 분석하든 그 지역의 중장기 시장을 전망할 때 가장 애용하는 자료로, 지역 주택시장의 중장기 흐름과 그 원인이 되는 입주 물량을 한눈에 파악할 수 있는 장점이 있다.

안양시의 2003년 사례를 살펴보면, 1만 호가 넘는 엄청난 입주 물량이 공급된 것을 알 수 있다. 이로 말미암아 안양시의 주택시장은 2005년까지 하락세를 보인다. 2005년부터 4년간 1,000~2,000세대의 안정적인 입주 물량 공급이 이루어지자 주택시장은 2006년 고점 도달 후 금융 위기 전까지 호경기를 누린다. 즉 예정된 입주 물량을

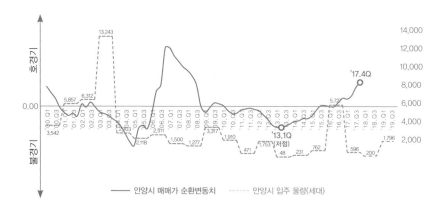

그림 15 안양시 중장기 주택 순환주기(2000년 1분기~2017년 4분기)

통해 그 지역 시장의 미래를 개략적으로나마 예측할 수 있는 것이다. 2010년 이후에는 경기도 주택시장의 하락에 동조해 안양시 역시 지속적인 하락세를 보이다 2013년 1분기 저점 확인 후 2017년 4분기까지 꾸준히 상승세를 이어간다.

게다가 2017~2018년의 입주 물량은 다 합해봐야 1,000세대가 되지 않는다! 즉 2018년 안양시의 대세 상승 예측은 그리 어렵지 않은 일이었다.

지방의 과열 국면 사례: 구미시

이번에는 주택 순환주기 그래프를 통해 과열 국면을 진단한 사례를 살펴보자. 〈그림 16〉은 구미시의 중장기 주택 순환주기와 연간 입주 물량을 결합해 그린 그래프이다.

구미시 역시 2006~2009년 계단식으로 입주 물량이 증가하자 2007년의 고점 이후 주택시장이 하락세에 접어든다. 하지만

2012~2014년, 1,000세대에도 못 미치는 입주 물량이 공급된 뒤에는 2014년 주택시장이 고점으로 향한다. 2014년 1분기의 순환변동치는 2007년 3분기의 고점을 상회한 수준이다. 전고점을 돌파함으로써 과열 국면의 시그널을 보여준 것이다. 게다가 2015~2017년 또다시 계단식의 입주 물량 증가 패턴이 나타났다. 적어도 더 이상의 상승은 힘들겠다는 추론을 할 수 있다.

예상대로 구미시는 2014년 1분기를 고점으로 입주 물량 증가와 함께 2017년 4분기 현재 역대 저점을 하회하는 국면을 맞이했다.

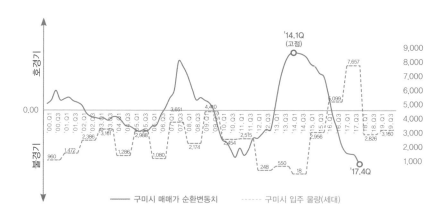

그림 16 구미시 중장기 주택 순환주기(2000년 1분기~2017년 4분기)

빅데이터로 예측하는 대한민국 부동산의 미래

🏠 반전 분양 스토리: 시장의 선행지표 적용 사례

이번에는 시장의 선행지표를 활용해 내가 직접 분양성을 검토한 사례에 대해 살펴보자. 건설업의 특성상 수주 정보를 접수하고 분양성을 검토한 뒤 분양을 결정하더라도 빨라야 6개월 후에나 분양이 가능하다. 때문에 해당 사업장의 시장 예측은 사업 성공에 매우 중요한 요소이다. 그런 이유로 예시로 드는 사업장은 수도권 내 평범한 지역이나 지방 (소)도시로 선별했다. 강남, 서울 지역은 적어도 지금까지는 누구나 장밋빛 미래를 예측할 수 있는, 시장의 흐름보다는 입지 파워로 충분히 설명이 가능하기 때문이다.

'시장의 흐름' 혹은 '시장 예측의 정수'를 온전히 설명하기 위해서는 수도권 평균 혹은 지방 (소)도시의 '회복·상승'을 예측한 사례가 적합할 것이다. 이를 위해 수도권 3도시와 지방 3도시의 사례를 소개한다. 사업지가 속한 도시의 시장 예측 스토리와 분양 성과를 검증해봄으로써 '실전용 시장의 선행지표'에 대해 보다 깊이 이해할 수 있을 것이다.

데이터로 분양하기: 수도권 3도시 이야기

수도권 시장은 2015년부터 본격적으로 주택 가격이 상승했다.[*]
따라서 아래 소개되는 분양 사례들은 2014~2016년에 분양한 것이니 당연히 성공이 예상되었던 게 아니냐고 반문할 수도 있다. 하지만 아

---

[*] 경기도의 연간 주택 가격 상승률은 2013년 -1.1%, 2014년 +2.3%, 2015년 +5.5%의 추이를 보였다.

래 사업장들은 수도권의 저점·회복기인 2012~2014년에 분양성을 검토한 곳들이다. 따라서 시장의 선행지표를 활용해 저점에서 회복 국면을 포착한 과정을 설명하기에 가장 적합한 사례들이라고 할 수 있다.

이천시 증포동 PJ(2014년 분양)

내가 이천시 사업장을 검토하던 2012년 말, 이천시의 리딩 단지인 설봉푸르지오2차아파트 34평의 시세는 3억 원 수준에서 강보합세를 유지하고 있었다. 해당 사업장 입지도 중심가인 갈산동에서 다소 떨어져 있어 향후 분양성을 예측하기가 쉽지 않았다.

인구 또한 20만 명을 갓 넘은 수준이었으며, 이천시의 주택 가격 상승률도 연 1% 안팎으로 평범했다. 다만 70%에 다다른 전세가율이 눈에 들어왔다.

이천시의 전세가율은 2010년 이후 가파르게 상승하여 2012년

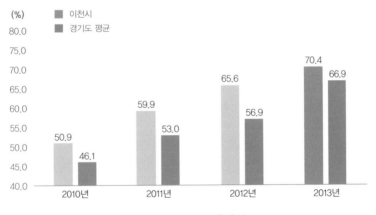

그림 17 이천시 전세가율 추이

빅데이터로 예측하는 대한민국 부동산의 미래

65% 수준에서 2013년 말 70%를 상회했다. 높은 전세가에 밀려 '전세 →매매' 수요 압력이 상승할 것이라고 보았다(당시 경기도에서 전세가율 이 70%를 상회하는 지역은 드물었다). 또한 중요한 수급 지표인 미분양도 2012년 말 기준 518호로 안정적이었다.

마지막으로 이천시의 주택 순환주기와 향후 입주 예정 물량을 종합적으로 검토했다(〈그림 18〉). 주택 경기는 회복 조짐을 보이고 있었고, 적어도 2014년까지는 입주 물량이 연평균 200세대에 못 미치는 안정적인 공급 상황이 유지될 것으로 보였다. 분양성에 대한 확신이 들었다.

2014년 분양한 해당 사업장은 최고 2.3:1의 청약률을 기록하며 분양 초기에 판매가 완료되었다. 해당 사업장의 분양 이후 이천시 주택시장은 2015년까지 연평균 3%가 넘는 가격 상승률을 보이며 상승장을 맞이했다.

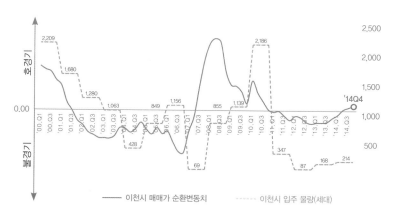

그림 18 이천시 중장기 주택 순환주기(2000~2014년)

안산시 고잔동 PJ(2015년 분양)

2013년 안산시는 진행되는 재건축 사업장이 꽤 많은 지역이었다. 2013년 이후 본격적인 사업 일정이 전개되며 향후 분양시장에 대한 전망이 중요한 시점이었다(실제로 안산시는 2015년 이후 7개의 재건축 사업장에서 분양이 이루어졌다).

안산시 역시 이천시와 마찬가지로 2013년 평균 0.14%의 가격 상승률을 보이며 강보합세의 시장 국면이 유지되었다. 여기에 당시 분양한 재건축 단지의 미분양이 고분양가 논란을 빚으며 시장에 불확실성이 제기되었다. 하지만 긍정적인 면도 포착되었다. 2013년 말 기준으로 전세가율이 70%를 상회했다. 실수요자들의 매수 심리가 회복될 수 있는 수준이었다. 여기에 2013~2014년 안산시의 분양 물량도 700여 세대에 불과해 공급 수준도 부담스럽지 않았다.

실물 주택 경기를 확인하기 위해 안산시의 리딩 단지인 안산고잔푸르지오3차 32평의 KB×국토부 시세 그래프를 분석했다. 〈그림 19-1〉에서 볼 수 있듯 2013년 5월 이후로 KB시세 대비 높은 실거래가가 형성되어 있었다.

해당 아파트의 층별 실거래 분포 또한 전형적인 회복 국면의 패턴을 보였다. 중층(5~10층)의 가격대가 상승하며 고층의 가격대를 밀어올릴 준비를 하고 있었다(〈그림 19-2〉).

마지막으로 안산시의 주택 순환주기와 입주 물량을 종합적으로 검토했다. 주택 경기는 2013년에 바닥을 다지고 있었고, 입주 예정 물량은 적어도 향후 3년간 미미한 수준이라는 예측을 할 수 있었다(〈그림 20〉). 결국 시장 고점인 2015년에 분양할 수 있게 사업 일정을 조율

빅데이터로 예측하는 대한민국 부동산의 미래

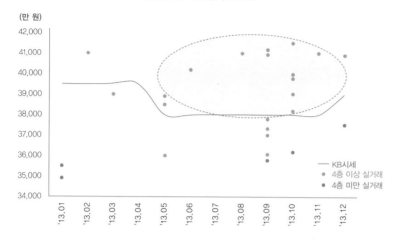

2013년 4월 입주/총 1,134세대

그림 19-1 안산시 회복 국면 사례: 안산고잔푸르지오3차(32평) KB×국토부 시세 그래프

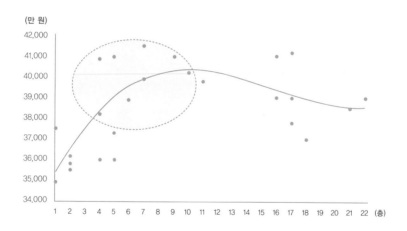

그림 19-2 안산고잔푸르지오3차(32평) 층별 실거래가 분포(KB부동산, 국토부 실거래가)

하여 최고 16.3:1의 청약 경쟁률을 기록했고, 단 며칠 만에 완판하는 성과를 거두었다. 회사는 해당 사업장의 분양 성공 후광효과와 안산

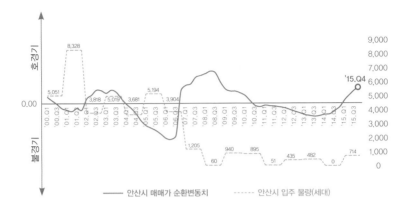

그림 20 안산시 중장기 주택 순환주기(2000~2015년)

시의 시장 상승에 힘입어 2015년 안산시에만 4,000여 세대가 넘는 공급을 성공적으로 할 수 있었다.

의왕시 장안지구 PJ(2016년 분양)

의왕시는 2013년부터 경기도 최고 수준의 전세가율을 기록하고 있었다. 당연히 유망 지역으로 마음에 두고 있었다. 하지만 2014년 해당 사업장의 분양성 검토 당시에는 사업장 위치가 의왕시 남단에 있고, 아직 도시 개발 사업이 이루어지지 않아 입지 여건이 불확실하다는 우려가 있었다. 게다가 주변에 젊은주택은 없고 입주 10년 초과의 고령주택뿐이어서 분양가에 대한 검토 자체가 어려운 사업장이었다. 하지만 의왕시의 주택 순환주기 분석을 통해 2013년이 저점이라는 확신이 있었고, 가장 높은 수준의 전세가율을 보이는 의왕시라면 다소 입지 조건에 불확실성이 있더라도 시장 트렌드로 분양성을 담보

빅데이터로 예측하는 대한민국 부동산의 미래

할 수 있겠다는 확신이 들었다.

거시 시장지표 외에 실물 경기를 나타내는 리딩 단지의 시세 흐름도 살펴보았다. 비록 입주 10년 초과의 노후 단지였지만 KB시세 대비 실거래가가 전반적으로 높은 수준에서 형성되어 있었고, 거래량도 점차 늘고 있었다(〈그림 21-1〉). 층별 거래 분포를 봐도 안산시 리딩 단지의 거래 패턴과 유사하게 중층 가격대가 상승하며 고층 가격대를 밀어올릴 준비를 하고 있었다(〈그림 21-2〉).

사실 분양성을 예측할 때 가장 쉬운 것이 입지를 중심으로 판단하는 것이다. 입지는 큰 격변이나 도시 개발이 이루어지지 않는 한 변하지 않는 변수이기 때문이다. 그러나 입지가 좋은 사업장이라면 누

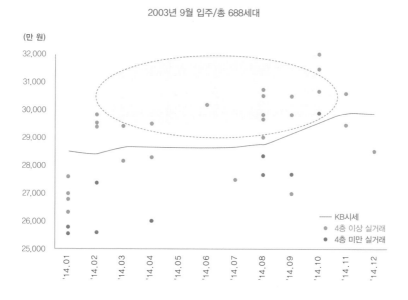

그림 21-1 의왕시 회복 국면 사례: 부곡대우이안(32평) KB×국토부 시세 그래프

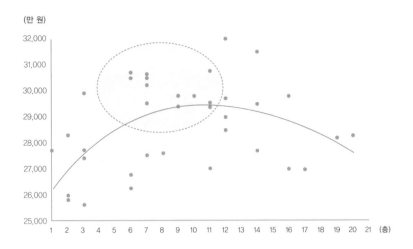

그림 21-2 부곡대우이안(32평) 층별 실거래가 분포(KB부동산, 국토부 실거래가)

구나 사업을 하려고 할 것이고, 결국엔 시공사 간의 경쟁이 일어난다. 이는 결국 분양가를 높이는 이유가 되고, 소비자들의 부담으로 전가되기 쉽다.

　바로 강남이 대표적인 사례다. 강남의 입지를 따라갈 도시가 없기 때문에 향후 시장 흐름에 대한 고민은 제쳐놓고 시공사 간에 경쟁이 과열된다. 출혈 경쟁에 따라 분양가가 높게 책정될 수밖에 없는 메커니즘이 평당 5,000만 원의 고분양가를 만들어낸 것이다.

　그와 반대로 누구나 볼 수 있는 입지 조건이 아닌 보이지 않는 시장 트렌드를 잘 읽어낼 수 있다면 입지 조건이 다소 불확실하더라도 분양성을 담보할 수 있고, 분양가도 적정하게 책정할 수 있어 오히려 수분양자도 시세 차익을 기대할 수 있다. 의왕시 사업장이 바로 그런 케이스였다.

2014년 분양성을 검토한 해당 사업장은 장안도시개발지구의 개발이 본격화되며 2016년 시장 상승기에 분양할 수 있었고, 최고 4.2:1의 경쟁률을 보이며 단 며칠 만에 완판되는 성과를 거두었다. 해당 사업장 분양 이후 의왕시는 80%를 상회하는 전세가율을 유지하며 2016~2017년 연평균 3%가 넘는 가격 상승률을 기록했다.

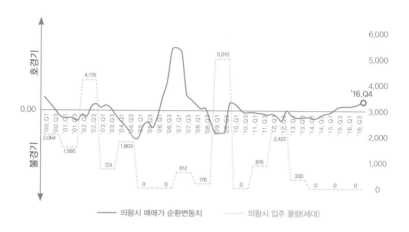

그림 22 의왕시 중장기 주택 순환주기(2000~2016년)

데이터로 분양하기: 지방 3도시 이야기

"지방 시장은 끝났다." 몇 년 전부터 미디어를 통해 귀가 따갑도록 듣는 이야기다. 그러나 내가 근무하는 회사는 지금까지도 지방에 꾸준히 분양을 해오며 양호한 분양 실적을 쌓고 있다. 지방에도 많은 시·군·구가 있고, 각기 '시장의 결'이 다르다. 다들 힘들다는 지방 시장에서, 더구나 입지 조건이 담보되지 않은 상황에서, 데이터에 기반한 시장 예측으로 성공적인 분양 성과를 거둔 사례를 소개한다.

경산시 신대부적지구 PJ(2013년 분양)

경산시는 대구광역시와 연접한 도시로, 2012년 사업지 분양성 검토 당시에는 대구 인구 250만 명의 10분의 1 수준인 24만 명의 인구 규모였다. 인구 규모가 작아 주택 수요 부족으로 미분양 리스크가 발생할 수 있는 도시였던 것이다. 게다가 사업장의 입지 조건도 경산시의 선호 지역인 중방동과 3km 떨어진 곳이었고, 대구와 경산을 잇는 대구 2호선 역시 도보로는 접근하기 힘든 곳이었다.

사업지의 분양가 책정을 위해 비교할 수 있는 대상도 20년 된 소규모 단지 2개뿐이었다. 인구 규모, 입지 조건, 주변 비교 단지 부재 등 보이는 기준만 생각하면 분양성을 가늠하기 힘든 사업장이었다. 만약 분양을 하더라도 해당 부지가 택지 개발 지구여서 몇천 세대의 분양 물량이 동시에 쏟아질 가능성이 높았다. 인구 20만 도시에서 그러한 물량을 소화해줄 수 있을지가 의문이었다.

먼저 경산시의 전세가율을 체크했다. 경산시의 전세가율은 2011년 이후 급등하며 2012년 당시 거의 70%에 달하고 있었다. '전세→매매' 전환에 따른 실수요 압력이 높아지고 있었다.

경산시의 입주 물량 추이를 살펴보다가는 고정관념을 뒤흔든 시그널을 볼 수 있었다. 2009~2010년 2년에 걸쳐 무려 5,000세대의 물량이 쏟아졌음에도 오히려 주택 가격이 상승했고, 전세가율이 급등한 것이다(〈그림 23〉). 이는 비록 인구 규모가 작더라도 해당 지역의 주택 노후도가 심하고, 주택 구매력이 상승해 오랫동안 신규 주택을 기다리는 수요가 많았다는 뜻일 수 있었다. 게다가 2012년 이후 2013년까지 예정된 입주 물량이 37세대에 불과해서 적어도 공급으로 인한 시

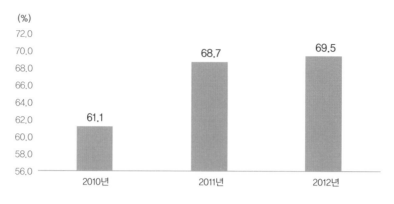

그림 23 경산시 전세가율 추이

장 경색은 발생하지 않으리라는 확신이 들었다.

　보통 경산시같이 대도시에 연접한 도시는 대도시의 주택시장에 후행해서 움직이는 경향이 있다(부산과 양산이 그런 관계이다). 따라서 대구광역시와 경산시의 장기적 주택 가격의 패턴을 분석해 경산시 주택시장의 미래를 가늠해보았다.

　〈그림 24〉는 대구광역시와 경산시의 매매가 변동률 추이를 월 단위로 그린 것이다.

　2010년 상반기, 대구가 긴 불황의 터널을 지나 회복세를 보이자 경산시 역시 2011년 초 주택시장이 반전하며 상승폭을 크게 키웠다. 대구의 상승폭이 최고점을 경신한 이후에는 경산시도 최고점을 기록했다. 또한 대구의 주택 순환주기를 분석해봤을 때, 2012년 3분기 이후 저점 반등의 시그널이 포착되어 경산시 역시 2013년 이후 회복 국면의 진입이 예상되었다.

　해당 사업장은 2013년 11월에 분양했다. 택지 지구의 특성상 타

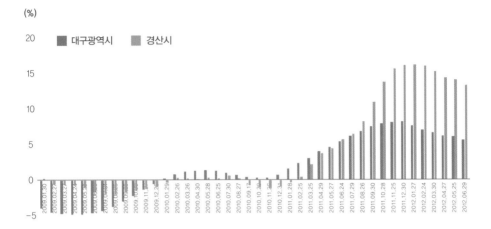

그림 24 대구광역시와 경산시 매매가 변동률 추이(2009~2012년/전년 동기 대비)

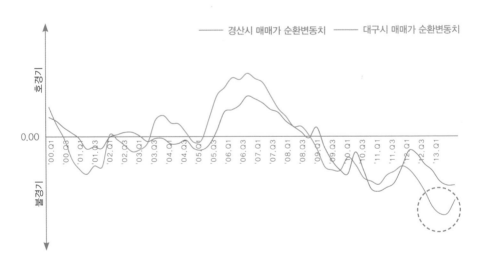

그림 25 대구광역시와 경산시 주택 순환주기(2000~2013년 1분기)

빅데이터로 예측하는 대한민국 부동산의 미래

사업장들도 동시 분양을 하는 바람에 1,000세대가 넘는 분양 물량이 집중되었다. 따라서 지방 시장의 고질적인 '공급 과잉·수요 부족 리스크'가 우려되었다. 하지만 예상대로 해당 사업장은 시장 상승장을 맞이하며 최고 5.7:1의 청약률을 기록했고, 분양 개시 며칠 만에 판매가 종료되는 성과를 거두었다.

군산시 조촌동 PJ(2015년 분양)

군산시는 해당 사업장을 검토한 2014년 무렵, GM 군산공장이 생산성 악화로 연초부터 생산량을 35% 감소하기로 결정하는 등 지역 경기에 대한 우려가 많았다. 게다가 사업장의 입지 조건 역시 군산의 중심지인 수송동, 미장동과는 꽤 떨어져 있어서 입지 조건보다는 시장 트렌드에 바탕을 둔 분양성 전망이 중요했다. 다행히도 당시 군산시 입주 물량은 2012~2013년 0세대로 공백 기간이 있었고, 전세가율 역시 2013년 이후에는 70%를 상회했다.

실물 경기를 체크하기 위해 먼저 군산시의 중심지인 수송동의 한 아파트 시세를 분석했다.

〈그림 26-1〉을 보면 해당 아파트 34평의 KB시세가 정중동의 흐름인 것을 확인할 수 있다. 하지만 실거래가는 2014년 하반기 이후로 KB시세를 상회했다. 물론 시장 저점기여서 대세적인 상승 흐름을 읽기는 어려웠지만 확실한 것은 상반기에 비해 하반기에 비교적 많은 실거래가 KB시세를 상회하여 이루어졌다.

해당 아파트의 층별 실거래가 분포를 보면 더욱 명확한 패턴이 나오는데, 시세가 상승하며 층별 위계가 뚜렷해지고 있었다(〈그림 26-

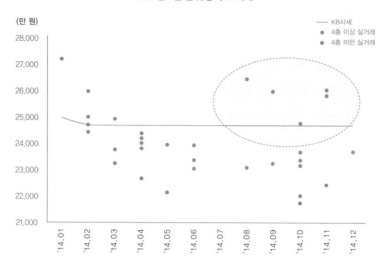

2010년 5월 입주/총 1,041세대

그림 26-1 군산시 회복 국면 사례: 군산수송세영리첼(34평) KB×국토부 시세 그래프

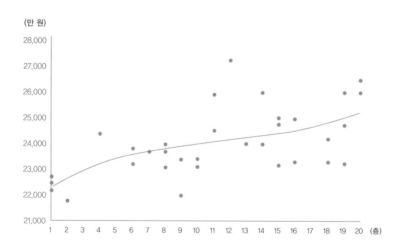

그림 26-2 군산수송세영리첼(34평) 층별 실거래가 분포(KB부동산, 국토부 실거래가)

2>). 보통 시장 하락기에는 거래가 줄어들고 급매물의 출현으로 층별 위계가 뚜렷하지 않은 패턴이 형성된다. 그러나 시장이 상승하면 거래가 증가하고, 중층이 시세 상승을 주도한 뒤 고층의 시세 가이드라인을 만들어준다. 즉 허리가 탄탄해진 후 상체를 온전히 잡아주는 패턴이 나오는 것이다.

군산시의 주택 순환주기 흐름을 보더라도 2014년 하반기의 저점후 회복세에 있었다. 2015년 약 3,000세대의 입주 물량이 예정되어 있었지만 2012~2013년의 입주 물량 공백기 덕분에 소화 가능한 수준이라고 판단했다. 결국 2015년 해당 사업장을 분양했고, 최고 9.1:1의 청약 경쟁률을 기록하며 수개월 만에 판매가 완료되었다.

해당 사업장 분양을 통해 새로운 사실을 배울 수 있었다. 저점에서 회복 국면으로 진입하는 주택시장의 모멘텀은 3,000세대의 입주 물량마저 극복할 만큼 강하다는 것이었다.

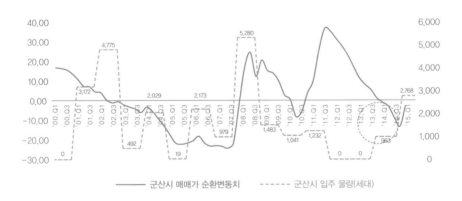

그림 27 군산시 중장기 주택 순환주기(2000~2015년)

밀양시 가곡동 PJ(2017년 분양)

밀양시의 경우는 '입지를 극복한 시장 트렌드의 힘'을 여실히 보여준 대표적인 사례이다. 2015년 해당 사업지의 분양성을 검토하기 위해 밀양시의 부동산 중개업소 몇 군데를 둘러보았다. 해당 사업장의 입지를 긍정적으로 언급한 데는 5곳 중 2곳에 불과했다. 인구 11만 명의 밀양시에서는 주거 중심지인 삼문동, 내이동 외에는 관심이 없고, 굳이 다른 곳으로 이주할 필요성을 못 느낀다는 것이 부정적인 시각의 이유였다. 나 역시 사업장을 둘러본 후 '과연 삼문동, 내이동을 벗어나 이곳까지 사람들이 이주해올까?' 하는 생각이 강하게 들었다.

분양가를 책정하기 위해 비교 단지를 찾아보아도 입주 20년 된 고령 단지밖에 없어서 분양성을 평가하는 것 자체가 쉽지 않았다. 게다가 2015년 경상남도의 주택시장은 차갑게 얼어붙고 있었다. 그런 와중에 인구 11만 도시에 분양을 한다는 것은 그 자체로 리스크였다.

실제로 한국은행이 2015년 전국 307개 중개업소를 대상으로 실시한 설문 조사 결과를 봐도 향후 2~3년간 주택 가격의 조정 가능성이 가장 큰 곳으로 경북(84%)과 경남(83%)을 꼽았다. 게다가 2016년 밀양신공항이 백지화되면서 지역 경기뿐만 아니라 부동산시장도 직격탄을 맞는 등 여러모로 긍정적인 요소를 찾기가 어려웠다.

그러나 분양시장은 이상하게도 청약 경쟁률이 10:1을 웃도는 등 신규 주택에 대한 기대감이 높았고, 분양권 거래 시장도 활발했다. 따라서 밀양시의 미분양 지표도 10호 안팎에서 안정적인 수준을 유지했다. 특이한 점은 전세가율이 60% 수준에 머물러 있음에도 분양시장이 양호한 흐름을 보였다는 것이다.

현지답사를 통해 전세가율 60%의 비밀을 풀 수 있었다. 밀양시 주민들은 전세를 내놓지도 않을뿐더러 전세를 원하는 사람도 없었다. 한마디로 월세로 살거나 매수를 한다는 것이었다. 자연스레 직업병이 발동했다. 통계로 확인해봐야겠다고 생각한 것이다.

〈그림 28-1〉은 국토부의 실거래가 통계를 바탕으로 경남 주요 도시의 '전세 거래 대비 매매 거래 건수'를 따져본 것이다. 놀랍게도 밀양시는 전세보다 매매가 6.4배 더 거래되고 있었다. 이는 밀양시보다 규모가 큰 김해시, 진주시에 비해 2배 높은 수준이었고, 인구 105만 명의 창원시보다도 3배 높은 수치이다.

주택의 매매 거래 비중이 높다는 것은 밀양시가 작지만 주택 구매력이 강한 도시라는 것을 말해준다. 밀양시는 2015년을 기준으로 과거 2년간 5%가 넘는 가격 상승률을 보였다. 보통 매매가가 급등하면 가격 부담이 커져 매매 대신 전세 수요가 늘어 전세가율이 상승하는 모습을 보인다. 그럼에도 지속적으로 매매 거래가 이루어졌다는

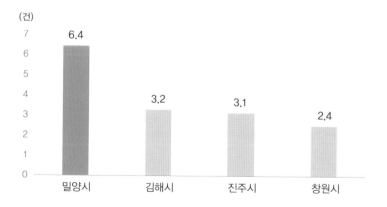

그림 28-1 경남 주요 도시의 전세 1건당 매매 거래 건수(2015년 기준/국토부)

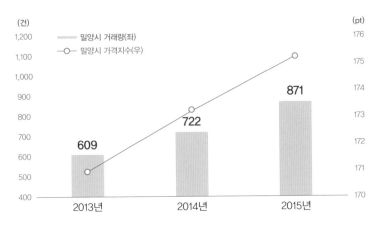

(건)

1,200 ▨▨▨▨ 밀양시 거래량(좌)
　　　─○─ 밀양시 가격지수(우)
1,100

1,000

900

800

700　　　**609**

600

500

400
　　　　　2013년　　　　　　2014년　　　　　　2015년

(pt)

176

175

174

173

172

171

170

871

722

그림 28-2 밀양시 거래량과 가격지수 추이(부동산114 REPS, 국토부)

것은 그만큼 밀양시가 주택 구매력이 높은 시장이라는 것을 말해준
다(〈그림 28-2〉). 나는 이 경험을 통해 데이터 이면에 숨겨진 '시장 고
유의 특성'을 이해하는 것이 얼마나 중요한 일인지 깨달았다.

　　밀양의 실물 경기를 체크해보기 위해 중심 지역인 삼문동의 리
딩 단지 시세를 분석했다(〈그림 29-1〉). 2015년 이후 KB시세 대비 실
거래가가 확연히 높게 형성되어 있는 것을 알 수 있다. 다만 거래는
많지 않은데, 이는 기본적으로 도시의 인구 규모가 작아서 나타나는
현상으로 이해할 수 있다. 해당 아파트의 층별 실거래가 분포 또한 전
형적인 상승 국면의 모습을 보여준다. 저층에서 고층으로 갈수록 가
격이 높아지는 층별 위계가 형성되어 있다(〈그림 29-2〉).

　　마지막으로 시장 트렌드를 점검하기 위해 밀양시의 주택 순환
주기와 입주 예정 물량을 분석했다. 밀양시의 주택 순환주기는 2014
년 2분기를 저점으로 회복 국면에 있었고, 입주 예정 물량 또한 연평

빅데이터로 예측하는 대한민국 부동산의 미래

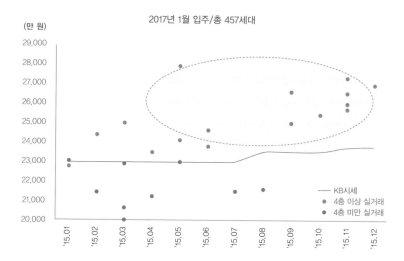

2017년 1월 입주/총 457세대

그림 29-1 밀양시 상승 국면 사례: 밀양삼문푸르지오(34평) KB×국토부 시세 그래프

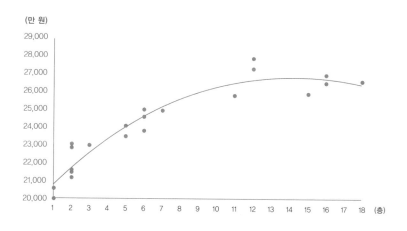

그림 29-2 밀양삼문푸르지오(34평) 층별 실거래가 분포(KB부동산, 국토부 실거래가)

균 500세대 미만의 안정적인 수준이었다. 결국 2017년 해당 사업장
을 분양했고, 분양시장의 호조와 밀양강 조망이라는 강점이 부각되

어 11.6:1의 최고 청약률로 단 5일 만에 완판되었다. 입지 조건과 언론 보도의 공포심을 시장 트렌드 예측으로 극복한 사례이자, 전세가율 법칙에도 지역 고유의 시장 환경에 따라 예외가 있을 수 있다는 것을 배운 사례였다.

상위 지역을 대표하는 시·군·구와 독립적인 시·군·구

밀양시 사업장 사례를 이야기하며 언급하지 않은 또 하나의 시장 시그널이 있다. 밀양시는 경상남도의 하락세와 무관하게 흘러가는 시장이었다는 점이다. 밀양시는 경상남도의 하위 주택시장임에도 창원, 김해 등 경남의 또 다른 하위 주택시장들과는 다른 모습을 보였다. 즉 이들 시장이 동반 하락하거나 상승할 때 그와 반대로 상승하거나 하락하는 등의 독립적인 시장 흐름을 보였다. 실제로 〈그림 30〉의 가격 동향 비교표에서도 볼 수 있듯 2015년 이후 밀양시의 주택 가격이 상승할 때 창원시와 김해시는 그와 반대로 하락했다. 이러한 하위 시장의 '독립성'이 밀양시 시장은 상승할 거라는 믿음을 주었다.

이러한 경향을 살펴보는 것은 매우 흥미로운 일인데, 고정관념을 비집고 들어가 시장의 기회를 발견할 수 있기 때문이다. 일반적으로 상위 시도의 주택시장이 하락하면 당연히 하위 시·군·구도 같은 경향을 보일 거라고 생각한다. 하지만 최근에는 이러한 통념과 달리 독립적인 경향이 몇몇 지역에서 나타난다. 이유는 여러 가지가 있는데, 첫째 우리나라의 주택 재고가 성숙 단계에 들어섰다는 것이다. 보통

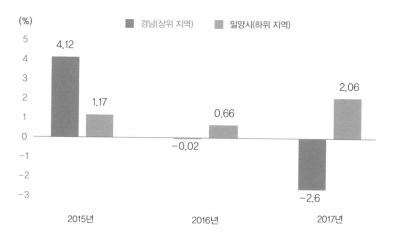

그림 30 경남과 밀양시의 매매가 변동률 추이(2015~2017년)

성장기에는 물가 상승에 따라 꾸준히 상승하는 경향을 보이다가 중간에 부침을 겪는 등 '공동의 시대'를 보낸다. 그러다 재고 수준이 어느 정도 성숙기에 접어들면 가구 소득, 지역 경기 그리고 주택시장이 성장하면서 형성된 지역 고유의 거래 특성(전세 거래가 없는 밀양의 경우와 같은)에 따라 각기 다른 방향성을 보이기도 한다.

둘째, 지역의 '지리적 특성'이다. 이후에 언급하겠지만 경남의 밀양시, 경북의 안동시, 경기도의 여주시, 이천시 등은 독립성이 강한 도시이다. 해당 지역들은 '분지'라는 지리적 공통점을 가지고 있다. 생활권이 독립적으로 형성되어 연접 지역과의 교류 빈도가 낮아 지역 고유의 주택 거래 문화가 형성될 가능성이 높은 지역인 것이다. 따라서 이러한 지역들에 접근할 때는 단순히 상위 시도의 시장 동향만 체크해서는 안 된다. 그렇다면, 이러한 하위 시장의 독립성은 어떻게 측정할 수 있는가?

통계 기법 가운데 하나인 '상관분석'을 활용하면 답을 얻을 수 있다. 상관분석이란 두 시계열지표가 서로 상관성이 있는지를 상관계수를 활용해 판단하는 기법이다. 주택시장의 결과지표인 가격 변동률을 활용해서 상위 지역(시도)과 하위 지역(시·군·구) 간의 가격 변동률의 상관계수를 구하면 그 상관성을 따져볼 수 있다. 간단히 말해 상관계수가 1에 가까우면 서로 같은 방향의 흐름을 가진 시장, −1에 가까우면 서로 반대 방향의 흐름을 가진 시장이라고 할 수 있다. 또한 양수든 음수든 0에 가까우면 '독립성'(상관성이 없는, 즉 별개의 흐름을 보이는)이 강하다고 할 수 있다. 하지만 실제 주택시장에서는 서로 반대되는(상관계수가 음수인) 시장은 없으며, 단지 서로 같은 방향이거나 독립적인 흐름(상관계수가 0에 근접)을 가진 시장만 존재한다.

그림 31 상관계수의 의미

〈그림 32〉은 최근 3년간(2015~2017년)의 분기별 가격 변동률을 바탕으로 시도별 하위 시·군·구와 상위 시도 간의 상관계수를 정리해놓은 것이다.

빅데이터로 예측하는 대한민국 부동산의 미래

그림 32 전국 시도와 하위 지역 간의 '상관관계 스펙트럼'

상관성(상관계수) 높음 ↑
상관성(상관계수) 낮음 ↓

서울특별시	상관계수	
서초구	0.95	
송파구	0.94	
마포구	0.91	
성동구	0.91	대표 지역
영등포구	0.90	
강남구	0.90	
강동구	0.89	
용산구	0.88	
중구	0.88	
동작구	0.84	
광진구	0.83	
도봉구	0.80	
양천구	0.80	
종로구	0.76	
노원구	0.76	
구로구	0.74	
서대문구	0.72	
강서구	0.71	
관악구	0.70	
강북구	0.67	
동대문구	0.64	
은평구	0.52	
중랑구	0.49	
금천구	0.48	독립 지역
성북구	0.11	

경기도	상관계수	
광명시	0.91	
남양주시	0.89	
군포시	0.88	
수원시	0.87	대표 지역
하남시	0.83	
용인시	0.81	
고양시	0.79	
의정부시	0.76	
부천시	0.74	
안양시	0.74	
김포시	0.69	
구리시	0.69	
안산시	0.66	
광주시	0.64	
의왕시	0.64	
시흥시	0.60	
가평군	0.59	
평택시	0.56	
오산시	0.55	
안성시	0.48	
파주시	0.43	
이천시	0.43	
양평군	0.42	
성남시	0.37	
양주시	0.33	독립 지역
포천시	0.21	
여주시	0.20	
연천군	0.10	
과천시	0.07	
화성시	0.04	
동두천시	-0.04	

부산광역시	상관계수	
남구	0.98	
해운대구	0.97	대표 지역
사하구	0.91	
수영구	0.91	
북구	0.89	
동구	0.88	
연제구	0.87	
동래구	0.82	
부산진구	0.76	
강서구	0.75	
기장군	0.72	
사상구	0.67	
중구	0.52	
금정구	0.40	
서구	0.32	독립 지역
영도구	0.24	

인천광역시	상관계수	
서구	0.88	
부평구	0.88	
계양구	0.85	대표 지역
남동구	0.84	
남구*	0.70	
동구	0.59	
연수구	0.34	
중구	0.31	독립 지역
강화군	-0.19	

199

전반적으로 높은 상관계수

대구광역시	상관계수
수성구	0.97
북구	0.97
동구	0.97
달서구	0.95
중구	0.94
달성군	0.92
서구	0.91
남구	0.91

울산광역시	상관계수	
남구	0.99	대표 지역
울주군	0.97	
중구	0.95	
북구	0.86	
동구	0.47	독립 지역

경상남도	상관계수	
창원시	0.98	
김해시	0.97	
통영시	0.82	대표 지역
양산시	0.80	
사천시	0.79	
함양군	0.77	
거제시	0.77	
합천군	0.54	
남해군	0.53	
진주시	0.36	
함안군	0.17	
기창군	-0.11	독립 지역
밀양시	-0.13	

경상북도	상관계수	
포항시	0.97	
경산시	0.96	대표 지역
경주시	0.94	
구미시	0.79	
영천시	0.77	
고령군	0.76	
김천시	0.62	
영주시	0.59	
칠곡군	0.57	
예천군	0.28	
성주군	0.19	
안동시	0.12	독립 지역
청도군	0.04	
문경시	-0.04	
상주시	-0.05	

전라남도	상관계수	
목포시	0.68	
순천시	0.63	대표 지역
여수시	0.56	
무안군	0.47	
광양시	0.33	
나주시	0.30	
영광군	0.16	독립 지역
화순군	-0.06	

전라북도	상관계수	
전주시	0.91	대표 지역
익산시	0.83	
군산시	0.73	
김제시	0.70	
완주군	0.23	
고창군	0.16	
남원시	-0.13	독립 지역
무주군	-0.21	
순창군	-0.26	
정읍시	-0.40	

* 인천 남구는 2018년 7월 1일부로 '미추홀구'로 개명되었다.

전반적으로 높은 상관계수

광주광역시	상관계수
서구	0.99
광산구	0.99
북구	0.98
남구	0.98
동구	0.92

강원도	상관계수	
원주시	0.94	
춘천시	0.85	대표 지역
속초시	0.62	
홍천군	0.37	
횡성군	0.34	
동해시	0.33	
강릉시	0.24	
평창군	0.24	
고성군	0.23	독립 지역
삼척시	0.18	
철원군	0.02	
양구군	-0.03	

충청북도	상관계수	
청주시	0.99	대표 지역
제천시	0.84	
음성군	0.83	
단양군	0.80	
진천군	0.34	
보은군	0.06	독립 지역
충주시	-0.14	
옥천군	-0.18	
증평군	-0.38	

충청남도	상관계수	
당진시	0.93	대표 지역
천안시	0.85	
서산시	0.79	
보령시	0.74	
홍성군	0.69	
청양군	0.65	
아산시	0.57	
부여군	0.56	
공주시	-0.05	
태안군	-0.23	
계룡시	-0.34	독립 지역
금산군	-0.38	
논산시	-0.53	

대전광역시	상관계수	
서구	0.93	대표 지역
유성구	0.77	
중구	0.70	
대덕구	0.12	
동구	0.09	독립 지역

먼저 서울시를 살펴보면, 서울시의 주택 흐름을 대표하는 지역은 서초구로 보인다. 강남구는 서초구보다 낮은 상관계수를 보이는데, 이는 강남 3구의 지형이 서초구를 중심으로 재편되고 있음을 말해준다. 이와 달리 서울시와 독립적인 흐름을 보이는 지역은 성북구로, 이는 성북구가 최근 서울의 상승세와 별개로 비교적 낮은 가격 상승률을 보였다는 것을 의미한다. 2017년 서울이 평균 11% 상승한 반면 성

북구는 단 3%만 상승했다.

경기도의 주택시장 흐름을 대표하는 지역은 광명시로 분석되었다. 광명시는 지역 번호도 02로 시작하는 등 지리적으로 서울에 연접해 있고, 주택 가격도 서울의 여러 지역을 상회한다. 반대로 독립적인 흐름이 나타나는 지역은 과천시인데, 오히려 강남 3구에 동조하는 모습을 보인다.

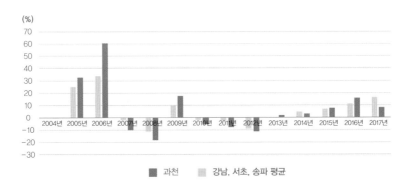

그림 33 과천시와 강남 3구의 장기적 가격 변동률 추이(2004~2017년)

과천시와 강남 3구는 '재건축 아파트', '투기 과열 지구'라는 키워드로 묶을 수 있다. 이런 이유로 과천시의 향후 주택시장을 강남 3구의 재건축 동향과 가격 흐름을 통해 예측할 수 있다.

인천을 대표하는 주택시장은 청라지구가 있는 서구와 서울과 연접한 부평구라고 할 수 있다. 그에 비해 인천의 신新부촌인 송도국제도시가 있는 연수구는 인천의 다른 지역과 독립적인 흐름을 보인다. 또한 중구도 독립적인 흐름을 나타내는데, 부촌인 송도국제도시와 달리 섬의 특성을 지닌 영종신도시의 영향에서 기인한 것이다(지리적 특

빅데이터로 예측하는 대한민국 부동산의 미래

성). 따라서 인천의 주택시장 뉴스가 나오면 송도국제도시와 영종신도시는 다른 관점으로 바라볼 필요가 있다.

부산은 남구와 해운대구를 통해 주택시장의 흐름을 읽을 수 있다. 부산을 대표하는 아파트들이 자리 잡은 곳이다. 반대로 영도구는 부산의 주택시장 흐름과는 다른 독립적인 경향을 나타내는데, 아무래도 지리적인 영향 때문이라고 볼 수 있다. 최근과 같이 부산의 주택시장이 하락세에 있을 때는 오히려 눈여겨볼 만한 시장이다. 실제로 2018년 3월 영도구에 분양한 봉래동 재건축 단지에는 총 1만 6,506건의 청약이 접수되어 31.6:1의 폭발적인 1순위 경쟁률을 기록했다. 하락세의 부산 시장과는 전혀 다른 흐름을 보인 것이다.

대구는 수성구와 북구, 동구를 통해 주택시장의 흐름을 읽을 수 있다. 대구를 대표하는 아파트가 있는 수성구, 아파트의 재고 수준이 많은 북구와 동구는 지역을 대표하는 시장이라고 할 수 있다. 그에 비해 남구는 비교적 낮은 상관계수를 보이는데, 노후 주택의 비중이 가장 높은 데서 나오는 결과라고 할 수 있다. 하지만 대구의 하위 지역들은 전반적으로 높은 상관계수(0.9 이상)를 보여 다른 지역들과 달리 독립적인 시장은 보이지 않는다. 따라서 시장의 높은 응집도로 인해 급격한 상승세, 급격한 하락세가 나타나는 특성을 보인다.

최근 가격이 급등한 강원도는 혁신도시가 있는 원주시가 강원도 시장을 대표한다. 춘천시와 속초시도 강원도의 전반적인 흐름에 동조하는 경향을 보인다. 반면 강릉시와 삼척시는 비교적 독립적인 흐름을 보이는데, 특히 강릉시의 경우에는 노후 주택의 비중이 높고, 최근 신규 입주 단지가 원주, 춘천, 속초에 비해 적다는 특징이 있다.

최근 가격 하락세를 보이는 경남에서는 통합시로 경남 최고의 인구를 자랑하는 창원시가 주택시장을 대표하고 있으며, 김해가 그 뒤를 잇고 있다. 재밌는 것은 사천시도 비교적 높은 상관성을 보이는 것인데, 이는 사천시 역시 경남의 최근 흐름에 동조해 급상승 후 급락세를 보이고 있다는 뜻이다. 사천시는 최근 말이 많았던 KAI(한국항공우주산업)가 있는 곳으로, MRO(항공 정비 사업) 유치에 따른 투기 세력의 부침이 있었다. 반대로 경남과 독립적인 흐름을 보이는 곳은 밀양시로 앞서 분양 사례에서 소개했다.

경남처럼 주택시장이 경색되고 있는 경북은 가구 소득과 아파트 비율이 높은 포항시가 주택시장을 대표한다. 그 뒤를 경산시, 경주시가 잇고 있다. 3곳 모두 최근 재고주택의 가격 하락세가 지속되고 있다. 경북과 독립적인 흐름을 보이는 지역은 안동시가 눈에 띈다. 분지라는 지리적 특성에 기인한다. 최근 경북의 하락세 속에서도 안동 지역은 비교적 안정적으로 강보합세의 시장 흐름을 이어가고 있다.

같은 경상권인 울산광역시는 전통적인 부촌인 남구가 주택시장을 대표한다. 그에 비해 동구는 지리적인 영향으로 울산과는 다른 독립적인 흐름을 보인다. 하지만 울산은 지역의 상관성보다는 최근의 '자동차, 철강, 조선' 경기의 악화에 따른 지역 경기 리스크가 지역에 상관없이 부정적인 영향을 미치는 것으로 판단된다.

경상권과 달리 전라권은 공급 수준과 거래량이 안정적이다. 전남은 목포시와 순천시 정도가 시장을 대표한다고 할 수 있는데, 다른 도시들에 비해 상관계수가 낮은 편이다. 따라서 시장의 응집도가 낮다고 할 수 있다. 아파트 비율이 다른 지역에 비해 낮고, 개발에 따른 신규 공급이 부족해서 나타나는 현상이다. 최근의 주택시장은 젊은주택에 의해 모멘텀이 형성된다. 하지만 전남은 그렇지 못해 시장의 흐름이 뚜렷하지 않은 특징을 가지고 있다. 최근에는 혁신도시를 통해 신규 공급이 이루어지는 나주시가 전남과 다른 독립적인 경향을 보인다. 따라서 전남은 향후 신규 공급이 집중적으로 이루어지는 지역을 중심으로 시장이 재편될 가능성이 있다.

전북은 전주시가 압도적으로 시장을 대표한다. 이는 65만 명의 인구도 그렇거니와 전주혁신도시, 만성지구 등 신규 단지가 대량으로 공급된 데 기인한다. 김제시는 지역 시장의 대표성이 전주에 비해 낮은 편인데, 김제혁신도시 입주 단지의 프리미엄이 전주혁신도시에 비해 낮게 형성되어 있기 때문이다.

같은 호남권인 광주광역시는 상무지구가 있는 서구, 첨단지구가 있는 광산구가 시장을 대표한다. 이는 신규 입주 단지에 민감한 호남권의 특성을 그대로 반영한 것이라고 할 수 있다. 다만 전반적으로 높은 상관계수(0.9 이상)를 보여 대구와 유사한, 응집도가 높은 시장이라고 할 수 있다.

충청권의 시장 상관성을 살펴보면, 충남은 당진시, 천안시가 주택시장을 대표한다. 두 곳 모두 산업도시라는 특징이 있다(당진시는 철강산업, 천안시는 전자산업). 반대로 공주시와 계룡시는 독립적인 시장 흐름을 보이는데, 각기 분지, 군사 도시*라는 특성에 기인한다.

충북은 인구 85만 명 규모의 통합시인 청주시가 주택시장을 대

---

* 계룡시는 전체 면적(60.70km²)의 49%(29.75km²)가 군사 보호구역으로 지정되어 있다.

표한다. 그에 비해 충주시는 독립적인 시장이다. 충북은 대부분 '군' 단위 지역으로, 실질적인 주택시장의 모멘텀은 청주와 충주에서 나온다고 할 수 있다. 재밌는 것은 청주와 충주가 서로 다른 주택시장의 방향성을 가진다는 것이다. 〈그림 34〉를 보면 충주시와 청주시의 주택 가격 흐름이 반대로 향하는 것을 확인할 수 있다. 청주시가 활황이던 2014~2015년에 충주시의 상승폭은 이전 대비 둔화되었고, 2017년에 접어들어서는 청주시의 하락폭이 커가는데도 충주시는 여전히 플러스 상승률을 기록했다. 다만 2017년 말에 들어 청주시의 하락폭은 감소하고, 충주시의 상승폭은 둔화되었다. 따라서 2018년 하반기에는 청주시의 회복과 충주시의 하락이 예상된다.

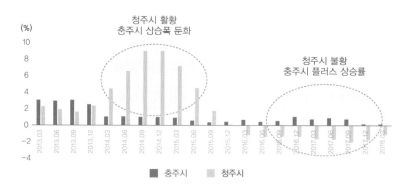

그림 34 충주시와 청주시의 가격 변동 추이(2013~2018년 1분기/전년 동기 대비)

같은 충청권인 대전광역시는 도안신도시가 들어선 서구가 지역을 대표하는 주택시장으로 떠올랐다. 대전의 전통적인 중심지인 둔산동에, 도안신도시까지 입주하며 대표성이 강화되었다. 그에 비해 유

빅데이터로 예측하는 대한민국 부동산의 미래

성구는 노은지구의 전반적인 노후화로 시장 대표성이 감소했다. 한편 동구는 대전의 다른 지역들에 비해 노후도가 심하고 개발 여건도 좋지 않아 독립적인 흐름을 보인다. 최근 세종시의 태풍이 지나간 대전의 회복세 속에서도 동구는 비교적 낮은 가격 상승률을 보인다.

지역 기반산업의 흥망성쇠를 활용한 주택시장 전망

지역 기반산업이 자리 잡은 도시는 해당 산업의 흥망성쇠에 따라 부동산 경기도 출렁인다. 그렇다면 각 시·군·구는 어떤 산업 경기에 민감할까? 또한 지역별 기반산업의 집적 수준은 어떻게 판단할 수 있을까?

지역별 산업의 입지계수*를 활용해 기반산업에 민감한 시·군·구를 분류하고, 실제 기반사업의 부침에 따른 지역 주택시장의 변화를 살펴봄으로써 기반산업의 흐름에 따라 주택 경기를 전망하는 법을 소개한다.

지역 기반산업이 주택 경기에 미치는 영향

최근 언론이나 주식시장을 통해 석유화학산업이 호경기를 맞이했고, 조선산업이 어두운 터널을 지나고 있다는 소식을 빈번히 접한

---

* 입지계수(location quotient, LQ)는 어떤 지역의 산업에 대해 전국의 동일 산업에 대한 상대적인 중요도를 측정하는 방법으로, 그 산업의 상대적인 특화 정도를 나타낸 지수다. 이 계수를 이용하면 그 지역의 특화 산업을 쉽게 분석할 수 있다.

다. 그렇다면 석유화학산업의 집적도가 높은 도시와 조선산업의 집적도가 높은 도시의 주택 경기를 비교하면 어떤 결과가 나올까?

해당 지역의 산업 집적도는 입지계수로 측정할 수 있는데, 보통 입지계수가 1이 넘으면 해당 산업이 그 지역에 특화된 것으로 본다.[*] 여수시의 석유 정재업 입지계수는 54.76으로,[**] 석유산업의 집적도가 높다. 그에 비해 거제시는 조선업 입지계수가 36.07로, 조선업에 대한 경기 민감도가 높은 도시이다. 산업연구원의 수출 통계에 따르면 석유 정재업은 2017년 32%의 증가율, 조선업은 2016년 -13%의 감소율을 보였다.

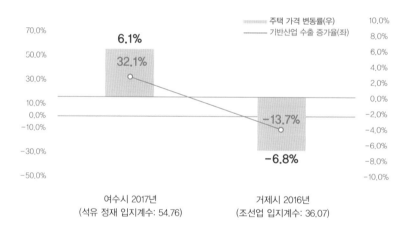

그림 35 기반산업 경기에 따른 여수와 거제의 주택 가격 변동률

---

[*] 《대한민국 국가지도집》, 〈산업과 생산기반〉, 국토부 국토지리정보원.

[**] 〈지역 산업의 클러스터 매핑 분석과 발전 전략〉, 산업연구원.

그렇다면 주택 경기는 어떻게 반응했을까? 석유 정재업이 기반산업인 여수시는 2017년 6%의 가격 상승을 보인 반면, 조선업이 기반사업인 거제시는 2016년 -6%의 가격 하락을 보이며 기반산업의 흐름과 주택 경기가 강하게 동조하는 경향을 보였다(〈그림 35〉).

같은 광역시 안에서도 다른 흐름을 보였다. 석유 정재업의 비중이 높은 울산 남구(석유 정재 입지계수: 30.67)와 조선업의 비중이 높은 울산 동구(조선업 입지계수: 38.71)의 주택 가격이 정반대의 흐름을 보인 것이다. 최근 2년간 두 곳의 가격 변동률을 살펴보면, 남구는 2%의 가격 상승을 기록한 반면 동구는 -3%의 가격 하락을 기록했다.

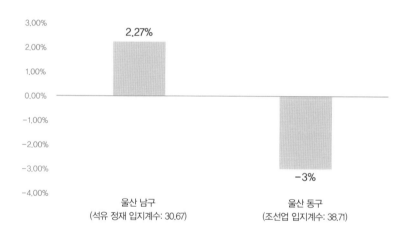

그림 36 울산 남구(석유 정재)와 울산 동구(조선업)의 주택 가격 변동률

그렇다면 최근 수출을 주도하고 있는 반도체산업의 도시들은 어떤 경향을 보였을까?

반도체산업은 2017년 수출액 기준으로 60%의 수출 증가율을 보이며 2017년 주식시장을 주도했다. 입지계수를 통해 반도체가 기반산업인 도시들을 분류하면 이천시, 용인 기흥구, 화성시, 아산시, 청주 흥덕구 정도가 입지계수 2.5 이상으로 집적도가 높다고 할 수 있다.* 하지만 해당 지역의 2017년 가격 상승률을 살펴보면 생각보다 낮은 수준이며, 아산시와 청주 흥덕구는 마이너스 변동률을 기록했다. 2017년 우리나라의 수출을 주도한 반도체가 기반산업인 도시들의 주택 경기는 왜 이렇게 부진한 흐름을 보였을까?

지역 경기에 기반산업이 미치는 영향은 당연히 중요 변수이다. 하지만 수도권이나 인구 30만 이상의 지방 도시는 주택시장에 미치는 요인이 다른 지방 도시들에 비해 다양하다. 기흥구나 화성시가 연간 3% 이상의 가격 상승률을 보이다 2017년 오히려 상승폭이 감소한 이유는 동탄2신도시, 기흥역 역세권 개발 등으로 입주 물량이 몰렸기 때문이다. 아산시와 흥덕구 역시 2017년 대규모 입주 물량으로 충청권 시장이 경색되었다. 따라서 수도권과 인구 30만 이상의 지방 도시는 기반산업의 동향보다 수급 동향이 더욱 큰 영향을 미친다. 따라서 기반산업의 경기를 통해 주택시장을 분석할 때는 지방 시장 위주로 판단하는 것이 더 정확하다. 물론 수도권이나 지방 대도시의 경우에도 참고 지표로는 쓰일 수 있다.

한편 흥덕구는 비록 마이너스 가격 변동률을 기록했지만 청주의 다른 지역들에 비해서는 낮은 하락폭을 기록했다. SK하이닉스의 반

---

* 《대한민국 국가지도집》, 〈산업과 생산기반〉, 국토부 국토지리정보원.

도체 실적 호조가 어느 정도 영향을 미쳤기 때문이다.

《대한민국 국가지도집》 활용하기:
기반산업에 주택 경기가 민감한 지역 찾기

석유 정재업, 조선업, 반도체산업 등 최근 이슈가 되는 기반산업이 자리한 도시들을 소개했다. 그렇다면 다른 산업들은 어떤 도시의 기반산업으로 자리 잡고 있을까?

국토부 산하 국토지리정보원이 발간한 《대한민국 국가지도집》에서 그에 대한 자세한 정보를 얻을 수 있다(《대한민국 국가지도집》은 국토부가 각계 전문 기관과 협업하여 방대하고 다양한 정보를 체계적으로 정리한 자료이다. '1권: 우리 영토의 역사', '2권: 국토와 자연환경', '3권: 국토와 인문환경' 등 총 3권으로 구성되어 있다. 특히 우리가 주목할 부분은 '3권: 국토와 인문환경'으로, 인구통계와 산업·생산 기반 등 주택시장과 관련된 지역별 세부 정보가 지도 형식으로 보기 쉽게 정리되어 있다. 해당 정보들은 온라인으로[http://nationalatlas.ngii.go.kr] 접속해 e-book 형식으로 무료로 받아볼 수 있으며, 대한민국의 경제, 지리, 인문환경 전반에 대한 유용한 정보를 얻을 수 있다).

지역별 기반산업을 찾기 위해 '3권: 국토와 인문환경→산업과 생산 기반→제조업→전통 주력 사업'의 항목을 따라 들어가면 지역별 주요 산업의 입지계수와 기업 규모, 부가가치 등을 확인할 수 있다 (〈그림 37-1〉).

여기서는 반도체산업의 입지계수 지도를 살펴보자. 붉은색이 진해질수록 입지계수가 높은(반도체산업의 집적도가 높은) 지역이다. 《대한민국 국가지도집》에서는 반도체산업의 입지계수가 높은 지역으로

211

그림 37-1
《대한민국 국가지도집》에서 지역별 기반산업 찾기

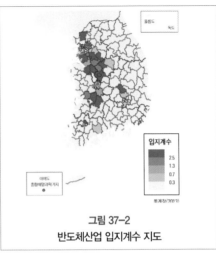

그림 37-2
반도체산업 입지계수 지도

이천, 용인, 화성, 아산, 청주를 꼽고 있다(〈그림 37-2〉).

〈그림 38〉은 이런 식으로 분류된 산업별 입지계수 지도를 활용해 입지계수가 높은 산업과 지역들을 내가 따로 정리해놓은 것이다.

산업 구분	대표 지역(입지계수가 높은 지역)	해당 산업의 수출액 증감률(2017년/istans.or.kr)
반도체	이천, 용인, 화성, 아산, 청주	60.6%
석유화학	여수, 울산, 서산, 충남	22.4%
자동차	울산, 서산, 달성, 아산	-1.6%
조선	울산 동구, 거제, 통영, 부산 영도	23.6%
철강	포항, 당진, 광양, 인천 동구, 부산 강서구	23.0%
디스플레이	파주, 구미, 천안*	-7.7%

그림 38 산업별 대표 지역과 수출액 증감률

따라서 〈그림 38〉을 활용해 산업별 민감도가 높은 도시를 확인한 뒤 해당 산업의 경기를 파악한다면 기반산업의 흐름을 통해 해당 지역의 주택 경기를 가늠해볼 수 있을 것이다.

〈그림 39〉에서도 볼 수 있는 산업별 수출 증감률로 각 산업의 대체적인 경기 흐름을 파악할 수도 있다. 수출 증감률은 산업연구원의 산업통계분석시스템을 통해 손쉽게 얻을 수 있다(산업통계분석시스템 [https://istans.or.kr] 접속 후 '주제별 통계→국제무역→수출'의 항목을 따라 들어가면 산업별 수출액 증감률뿐 아니라 수출액의 비중과 수출 순위도 확인할 수 있다).

그림 39 산업통계분석시스템에서 산업별 수출액 증감률 찾기

지역 기반산업과 관련해서 지표 하나를 더 소개하면, 창원메카

---

*디스플레이산업은《대한민국 국가지도집》에 별도로 분류되어 있지 않아 디스플레이 대표 기업이 있는 도시를 선정했다.

그림 40-1 국내 최초의 지역 기반 지수인 창원메카지수

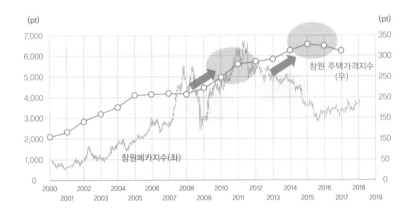

그림 40-2 창원메카지수와 창원 주택가격지수의 추이

지수가 있다. 국내 최초의 지역 기반 지수로, 창원 지역에 본사나 주요 공장을 둔 기계, 전기전자, 철강금속, 운송장비 업종 상장 기업의 주가지수를 결합해서 만든 지표이다. 2000년의 주가지수를 기준으로 매일 지수를 산출하는데, 창원의 주택시장과 상당히 유사한 흐름을

빅데이터로 예측하는 대한민국 부동산의 미래

보인다(⟨그림 40-1⟩, ⟨그림 40-2⟩).

　창원메카지수는 2009년 급등했다. 창원시 주택시장 역시 2010년 이후 3년간 높은 가격 상승률을 기록했다. 2013년 창원메카지수가 하락세를 보이자 창원시 주택 가격도 2015년을 정점으로 하락한다. 지역 경기와 주택시장이 선·후행하는 경향을 발견할 수 있다. 그런데 최근 점진적으로 회복 추이를 보이는 창원메카지수와 달리 창원시의 주택 가격은 하락폭을 키워나가고 있다. 2017~2018년 연평균 1만 세대가 넘는 입주 물량이 지역 경기의 회복에도 창원시 주택시장에 부담으로 작용하는 것이다. 따라서 대대적인 입주 물량의 폭풍이 지나간 후에 창원메카지수가 상승세를 보인다면, 창원의 주요 지역인 의창구, 성산구의 회복세를 점쳐볼 수 있다.

시·군·구 주택시장 전망에 대한 고찰

　'6대 시장 선행지표'를 활용한 분양 성공 사례에 대해 자세히 살펴보았다. 이를 통해 '보이는 입지'를 읽는 것보다 '보이지 않는 시장의 트렌드'를 읽는 것이 어떤 경쟁 우위를 가져오는지 알아보았다.

　시장을 읽는 진짜 실력은 '앞으로 강남, 서울이 좋을 것이다' 같은 누구나 볼 수 있는 입지·인프라·인구 규모를 바탕으로 시장을 전망하는 것이 아니다. 보통(이하)의 입지 수준, 지방 (소)도시같이 누가 봐도 리스크가 있는 지역의 시장 흐름을 읽는 데서 나온다. 입지가 좋은 지역은 기본적으로 후한 점수를 줄 수 있지만 그렇지 않은 곳은 시장 예측에 대한 확신 없이는 후한 점수를 주기 힘들기 때문이다.

6대 시장 선행지표와 더불어 최근 주택시장에서 발견되는 양극화 현상에 대해서도 다루어보았다. 언론이나 부동산 전문가들에 의해 피상적으로 언급되는 양극화에 대해, 하위 지역(시·군·구)과 하위 지역이 속한 상위 지역과의 상관성을 따져봄으로써 상위 지역(시도)을 대표하는 시·군·구와 독립성을 가진 시·군·구를 분류했다. 이를 통해 막연히 상위 시도의 흐름에 동조할 거라고 여겼던 하위 시장이 상위 시장과는 별개로 흐르는 경우가 있다는 사실을 데이터를 통해 확인할 수 있었다.

또한 기반산업과 주택시장 간에 깊은 연관이 있는 지역을 시·군·구 단위로 분류해봄으로써 해당 산업의 경기를 통해 지역 주택시장의 미래를 내다보는 법도 알아보았다. 이를 통해 기반산업은 주로 지방 주택시장에 직접적인 영향을 미치며, 수도권과 지방 대도시에는 간접적으로 영향을 미친다는 결론을 내릴 수 있었다.

실수요 압력, 수급 동향, 가격 트렌드로 구성된 6대 시장 선행지표를 중심으로 상위 지역과의 상관성, 그리고 기반산업의 흐름을 종합적으로 검토한다면 향후 관심 지역 주택시장의 미래에 대해 보다 높은 수준의 통찰을 얻을 수 있을 것이다. 더불어 무분별하게 쏟아지는 장밋빛 미래 혹은 막연한 공포심 조장에 흔들리지 않는, 자신만의 눈을 얻을 수 있을 것이다.

알아두면 쓸모 있는
건설사 직원의
주택시장 데이터 에세이

PART 3는 데이터를 바탕으로 쓴 주택시장 에세이라고 할 수 있다. 8년간 주택시장을 분석하면서 많은 사람들이 당연한 듯 믿어왔던 주택시장의 고정관념을 뒤바꾼 사례들을 모아놓았다. 〈1장 강남에서 제주까지〉는 수도권과 지방 주택시장을 바라보는 차별화된 '눈'에 대해, 〈2장 데이터는 말한다〉는 데이터로 바라본 주택시장의 '심리'에 대해 이야기한다. 〈3장 우리가 사는 세상〉은 우리가 평소 주택시장에서 자주 부딪히고, 궁금해하는 '이슈'들을 다루었다.

PART 3 미리보기 ⊜

알아두면 쓸모 있는 건설사 직원의 주택시장 데이터 에세이

강남에서 제주까지

- ☑ 수도권과 지방은 다른 눈으로 봐야 한다
- ☑ 서울 인구 1,000만 명 붕괴와 서울 주택시장
- ☑ 강남의 주택시장
- ☑ 서울 인근 경기도 아파트의 밸류에이션 분석
- ☑ 어촌을 주목하라
- ☑ 효리네 민박은 안녕할까?

데이터는 말한다

- ☑ 지금 당신의 주택 구매(투자) 심리는?
- ☑ 전문가의 예측과 닻 내림 효과

우리가 사는 세상

- ☑ 신규 분양 대박 현장 예측하기
- ☑ 주택 자산의 양극화, 그것이 알고 싶다
- ☑ 금리와 주택시장
- ☑ 택지의 생애 주기

강남에서 제주까지

수도권과 지방은 다른 눈으로 봐야 한다

수도권과 지방의 주택시장을 움직이는 요인은 무엇일까? 이미 수도권과 지방의 인구구조는 차별화되어 있으며, 주택 가격 또한 강남을 대표로 하는 서울은 일반 도시 근로자의 연봉으로는 감당하기 어려운 수준이다. 이렇듯 주택시장의 중요 변수인 인구와 가격 구조가 다른 수도권과 지방은 분명 눈여겨봐야 할 변수도 다르다.

'강남 공포론'이라고 하여 강남의 주택시장이 무너지면 지방의 다른 지역들도 무너진다는 이야기가 있다. 정말 그럴까? 서울과 수도권의 일부 지역은 그럴 수도 있다. 하지만 모두 그런 것은 아니다. 2008년 리먼브라더스 사태 등으로 미국의 주택시장이 무너졌을 때 강남의 주택 가격 역시 큰 폭으로 떨어졌다. 하지만 지방 도시 가운데는 오히려 큰 폭으로 상승한 곳도 있었다.

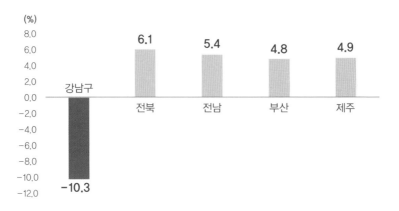

그림 1 2008년 강남과 지방 도시의 주택 가격 변동률

그렇다면 수도권과 지방 주택시장의 이 같은 차별화된 흐름을 만들어내는 요인은 무엇일까?

수도권과 지방의 주택 가격 흐름: 글로벌 주택 가격과 비교

〈그림 2-1〉과 〈그림 2-2〉는 수도권과 지방 주택 가격의 장기 시계열 흐름을 IMF가 제공하는 글로벌 주택가격지수의 흐름과 비교한 것이다.

먼저 수도권과 글로벌 주택가격지수는 2007년까지 상승 흐름을 보이다 금융 위기 이후 동반 하락하는 경향을 보이고, 이후 동반 조정 국면을 맞는다. 2012년, 글로벌 주택 경기가 회복되자 수도권 가격도 완연한 회복세를 보이며 상승 흐름을 이어간다. 글로벌 주택 경기와 서울을 중심으로 한 수도권의 가격 흐름이 적어도 2006년 이후에는 동조화되어 있다고 봐도 과언이 아니다.

빅데이터로 예측하는 대한민국 부동산의 미래

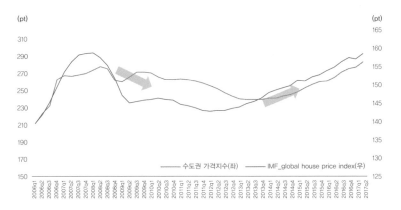

그림 2-1 글로벌 주택 가격과 수도권 주택 가격 추이
(2006년 1분기~2017년 2분기/부동산114 REPS, IMF)

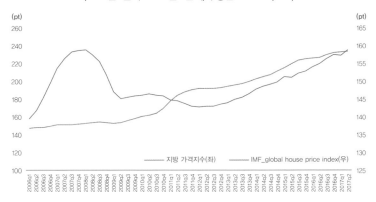

그림 2-2 글로벌 주택 가격과 지방 주택 가격 추이
(2006년 1분기~2017년 2분기/부동산114 REPS, IMF)

반면에 지방은 2008년 금융 위기에도 꾸준하게 상승 흐름을 보이다 글로벌 주택 경기가 조정 국면에 들어간 2010년 말 오히려 급격히 상승하는 모습을 보인다. 부산과 경남권의 주택 가격이 크게 상승하면서 지방의 주택 경기를 끌어올린 것이다. 이렇듯 지방과 글로벌 주택 경기 사이에서는 어떤 연관성을 찾기가 쉽지 않다.

오히려 글로벌 주택 경기를 통해 수도권과 지방 주택 가격 사이의 차별화된 흐름의 원인을 찾을 수 있다. 즉 글로벌 주택 경기가 좋지 않으면 서울과 수도권의 주택시장은 하향세에 접어들 가능성이 높지만 지방 시장은 글로벌 경기와는 별 연관성이 없으므로 언론에서 '미국 주택시장 하락 본격화' 같은 기사가 나오더라도 공포심을 가질 필요가 없다. 오히려 PART 2에서 살펴보았듯이 지방 주택시장에는 지역의 기반산업 경기가 더욱 중요한 요소다.

금리의 장기적 추이와 수도권과 지방 주택 가격의 흐름

대부분 대출에 의존해 내 집 마련을 하는 여건 속에서는 수도권과 지방의 주택 가격 차이가 커질수록 아무래도 수도권 주택시장이 금리 변화에 민감하게 반응할 수밖에 없다. 〈그림 3〉은 주택담보대출 금리의 추이와 수도권·기타 지방(5대 광역시 제외)의 가격 변동률 추이를 비교한 것이다.

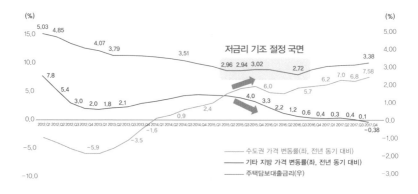

그림 3 주택담보대출금리와 수도권·기타 지방 주택의 가격 추이
(2012년 1분기~2017년 4분기/한국은행, 부동산114 REPS)

빅데이터로 예측하는 대한민국 부동산의 미래

2012년 1분기 5% 수준이던 주택담보대출금리가 꾸준히 하락하자 수도권의 주택 가격이 지속적으로 상승하는 모습을 확인할 수 있다. 그에 반해 기타 지방의 주택 가격은 2014년 고점을 마지막으로 하락세에 접어들며, 2017년 4분기 기준으로는 마이너스 상승률을 기록한다.

기타 지방의 상승세가 둔화되던 2015년은 주택담보대출금리가 오히려 3% 수준에서 역사적 저점인 2%대로 낮아지는 국면이었다. 이는 기타 지방의 하락세가 금리의 영향보다는 경상권과 충청권의 대대적인 입주 물량이 시장에 강한 충격을 준 결과라는 것을 말해준다.

2017년 국토부 실거래가 통계에 따르면, 수도권의 평균 아파트 가격은 4억 5,000만 원으로 기타 지방의 평균 아파트 가격인 1억 7,000만 원보다 2배 이상 높다.

결국 담보대출 총량에서 큰 차이가 날 수밖에 없고, 따라서 수도권의 주택시장은 금리에 민감할 수밖에 없다. 최근의 집단 대출 신규 약정금액의 추이를 보더라도 수도권의 대출 규모가 5대 광역시·기타 지방의 2배 이상인 것을 알 수 있다(〈그림 4〉).

미국의 기준금리가 상향되고 있는 2018년은 본격적인 금리 상승의 원년이 될 것으로 보인다. 따라서 수도권의 주택시장은 향후 '금리 상승 속도'와 '절대적 위험 수준'(임계 금리)을 동시에 모니터링하면서 가계부채의 정리 타이밍을 고민해야 한다. 그에 비해 기타 지방의 주택시장은 금리보다는 인구구조의 악화와 입주 물량 증가에 따른 공급 과잉 여부를 점검할 필요가 있다.

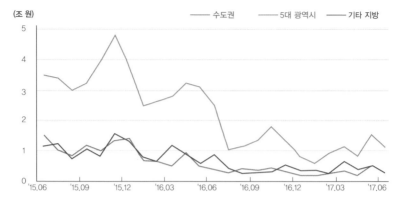

그림 4 권역별 집단 대출 신규 약정금액 추이(2015년 6월~2017년 6월/KCB)

수도권은 글로벌 경기와 금리,
지방은 수급 여건과 시장 주기가 중요!

수도권과 지방 주택시장의 주요 동인을 살펴보았다. 수도권 주택시장은 글로벌 부동산 경기 등 거시적 동향에 후행하며, 지방 시장에 비해 금리 흐름에 민감한 반응을 보이는 것을 알 수 있었다. 그 이유는 지방 주택에 비해 2배 이상 높은 가격 수준에 있으며, 따라서 향후 수도권 주택시장의 핵심 키워드는 '부담 가능한affordability 주택'이 될 것이다. 그에 비해 지방 주택시장은 지역 인구 규모 대비 적정 입주 물량이 중요 변수이며, 앞으로 그러한 경향은 더욱 강화될 것으로 보인다. 주택 수요의 중요 모멘텀인 인구가 지속적으로 감소하고 있기 때문이다. 통계청의 〈2017년 국내이동인구통계〉에 따르면, 영남권과 호남권은 무려 11년간 인구 순유출이 지속되었으며, 감소폭 또한 커지고 있다(〈그림 5〉).

빅데이터로 예측하는 대한민국 부동산의 미래

권역	2007	2008	2009	2010	2011	2012	2013	2014	2015	2016	2017
수도권	83	52	44	31	-8	7	-4	-21	-33	-1	16
중부권	12	18	11	22	35	33	28	39	49	41	42
호남권	-32	-23	-9	-9	-2	-10	-7	-6	-8	-16	-18
영남권	-60	-45	-45	-44	-26	-35	-25	-23	-22	-40	-54

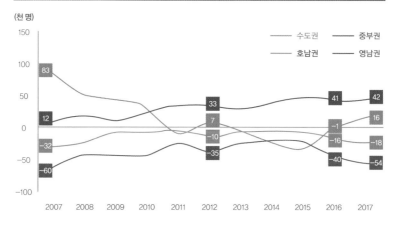

수도권: 서울, 인천, 경기   중부권: 대전, 세종, 강원, 충북, 충남
호남권: 광주, 전북, 전남   영남권: 부산, 대구, 울산, 경북, 경남

그림 5   2007~2017년 권역별 순이동자 수 추이(통계청, 〈2017년 국내인구이동통계〉)

물론 충청, 강원 등 중부권은 수도권 인구의 유입으로 순유입이
지속되고 있다. 하지만 절대적인 인구 규모는 중부권 인구를 다 합쳐
도 수도권 인구의 30%에 불과하다.* 충청권 인구가 11년간 증가했음

---

* 2018년 1월 주민등록인구 기준으로 중부권 인구는 690만 명이다. 수도권 인구 2,500만 명의 약
30% 수준이다.

에도 최근 몇 년간 주택 가격이 감소하는 이유 역시 인구수 대비 과잉 수준의 입주 물량이 공급되기 때문이다.

공급량에 민감한 지방의 주택시장은 공급 시차에 따라 주택 순환주기도 비교적 규칙적인 패턴을 보인다. 아파트를 분양하고 입주하기까지 대략 2~3년이 소요되는데, 입주 시점의 수급 상황에 따라 주택시장의 흐름이 바뀌기 때문이다(〈그림 6-2〉). 그에 비해 수도권의 주택 순환주기는 비교적 불규칙한 패턴을 보인다. 그 이유는 앞서 언급했듯이 불규칙한 외생변수, 즉 글로벌 주택 경기 같은 거시적 흐름에 영향을 받기 때문이다(〈그림 6-1〉).

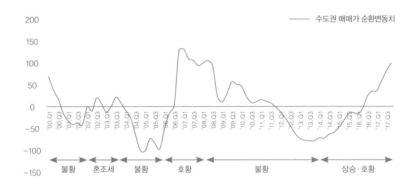

그림 6-1 **수도권의 주택 순환주기**(2000~2017년)

빅데이터로 예측하는 대한민국 부동산의 미래

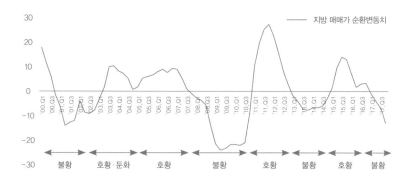

지방 매매가 순환변동치

| 불황 | 호황·둔화 | 호황 | 불황 | 호황 | 불황 | 호황 | 불황 |

2~3년 단위로 불황·호황의 규칙적인 반복

그림 6-2 지방의 주택 순환주기(2000~2017년)

서울 인구 1,000만 명 붕괴와 서울 주택시장

최근 서울 인구 1,000만 명이 붕괴되었다. 전세난의 영향이다. 2011년, 서울 집값이 하락폭을 키워가자 인구 감소에 따른 서울의 주택시장 붕괴 우려가 뜨거운 이슈로 다루어졌다. 2016년이 되자 나 역시 '향후 경기도 택지 입주의 본격화로 인구 유출이 가속화될 텐데, 앞으로도 서울의 전세 수요가 유지될 수 있을까?' 하는 의문을 갖게 되었다. 게다가 28년 만에 서울 인구 1,000만 명이 붕괴되었다는 뉴스까지 접하니, 전세 수요가 심각하게 줄면 매매가도 더 이상 오르기 힘들겠다는 생각을 했다.

그러나 2018년 현재 그러한 우려는 기우가 되었다. 물론 통계상으로 서울의 전세가율은 2015년의 70%를 정점으로 2018년 1월 현재 63%까지 감소했다. 하지만 이는 전세 가격이 하락했기 때문이라기보다는 매매가가 급등했기 때문에 나타난 결과라고 할 수 있다. 서울의 전세가 역시 국토부 실거래가로 살펴보면, 2015년 평균 3억 7,000만 원이던 것이 2017년 4억 원, 2018년 2월 현재 4억 1,000만 원 수준으로, 여전히 상승하고 있다. 경기도의 평균 전세가가 2017년 국토부 실거래가 기준으로 3억 3,000만 원인 것을 감안하면 가히 '전세난'이라고 할 만한 수준이다.

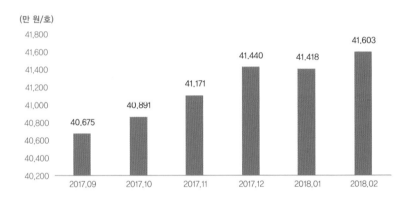

그림 7 국토부 실거래가 평균 서울 전세 가격

인구 1,000만 명 붕괴에도 여전히 오르는 서울의 전세 시장을 바라보며, 과연 '서울의 주택시장은 인구가 어느 정도 감소해야 안정화될까?'라는 의문이 들었다. 좀 더 구체적으로, 서울 인구의 순유출과 주택시장이 향후 어떤 관계를 형성해나갈지 궁금해졌다.

빅데이터로 예측하는 대한민국 부동산의 미래

서울시 순유출의 장기적 흐름

1970년부터 2016년까지 서울의 순이동 추이를 살펴보면, 1970년대의 강남 개발로 1980년대 중반까지 지속적인 순유입이 일어난 것을 알 수 있다. 서울의 순유출 역사는 일산신도시, 분당신도시 등 1기 신도시 개발이 이루어진 1990년대 이후부터 시작되었다. 그러나 순유출의 폭은 2000년 이후 10만 명 안팎으로 줄어드는데, 경기도의 신도시 개발이 소강 국면에 접어들었기 때문이다.

이전만큼은 아니지만 2000년대 들어 비교적 큰 폭으로 일어났던 2001~2002년, 2015~2016년의 순유출은 서울의 재건축 호황으로 인한 주택 멸실이 그 원인이었으며, 2010~2013년의 10만 명 이상의 연속적 순유출은 동탄2신도시, 김포 한강신도시 등 경기도의 대규모 택지 입주에 따른 것이었다. 즉 2000년 이후 서울시 순유출의 주원인은 '서울의 재건축 호황'과 '경기도 택지 개발' 두 가지를 꼽을 수 있다.

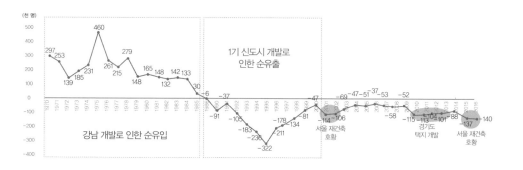

그림 8 서울시의 순이동 추이(1970~2016년/통계청)

그렇다면 서울시의 순유출과 주택 가격의 변동 흐름은 어떤 장기적 관계를 보였을까?

주택 가격 통계가 나와 있는 1990년부터 서울시의 KB주택 가격 변동률과 순유출 간의 장기적 관계를 살펴보자. 먼저 1990년대에는 전반적으로 주택 가격과 순유출이 정(+)의 상관관계를 보였다. 1995년 분당 개발로 한 해에만 무려 32만 명의 인구가 서울을 빠져나갔다. 그해 서울의 주택 가격 상승률은 0%를 기록했다. 1995년 이후에는 인구 감소폭이 줄어들며 주택 가격 역시 상승폭을 키워가다 2001~2002년 재건축 시장이 활황을 띠자 서울의 주택 가격은 연평균 20%가 넘는 상승률을 기록했다.

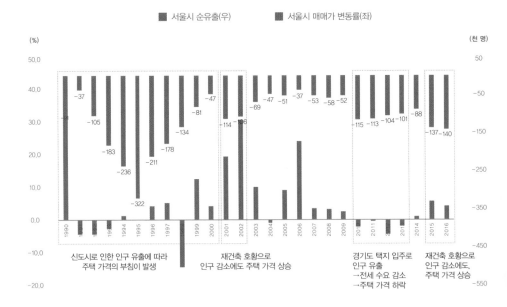

그림 9 서울시 순이동과 주택 가격 변동의 장기적 추이(1990~2016년/KB부동산, 통계청)

빅데이터로 예측하는 대한민국 부동산의 미래

이후 2010~2013년, 경기도의 택지 입주로 비교적 많은 순유출이 발생했다. 그러자 서울시의 주택 가격도 하락세를 보였다. 물론 미국 금융 위기의 후유증이 2013년까지 영향을 미친 것이지만, 인구 유출에 따른 전세 수요 감소도 서울의 주택 가격 하락에 한몫했다고 할 수 있다. 당시 서울의 전세가 동향을 살펴보면, 2010년의 '서울 엑소더스' 발생 2년 후 전년 대비 1/5 수준으로 전세가 상승률이 급감했다. 가팔랐던 서울의 전세가 상승률을 끌어내린 것은 경기도 택지와 연접한 강서구, 양천구(김포 한강신도시 인접), 도봉구, 노원구(남양주 별내신도시 인접), 은평구(고양 삼송지구 인접)였다(〈그림 10〉).

수도권의 경기 회복 이후 2015~2016년에는 2001~2002년과 마찬가지로 재건축 호황에 따른 순유출이 발생한다. 따라서 인구 감소에도 서울시의 주택 가격은 상승했다.

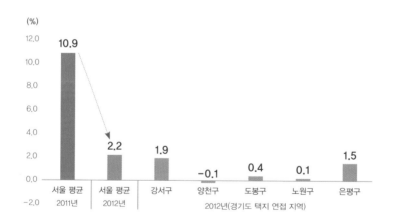

그림 10 서울 엑소더스 시기의 전세가 변동률

지금까지 살펴본 바로는, 재건축 호황기를 제외하고 연 10만 명 이상의 대규모 순유출이 발생한 경우 서울 집값은 하락했다. 이제 2018년 그리고 그 이후를 바라보는 시점에서, 앞으로도 10만 명 이상의 대규모 순유출이 발생할 수 있는지, 만약 그런 일이 벌어진다면 서울의 주택시장에는 어떤 영향을 미칠지 알아보자.

경기도 택지 공급과 서울 인구 유출의 관계

비록 최근 서울의 주택시장이 호황이라고 해도 2018~2019년 연평균 15만 호의 입주 물량이 예정되어 있는 경기도 상황을 따져봤을 때, 2010~2013년과 같은 상황(전세 수요 이탈→매매가 하락)이 재현될 가능성은 없을까?

서울 인구 유출의 주요 원인인 경기도 택지 공급과 서울 순유출의 장기적 흐름을 따져보면 그에 대한 답을 얻을 수 있다. 〈그림 11〉은 1991년부터 2016년까지 경기도 택지 공급에 따른 서울 인구의 순유출 추이를 나타낸 것이다(1991년 데이터는 1991년과 이전 연도 값을 합한 수치이다). 1996년까지 경기도에 약 4,000만 평의 택지 공급이 이루어지는 동안 대규모의 인구가 서울을 빠져나갔다. 이후 2006~2010년 대규모 택지 공급이 재개되었는데, 1990년대의 공급 규모를 초과하는 4,500만 평 수준이었다.

재미있는 사실은, 2010년 발생한 서울의 순유출 규모가 역대 최고치인 1995년 순유출 규모의 35% 수준에 불과했다는 것이다. 즉 2000년 이후 공급된 택지에는 '서울→경기 이주' 수요보다 경기도 거주자 가운데 노후 교체 수요 혹은 새집 장만 수요가 입주했다고 볼 수

빅데이터로 예측하는 대한민국 부동산의 미래

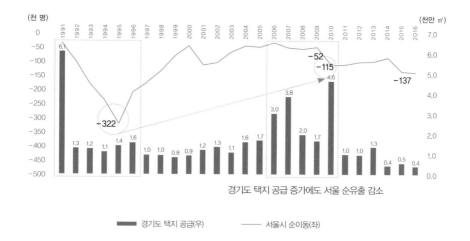

그림 11 경기도 택지 공급과 서울 인구의 순유출 추이(통계청, 국토부)

있다. 2010년은 분당시, 용인시, 고양시의 아파트 수명이 20년을 넘어가는 시점이었다.

경기도 아파트의 노후도가 심화되면서 경기도 택지에 서울 사람들이 이주하는 비중이 줄어들고 경기도 내 노후 교체 수요가 증가하고 있다. 따라서 2018~2019년 경기도에 연평균 15만 호의 입주 물량이 예정되어 있지만 이로 인해 이전처럼 서울시의 인구 유출이 대규모로 발생할 가능성은 적다. 더군다나 정부의 신규 택지 공급 중단으로 경기도에도 당분간은 택지 공급이 어렵다. 오히려 서울시는 2015~2016년처럼 재건축 멸실 이주로 인한 순유출 규모가 더 클 것으로 보인다. 여기서 멸실 이주 가구는 대부분 재건축, 재개발 조합원을 의미하는데, 최근의 흐름으로 볼 때 서울 아파트를 청산하기보다는 신축 후 다시 입주할 가능성이 높다. 즉 장기적으로는 서울 인구 감소에 영향을 미치는 요인이 아니라는 것이다. 실제로 2013년 이후에 서울 재건축 입주와 위례, 마곡 등의 택지 지구 입주가 있었을 때 성동구(왕십리 뉴타운 입주), 강서구(마곡지구 입주), 송파구(위례신도시 입주), 서초구(보금자리 지구, 서초 재건축)에서 순유입이 발생했다. 택지 개발이 되면 서울은 언제든 인구가 증가할 수 있다는 이야기다.

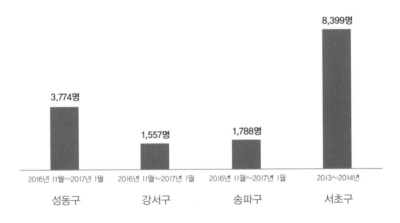

그림 12 서울시 인구 증가 자치구(서울시)

서울시 인구 유출과 주택 가격 변동률의 상관관계

지금까지 서울시의 인구 유출과 주택시장의 관계에 대해 알아보았다. 정리하면, 2010년에는 주택 경기 불황과 경기도의 대규모 택지 입주가 겹치며 순유출로 인한 역전세난이 일어났지만 앞으로는 그럴 가능성이 적다. 경기도 내에서도 주택 노후화로 택지 수요가 증가하고 있으며, 정부의 신규 택지 지정 중단으로 향후 5년간은 대규모 택지 지구 입주가 어렵기 때문이다. 정부가 택지를 신규 지정하고, 건설사가 착공에 들어가 실제 입주할 때까지는 적어도 5년이 걸리기 때문이다.

그렇다면 정부가 다시 택지를 신규 지정하고, 대규모 택지 지구 입주가 개시되어 서울에서 다시 급격한 순유출이 발생한다면 어떻게 될까?

〈그림 13〉은 1990년부터 2016년까지 서울의 순유출 규모와 주택 가격 변동률의 상관성을 살펴본 것인데, 한 해 동안 인구 15만 명 이상의 순유출이 발생할 경우 주택 가격 상승률이 급격하게 둔화되는 모습을 볼 수 있다. 최근 서울의 순유출 규모를 보면 2016년 14만 명, 2017년 9만 8,000명으로 15만 명에 비해 낮은 수준이다. 즉 순유출의 절대적 규모에 따른 시장의 충격 가능성은 낮다고 할 수 있다. 그러나 좀 먼 이야기지만 정부의 정책 방향이 전환되어 대규모 택지

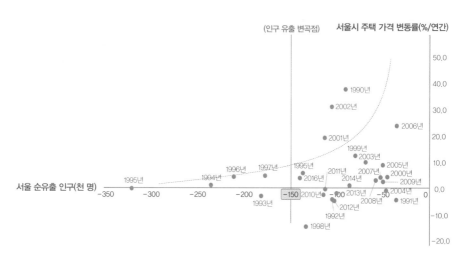

그림 13 서울시 인구 유출과 주택 가격 변동률의 상관관계(통계청, KB부동산)

공급으로 15만 명 이상의 순유출이 발생한다면, 그때는 서울 주택시장에도 적지 않은 충격이 있을 것으로 예상된다.

강남의 주택시장: 미국 주택시장, 코스피, 똘똘한 한 채

강남은 뜨거운 도시다. 정부의 규제 1순위임에도 노이즈 마케팅의 효과를 보기라도 하는 듯 오히려 더 뜨겁게 뜨고 있다. 뿐만 아니라 싸이의 〈강남 스타일〉로 글로벌 인지도도 쌓고 있다. 2018년 이목을 끌었던 평창동계올림픽 개회식 때도 미국 선수들이 〈강남 스타일〉에 맞춰 흥겹게 춤을 추는 모습을 볼 수 있었다.

강남은 투기 지역 제도가 부활하고, '분양가 상한제', '초과이익환수제', '양도세 중과' 등 정부 규제가 겹겹이 쌓여 있는 지역이다. 정부 정책이라는 외생변수가 주택시장에 미치는 영향이 큰 지역인 것이다. 따라서 향후 4년간 큰 틀에서의 정책 방향은 정해져 있겠지만 그에 따른 시장 반응을 예측하기는 쉽지 않다. 정부가 어떤 카드를 언제 꺼내들지 정부 관계자밖에 모르기 때문이다. 게다가 핀셋 규제라고 해서 특정 수요층을 규제하기 때문에 개별적인 수요층의 반응을 예측하는 것도 어려운 일이다. 따라서 강남의 주택시장은 그때그때 시장 반응을 모니터링하며 '관찰'하는 것이 최선이다.

그렇다면 불가항력적 외생변수인 정부의 부동산 정책 대신 데이터로 강남의 주택시장을 전망할 수는 없을까?

강남과 미국의 주택시장

〈수도권과 지방은 다른 눈으로 봐야 한다〉에서 언급했듯이 수도 권은 글로벌 주택 경기에 민감한 생활권이다. 그렇다면 수도권 가운 데 어느 지역이 가장 글로벌 주택 경기에 민감할까? 강남이라는 데 이견이 없을 것이다. 실제로 강남구와 미국의 주택 경기를 비교해봐 도 대체적으로 강남의 주택 가격 변동률 추이는 미국의 주택 경기에 후행하는 경향을 보인다(〈그림 14〉).

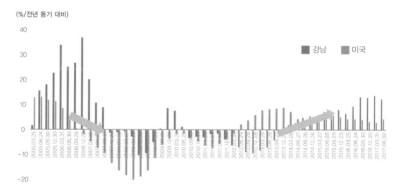

그림 14 강남구와 미국의 주택 가격 변동률 추이
(2005년 1분기~2017년 2분기/부동산114 REPS, FRED)

미국의 주택 가격은 2006년 말 이후 서서히 떨어지다 금융 위기 가 본격화되자 2008년 큰 폭으로 하락했는데, 강남 역시 2008년 크게 하락했다. 2011년을 저점으로 미국의 주택 가격이 회복세를 보이자 강남 주택시장도 후행하며 2012년 하반기 바닥을 다졌고, 미국의 주 택 가격이 큰 폭으로 상승한 2013년의 1년 뒤인 2014년 상반기에는 마이너스에서 플러스 상승률로 전환하며 국면의 대전환기를 맞이한다. 이렇듯 흐름을 살펴보면 강남과 미국 주택시장의 선·후행 관계가 확인된다. 나는 여기에 더해 2006년 1분기부터 2017년 2분기까지 강남과 미국의 분기별 가격 변동률의 시계열 분석(교차상관분석)*을 진행했다. 그 결과 미국의 주택 가격이 상승(하락)하면 그 후 1~4분기 동안 강남의 주택 가격도 상승(하락)하는 선·후행 관계를 발견했다(〈그림 15-1〉). 또한 동일한 시계열 데이터를 가지고 다른 시계열 기법(분산분해분석)**으로 강남과 미국의 주택시장이 스스로와 상대에 미치는

Sample: 2006.Q1~2017.Q2
Included observations: 46
Correlations are asymptotically consistent approximations

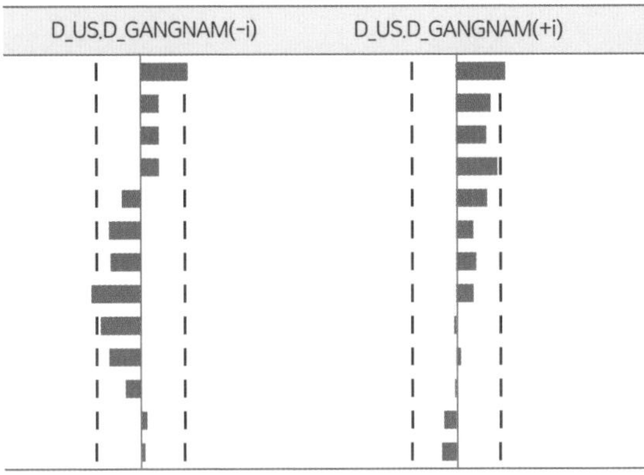

D_US,D_GANGNAM(-i)	D_US,D_GANGNAM(+i)	i	lag	lead
		0	0.3117	0.3117
		1	0.1230	0.2459
		2	0.0125	0.1901
		3	0.1050	0.2561
		4	-0.1057	0.1964
		5	-0.1828	0.1027
		6	-0.1667	0.1253
		7	-0.3130	0.0921
		8	-0.2315	-0.0007
		9	-0.2016	0.0164
		10	-0.0963	0.0157
		11	0.0556	-0.0688
		12	0.0289	-0.0974

미국 주택 가격 변화 1~4분기 이후 강남 주택 가격 변동과 높은 상관관계 ◄

그림 15-1 강남과 미국 주택 가격 변동의 선·후행 관계 분석(교차상관분석 결과)

---

* 교차상관분석은 시계열 자료 간의 상관성을 바탕으로 선행, 후행 또는 동행 관계를 분석하는 방법이다. 미국과 강남 주택시장 간의 선·후행 관계 분석을 위해 강남과 미국의 2006년 1분기~2017년 2분기의 분기별 가격 변동률(전년 동기 대비) 데이터를 분석했다.

영향력도 분석했다. 그 결과, 미국의 주택시장이 강남 주택시장에 미치는 영향력은 점차 증가하는 반면 강남 주택 시장 스스로의 변동이 강남 주택시장에 미치는 영향력은 점차 감소했다. 강남이 외생변수(글로벌 경기 등)에 민감하게 반응하는 시장이라는 것을 다시 한 번 확인해준 결과였다(〈그림 15-2〉).

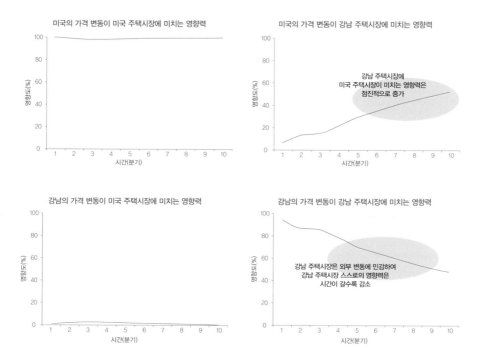

그림 15-2 강남과 미국 주택 가격 변동의 상호 영향력 분석(분산분해분석 결과)

** 분산분해분석은 A라는 시계열 자료의 변동 원인이 A 스스로의 충격 때문인지, 아니면 B라는 다른 시계열 자료의 충격 때문인지를 알아보는 방법이다. 미국과 강남의 주택 가격 변동이 스스로와 서로에게 미치는 영향력을 살펴보기 위해 강남과 미국의 2006년 1분기~2017년 2분기의 분기별 가격 변동률(전년 동기 대비) 데이터를 분석했다.

이는 미국의 주택시장에 급변 사태가 발생하면 강남도 그 영향을 받는다는 뜻이다. 지리적으로 영향을 줄 수 없을 만큼 멀리 떨어진 것으로 보이는 강남과 미국의 주택시장은 어떤 연유로 이러한 연관성을 보이는 것일까?

미국 서브프라임 사태를 정확히 예견한 로버트 쉴러의 이야기에서 단서를 찾을 수 있다. 로버트 쉴러는《비이성적 과열》에서 전 세계 도시들의 주택시장 움직임이 놀랄 만큼 비슷하다고 언급하며, 이러한 현상이 수수께끼 같다고 했다. 수수께끼에 대한 해답을 찾아나가는 그의 이야기를 직접 들어보자

한 나라의 가격에서 다른 나라의 가격으로 상호 피드백의 결과로서 이러한 유사점이 직접 나타나는 것 같지는 않다. 이 유사점의 이유들 중 하나는 분명 세계적 문화의 후원자로서, 그리고 특정한 가격들이 급등하고 급락하는 것을 걱정하는 투기적인 글로벌 문화의 후원자로서 '세계적인 언론'의 존재일 것이다. (…)

미국의 주식시장이 다른 나라들의 시장들에 커다란 영향을 미치는 이유들 중 하나는 미국이 세계 언어로서 등장한 영어를 사용한다는 점이다. 영어를 아는 해외의 기자들에게 독일이나 브라질의 기사들보다 미국이나 영국의 기사들에 반응하는 것이 훨씬 더 쉬운 일이다. (…)

세계인은 전 세계에 걸쳐서 공유되는 문화를 지니고 있다. 세계의 국제적 도시들에 사는 사람들은 뉴스 매체의 도움을 받아, 그들 나라의 시골 사람에 비해 멀리 있는 국제적 도시들에 사는 다른 사람들과 문화적으로 더 가까워진다. 이를 고려하면 이 도시들의 주택 가격이 흔히 함께

빅데이터로 예측하는 대한민국 부동산의 미래

움직이는 것은 놀랄 만한 일이 아니다.

　글로벌 언론·미디어의 리얼타임 뉴스 중계가 미국과 강남의 거
리를 좁혀놨다는 것이다. 특히 로버트 쉴러는 다른 나라보다 '미국의
주택 가격 하락'이 다른 글로벌 도시에 더 큰 충격을 주는 것이 놀랄
일은 아니라고 이야기한다.

　국제 부동산 전문 연구단체인 ULI^Urban Land Institute는 〈2018 아시
아 부동산 트렌드 전망Emerging Trends in Real Estate Asia Pacific 2018 survey〉을 통
해 서울의 부동산 투자 전망 추이도 발표했는데(〈그림 16〉), 미국의 주

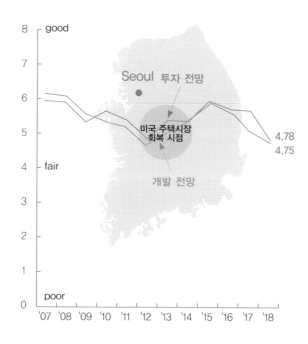

그림 16 글로벌 부동산 전문 연구기관의 '서울의 부동산 투자 전망 변화 추이'

택시장 흐름과 유사한 패턴을 보인다. 글로벌 부동산 투자자들도 미국 주택시장과 서울 부동산시장의 연관성을 인정한 증거라고 할 수 있다.

"강남은 미국의 주택시장에 후행한다." 이 전제를 받아들이면 불가항력적인 외생변수인 정부의 부동산 정책이 아닌 미국의 주택 경기를 통해 강남의 미래를 엿볼 수 있을 것이다. 그렇다면 최근 미국의 주택 경기는 어떤 흐름을 보이고 있을까?

먼저, 미국의 재고주택 판매가는 2014년 이후 꾸준한 상승세를 띠고 있다(〈그림 17-1〉). 계절적인 영향에 따라 5~7월 높은 가격을 형성하는 패턴을 보이고 있으며, 연중 고점과 저점 모두 상승 흐름을 이어가고 있다. 2018년 1월 현재 전년 동기 대비 5.8%의 상승세를 기록했다. 신규 주택의 판매량도 2013년 이후 꾸준한 상승세를 보이고 있다. 2017년 하반기 이후 급격한 증가세를 이어가며, 2017년 12월 현

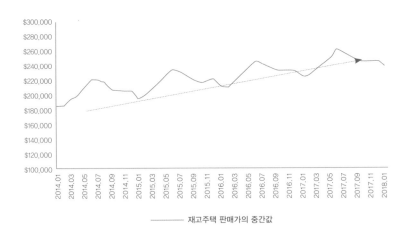

───── 재고주택 판매가의 중간값

그림 17-1 미국의 재고주택 판매가 추이(2014년 1월~2018년 1월/NAR)

빅데이터로 예측하는 대한민국 부동산의 미래

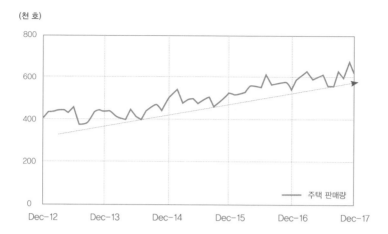

그림 17-2 미국의 신규 주택 판매량(2012년 12월~2017년 12월/U.S cencus bureau, HUD)

재 전년 동기 대비 14%의 판매율 증가를 기록했다(〈그림 17-2〉).

미국의 재고주택과 신규 주택 모두 지칠 줄 모르는 상승세를 이어가는 중이다. 따라서 글로벌 주택 경기를 대표하는 미국의 호조세는 글로벌 도시로 성장하고 있는 강남에도 당분간 도움을 줄 것으로 예상된다.

강남 주택시장과 코스피

'주가가 상승하면 경기의 흐름을 타고 주택시장이 좋아지지 않을까?' 하는 생각을 해볼 수 있다. 반대로 주택시장이 좋아지면 인테리어나 자재 관련 업종의 주가가 상승하며 주식시장에 긍정적 영향을 줄 수 있다(신규 입주 물량이 증가하면 그에 따른 인테리어 수요나 철근 같은 자재 발주가 많아질 수밖에 없다).

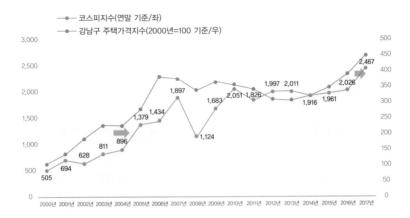

그림 18 강남구 주택가격지수와 코스피지수의 추이(한국은행, 부동산114 REPS)

거시적 지표를 기준으로 강남의 주택시장과 코스피가 어떤 관계에 있는지 살펴보았다. 〈그림 18〉은 강남구 주택가격지수와 코스피지수의 추이를 2000년부터 2017년까지 나타낸 것이다.

2001년부터 2008년까지의 모습을 보면, 강남구 주택가격지수가 코스피지수에 선행하는 경향이 있으며, 금융 위기로 강남 주택과 코스피 모두 큰 폭으로 하락했다. 2013년을 저점으로 강남의 주택시장이 회복하자 코스피지수도 2014년 1,900선에서 2016년 2,000선까지 상승한다(물론 2017년 코스피의 급상승은 강남 주택시장의 영향이라기보다는 반도체 호황 등 전반적인 수출 호조의 영향이라고 할 수 있다).

그렇다면 강남의 주택이 코스피에 선행했던 2001~2006년과 2014~2016년, 건설 경기와 경제성장은 어떤 상관성을 보였을까?

해당 기간 건설 투자의 GDP 성장 기여율[*]을 보면, 2003년 말 성장 기여율이 77%까지 치솟으며 건설 투자가 GDP 성장을 견인한 걸 알 수 있다. 2016년 말에도 성장 기여율이 75%에 달하며 국내 경제의 성장을 이끌었다. 이를 통해 수출 경기가 악화되었을 때 강남으로 대표되는 주택 경기가 경제성장을 견인함으로써 주식시장에 선행한다는 사실을 알 수 있다.

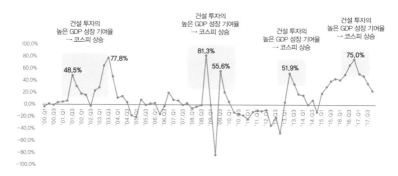

그림 19 건설 투자의 GDP 성장 기여율 추이(한국은행)

OECD 선진국 기준과 비교해봐도 강남 주택이 코스피에 선행했던 2000~2004년, 우리나라의 1인당 GDP 평균 대비 건설 투자 기여도는 OECD 평균을 상회했다. 2016년 역시 GDP 기여도가 무려 1.6% 수준에 달해 1인당 3만 5,000달러 소득수준의 국가에선 보기 힘든 수치를 기록했다(〈그림 20〉).

국가 성장 경쟁력 차원에서 건설 투자의 성장 기여도가 높다는 것은 그다지 바람직한 현상은 아니다. 다만 그와 상관없이 강남의 주택 경기와 코스피지수의 선·후행 관계를 살펴보면, 우리나라 부동산

---

*GDP 증감액 대비 GDP를 구성하는 각 요소의 증감액에 대한 백분율.

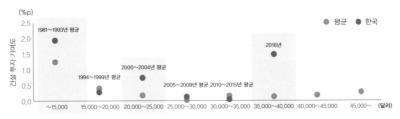

주: 평균은 OECD 국가들의 해당 소득 구간 평균을 의미
자료: OECD, 한국은행

**그림 20 OECD 평균 대비 1인당 GDP에 따른 건설 투자 기여도
(한국금융연구원, 〈최근 건설 투자의 GDP에 대한 성장 기여도와 그 시사점〉)**

시장을 대표하는 강남의 주택 경기가 상승하면 경제성장에 따라 코스피도 후행해서 상승할 가능성이 높다는 사실을 확인할 수 있다.

그렇다면 선진국의 경우에는 주택시장과 주식시장이 어떤 선·후행 관계를 가질까? 국제결제은행BIS의 연구 결과에 따르면, "선진국 13곳의 주택시장 고점은 평균 2년의 시차를 두고 주식시장 고점 이후 나타난다"* 주식시장이 주택시장에 선행하는 것이다. 우리나라와 정반대다. 선진국은 왜 이런 경향을 보이는 것일까?

답은 '땅과 주택의 금융화'에 있다.《땅과 집값의 경제학》의 저자 조시 라이언-콜린스는 "금융화는 노동, 서비스, 땅을 비롯한 여러 형태의 교환물들이 채권 같은 부채증서처럼 금융시장에서 거래될 수 있는 금융상품으로 바뀌는 것과 관련 있다"고 말한다. 그는 "영국을

---

* "Twin Peaks in Equity and Housing Prices?", BIS Quarterly Review March 2004.

빅데이터로 예측하는 대한민국 부동산의 미래

비롯한 선진 경제권의 국가에서는 금융자산으로서 주택이나 땅의 가치가 더욱 커지게 되었다"고 지적한다. '부동산 간접투자'**가 활성화되면서 부동산과 금융상품의 경계가 선진국에서 모호해지고 있는 것이다. 우리나라 또한 그러한 트렌드가 확대되고 있다. 하지만 아직까지 선진국에 비해 부동산 금융 규제가 강하고, 부동산 간접투자 상품이 활성화되지 않아 '부동산의 금융화' 수준은 낮다고 할 수 있다.

OECD 국가의 생명보험 자산 운용 한도 규제 (부동산상품의 한도 비중)				국가별 부동산 리츠의 자산 규모		
한국	영국	프랑스	노르웨이	한국	미국	일본
25%	없음	40%	100%	43,000억 원	6,114,000억 원	706,000억 원

그림 21 선진국 대비 우리나라 부동산 금융화 수준(보험연구원, 한국감정원 〈부동산포커스〉)

따라서 우리나라도 향후 부동산 간접 상품·투자가 활성화된다면 주식과 부동산이 더욱 동조화하는 흐름을 볼 수 있을 것이다. 하지만 현재 우리나라의 부동산 금융화 정도를 감안하면 주식시장의 추세로 강남의 주택 가격을 예측하기보다는 강남의 주택 경기 추세를 통해 코스피 흐름을 가늠하는 편이 더 나은 방법이라고 할 수 있다.

똑똑한 한 채의 증거

정부의 8·2 대책 이후 다주택자에 대한 규제를 피해 똑똑한 한

** 보험연구원에 따르면, 부동산 매매에 따른 평가 차익보다는 주로 부동산 자산과 연계된 금융상품에 투자해서 이에 따른 수익 배당을 받는 것을 일컫는다. 부동산 리츠, 펀드가 이에 해당한다.

채, 즉 강남 등 서울 주요 지역의 아파트만 남겨두고 지방의 주택은 정리하는 사례가 종종 언론에 소개된다. 한 언론 기사를 보자.

> 지방 거주 부유층이 서울 부동산시장을 움직이는 큰손으로 부상하고 있다. 특히 지난해 8월 정부의 집값 규제가 본격화한 이후 이들의 영향력은 더욱 커지는 상황이다. 19일 매일경제가 양지영R&C연구소와 함께 국토부의 '매입자 거주지별 아파트 매매 거래 현황'을 조사·분석한 결과 작년 한 해 서울에 거주하지 않는 사람이 사들인 서울 아파트는 2만 818채에 달했다. 이는 전체 아파트 거래 건수(10만 7,897건)의 20%에 가까운 수치다. 서울 아파트 5채 중 1채는 외지인이 산 셈이다. 2016년 17.2%에 비해 2%포인트 이상 비중이 커졌다. 양지영 양지영R&C연구소장은 "지방은 혁신도시와 산업 단지 등이 마무리되면서 주택 수요 증가세가 꺾인 반면 공급은 과잉인 상황"이라며 "반면 서울은 여전히 공급 부족인 데다 정부 규제로 매물 품귀까지 나타나며 투자 가치가 높아지자 지방의 돈이 서울로 몰리고 있는 것"이라고 전했다. 특히 작년 8·2 부동산 대책 발표 후 이 같은 현상이 심화되고 있다. 정부의 다주택자 규제로 지방 아파트를 팔고 '똘똘한 한 채'를 찾아 상경한 것이다.
>
> 〈매일경제〉, 2018년 2월 19일

언제부터 이런 현상이 발생한 것일까?

아파트 거래량 통계에 따르면, 2017년 초부터 서울에 살지 않는 경기, 인천, 지방 거주자들이 강남 3구의 아파트를 집중적으로 매수했다(〈그림 22-1〉). 8·2 대책 발표 후 강남 3구에 대한 매수세가 더 커

빅데이터로 예측하는 대한민국 부동산의 미래

지고 그 외의 서울 지역의 매수세는 감소하며 똘똘한 한 채를 향한 움직임이 강화된 것이다.

그에 반해 강남 3구의 거주자들은 2015년 이후 오히려 강남 주택의 매수를 줄이고 있다(〈그림 22-2〉). 강남 3구에 살지 않는 사람들이 강남 3구의 아파트 매수세를 키우는 형국이다.

부자는 한 박자가 아니라 두 박자 정도 빨리 움직이는 것일까?

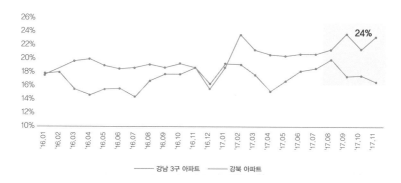

그림 22-1 서울 외 거주자의 서울 아파트 매입 비율 추이(2016~2017년/국토부)

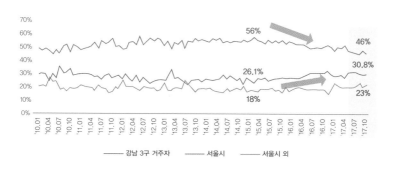

그림 22-2 강남 3구 아파트 매입자 거주지 비율 추이(2010~2017년/국토부)

2013년부터 꾸준히 강남 아파트를 사들인 강남 지역 사람들은 주택 시장의 회복과 함께 이미 엄청난 차익을 거두었다. 그리고 2015년부터는 매수세를 조정하며 똘똘한 한 채에 집중하는 모습을 보이고 있다. 어쩌면 정부의 양도세 대책에 대해서도 미리 대비를 마쳤을 가능성이 높다. 그 와중에 강남 3구 외 사람들이 강남 3구의 아파트를 매우 높은 가격에 사들이고 있는 것이다.

내가 생각해도 강남의 미래는 어느 지역보다 밝다. 선진국 도시의 주택 가격 추이를 봐도 그렇다. 그러나 이렇게 과도하게 집중되는 상황에서, 지금 강남 아파트를 사는 사람들은 어느 정도의 자기 자본을 가지고 매수하는 것인지 알 길이 없다. 지금까지 우리나라 부동산은 장기적으로 보면 꾸준한 상승세였다. 부동산은 사두면 언젠가 오를 것이라는 생각도 바로 거기서 나왔다. 하지만 앞에서 밝힌 대로 강남은 외부 충격에 민감하게 반응하는 '글로벌 도시'다. 우리가 통제할 수 없는 변수가 크게 작용할 수 있는 시장이다. 2008년 강남의 주택 가격은 왜 10% 이상 떨어졌을까? 다른 지역은 몰라도 강남만은 언젠가 오를 것이라는 믿음은 어디로 간 걸까? 고작 2~3년의 불황이었는데 그 시간을 참지 못한 이유는 무엇일까?

《호황 vs 불황》의 저자 군터 뒤르크는 경기 순환의 중요성을 설명하며 '국면적 본능phasic instinct'이라는 개념을 강조했다. 일반적으로 사람은 이성적이지 않으며, 호황 혹은 불황의 국면에 충실하게 행동한다는 것이다. 스스로 이성적이라고 생각할지 몰라도 호황이 길어지면 그 국면에 충실해서 이후에 찾아오는 '불황'에 대해 그리 깊게 생각하지 않는 것이다.

강남의 주택 가격이 선진 도시에 비해 저렴하고, 도시화의 어쩔수 없는 흐름에 따라 교육, 교통 등의 인프라가 집중된다 하더라도 이렇게 급격한 시장 과열은 시장의 건전성을 훼손할 수밖에 없다. 시장 내부의 모멘텀은 강할지라도 통제 불가능한 외부의 급작스런 충격이 발생한다면, 이러한 과열이 훗날 급격한 침체의 부메랑으로 돌아올수 있다는 것을 잊지 말아야 한다.

서울 인근 경기도 아파트의 밸류에이션 분석

한때 미분양 무덤이던 김포 한강신도시는 이제 미분양 무풍지대가 되었다. 신입사원으로 김포 사업장 모델하우스로 출퇴근할 때만해도 미분양 할인 판매를 광고하는 현수막이 김포 장기동, 운양동, 그리고 서울 강서구에도 많이 달려 있었다. 당시에는 건설사들의 모델하우스만 있던 김포 한강신도시였는데 이제는 언제 그랬냐는 듯 아파트가 빽빽이 들어서 있다. 김포 한강신도시가 들어선 양촌읍은 드라마 〈전원일기〉의 촬영지이기도 했다. 지금은 어느새 도로가 정비되고 신축 상가와 아파트가 들어선 신도시가 되어 예전 〈전원일기〉의 풍경은 TV 속에서만 볼 수 있는 곳이 되었다.

2012년 김포시 미분양은 3,500호로, 경기도 미분양 6채 중 1채가 김포시 미분양일 정도로 분양시장이 얼어붙어 있었다. 그러나 2016년 이후 분양시장이 호황을 누리며 2017년 12월 현재, 81호까지 감소했다(〈그림 23〉).

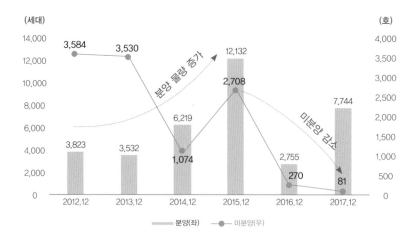

(세대)

14,000

12,000

10,000

8,000

6,000

4,000

2,000

0

3,584

3,530

12,132

분양 물량 증가

6,219

2,708

7,744

미분양 감소

3,823

3,532

1,074

2,755

270

81

2012.12 2013.12 2014.12 2015.12 2016.12 2017.12

(호)

4,000

3,500

3,000

2,500

2,000

1,500

1,000

500

0

분양(좌) ● 미분양(우)

그림 23 김포시 분양 물량과 미분양 추이(2012~2017년/국토부, 부동산114 REPS)

　이는 서울의 치솟는 전세로 인해 강서구 주민들이 김포시로 대거 이동한 결과이다. 김포시 미분양이 빠르게 감소한 2016년까지 김포시는 이전 3년 동안 연평균 7,000세대의 분양 물량을 쏟아냈다. 공급이 계속해서 있었는데도 오히려 미분양이 감소한 것이다. 아무리 분양시장이 좋아도 이 정도의 물량을 다 소화하는 것은 이례적인 일이다. 따라서 2017년 말 고촌읍에서 있었던 한 사업장의 분양 결과가 더 궁금해졌다. 당시는 경기도의 주택시장 상승세가 둔화되는 시점이었고, 김포시에 1만 세대의 입주 물량이 예정되어 있었다. 게다가 해당 사업장은 1,800세대의 대규모 단지였다. 따라서 나는 적어도 1순위 청약 마감은 어려울 거라고 예상했다. 이렇게 물량이 쏟아지는데 군이 청약통장을 쓰면서까지 청약을 할 거라고는 생각하지 못했다.

　결과는 대반전이었다. 1순위에만 8,000건의 청약통장이 몰리며

빅데이터로 예측하는 대한민국 부동산의 미래

5.3:1의 1순위 청약률을 기록한 것이다. 더욱이 1순위 청약 대부분이 당해 지역(김포시)에서 마감되어, 김포시를 제외한 경기도의 기타 지역과 서울시 거주자들은 청약할 기회도 없었다. 앞서 서울시 인구의 순유출과 경기도 택지의 관계에서 살펴봤듯이 경기도 내에서 신규 아파트에 대한 수요가 계속해서 발생하고 있는 것이다. 언론에서는 연일 '경기도 역대 최다 입주 물량'을 외치며 뉴스를 쏟아내고, 실제 통계를 봐도 2018년에 가장 많은 입주 물량이 공급된다. 즉 공급 동향만으로는 이러한 김포시의 분양시장에 대해 설명하기 어렵다. 그렇다면 결국 '가격'이 해당 사업장의 중요 성공 요인이라고 볼 수 있다. 해당 사업장의 전용 84m² 분양가는 4억 원이 안 되는 3억 9,000만 원 수준이었다.

그렇다면 이 가격 수준은 어느 정도의 경쟁력을 가진 걸까?

해당 사업장 인근의 고촌읍 아파트 시세를 확인해보았다. 입주 10년차에 접어든 고촌힐스테이트의 전용 84m² KB시세가 4억 원 수준이었다. 즉 해당 사업장의 분양가 3억 9,000만 원은 입주 10년 된 노후 아파트에 비해 1,000만 원이나 저렴한 가격이었다. 결국 〈수도권과 지방은 다른 눈으로 봐야 한다〉에서 살펴봤듯이 수도권은 아무래도 가격 민감도가 큰 생활권인 것이다. 더욱 놀라운 것은 고촌힐스테이트의 4억 원 시세도 10년 전 시세를 겨우 회복한 수준이라는 점이다. 해당 사업장은 10년 전 가격으로 분양가를 책정한 것이다.

〈그림 24〉는 김포 고촌힐스테이트와 서울 강서구 마곡푸르지오의 장기적 시세 추이를 나타낸 것이다. 두 단지 모두 2008년 준공한 동일 연령의 아파트다.

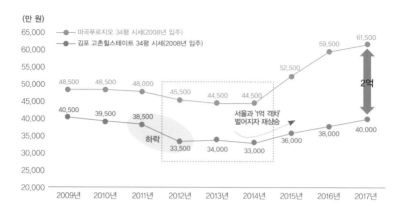

그림 24 서울 인접 경기도 아파트의 밸류에이션(김포시 VS 서울 강서구/KB부동산)

입주 1년 뒤인 2009년에 조사된 고촌힐스테이트의 시세가 4억 원 수준임을 알 수 있다. 8,000만 원 안팎의 격차를 보이던 두 아파트의 가격 차이는 2012년 1억 2,000만원까지 벌어진다. 이후 2014년까지 1억 안팎의 시세 차이를 유지하다 서울 집값이 급등한 2015년 이후에야 고촌힐스테이트도 회복세를 보인다. 하지만 시세 차이는 더 벌어져서 2017년, 6억 원까지 상승한 마곡푸르지오와 고촌힐스테이트는 소위 넘사벽의 격차를 보인다. 이런 차이를 고려했을 때 서울 전세입자들의 김포 이주는 어쩌면 당연한 결과이다. 서울 아파트의 급격한 상승이 김포 아파트 가격에 큰 메리트를 안겨주는 것이다. 게다가 10년 전의 가격이다!

그렇다면 서울과 연접한 다른 경기 지역의 밸류에이션은 어떤 수준일까? 고양시와 서울 은평구 아파트의 시세 추이를 나타낸 〈그림 25〉를 살펴보자.

빅데이터로 예측하는 대한민국 부동산의 미래

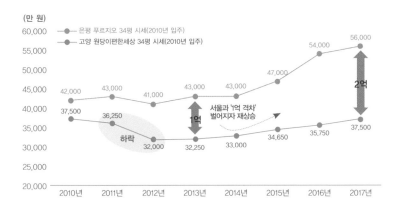

그림 25 서울 인접 경기도 아파트의 밸류에이션(고양시 VS 서울 은평구/KB부동산)

고양시 원당에 위치한 해당 아파트 역시 2017년 현재 입주 당시의 가격을 회복한 시세이다. 김포시와 강서구의 사례와 마찬가지로 최대 1억 원까지 벌어졌던 두 아파트의 시세 차이는 이제 2억 원으로 벌어졌다. 넘사벽의 격차가 형성된 것이다.

서울 강북과 연접한 의정부 아파트의 밸류에이션도 살펴보자.

전통적으로 서울 노원구와 연접해 높은 시세가 형성된 의정부 장암동의 아파트 역시 2017년의 시세가 5년 전의 시세를 소폭 상회하는 정도이다. 노원구 아파트와의 시세 차이도 1억 원 수준에서 현재는 1억 5,000만 원까지 벌어졌다. 장암동 아파트의 연령이 더 젊은 것을 감안하면 실제로는 2억 원 정도의 시세 차이를 보인다고 할 수 있다(〈그림 26〉).

김포와 고양시 그리고 의정부의 사례를 지켜보며 얻을 수 있는 통찰은, 해당 아파트 모두 지역 내 선호 생활권에 있고, 입주 당시에

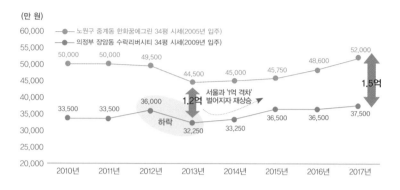

그림 26 서울 인접 경기도 아파트의 밸류에이션(의정부시 VS 서울 노원구/KB부동산)

는 시세가 높게 형성됐지만 시장의 부침을 겪다 겨우 예전 수준의 시세로 돌아왔다는 것이다. 즉 입주 당시 혹은 입주 초반의 가격이다. 게다가 인근 서울 지역의 아파트 시세가 급등해서 가격 메리트가 이전보다 커졌다. 따라서 서울과 연접한 경기 지역의 아파트는 앞으로도 꾸준한 가격 상승이 예상된다. 서울과 접근성이 좋고, 나름 해당 지역의 중심 생활권에 있기 때문이다.

또 다른 통찰은, 경기도에서 서울로 이주하는 데 지불 가능한 한계비용이 1억 원이라는 점이다. 경기도의 아파트 시세가 바닥인 시점에서 서울 아파트와의 차이가 1억 원 이상이 되자 경기도의 아파트 시세가 상승하는 공통적인 패턴을 보였다. 즉 서울과의 격차가 1억 원 이상 벌어지면 차라리 서울 인근 경기 지역에서 사는 게 더 낫다는 판단으로 매수세가 회복되어 경기도의 아파트 시세가 다시 상승할 수 있었던 것이다.

지금까지 신규 아파트 공급이 끊이지 않음에도 호조를 보이는

빅데이터로 예측하는 대한민국 부동산의 미래

김포시 분양시장의 비밀에 대해 살펴보았다. 더불어 서울 인근의 다른 경기 지역 아파트의 밸류에이션도 살펴보며 다시 한 번 '수도권 주택시장은 가격 앞에 장사 없다'는 명제를 확인했다. 또한 이미 너무 올라버린 서울의 넘사벽 가격이 이러한 트렌드를 강화시킨다는 점도 살펴보았다.

서울 인근 경기 지역에 분양하는 아파트는 그 지역 리딩 단지 시세 수준의 분양가를 책정하기 때문에 앞으로도 양호한 분양이 예상된다. 앞서 살펴보았듯이 서울과 연접한 경기 지역 아파트들은 10년 전 시세를 회복한 것에 불과하기 때문이다. 더불어 PART 1에서 살펴본 것처럼 국토부도 해당 경기 지역 위주로 광역철도 사업을 진행 중에 있다. 따라서 서울과의 접근성에 대한 추가 개선에 따라 해당 지역의 가치는 더욱 상승할 것으로 예상된다.

어촌을 주목하라

나는 연초마다 유망 분양시장을 찾기 위해 전국 시·군·구의 세부 데이터를 살펴본다. 그런데 2013년부터 눈에 들어오는 지역이 있었다. 여수, 통영, 보령, 서산시의 주택 순환주기가 회복 국면에 있었고, 전세가율도 꾸준히 증가하는 등 상승 모멘텀이 포착되었던 것이다. 물론 여수시, 서산시에는 석유화학 단지가 있다. 하지만 해당 업종은 최근에야 호황을 맞이했기 때문에 당시로서는 상승 모멘텀의 주원인이라고 보기 힘들었다. 나는 일단 주택시장의 선행지표 시그널만 보고 2013년부터 3년간 해당 지역을 유망 지역으로 꼽았다. 하지만 근본적인 주택시장의 상승 원인에 대해서는 답을 찾기가 힘들었다. 그러던 어느 날 한 기사를 접했다.

> 지난해 양식 어가의 평균 소득이 6,139만 원에 달해 도시 근로자 가구 평균 소득 5,780만 원을 초과한 것으로 나타났다. 양식 어가의 평균 소득은 2014년에 도시 근로자 가구 평균 소득과 비슷했고 지난해는 격차가 더 벌어졌다. (…)
>
> 어업 소득이 증가한 원인은 해조류 등 생산이 증가하고 가격이 안정되면서 양식 소득이 전년 대비 23% 증가(758만 원→987만 원)했기 때문이다. 양식 어가의 평균 소득은 6,139만 원으로 도시 근로자 가구 평균 소득을 초과했다.
>
> 〈이투데이〉, 2016년 6월 22일

여수, 통영… 관심을 두었던 도시들이 왠지 어촌 느낌도 드는 곳이어서 기사를 접하고 바로 어가 소득에 대한 자세한 통계를 찾아보았다. 먼저 전국 평균 어가 소득의 추이를 살펴보았다. 2013년 3%의 상승을 기록한 뒤로 안정적인 상승세를 보이고 있었다. 절대적 소득수준도 2014년 4,000만 원을 돌파하는 등 의미 있는 성장을 하고 있었다(〈그림 27〉).

더욱 놀라웠던 것은 소위 '기르는 어업'에 종사하는 양식 어가의 소득 추이였다. 양식 어가의 소득은 2013년 4,500만 원에서 2016년 7,000만 원으로 4년간 무려 1.6배가 증가했다. 양식 어가가 전체 어가

그림 27 전국 평균 어가 소득의 추이(2012~2016년/통계청)

소득의 상승세를 견인했다고 해도 과언이 아니었다. 따라서 양식 어가가 많은 지역이 어촌 지역 중에서도 높은 소득수준을 보일 거라는 가정을 해볼 수 있었다.

전국의 시·군·구별 양식 어가 현황을 살펴보았다. 2016년 기준으로 통영시(339가구)와 여수시(252가구), 서귀포시(173가구)가 TOP 3를 형성하고 있었다. 이 외에도 보령시와 서산시의 양식 어가 수가 30가구 이상으로, '군' 지역을 제외하면 전국 TOP 10의 양식 어가 규모를 보이고 있었다. 해당 지역의 가구 소득에서 양식업의 성장은 무시할 수 없는 요인이었다.

〈그림 28〉은 2013~2015년 통영시 리딩 단지의 KB시세 추이를 나타낸 것이다. 양식업이 꾸준한 상승을 보인 2013년부터 2015년까지 꾸준히 상승하고 있는 것을 볼 수 있다. 그렇다면 다른 양식업 도시들의 시세 추이는 어떤 흐름이었을까?

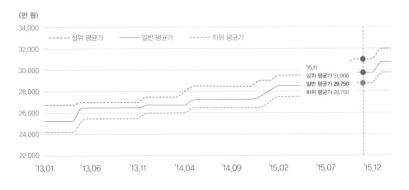

그림 28 통영시 리딩 단지의 KB시세 추이

여수시가 잠시 부침을 겪은 것을 제외하고 2013년부터 2015년까지 꾸준하게 상승폭이 커지며 호경기를 보냈다(〈그림 29〉). 다만 석유화학이 상승세였던 여수시를 제외하고 2016년에 나머지 도시들은 입주 물량이 집중되며 가격 흐름이 반전되었는데, 이 또한 공통된 흐름이었다. 〈수도권과 지방은 다른 눈으로 봐야 한다〉에서 살펴보았듯이 수요 기반이 약한 지방은 '수급 여건'이 가장 중요하다는 것을 다

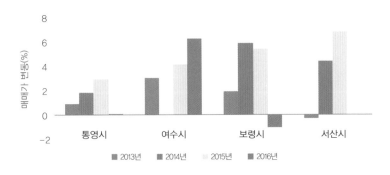

그림 29 양식업 도시들의 주택 가격 변동 추이(부동산114 REPS)

시 한 번 느낄 수 있는 대목이다.

조금 더 나아가서, 지리적으로 연접한 통영시와 거제시의 최근 주택 가격 흐름을 비교하면 양식업의 힘을 체감할 수 있다. 통영시와 거제시 모두 조선업의 부진과 경상권의 입주 물량 태풍 권역에 속하며 주택 경기의 하락을 겪고 있지만, 그 하락폭은 다르다는 것을 〈그림 30〉을 통해 알 수 있다. 대우조선 사태가 터진 후 거제시는 10%에 달하는 가격 하락폭을 기록했지만 비교적 조선업 비중이 적고 양식 어가가 많은 통영시의 하락폭은 그다지 크지 않은 것을 볼 수 있다.

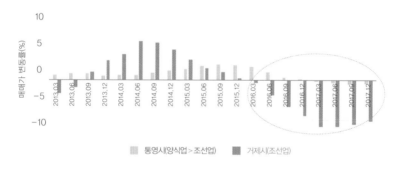

그림 30 통영시와 거제시의 주택 가격 변동 추이(2013~2017년/부동산114 REPS)

양식 어가의 사례를 통해 흔히 생각하는 제조업이 아닌 어업, 특히 양식업의 극적인 생산성 변화가 지방의 주택시장에 영향을 미친다는 사실을 알 수 있었다. 그럼 이러한 변화를 가져온 2013년, 양식업에 구체적으로 어떤 변화가 있었을까? 우리나라 수산물의 생산량 추이를 살펴보면(〈그림 31〉), 2014년 이후 양식업이 다른 어업 형태의 생산량을 월등히 추월하는 것을 알 수 있다. 양식업이 우리나라 수산

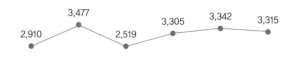

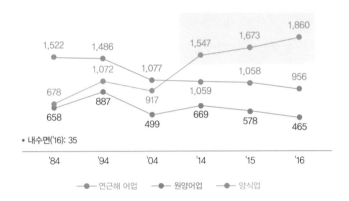

* 내수면('16): 35

연근해 어업   원양어업   양식업

그림 31 우리나라의 수산물 생산량 추이
(단위: 천 톤/농업정책보험금융원, 〈수산양식산업 투자 유망 분야 분석〉)

물 생산에서 절대적 비중을 차지하고 있다는 의미이다.

또한 양식 기술에서도 성장이 있었다. 2013년 해양수산부가 선진국 대비 우리나라 양식 기술을 평가한 결과, 총 7개 부문에서 90% 이상 선진국의 기술을 따라잡은 걸 확인할 수 있다(〈그림 32〉). 특히 어종의 씨를 보존하고 관리하는 종묘 기술의 개발이 높은 점수를 받았다. 안정적인 어가 소득 창출에 큰 기여를 한다고 볼 수 있다.

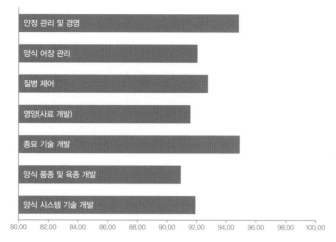

안정 관리 및 경영

양식 어장 관리

질병 제어

영양(사료 개발)

종묘 기술 개발

양식 품종 및 육종 개발

양식 시스템 기술 개발

80.00 82.00 84.00 86.00 88.00 90.00 92.00 94.00 96.00 98.00 100.00

* 선진국 기술 수준을 100으로 가정

그림 32 선진국 대비 우리나라의 양식 기술 수준(해양수산부 연구 용역 보고서)

최근 해양수산부는 양식업 첨단화에 드라이브를 걸고 있다. 앞으로도 양식업의 꾸준한 성장이 예상된다. 따라서 앞에서 언급한 양식어가 밀집 도시의 소득수준도 꾸준한 상승이 예상된다. 이미 도시 근로자의 소득수준을 추월한 양식 어가의 상황을 고려하면, '작지만 강한' 어촌의 힘을 주택시장에서도 기대해볼 수 있을 것이다.

효리네 민박은 안녕할까?

〈효리네 민박〉, 중국인 관광객, 제2공항 등 제주도는 지난 몇 년간 TV, 정치·외교, 개발 계획 등 다방면에서 주목받은 지역이다. 따라서 강남만큼 제주도의 주택시장도 단순 데이터로만 설명하기 어려운 지역이다.

현재 제주도의 주택시장은 겨울을 지나고 있다. 전통적으로 제주의 손 없는 날인 신구간(대한 후 5일부터 입춘 전 3일까지)에도 이삿짐 업체가 바쁘지 않았던 것을 보면 그 정도를 알 수 있다. 분양 당시 262:1의 청약 경쟁률로 과열 양상을 보였던 제주첨단과학기술단지의 한 아파트는 입주가 시작된 2018년 초 50% 수준의 저조한 입주율을 기록했다는 뉴스도 보도되었다.

지난 몇 년간 제주도만큼 온탕과 냉탕을 급격히 오간 지역도 없을 것이다. 물론 경상권의 주택시장도 근래 하락폭이 컸지만 주택 경기의 반전 속도와 그 진폭을 고려한다면 제주도가 단연 1등이다.

〈그림 33〉은 2000~2017년 제주도의 중장기 주택 순환주기와 입주 물량을 나타낸 그래프이다. 2015~2016년의 가파른 상승과

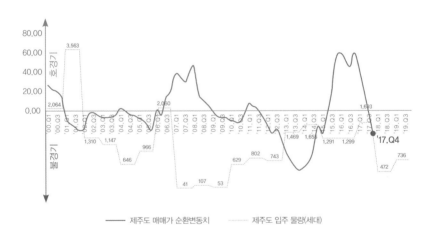

제주도 매매가 순환변동치　　　제주도 입주 물량(세대)

그림 33 제주도의 중장기 주택 순환주기

2016~2017년의 급격한 하락을 보면 가히 롤러코스터급이라고 할 수 있다.

수급의 영향일까? 2017년에 갑자기 입주 물량이 쏟아졌기 때문일까? 아니다. 입주 물량은 2013년부터 꾸준히 연평균 1,000세대를 유지했다. 게다가 2018년부터는 오히려 입주 물량이 연평균 500세대로 감소한다. 제주도는 수급에 따라 움직이는 시장이 아님을 알 수 있다. 급격한 주택 순환주기의 패턴만 보더라도 제주도는 외지인의 투자 심리에 의해 좌우되는 시장이라고 결론 내릴 수 있다. 그렇다면 제주도에 투자 붐을 일으킨 요인은 무엇이었을까?

가장 큰 요인은 아무래도 중국인 관광객 유입에 대한 기대감이었을 것이다. 제주도를 방문한 중국인 관광객의 추이를 살펴보면, 사드 문제가 터지기 전인 2016년까지 외국인 방문객 가운데 중국인 방문객의 비중은 80%대에 달했다. 하지만 2017년 중국인 방문객이 급감하고, 제주도의 주택시장은 수직 하강의 길을 걷는다.

	2013년	2014년	2015년	2016년	2017년
외국인 방문객(총)	2,333,848명	3,328,316명	2,624,260명	3,603,021명	1,230,604명
중국인 방문객	1,812,172명	2,859,092명	2,237,363명	3,061,522명	747,315명
중국인 방문객 비중	78%	86%	85%	85%	61%

그림 34 제주도를 방문한 중국인 관광객 추이(제주관광협회)

그런데 중국인 방문객이 감소한 이후에도 제주도의 토지시장은 주택시장과 달리 연 5%의 꾸준한 상승률을 기록한다. 여전히 제주도 부동산시장에 대한 기대감이 남아 있는 것이다. 더욱이 서귀포시와 제주시의 토지시장을 비교해보면 서귀포시의 지가 상승률이 조금 더 높은 것을 알 수 있다. 이는 2017년 9월 개장한 신화역사공원, 제주혁신도시, 제2공항 등 개발 재료가 서귀포시에 몰려 있기 때문이다.

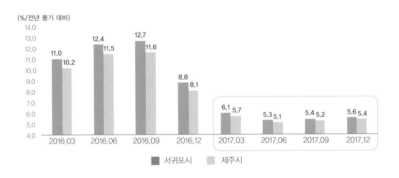

그림 35 서귀포시와 제주시의 지가 변동률 추이(국토부 온나라부동산)

한편 토지시장뿐 아니라 주택시장에도 상승 모멘텀을 가져온 개발 재료가 하나 있다. 바로 제주영어교육도시다. 제주영어교육도시는 2011년 개교 당시만 해도 큰 주목을 받지 못했다. 실제로 영어교육도시 내에 분양한 한 아파트는 청약 경쟁률이 미달일 정도로 싸늘한 시선을 받았다. 그런데 2013년 제주영어교육도시의 국제학교에서 첫 졸업생이 배출되고, 90%가 넘는 학생들이 꾸준히 해외 유명 대학에 입학하면서 그 유명세가 강남, 분당, 일산 맘들을 서귀포시로 불러들였다.

제주영어교육도시는 2017년 미국 SJA(세인트존스베리 아카데미)를 유치하며 현재 4개 국제학교에 약 3,500명의 학생들이 재학 중이다. 이세돌, 양현석 같은 유명인들의 자녀들이 입학하는 등 유명세를 타

빅데이터로 예측하는 대한민국 부동산의 미래

고 해외 유학 대체 수요가 몰리면서 2017년 이후 영어교육도시의 아파트 가격은 수직 상승했다. 영어교육도시에 입주한 삼정 G.edu 아파트 23평의 시세는 2016년 3억 원에서 2017년 5억 원까지 상승하며 1년 만에 160%의 상승률을 기록했다. 평당가로 환산하면 1평당 2,000만 원 수준으로, 웬만한 서울 집값을 상회한다.

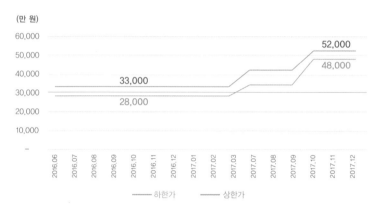

그림 36 제주영어교육도시 삼정 G.edu 23평 시세 추이(부동산뱅크)*

2016년 영어교육도시의 부동산 중개소들을 방문했을 때 매물이 부족한 것을 보고 나 역시 가격 상승 가능성은 예측했다. 하지만 이처럼 단기간에, 이만큼 큰 시세 상승을 보일 것이라고는 예측하지 못했다. '교육의 힘'은 제주도의 차디찬 주택시장에서도 통한 것이다.

역사적으로 보더라도 한번 형성된 학군은 잘 변하지 않는다. 대한민국에서 지하철, 도로 같은 교통 인프라보다도 견고한 주택 구매

---

* 2017년 4~6월 시세는 통계상 누락되었다.

요소가 아카데미 인프라이기 때문이다. 매일 통행료가 오르는 톨게이트처럼 별안간 높아진 요금 때문에 그곳을 통과할 여유가 있는 소수의 사람들만 자녀들을 태우고 그 문을 통과할 수 있다. 그 덕에 그 톨게이트는 전체 교통량에 영향을 받지 않으면서 폐쇄적으로 견고한 시스템을 형성해간다.

대한민국 사교육 1번지 대치동의 주택시장이 그것을 증명해준다. 소위 '불수능'이라고 불렸던 2014, 2017 수능 이후 대치동의 학원가를 찾아 서울로 상경한 부모들의 월세 수요를 떠올려보라.

〈그림 37〉은 국어와 수학의 연도별 수능 만점자 비율과 대치동 월세 거래량의 증감률을 비교한 것이다. 2014, 2017 수능에서 국어와 수학 만점자의 비율은 1%가 채 안 됐는데, 2014년은 물론이고 강남의 거래량이 전반적으로 하락한 2017년에도 불수능의 여파로 대치동의 월세는 상승세를 유지했다. 거래량의 증감률 또한 강남의 다른 지

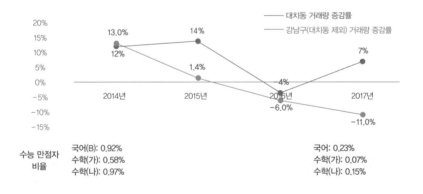

그림 37 국어·수학 수능 만점자 비율과 대치동 VS 강남구의 월세 거래량(반전세 포함) 증감률(교육부, 국토부)

역들에 비해 안정적인 흐름을 보였다.

　제주영어교육도시도 대치동 주택시장의 강력한 모멘텀인 '교육 인프라의 힘'을 이어받는 모양새다. 갈수록 교육 양극화가 심해지는 대한민국 현실에서, 국내 명문 대학을 뛰어넘어 글로벌 명문대로 가는 'VIP 인프라'에 상위 1%의 부가 쏠리는 것은 어찌 보면 당연한 현상이다. 2017년 발표된 〈초중고 사교육비 조사 결과〉에 따르면 최상위 가구(월 소득 700만 원 이상)의 월평균 사교육비는 중위 가구(월 소득 300~400만 원)의 2배 수준이며, 최하위 가구의 5배 수준이다(〈그림 38〉). 씁쓸한 통계 자료지만 향후 이러한 양극화 추세가 강화된다고

구분		사교육비(만 원/%)			참여율(%/%p)		
		2016년	2017년	전년 대비 증감률	2016년	2017년	전년 대비 증감률
전체		25.6	27.1	5.9	67.8	70.5	2.7
	200만 원 미만	8.8	9.3	5.5	40.2	43.1	2.9
	200~300만 원 미만	15.4	15.3	-1	56.2	58.3	2.1
	300~400만 원 미만	21.1	21.2	0.7	67.1	67.9	0.9
	400~500만 원 미만	26.5	27.4	3.5	73.1	74.9	1.9
	500~600만 원 미만	31	32.1	-0.3	76.1	78.2	2.1
	600~700만 원 미만	36.5	36.4	2.8	80.1	80.8	0.7
	700만 원 이상	44.3	45.5	2.8	81.9	83.6	1.7
	700~800만 원 미만		40.5			82.9	
	800만 원 이상		48.2			83.9	

그림 38　가구 소득수준별 1인당 월평균 사교육비와 참여율

가정하면 제주영어교육도시 같은 검증된 글로벌 아카데미는 해당 지역의 주택시장 흐름과 상관없이 통행료를 올려가며 견고한 주택 시세를 유지할 것이다.

2장
데이터는
말한다

👤 지금 당신의 주택 구매(투자) 심리는?

주택을 구매하는 수요를 분류할 때 흔히 '실수요'와 '투자 수요'로 구분한다. 그런데 가만히 생각해보면 그 경계가 모호하다. 몇천만 원도 아니고 몇억(혹은 수십 억)의 재화를 구매하면서 앞으로 자산 가치가 떨어져도 상관없다는 배짱을 가지고 집을 구매하는 사람이 몇이나 될까? 전원주택이나 특수 주택이라면 모를까, 일반 아파트를 구매하는 사람 가운데 그런 강심장(?)은 드물 것이다.

결국 '나는 실수요자'라고 생각할 수는 있지만 마음 깊은 곳에서는 자산 가치의 상승을 바라는 심리가 있는 것이다. 떳다방같이 대놓고 투기를 하는 사람들을 제외하면 주택을 구매하는 평균적인 심리에는 실구매와 투자의 모호한 경계가 있다. 따라서 주택 수요를 실수요와 투자 수요로 명확히 구분하는 것은 불가능하며, 그것을 종합해

'주택 구매 심리'라고 정의할 수 있다. 이러한 정의를 바탕으로 데이터를 활용해 주택 구매 심리를 측정해본 도전적인 실험 결과를 소개한다.

한국은행의 '주택 가격 전망 CSI(소비자동향지수)'로 알아본 주택 경기

한국은행이 공표하는 경제지표 중에 경제 심리를 측정하는 경제

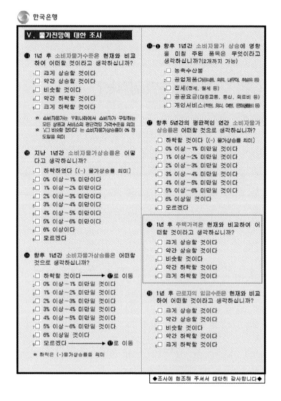

그림 1 한국은행 소비자 동향 조사 중 '물가 전망에 대한 조사' 설문 양식

심리지수Economic Sentiment Index(ESI)라는 것이 있다. 기업과 소비자를 모두 포함한 민간경제 상황에 대한 심리를 종합적으로 파악하는 지표로, 월 단위 설문을 통해 조사가 이루어진다.

경제심리지수는 소비자동향지수CSI와 기업경기지수BSI를 합성해 산출하는데, 나는 소비자동향지수의 하위 지표인 '주택 가격 전망 CSI'를 바탕으로 주택 경기를 진단하고자 한다(〈그림 1〉).

주택 가격 전망 CSI는 물가 전망 조사의 하위 항목으로 '1년 후 주택 가격'의 전망을 물어보고 그 답변을 취합하여 100 이상의 지수가 산출되면 '주택 가격이 상승할 것'이라는 응답이 많은 것으로 해석한다. 〈그림 2〉는 한국은행의 주택 가격 전망 CSI와 경기 전망 CSI의 흐름을 나타낸 것이다.

주택 가격 전망 CSI는 실제 주택 경기가 회복되었던 2013년부터

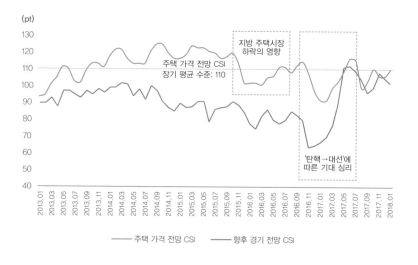

그림 2 주택 가격 전망 CSI와 경기 전망 CSI 추이(2013년 1월~2018년 1월)

PART 3 알아두면 쓸모 있는 건설사 직원의 주택시장 데이터 에세이

100 이상을 상회하는 흐름을 보였다. 2016년 초 양호한 수준을 유지하던 지수 흐름이 하락하는데, 지방에 입주 물량이 몰리며 지방 주택 가격의 하락세가 본격화되던 시점이었다. 그러나 수도권의 가격 흐름이 꾸준한 상승세를 보이며 주택 가격 전망 CSI는 다시 이전 수준으로 돌아간다.

주택 가격 전망 CSI와 경기 전망 CSI는 2016년 말에서 2017년 초 최저점을 기록하는데, 국정 농단 사태로 전국이 몸살을 앓던 시기였다. 이후 경기 전망 CSI는 역대급으로 상승하며 5년 만에 최고치를 경신한다. 코스피가 2,000포인트를 꾸준히 상회하며 2,400포인트를 경신하던 시기와 일치한다. 주택 가격 전망 CSI 역시 다소 부침은 있지만 2017년 하반기부터 2018년 2월까지 꾸준히 100을 상회하며 주택시장에 대한 소비자들의 기대가 여전히 유지되고 있음을 보여준다.

그런데 해당 지표를 해석할 때 유의할 점이 있다. 1년 후 주택 가격에 대한 설문임에도 응답자는 무의식적으로 현재 상황에 기반해 응답한다는 것이다.

〈그림 3〉은 주택 가격 전망 CSI와 주택 가격 변동률을 비교한 것이다. 특별히 주택 가격 변동률 기준을 '전년 동기 대비'와 '전월 대비'로 나누어 비교했다. 주택 가격 전망 CSI가 전년 동기 대비 변동률과 동조한다면 질문의 의도대로 소비자들은 장기적인 안목에서 주택시장을 인지한다는 것이고, 반대로 전월 대비 변동률과 동조한다면 겨우 전달, 즉 단기적인 상황에 기초해 향후 1년의 주택시장을 바라본다는 것이다.

놀랍게도 주택 가격 전망 CSI는 단기적인 흐름, 즉 전월 대비 가

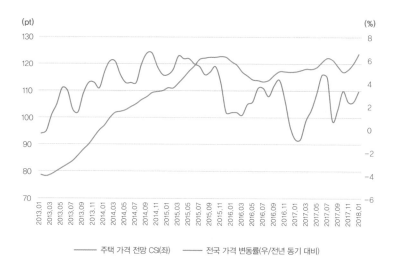

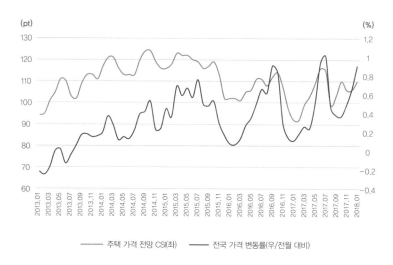

그림 3 주택 가격 전망 CSI와 주택 가격 변동률 비교(한국은행, 부동산114 REPS)

PART 3 알아두면 쓸모 있는 건설사 직원의 주택시장 데이터 에세이

격 변동률과 훨씬 유사한 흐름을 보였다. 앞서 소개한 독일 경제학자 군터 뒤크가 제시한, '현재 국면에 충실해서' 판단하고 시장에 반응하는 '국면적 본능'의 증거가 여실히 드러나는 대목이다. 따라서 지표 이름은 주택 가격 '전망' CSI이지만 미래보다는 현재의 과열 수준을 판단하는 동행 지표로 사용하는 것이 바람직하다고 할 수 있다.

이러한 유의점을 바탕으로 주택 가격 전망 CSI의 장기적 수준과 현재 지수를 비교하면, 현재의 주택 구매 심리가 과열인지 아닌지를 판단할 수 있다. 주택 가격 전망 CSI가 공표된 이후 최고점은 2014년 3분기의 124포인트였다. 2014년은 주택 가격이 마이너스에서 플러스 상승률로 반전하던 시기인데, 수치는 이 전환이 대세적 반전의 시작이었음을 말해준다. 2018년 3월 현재, 지수는 107포인트로 100보다는 높고 2014년 고점에 비해서는 낮기 때문에 과열보다는 긍정적인 심리가 안정적으로 유지되는 상황이라고 할 수 있다.

향후 주택 가격 전망 CSI의 추이와 그 절대적인 수준을 꾸준히 모니터링한다면, 주택 구매 심리가 120포인트를 넘어서며 과열 국면에 진입했는지 혹은 100포인트를 하회하며 역사적 변곡점에 접어든 것인지를 가늠해볼 수 있을 것이다.

구글로 주택 경기 진단하기

국내에서 유일하게 트럼프 당선을 예측한 빅데이터 전문가 우종필 교수는 자신의 저서에서 구글 트렌드 검색량을 활용해 미국 대선 결과를 예측하는 방법을 제시했다. 당시 CNN 등 미국 대부분의 언론이 힐러리의 승리를 예상했고, 베스트셀러 《신호와 소음》의 저자이자

2008년과 2012년의 미국 대선 결과를 맞히며 '통계의 신'이라 불렸던 네이트 실버Nate Silver도 힐러리의 당선을 예측했지만 결과는 그 반대였다. 한정된 샘플의 여론조사와 복잡한 통계 패턴에 따른 알고리즘보다 검색량이라는 날것 그대로의 관찰 데이터가 더욱 정확히 현실을 반영한 사례였다. 폭발적으로 증가하는 SNS 정보량의 추세를 감안할 때, 관찰 데이터에 포착되는 트렌드의 신뢰성은 더욱 향상될 것으로 예상해볼 수 있다.

그렇다면 구글 트렌드로 주택 경기를 예측할 수 있을까? 아니면 적어도 현재의 수준을 진단할 수 있을까? 구글 트렌드의 강점은 '날것 그대로의 방대한 검색량 정보'를 표준화해주는 것이다. 즉 검색 횟수를 표준화한 뒤 해당 기간 동안 가장 많았던 검색량을 100으로 하여 수치로 제공한다. 검색량을 분석하는 사람에게 표준화된 지수를 활용해 그 수준을 알 수 있게 해준다는 점에서 큰 장점이다. 나는 주택 경기를 진단하기 위해 구글 트렌드에 어떤 검색어의 검색량을 분석할지 고민했다. 검색량이야 구글 트렌드에서 알아서 분석해주지만 어떤 검색어로 분석하느냐에 따라 전혀 다른 결과가 나오기 때문이다. 그래서 다음과 같은 가설 모델을 가지고 검색어를 선정해보았다.

그림 4 주택 경기 진단을 위한 가설 모델

주택시장이 활황일 때는 아무래도 신규 분양에 대한 관심 증가로 '분양'이라는 단어의 검색량이 증가할 것이고, 주택시장이 불황일 때는 매수 심리 위축으로 '전세'라는 단어의 검색량이 증가할 것이라는 가설 모델을 세운 것이다.

구글 트렌드 검색창에 '분양'과 '전세'를 입력하고 2004년부터 현재까지의 검색량 흐름을 확인해보았다.

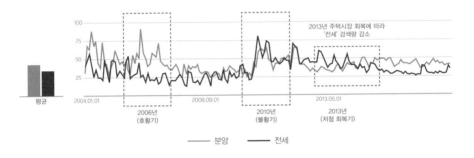

그림 5 구글 트렌드의 '분양'과 '전세' 키워드 검색량 추이

흥미롭게도 가설 모델에서 예상했던 것과 유사한 결과가 나왔다. 주택 경기가 호황이던 2006년에는 '분양' 검색량이 '전세' 검색량보다 월등이 높았으며, 2010년 수도권 주택 침체기에는 전세 검색량이 분양 검색량보다 높았다. 이후 주택 경기가 회복되자 분양 검색량이 꾸준히 높은 수준을 유지하고 있다. 그러나 단순히 검색량으로 비교하기보다 분양과 전세 검색량의 차이를 활용한다면 더욱 유의미한 결과를 얻을 수 있다. 즉 분양 대비 전세 검색량이 어느 정도 많았는지 혹은 어느 정도 적었는지를 체크해본다면 주택 경기가 활황인지 불황인지 알 수 있는 것이다.

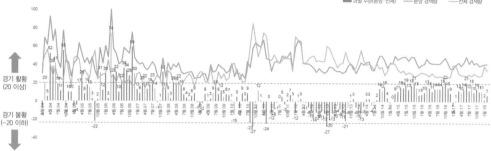

그림 6 구글 트렌드로 본 주택 경기 과열 심리(분양·전세 키워드 검색량 차이 활용)

〈그림 6〉은 내가 직접 구글 트렌드에서 데이터를 다운받아 분양과 전세의 검색어 지수와 그 차이를 그래프로 그린 것이다.

해당 그래프를 통해 분양과 전세의 지수 차이가 +20 이상일 때 주택 경기는 활황이며, 반대로 -20 이하일 때 불황 국면에 있다는 사실을 알 수 있다. 2006년 주택 경기가 활황을 넘어 과열일 때 두 키워드의 차이는 +74까지 벌어졌고, 반대로 2013년 주택 경기가 저점일 때 두 키워드의 차이는 -27까지 벌어졌다. 저점 반등 이후 2016년 +22까지 반전 상승하며 주택 경기의 호조세를 반영했다. 2017년 이후 '플러스(+)' 차이가 감소하고 있지만 2018년 초 다시 그 차이가 커지고 있다.* 따라서 분양과 전세 검색량의 차이를 활용한다면 우리나라 국민들이 생각하는 주택 경기에 대한 '날것 그대로'의 심리를 진단할 수 있을 것이다. 현재까지는 분양 검색량이 꾸준히 높게 나오지만

---

* 2018년 3~6월 '+10의 차이'가 유지되고 있다.

향후 전세 검색량이 3개월 이상 꾸준히 높게 검색되어 그 차이에 반전이 일어난다면 주택시장의 대세적 하락 시그널이 될 수도 있다.

'주택 소유 통계'로 알아보는 시·군·구별 투자 심리

한국은행의 '주택 가격 전망 CSI'와 '구글 트렌드 검색량'으로 전반적인 주택 경기에 대한 심리를 진단해보았다. 이번에는 시·군·구 단위로 쪼개 해당 지역의 투자 심리는 어느 정도인지 진단해보자.

통계청은 2012년부터 개인·가구별 주택 소유 현황을 조사해 1년 단위로 주택 소유 통계 결과를 발표하고 있다. 해당 통계의 강점은 시·군·구별로 세부적인 주택 소유 현황을 제공해서 하부 지역별로도 디테일한 분석을 할 수 있다는 것이다.

통계청의 주택 소유 통계는 주택 소유에 대한 다양한 통계가 담겨 있는데, 여기서는 투자 심리를 알아보기 위해 '주택 소재지별 내·외지인 소유 주택 현황' 통계를 다루어보자. 만일 어느 지역에 외지인(타 시도 거주자)이 소유한 주택이 많다면 실수요보다는 투자 수요일 가능성이 높다는 가정을 할 수 있다.

〈그림 7〉은 2016년 주택 소재지별 내·외지인 소유 주택 현황의 실제 데이터이다. 앞서 언급했듯이 시·군·구별 개인 소유 주택의 총 합계와 '관내인(동일 시도 거주자) 소유 주택 비율', '외지인(타 시도 거주자) 소유 주택 비율'이 구분되어 있다.

내가 여기서 주목하는 것은 외지인(타 시도 거주자) 소유 주택 비율과, 관내인 소유 주택 중에서도 '동일 시도 내 타 시·군·구 거주자 소유 비율'이다. 후자보다는 전자가 투자 수요일 가능성이 높다. 하지

	개인 소유 주택	관내인(동일 시도 거주자) 소유 주택					외지인 (타 시도 거주자) 소유 주택	
		합계	동일 시·군·구 거주자 소유	비율	동일 시도 내 타 시·군·구 거주자 소유	비율		비율
	14,521,457	12,592,542	11,085,150	(76.3)	1,507,392	(10.4)	1,928,915	(13.3)
	2,535,607	2,163,229	1,808,623	(71.3)	354,606	(14.0)	372,378	(14.7)
종로구	40,642	35,132	27,975	(68.8)	7,157	(17.6)	5,510	(13.6)
중구	31,455	26,448	19,475	(61.9)	6,973	(22.2)	5,007	(15.9)
용산구	64,705	51,993	36,228	(56.0)	15,765	(24.4)	12,712	(19.6)
성동구	70,488	60,308	48,016	(68.1)	12,292	(17.4)	10,180	(14.4)
광진구	79,723	69,713	59,628	(74.8)	10,085	(12.7)	10,010	(12.6)
동대문구	87,827	76,870	64,761	(73.7)	12,109	(13.8)	10,957	(12.5)
중랑구	92,418	82,099	72,439	(78.4)	9,660	(10.5)	10,319	(11.2)
성북구	117,604	103,403	87,503	(74.4)	15,900	(13.5)	14,201	(12.1)
강북구	82,438	73,046	61,530	(74.6)	11,516	(14.0)	9,392	(11.4)
도봉구	100,244	88,754	76,632	(76.4)	12,122	(12.1)	11,490	(11.5)
노원구	160,133	137,474	116,392	(72.7)	21,082	(13.2)	22,659	(14.2)
은평구	128,377	110,576	95,876	(74.7)	14,700	(11.5)	17,801	(13.9)
서대문구	83,163	71,675	58,796	(70.7)	12,879	(15.5)	11,488	(13.8)
마포구	102,323	84,487	66,665	(65.2)	17,822	(17.4)	17,836	(17.4)

그림 7 2016년 주택 소재지별 내·외지인 소유 주택 현황 일부 발췌
《행정 자료를 활용한 2016년 주택 소유 통계 결과》

만 지방의 경우에는 후자도 투자 수요일 가능성이 있어 두 지표를 모두 살펴보았다.

두 지표를 모두 활용해서 시·군·구별 투자 심리를 분석하기 위해 2×2 매트릭스 구조를 설계했다.

매트릭스의 구조
- 가로축: 타 시도 거주자의 주택 소유 비중(00시 외 거주자가 00시 주택을 매입한 비율)
  [기준점: 해당 시도의 평균값]
- 세로축: 타 시·군·구 거주자의 주택 소유 비중(00시에 살지만 거주지[시·군·구] 외 주택을 매입한 비율)
  [기준점: 해당 시도의 평균값]
- 사분면의 의미

2사분면: 시도 내 관심 지역 관내인(타 시·군·구) 비중이 높은 지역.	↑ 타 시군구 거주자 비중 높음	1사분면: 투자 관심 지역 외지인(타 시도 거주자)과 관내인(타 시·군·구) 비중이 모두 높은 지역.
←··· 타 시도 거주자 비중 낮음	기준점	타 시도 거주자 비중 높음 ···→
3사분면: 내지인 거래 지역 외지인(타 시도 거주자)과 관내인(타 시·군·구) 비중이 모두 낮은 지역.	타 시군구 거주자 비중 낮음 ↓	4사분면: 순수 외지인 관심 지역 외지인(타 시도 거주자) 비중이 높은 지역.

먼저 서울의 매트릭스 분포를 보면(〈그림 8〉), 예상했던 대로 '용산구, 강남구, 서초구'가 1사분면에 자리하고 있어 외지인과 관내인 모두의 관심을 받는 투자 관심 지역임을 알 수 있다. 특이점은 용산구가 강남구보다 서울 사람들의 관심을 더 받고 있다는 것이다. 이는 용산공원 등 가시화되는 개발 호재가 용산구에 몰려 있기 때문인 것으로 분석된다. 반면에 3사분면에 자리한 도봉구, 중랑구, 성동구, 관악구, 금천구는 해당 지역 거주자의 거래 비중이 높다. 실수요가 꾸준하

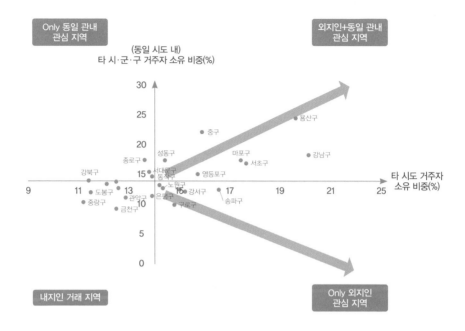

그림 8 서울시의 외지인 주택 소유 매트릭스

게 시장 상승을 주도하고 있는 것이다.

　다음으로 경상권의 투자 심리를 살펴보면(〈그림 9〉), '부산 중구, 대구 중구, 기장군, 부산 강서구' 등이 1사분면에 있는데, 서울과의 차이점은 비교적 동일 관내(타 시·군·구) 투자자가 외지인(타 시도 거주자) 투자자보다 많다는 것이다. 이를 통해 전국구인 서울 주택시장과의 차이를 엿볼 수 있다.

　경상권 매트릭스 1사분면에 있는 지역들의 주된 특징은 '구도심 재건축'이 진행되는 지역이라는 것이다. 지난 몇 년간 부산과 대구의 주택시장을 이끈 것은 단연 재건축 분양이었다. 이로 인해 동일 관내

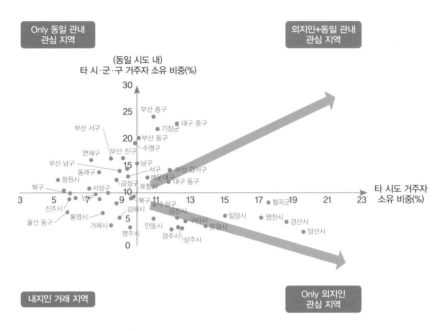

그림 9 경상 지역의 외지인 주택 소유 매트릭스

거주자(타 시·군·구)의 주택 소유 비중이 높게 나타나는 것이다. 이와 달리 부산 기장군과 강서구는 일광신도시, 명지신도시 같은 택지 개발에 대한 관심으로 동일 관내 거주자의 분양 수요가 몰린 결과라고 해석할 수 있다. 그에 반해 울산 동구, 거제시, 김해시, 통영시 등 3사분면에 있는 지역들은 최근 주택시장이 침체되어 외지인의 관심에서 소외되었다. 4사분면(외지인 소유 비중이 높은)에서는 양산, 경산, 밀양, 구미, 김천 등이 보이는데, 부산에서 이주한 실수요가 많은 양산을 제외하면 외지인의 투자 수요가 몰린, 과열 위험이 있는 곳들이다.

경기도와 인천, 강원권(〈그림 10〉)에서는 1사분면에 자리한 '인천 중구, 과천시, 인천 서구'가 눈에 띈다. 인천 중구는 영종신도시에 대

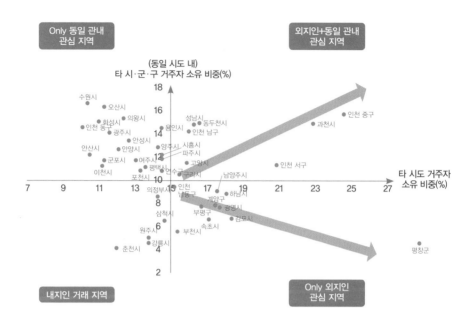

그림 10 경기·인천·강원 지역의 외지인 주택 소유 매트릭스

한 기대감으로 인천뿐만 아니라 타 수도권 지역에서의 투자 수요가 몰리는 것을 알 수 있다. 준강남권인 과천시는 올해부터 시작되는 재건축 분양으로 관심이 더욱 커질 것으로 예상된다. 인천 서구는 청라 신도시의 정주 여건이 향상되고, 7호선 개통 확정에 따라 관심이 커지는 지역이다.

3사분면에는 주로 강원도 지역이 자리 잡고 있는데, 원주시, 강릉시, 춘천시는 내지인 위주의 거래가 형성되며 강원도의 하위 지역 중 실소유 위주의 시장 흐름이 예상된다. 반면 4사분면에 있는 평창군은 순수 외지인의 비중이 압도적으로 많아 시장 과열의 우려가 있다. 4사분면에 있는 경기 지역으로는 하남시, 김포시가 있는데, 이는

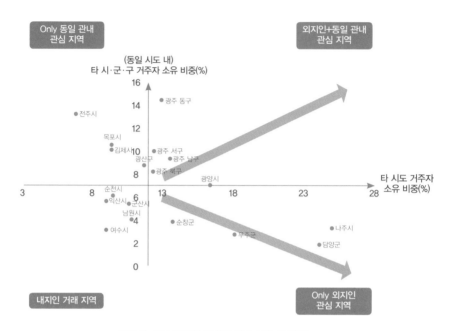

그림 11 호남 지역의 외지인 주택 소유 매트릭스

서울의 전세 수요가 이주한 것으로, 외지 투자 수요보다는 실수요로 보는 것이 맞다.

호남권(〈그림 11〉)은 1사분면에 광주광역시만 자리하고 있다. 광역시 외 호남 지역에는 투자 관심 수요가 적다는 것을 의미한다. 3사분면에는 여수, 군산, 익산시가 있는데, 여수시는 지역 경기의 활황에 따른 내지인의 소득 향상으로 내지인 위주의 주택 거래가 활발하게 이루어지고 있다. 그와 달리 군산시와 익산시는 투자 매력도 감소로 외지인의 관심이 적다.

4사분면에 있는 나주시는 외지인의 비중이 압도적으로 높은데, 혁신도시 개발로 전국구적인 투자 수요가 이곳에 몰리고 있는 것을

빅데이터로 예측하는 대한민국 부동산의 미래

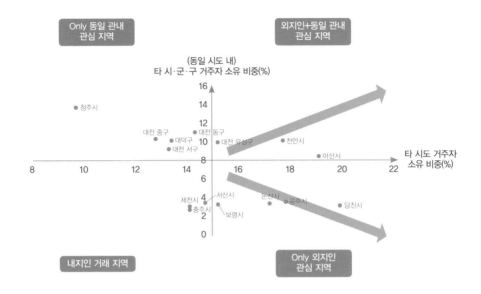

그림 12 충청 지역의 외지인 주택 소유 매트릭스

보여준다.

충청권(〈그림 12〉)에서는 천안시, 아산시, 대전 유성구가 1사분면에 자리하며 외지인과 관내인의 고른 관심을 받고 있다. 천안시와 아산시는 모두 입주 물량이 과다한 수준이지만 수도권 인구의 지속적인 유입과 높은 생산 가능 인구의 비중으로 심각한 입주 리스크는 발생하지 않고 있다. 유성구는 지금까지 세종시에 가려졌던 대전 시장이 회복되며 투자 관심 지역으로 떠오르고 있다.

외지인의 주택 소유 비중이 높은 4사분면에는 당진시, 공주시, 논산시가 있다. 해당 지역 모두 하락세에 있는데, 외지인의 투기 수요에 따른 후유증을 겪는 중이다.

PART 3 알아두면 쓸모 있는 건설사 직원의 주택시장 데이터 에세이

주택 소유 통계의 외지인 비율을 통해 시·군·구별 투자 관심도가 어느 정도인지 살펴보았다. 같은 시도 내에서도 다양한 이유로 관심받는 지역과 그렇지 않은 지역이 존재한다. 외지인과 동일 관내 거주자의 관심을 동시에 받는 1사분면에는, 소위 투자 1순위 지역이라고 할 수 있는 강남구, 용산구 그리고 지방 광역시가 두루 포진되어 있다. 반면 지방 중소도시는 4사분면에 자리할 경우 투기 수요로 인한 후유증을 겪을 수 있다.

2사분면의 경우에는 동일 관내(타 시·군·구) 거주자의 주택 소유 비중이 높았는데, 경기도 남부, 부산, 통합시 등 주택 구매력이 비교적 양호한 지역들이 밀집해 있다.

내지인의 거래 비중이 높은 3사분면 도시들은 '내부 거래가 꾸준하게 증가하는 지역'과 '외지인 관심 소외 지역'으로 양분할 수 있다. 전자는 건전한 실수요 거래가 시장의 상승을 이끄는 데 비해 후자는 투자 메리트가 약해 상승 모멘텀이 미약한 지역이다.

지금까지 다양한 주택 심리 지표를 활용해 주택 경기의 과열 수준을 진단해보았다. 이를 통해 주택시장에 대한 우리나라 국민의 평균적인 심리는 '관대한generous 수준'이라는 것도 알게 되었다. 더불어 외지인의 주택 소유 비중을 활용해 시·군·구별 투자 심리를 확인할 수 있었는데, 지역별 매트릭스를 활용한다면 해당 시장의 매력도를 가늠해볼 수 있을 것이다. 여기에 한국은행의 주택 경기 전망 CSI, 구글 트렌드 키워드 검색량을 지속적으로 모니터링한다면 주택시장의 변곡점을 예측하는 데 중요한 단서를 얻을 것이다.

전문가의 예측과 닻 내림 효과

심리학 용어 중에 '닻 내림 효과'라는 것이 있다. 영어로는 앵커링 효과Anchoring effect, 한자로는 정박碇泊 효과라고도 한다. 어떤 상황에 대한 판단을 내릴 때 초기에 제시한 기준에 영향을 받아 판단을 내리는 현상을 말한다. 이름에서 연상되듯 어떤 배가 닻을 한곳에 내리면 파도의 출렁임이 있어도 그 자리에서 크게 벗어나지 않는 현상을 빗대어 표현한 용어이다.

닻 내림 효과는 흔히 마케팅에서 주로 쓰이는데, 소위 '9,900원 마케팅'이 그 대표적 사례다. 9,900원이라는 가격은 1만 원이라는 '앵커'를 소비자의 마음에 내리면서 자연스레 1만 원보다 싼 가격이라는 인식을 갖게 한다. 사실 이성적인 소비자라면 그 제품이 9,000원대가 합당한지 아니면 더 좋고 싼 제품이 있는지 찾아볼 것인데, 9,900원이라는 가격이 그 과정을 암묵적으로 생략하게 만든다.

이러한 닻 내림 효과가 미국의 부동산 중개업자들에게도 편향적인 판단을 유도한다는 연구 결과가 있다. 마이클 J. 모부신은 베스트셀러 《판단의 버릇》에서 닻 내림 효과가 부동산 중개인의 주택 가격 평가에 미치는 연구 결과를 소개했다.

연구팀은 부동산 중개인 그룹에게 특정 주택에 대해 동일한 기초 자료를 주면서 다만 비교 주택의 가격 정보는 다르게 제공했다. 예상했던 대로 높은 가격의 자료를 본 중개인은 낮은 가격 자료를 본 중개인보다 주택 가격을 높게 책정했다. 비교 주택의 가격이 중개인의 평가에 앵커 역할을 한 것이다.

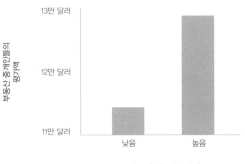

그림 13 닻 내림 효과가 부동산 중개인의 주택 가격 평가에 미치는 영향*

이 연구에서 더욱 중요한 사실은, 주택 가격을 책정할 때 연구팀이 제시한 비교 주택의 가격을 참고했다는 중개인이 20%도 안 되었다는 것이다. 즉 닻 내림 효과는 부지불식간에 우리의 본능 속에 자리 잡기 때문에 전문가들도 그 편향성을 인지하지 못하는 것이다.

그렇다면 닻 내림 효과는 경제 전망에 어느 정도의 편향성을 강화시킬까? 한 시계열 데이터 흐름이 '90, 100, 110…'의 패턴을 보인다고 가정해보자. 그다음에는 어떤 숫자가 올 것 같은가? '120'이라고 생각할 가능성이 높다. 이러한 본능적인 사고가 시장 예측에서 닻 내림 효과의 영향력이라고 할 수 있다.

우리나라 최고의 경제 기관인 한국은행의 물가 전망에서도 닻 내림 효과의 영향력을 발견할 수 있다. 전망치가 실제 물가 상승률에

• "Experts, Amateurs, and Real Estate: An Anchoring-and-Adjustment Perspective on Property Pricing Decisions", 《Organizaitonal Behavior and Human Decision Processes 39》, no. 1 (1987): 84-97.

빅데이터로 예측하는 대한민국 부동산의 미래

후행해서 움직이는 경향을 보인 것이다. 일례로, 2012년 물가 상승률이 급격히 하락하자 한국은행은 2013년 물가 상승률 전망치를 2%까지 급하향한다. 2014년에는 물가 상승률 전망치를 2.9%까지 올렸지만 2% 초반의 물가 상승률이 지속되자 이번에는 1.7%까지 급하향한다. 예측 시점의 최근 물가 상승률이 한국은행 전망치의 앵커가 된 것이다.

우리나라 전문 기관뿐만이 아니다. 미국의 애널리스트들도 과거 패턴의 앵커에서 자유롭지 못한 모습을 보였다. 〈그림 14〉는 미국의 실제 GDP와 애널리스트의 GDP 예측치를 비교한 것이다. 마찬가지로 애널리스트의 예측값이 실제 GDP 상승률에 후행하는 모습을 볼 수 있다.

그림 14 **미국 애널리스트의 GDP 전망값과 실제치 비교**(DrKW Macro Research)

경제 기관의 물가, GDP 예측과 마찬가지로 우리나라 전문 기관의 주택 가격 변동률 예측도 닻 내림 효과에서 자유롭지 못하다.

〈그림 15〉는 주택산업연구원(이하 '주산연')의 연간 주택 가격 전망치를 실제 주택 가격 상승률과 비교한 것이다. 2012년 주택시장이 마이너스 가격 변동률을 보이자 주산연은 2013년 전망치를 -1.3%로 내놓는다. 하지만 주택시장이 회복하며 2013년 0.22%의 가격 상승률을 기록하자 주산연은 2014년 전망치를 1.1%로 발표한다. 그러나 2014년 주택시장은 전망치보다 더 큰 상승폭(1.7%)을 보였고, 그러자 주산연은 더욱 공격적으로 2015년 전망치를 2.5%로 예측하지만 시장은 3.5%의 더 큰 상승폭을 기록했다. 2016년 시장이 둔화되자 주산연은 2017년 전망치를 2016년에 비해 보수적으로 잡았다. 하지만 2017년 주택시장은 1.4%로 다시 상승했다.

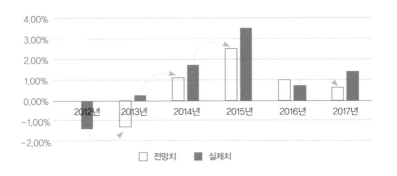

그림 15 주산연의 주택 가격 전망치와 실제값 비교(주산연, 한국감정원)

이러한 일련의 과정이 말하는 것은 무엇일까? 주택 가격에 대한 전망 역시 과거 패턴의 앵커에서 자유롭지 못하다는 것이다. 그렇다면 2018년 주산연의 전망치는 어떨까? 2017년의 상승 경향을 반영했을까? 그렇지 않다는 것을 주산연의 전망치로 알 수 있다.

2017년 말 발표한 주산연의 2018년 주택 가격 전망치는 0.2%로 2017년의 실제 상승률인 1.4%에 비해 대폭 낮은 수치이다. 2018년 역대 최고 수준의 입주 물량과 금리 상승 전망을 적극적으로 반영한 결과이다.

그렇다면 닻 내림 효과가 반영되지 않은 2018년 전망치는 현재 어느 정도의 정확성을 보이고 있을까? 주산연이 예측 기준으로 삼는 한국감정원의 전년 동기 대비 가격 상승률은 2018년 3월 현재 1.6% 수준으로, 아직까지는 전망치인 0.2%와는 큰 오차를 보이고 있다. 그러나 아직 2018년이 끝난 상황은 아니므로 그 추이를 지켜볼 필요가 있다.

닻 내림 효과는 아마추어, 전문가 가릴 것 없이 우리 삶의 많은 영역에서 의사 결정의 편향성을 유발할 수 있다. 특히 시장 예측과 같은 '신의 영역'에서는 더욱 그렇다. 과거의 패턴에 의존할 수밖에 없는 무의식적 습관이 두드러지게 나타나는 것이다. 그렇다면 우리는 전문 기관 혹은 전문가의 예측을 어떤 시각에서 바라봐야 할까?

예측 결과가 나오기까지의 '과정'에 집중해서 바라봐야 한다. 가격 변동률 전망 같은 점추정* 방식의 예측은 오히려 정확히 맞는 게 이상한 일이다. 전문가들은 그들이 생각하는 모델 변수에 의거해 결과를 예측하는데, 실제 세계는 그보다 훨씬 많은 변수가 존재한다. 그 모든 변수를 다 반영해 예측하는 건 불가능한 일이다. 그럼에도 전문

---

* 하나의 값으로 모집단의 통계치(평균, 분산 등)를 추정하는 것을 말한다. 하지만 모집단의 통계치를 점으로 정확히 추정하는 것은 어렵기 때문에 구간 추정을 사용하기도 한다.

가들은 십수년간의 노하우를 통해 미래 시장을 가장 잘 설명하는 모델 변수를 누구보다 잘 알고 있다. 통계 용어로 말하면, 미래 시장을 예측하는 데 '설명력'이 높은 변수를 찾는 일에 능통하다.

〈그림 16〉은 2018년 주산연이 생각하는 주택시장의 주요 영향 요인들을 정리한 것이다. 5대 영향 변수로 '금리', '대출 규제', '가계부채', '공급량', '입주 물량'을 꼽고 있으며, 해당 변수들이 가져올 '기회와 위협' 요인을 서술해놓았다. 식견 있는 독자라면 이러한 변수들을 꾸준히 체크해나가면서 해당 변수들이 기회로 작용할지, 위협으로 작용할지를 가늠해볼 수 있을 것이다. 이런 식으로 주택시장뿐만 아니

그림 16 2018년 주택시장의 주요 영향 요인(주산연)

라 거시 경제 혹은 관심 분야의 전망 보고서를 몇 년간 살펴보다보면 자기도 모르는 사이에 해당 시장의 전문가가 되어 있을 것이다. 어쩌면 전문가들보다 더욱 뛰어난 통찰을 가질지도 모를 일이다.

마이클 모부신은 《판단의 버릇》에서 닻 내림 효과를 포괄하는 '터널 시야tunnel vision' 개념을 제시한다. 터널 시야란 어두컴컴한 터널에서 주위가 아닌 오직 멀리 정면의 빛만 바라보는 일종의 시각 장애를 일컫는 말로, 심리학적으로는 숲이 아닌 나무만 보는 인간의 제한된 시야와 사고를 의미한다. 이를 닻 내림 효과에 적용하면 과거의 패턴에만 집중하는 제한된 시야를 터널 시야라고 할 수 있겠다. 그가 제안한 '터널 시야에 빠지지 않는 5가지 방법' 가운데 예측의 편향성을 제거하는 데 도움이 되는 3가지를 소개한다.

첫째, "반대 견해를 구한다". 2008년 금융 위기가 닥치기 전, 지속되는 주택 호황기 속에 대부분의 전문가들은 주택시장의 호황이 계속될 것이라고 주장했다. 소수 의견에 관심을 둔 사람은 거의 없었다. 우리 행동에 국면적 본능이 자리 잡고 있기 때문이다. 따라서 누구나 경제도 좋고, 주택시장도 좋다고 이야기할 때는 반대로 생각하는 사람들의 의견을 관찰할 필요가 있다. 막연한 공포론이 아닌 '합리적인 리스크 분석'에 의거한 반대론을 유심히 들여다봐야만 한다.

둘째, "과거의 판단을 지속적으로 기록한다". 앞서 내가 경제와 주택 가격의 실제치와 전망치를 비교했던 것처럼 전문 기관이나 독자 자신의 전망치를 꾸준히 실제값과 비교해봐야 한다. 이를 통해 오차의 편향성을 되짚어볼 수 있다. 또한 시장에 큰 영향을 미친 변수를 재조정해나가면서 예측의 설명력을 높이는 변수들을 리모델링할 수 있다.

셋째, "판단에 영향을 미치는 인센티브(동인)를 이해한다". 시장 전망치를 내놓는 기관은 다양하다. 한국은행, KDI 같은 공공 기관도 있고, LG·현대 경제연구원 같은 대기업 계열의 연구기관도 있다. 또한 맥킨지, 가트너 같은 외국계 컨설팅 기관도 있다.

공공 기관은 아무래도 '상저하고上低下高' 같은 장밋빛 전망을 내놓는 경향이 있다. '목표치'의 개념인 경우가 많은 것이다. 나라의 경제 성장을 이끌어야 하는 공공 기관으로서의 소명이 경제 전망의 인센티브라고 할 수 있다. 그에 비해 대기업의 연구기관은 소속된 대기업의 주력 산업을 중심으로 전망한다. 예를 들어, 포스코경영연구소가 철강시장 전망에 포커스를 두는 식이다. 비즈니스를 하는 기업 입장에서는 아무래도 그들의 주력 산업에 대해 '그럼에도 불구하고… 개선될 전망이다' 같은 긍정적인 전망을 할 가능성이 높다. 즉 해당 대기업의 주력 비즈니스가 그들의 인센티브가 된다.

외국계 컨설팅 기관은 문제점을 지적하는 전망이 주류를 이룬다. 이 역시 그들의 비즈니스와 관련 있다. 컨설팅이 문제점을 진단하고, 그에 대한 솔루션을 '객관적인' 시각에서 제시하고, 문제를 해결해서 고객사로부터 이윤을 창출하는 비즈니스이기 때문이다. 따라서 '공포심을 조장하는' 리포트가 나올 가능성이 높다. 이 역시 비즈니스가 그들의 시장 전망에서 인센티브가 된다.

따라서 전망 리포트를 발간하는 기관의 '성격'(인센티브)을 파악하고, 그들의 예측치를 보정해나간다면 좀 더 객관적인 통찰을 얻을 것이다. 특히 이 책을 읽는 독자라면 예측에 대한 갈망이 더한 분들일 것이다. 전문 기관들의 리포트를 접하고, 세미나도 참석해 미래에 대한 갈망을 해소하고자 한 경험을 가진 분들도 있을 것이다. 닻 내림 효과의 편향성을 인지하고 그것을 극복하는 방법을 훈련해나간다면, 주택시장뿐만 아니라 다른 어떤 시장을 전망하더라도 '자신만의 미래 통찰'을 훌륭하게 키워나갈 수 있으리라고 확신한다.

3장
우리가
사는 세상

🏠 신규 분양 대박 현장 예측하기

나는 주택시장 전망뿐 아니라 분양 현장의 초기 계약률 예측을 5년간 담당해왔다. 아파트 분양의 성공은 초기 계약률이 얼마나 높으냐에 달렸기 때문이다. 일반적인 아파트 분양 절차는 '견본 주택 오픈(입주자 모집 공고 승인)→관람객 방문→특별 공급→청약 접수(1·2순위)→당첨자 발표→지정 계약(보통 3일)→예비 당첨 및 선착순 분양'순으로 이루어진다.

여기서 초기 계약률은 당첨자 발표 후 진행되는 '3일간의 지정 계약' 건수를 말한다. 지정 계약률이 높으면 계약 분위기가 고조되기 때문에 이어지는 선착순 분양도 순조롭게 마칠 수 있다.

분양률 예측을 하면서 데이터가 내게 깨우쳐준 교훈은 '비 오는 날의 손님'을 찾아야 한다는 것이었다. 비가 오는 날에 가게를 방문한 고객은 물건을 살 가능성이 높다는 고전적인 원리가 여기서도 적용되는 것이다. 아무 인센티브가 없는데도 궂은 날씨에 가게를 방문한 고객은 반드시 그 목적이 있듯 분양 현장에 비 오는 날의 손님이 많다면 대박 조짐이 있는 현장인 것이다.

첫 번째 비 오는 날의 손님은 임시 홍보관에서 만날 수 있다.

보통 건설사에서는 견본 주택을 완공하기 전에 임시 사무실을 열어 홍보관을 운영한다. 사전 홍보를 위해 소규모 인력을 투입하는 것이다. 이때는 대규모 매체 홍보를 하지 않기 때문에 평소 분양 사업장에 관심이 있던 고객들이 방문한다. 일반 상품군의 고객에 비유하자면 얼리어답터인 셈이다. 이전부터 눈여겨봐왔던 사업장이기 때문에 남들보다 먼저 와서 분양 일정, 분양가, 상품 정보를 얻으려는 고객들이 임시 홍보관에 온다. 만약 임시 홍보관을 방문했을 때 상담을 위해 대기하는 손님이 있다거나 상담 전화벨이 지속적으로 울린다면 해당 분양 사업장은 그만큼 관심 고객이 많다는 시그널이다. 따라서 관심 있는 분양 사업장이라면 건설사의 분양 홈페이지를 유심히 체크하다가 임시 홍보관에 직접 방문해보기를 권한다. 해당 사업장의 분위기가 좋은지 그렇지 않은지를 미리 확인할 수 있을 것이다.

두 번째 비 오는 날의 손님은 금, 토, 일이 아닌 '월요일'에 만날 수 있다.

대규모 고객을 맞이하기 위해 건설사들은 공들여 견본 주택을 짓는다. 이렇게 공들여 만든 견본 주택은 보통 금요일에 오픈한다. 이어지는 토요일, 일요일까지 분위기를 고조시키기 위해서다. 건설사들이 가장 많은 프로모션을 하는 시기이기도 하다. 그래서 이때는 고객의 충성도를 분간하기가 쉽지 않다. 오히려 비 오는 날의 손님은 월요일에 다시 방문하기 마련이다. 주말에 밀려든 다른 고객들에 치어 '자기가 살' 집을 제대로 보지 못했기 때문이다. 본인이 못 오면 가족이라도 보낸다. 아파트는 '고관여도 상품'이기 때문이다. 월요일은 다들 회사 일로 바쁘고, 건설사도 이벤트를 쉬어가는 날이다. 따라서 자기 시간을 내어 아무 대가 없이 방문한 충성 고객들을 만날 수 있는 날이다. 내 경험상 월요일 방문객이 주말 관람객의 1/3 정도만 되더라도 그 현장은 초기에 완판될 가능성이 높다. 따라서 관심 있는 분양 현장이 있다면 주말에만 방문해서는 감을 잡기 힘들다. 시간을 내거나 지인에게 부탁해서라도 월요일의 분위기를 살피는 것이 비 오는 날의 손님을 파악하는 가장 좋은 방법이다.

마지막 비 오는 날의 손님은 특별 공급 접수일에 만날 수 있다(참고로 분양 아파트의 청약 접수는 '특별 공급 접수→1순위 접수→2순위 접수' 순으로 이루어진다).

아파트를 분양하기 위해서는 관할 지역의 승인권자(지자체장)로부터 '입주자 모집 공고 승인'을 얻어야 한다. '어디에, 어떤 아파트 몇 세대를, 얼마에 분양하겠다'는 데 대한 허락을 받아야 하는 것이다. 이러한 분양의 모든 내용이 담긴 것이 '입주자 모집 공고문'인데, 그중 '공급 대상' 세부 내역에 '특별 공급'이라는 항목이 있다(〈그림 1〉).

특별 공급은 국가 유공자(기관 추천), 다자녀 가구, 신혼부부, 노부모 부양자 등 사회적 배려 대상에게 미리 할당된 공급량이다. 다만 이 것은 평생 한 번밖에 못 쓰는 처음이자 마지막 찬스이다. 따라서 특별 공급 접수가 많아 당첨자가 많이 발생한 현장은 높은 계약률을 달성

구분	아파트 코드 및 주택관리번호	주택형 (주거 전용 면적 기준)	공급 세대수						최하층 배정 세대수	입주 예정 시기
			계	특별 공급				일반 공급		
				기관 추천	다자녀 가구	신혼부부	노부모 부양자			
민영주택	2017001776-1	84.9783A	353	35	35	35	10	238	2	
	2017001776-2	84.9722B	140	14	14	14	4	94	4	
	2017001776-3	84.9973C	158	15	15	15	4	109	6	2020.07
	2017001776-4	84.9070D	116	11	11	11	3	80	5	
	2017001776-5	84.8665E	20	2	2	2	1	13	1	

그림 1 입주자 모집 공고문의 특별 공급 세부 내역 사례

할 가능성이 높다.

그렇다면 특별 공급 당첨자 수가 어느 정도여야 해당 아파트의 분양성이 좋다고 할 수 있을까?

〈그림 2〉는 2017년 전국 130개 분양 단지(공급 규모 500세대 이상)의 총 공급 대비 특별 공급 당첨자 비율과 분양 성공의 바로미터인 1순위 청약 경쟁률의 상관관계를 나타낸 것이다. 내가 예상했듯 특별 공급 당첨자의 비율이 높을수록 1순위 청약 경쟁률이 높은 것을 알 수 있다. 특히 특별 공급 당첨자의 비율이 총 공급 대비 7% 이상일 경우 1순위 경쟁률이 3:1을 상회할 가능성이 높고, 공급 규모가 클 경우(1,000세대 이상)에는 5% 이상만 돼도 3:1의 경쟁률을 상회할 가능성이 높다. 예를 들어 1,000세대의 아파트 공급을 가정할 때, 특별 공급 당첨자가 50~70명이면 중박, 70명을 초과하면 대박 수준의 분양 결과를 예상할 수 있다는 것이다.

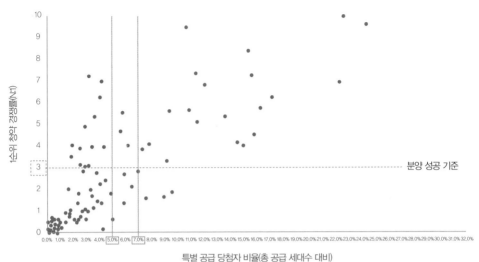

그림 2 특별 공급 당첨자 비율과 1순위 청약 경쟁률과의 관계(아파트투유)

지금까지 내가 실제 현장에서 체험하며 검증해왔던 '대박 분양 현장 찾아내기'에 대해 알아봤다. 핵심은 결국 비 오는 날의 손님이 얼마나 많이 오느냐를 찾아내는 것이다. 모쪼록 내가 제시한 나름의 팁을 잘 활용해 좋은 분양 단지를 선점하기 바란다. 또한 공급자 입장에서, 분양 현장뿐 아니라 다른 분야의 영업 현장에서도 비 오는 날의 손님을 찾아낼 수 있다면 다른 경쟁사들에 비해 우월한 영업 성과를 거둘 수 있으리라고 생각한다. 정확한 예측에서 최적의 영업 전략이 탄생하기 마련이다.

빅데이터로 예측하는 대한민국 부동산의 미래

주택 자산의 양극화, 그것이 알고 싶다

최근 통계청이 발표한 2017년 4분기 가계 실질소득에 대해 '1분위 가구 소득, 전년 대비 10.2% 큰 폭 증가'라는 헤드라인이 주를 이루었다. 소득 불균형이 극적으로 개선되고 있다는 기사도 대대적으로 보도됐다. 그러나 균등화 처분가능소득* 5분위 배율**을 보면 2016년에 비해 소폭으로 감소했을 뿐 여전히 2014~2015년보다 높은 수준이다 (〈그림 3〉). 또한 가계소득의 증가 원인을 살펴보면 정부 보조금인 이전소득(10.1%)이 가장 많이 늘었으며, 실제 노동을 통해 얻는 근로소득은 0.9% 증가에 그쳤다. '양극화 개선'이라는 기사에 썩 공감이 가지 않는 이유다.

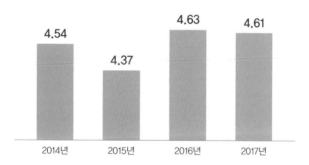

단위: 배/전국 2인 이상 가구/4분기 기준

그림 3 균등화 처분가능소득 5분위 배율

---

* 처분가능소득이란 소득에서 세금, 연금, 사회보험료, 이자 등 비소비 지출을 뺀 나머지로, 개인이 소비와 저축을 자유롭게 할 수 있는 일종의 여유 자금이다. 다른 말로 가처분소득이라고 한다.
** 전국 2인 이상 가구 상위 20%의 가처분소득을 하위 20%의 가처분소득으로 나눈 것으로, 수치가 높을수록 불평등이 심화되고 있다는 뜻이다.

부의 양극화는 비단 우리나라만의 현상이 아니다. 선진국은 이미 이 문제로 미국에서 트럼프 대통령이 당선되는 등 정치 지형의 변화에도 영향을 미치고 있다. 주택 또한 부유층의 0순위 자산이 되어, 런던에서는 노숙자가 넘쳐나는데도 투기 목적으로 구매한 빈집 상태의 호화 주택이 늘고 있다. 우리나라는 이러한 양극화를 막기 위해 다주택자 규제를 강화하고 있지만 '부동산은 가지고 있으면 언젠가 오른다'는 신앙이 지속되는 한 극적인 개선은 어려워 보인다.

여기서는 주택 자산 양극화의 현주소를 통계로 진단하고, 향후 주택시장에 미치는 영향에 대해 다루어보자.

양극화의 수준을 알아보는 데 통계청의 〈주택소유통계 결과〉만큼 좋은 자료도 없다.

〈2015 주택소유통계 결과〉를 보면, 주택자산가액* 기준 상위 20%가 전체 총액에서 차지하는 비중은 1,117조 원으로 무려 52% 수준이다. 상위 20%가 절반 이상을 차지하고 있는 것이다. 2015~2017년 우리나라의 평균 주택 가격 상승률은 5.2%였다(한국감정원). 보통 상위 가구는 서울 등 주요 도시에 살고 있다고 가정하면, 평균 이상의 가격 상승률 덕분에 상위 20%의 자산소득은 상상 이상으로 증가했다고 볼 수 있다. 즉 2018년 현재 상위 20%의 자산 비중은 주택자산가액의 50%를 넘어선 70%일 가능성도 배제할 수 없다. 2015년 대비 2016년 주택자산가액 기준 10분위별 현황(가구당 평균)을 봐도 10분위의 주택

---

* 공시가 기준으로 가구가 소유한 주택 자산을 말한다. 공시가는 행정 목적으로 정부에서 산출하는 가격이며, 보유세 산출의 기준이 된다.

자산가액 증가율이 다른 분위 가구에 비해 압도적으로 높다(〈그림 4〉). 게다가 소유 주택의 증가폭에서도 10분위 가구가 전년 대비 0.09호 증가하며, 0.01~0.02호가 증가한 1~4분위 가구와 극명한 차이를 보인다. 이러한 주택 소유 트렌드를 보고 있으면, 이미 양극화는 개선 가능한 한계점을 넘어섰다고 해도 과언이 아니다. 결국 양극화는 앞으로 주택시장의 강력한 트렌드로 자리 잡을 가능성이 높다.

구분	주택자산가액(억 원)		
	2015년	2016년	증가율
10분위(상위 10%)	7.43	8.11	9.2%
9분위	3.55	3.77	6.2%
8분위	2.61	2.75	5.4%
7분위	2.05	2.16	5.4%
6분위	1.66	1.74	4.8%
5분위	1.33	1.4	5.3%
4분위	1.05	1.11	5.7%
3분위	0.78	0.83	6.4%
2분위	0.53	0.56	5.7%
1분위(하위 10%)	0.22	0.24	9.1%

구분	소유 주택 수(호)		
	2015년	2016년	증가
10분위(상위 10%)	2.55	2.64	0.09
9분위	1.62	1.64	0.02
8분위	1.36	1.41	0.05
7분위	1.25	1.28	0.03
6분위	1.19	1.21	0.02
5분위	1.13	1.16	0.03
4분위	1.1	1.12	0.02
3분위	1.06	1.08	0.02
2분위	1.02	1.04	0.02
1분위(하위 10%)	0.95	0.96	0.01

그림 4 2016년 주택자산가액 기준 10분위별 현황(통계청, 〈2016 주택소유통계 결과〉)

주택 자산 양극화의 핵심 동인은 '부자 고령 인구의 자가 소유 경향 강화'라고 할 수 있다. 대한민국의 부자들은 점차 주택을 투자가 아닌 거주로 생각하는 경향이 강해지고 있으며, 60대 이상 부자들의 부동산 자산 비중은 57%로 가장 높은 수준이다(〈그림 5〉).

거주용·투자용 부동산 비중(%)

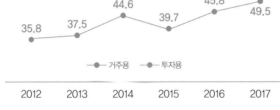

연령별(%)

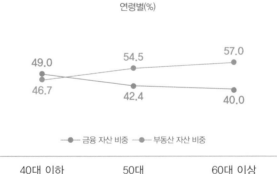

그림 5 대한민국 부자의 거주용 부동산 비중 추이와 연령대별 부동산 투자 비중
(《2017 한국 부자 보고서》)

빅데이터로 예측하는 대한민국 부동산의 미래

게다가 2017년 들어 자녀 세대로의 사전 증여 의향도 69% 수준으로 2016년 43%에 비해 부쩍 증가했다.* 주택의 거래 회전율 감소에 따른 주택 자산 양극화가 견고해질 것이라고 판단되는 근거이다. 그렇다면 주택 자산 양극화 심화에 따른 자가 소유 흐름은 어떻게 전개될 것인가?

양극화가 심한 영국의 주택 트렌드를 통해 우리나라 자가 소유의 미래를 엿볼 수 있다. 〈그림 6〉은 1918~2013년 영국의 주택 보유 형태를 나타낸 것이다.

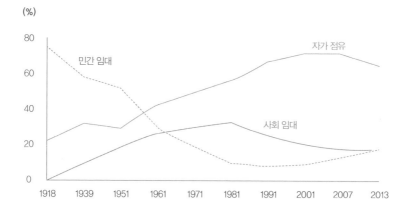

(%)

그림 6 1918~2013년 영국의 주택 보유 형태 동향(《땅과 집값의 경제학》)

영국은 1970년부터 자가 점유 가구가 민간 임대, 사회 임대를 합한 가구보다 많아지면서 소위 '자가 점유의 시대'가 도래한다. 그러나 2003년 자가 비율 73% 달성 후 점진적으로 감소한다. 1960~2000년

---

* 〈2017 한국 부자 보고서〉.

초 자가 소유 붐을 이끈 고령 인구가 퇴장하자 너무 비싸진 주택을 구매할 여유가 없는 젊은 층이 자가 보유에서 소외된 결과다.

영국보다 수도권 인구밀도가 높고* 고령화가 시작된 우리나라 역시 유사한 패턴이 예상된다. 베이비부머의 고령화로 우리나라도 향후 10년간** 자가 비율이 증가할 수 있다. 하지만 '주거 사다리 단절 10년'의 기간 동안 자가 소유에 참여하지 못한 무주택 젊은 층의 증가로 2030년 이후에는 자가 비율이 감소할 가능성이 높다. 그렇다면 자가 비율이 증가하는 향후 10년간 주택 공급은 어떤 양상을 보일까?

조시 라이언-콜린스는 《땅과 집값의 경제학》에서 "자가 소유의 증가가 오히려 공급이 둔화되는 양상을 강화하는 결과를 낳는다"고 말한다. 자가 비율이 증가할수록 재산이 주택시장에 묶여 있는 유권자의 비율도 늘어나기 때문에 집값 하락을 방지하기 위해 다수의 자가 보유 유권자들이 '공급 억제' 같은 정치적 압력을 행사한다는 것이다. 즉 '저공급 상태의 균형low-supply equilibrium'이라는 유권자와 정치인의 암묵적인 딜이 공급 시장에 작용한다는 것이다.

우리나라의 자가 점유율 추이를 보면 2016년 큰 폭으로 상승하며 역대 최고치를 기록했다. 최다 입주 물량이 공급되는 2018년의 상황과 베이비붐세대의 자가 보유 트렌드를 고려하면 수년 내에 자가 점유율 60% 달성이 가능할 것이다(〈그림 7〉). 정치적인 관점에서 보면

---

* 서울연구원(2012년).

** 〈2016 주택소유통계 결과〉에 따르면, 가구 주 연령 '80세 이상 가구'의 주택 소유 비중이 급격히 감소했다. 따라서 통계청 인구 추계 기준상 고령 인구 내 65~74세 비중이 정점(60.4%)인 2028년 이후에는 고령 인구의 퇴장으로 자가 점유율 감소가 예상된다.

빅데이터로 예측하는 대한민국 부동산의 미래

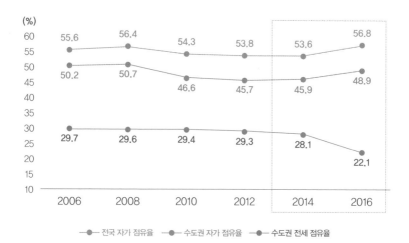

(%)

55.6   56.4   54.3   53.8   53.6   56.8

50.2   50.7   46.6   45.7   45.9   48.9

29.7   29.6   29.4   29.3   28.1   22.1

2006   2008   2010   2012   2014   2016

─●─ 전국 자가 점유율   ─●─ 수도권 자가 점유율   ─●─ 수도권 전세 점유율

그림 7 우리나라의 자가 점유율 추이(2006~2016년/국토부, 〈2016 주거 실태 조사〉)

유권자의 절반 이상이 집을 보유하고 있는 것이다. 부동산 과세 강화를 하고 있는 정부도 보유세 등 소위 충격요법을 쉽게 내놓지 못하는 이유이다.

보금자리주택 같은 정부 차원의 대규모 공급이 있었던 2010년만 해도 수도권의 자가 점유율은 46% 수준이었다. 그러나 2016년 수도권의 자가 점유율은 49%로 수도권의 절반 가구가 자기 집을 보유하고 있다. 앞으로 정권이 바뀌어 공급 확대에 드라이브를 건다 해도 '저공급 상태의 균형' 원리에 의하면 이전과 달리 공격적인 공급이 쉽지 않다.

결국 우리나라의 주택 자산은 적어도 향후 10년간 '부유한 고령 인구'에 고착화될 가능성이 크며, 시간이 지나 현 정부의 소극적인 공급 정책을 대신할 새 정권이 들어선다 해도 '저공급 상태의 균형' 효과로 인해 공급 여건 개선이 쉽지 않을 것으로 예상된다. 여기에 정부 규제가 효과를 발휘하지 못해 집값이 안정화되지 않을 경우에는 런던과 같이 '공급 부족=가격 상승' 공식이 서울에도 작용해 주택 자산의 양극화가 심화될 것이다.

더욱 심각한 것은 주택 자산의 지역 편중화다. 부가 상위 계층으로 쏠리는 것은 자본주의 사회에선 인위적으로 해결하는 데 한계가 있고, 비단 우리나라만의 문제도 아니다. 그러나 지역 편중화는 '지방 소멸' 등 삶의 질에 관한 문제이다. 이는 단기적인 공급 대책으로 해결될 일이 아니다. '결론은 강남'이라는 생각을 사람들의 머릿속에서 희석시키기 위해서는 교육, 교통, 첨단산업 등의 인프라가 분산되어야 한다. 하지만 우리에게 다가올 4차 산업혁명은 오히려 '결론은 강남'이라는 생각을 강화시킬 것이다. IOT, VR 등 첨단기술 역시 고임금 고학력자가 밀집한 강남에 유리하기 때문이다.

공급을 줄이거나 늘리거나에 집중하기보다는 시간이 걸리더라도 강남이 아닌 '00시'를 생각나게 하는 수요 분산 정책에 힘을 쏟아야 한다. 그러면 적어도 주택 자산의 지역 편중화가 완화되어 질적 측면의 양극화는 막을 수 있다. 부자들의 자산을 억지로 분배시킬 수 없고, 부동산 외에 다른 투자 대안이 없는 우리나라 현실에서 현재의 양적 양극화는 막기 어렵다. 그러나 상위 자산가들의 부동산을 지리적으로 흩어놓을 수 있는 수요 분산 정책이 성공한다면 양적 양극화도 더불어 개선될 여지는 있다.

금리와 주택시장

본격적으로 금리 상승 중인 2018년 현재, 어쩌면 독자들이 가장 궁금해하는 질문에 답하고자 한다. "금리가 어느 정도까지 오르면 주택시장에 충격이 올까?", "미국의 금리정책은 우리나라 주택시장에 어떤 경로로 영향을 줄까?"에 대한 답을 찾아봄으로써 금리와 주택시장 간의 상관관계를 다루어보자.

미분양과 가계대출금리의 상관관계

미분양이 많아지면 분양시장이 얼어붙고 주택시장에 대한 기대감도 사라진다. 그 때문에 미분양은 주택시장, 특히 분양시장을 판단하는 데 중요한 지표이다. 그렇다면 미분양과 가계대출금리는 장기적으로 어떠한 상관성을 가지고 있을까?

〈그림 8〉은 2005년 1월부터 2017년 12월까지 국토부가 발표한 전국 미분양과 한국은행이 발표한 예금은행 가계대출금리의 장기적인 상관관계를 나타낸 것이다.

직관적으로, 대형 평형 공급으로 인한 구조적 과잉으로 생긴 10만 호 이상의 미분양을 제외하면 금리와 미분양 간의 유의한 상관성을 볼 수 있다. 즉 가계대출금리가 상승하면 미분양이 증가하는 양(+)의 상관관계를 발견할 수 있다. 단순 회귀선을 그었을 때, 결정계수는 '$R^2 = 0.48$'로, 가계대출금리만으로도 미분양의 흐름을 절반(48%)이나 설명할 수 있다는 결론이 나온다. PART 1에서 언급했듯이 전국의 미분양이 7만 호를 초과하면 과잉 공급이라고 할 수 있으므로, 가계대

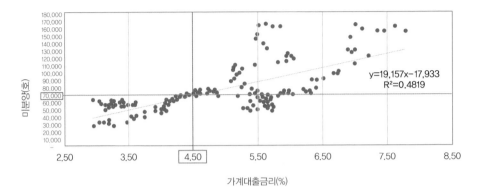

그림 8 **전국 미분양과 가계대출금리의 상관관계(한국은행, 국토부)**

출금리 4.5% 수준을 위험 임계 수준이라고 할 수 있다. 즉 가계대출 금리가 4.5%를 초과하면 주택시장에 부정적인 영향을 줄 수 있다는 것이다. 더불어 단순 회귀식에 의존하면, '가계대출금리가 0.25% 상승하면 약 4,000호의 미분양이 추가로 발생한다'는 결론도 내릴 수 있다.

현대경제연구원의 2017년 보고서 〈대출금리 상승이 가계 재무 건전성 및 소비에 미치는 영향〉에 따르면, 2016년 당시 대출금리가 1% 상승하면 금융 부채 보유 가구의 DSR*은 40%를 초과했다. DSR 40% 수준은 한계가구 기준으로 소득 대비 원리금이 과다한 것을 의미한다. 2016년 말 예금은행의 가계대출금리는 3.29%였다. 1% 금리 상승을 가정하면 4.29%이다. 즉 가계대출금리 4.3% 이상 시 가구 소비 위축으로 경제에 영향을 줄 수 있다는 것이다. 앞서 미분양을 통

---

* Debt Service Ratio. 가구 전체 가처분소득 대비 원리금 상환액의 비율을 말한다. 예를 들어 DSR 이 40%이면 연소득에서 원금과 이자로 지출되는 비중이 40%라는 뜻이다.

빅데이터로 예측하는 대한민국 부동산의 미래

해 따져본 위험 임계 수준인 4.5%와 큰 차이가 나지 않는 수준이다. 따라서 향후 예금은행의 가계대출금리가 꾸준히 상승해서 4.3~4.5% 구간에 진입할 경우, 주택시장과 거시 경제에 영향을 줄 수 있는 임계 수준에 도달했다고 볼 수 있다(2018년 2월 현재 예금은행의 가계대출금리 는 3.85%이다).[**]

미국의 금리 상승이 우리나라 주택시장에 미치는 영향

미국 금리와 우리나라 주택시장

우리나라의 재정 전문 기관인 국회 예산정책처[NABO]는 2017년 미 금리 상승이 국내 가계 건전성에 미치는 영향을 심층 분석한 보고서 를 발간했다. 이 연구를 위해 국회 예산정책처는 1996년 1분기부터 2016년 4분기까지 미국과 우리나라의 장기간 시계열 데이터를 분석 했다. 연구 결과를 요약하면, '미국의 국채금리(10년)는 우리나라 시 장금리 전반에 영향을 미치며, 우리나라 시장금리 중 국채금리(10년) 는 아파트 매매가에 영향을 미친다'. 해당 연구는 미국과 우리나라 금 리 간의 시차 분석도 진행했다.

미 국채금리(10년) —1년 후→ 국내 국채금리(10년) —2년 후→ 아파트 매매가 변동률

[**] 한국은행, 〈예금은행 가중평균 가계대출금리〉.

즉 미국의 장기 국채금리가 상승하면 1년 후 우리나라의 장기 국채금리가 상승하고, 상승한 우리나라의 장기 국채금리가 2년 후 주택시장에 영향을 미친다는 것이다. 이 연구 결과를 바탕으로 미국과 우리나라의 최근 금리 동향을 살펴보면 좀 더 실증적인 접근이 가능할 것이다. 〈그림 9〉는 미 국채금리(10년)와 우리나라 시장금리 간의 장기적 관계를 나타낸 것이다.

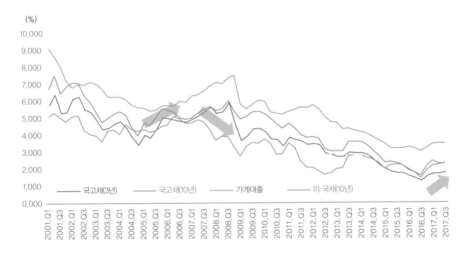

그림 9 미국 국채금리(10년)와 우리나라 국채·가계대출 금리의 장기적 관계(2001~2017년)

2003~2005년의 흐름을 살펴보면, 미 국채금리(10년)가 상승한 후 우리나라 시장금리가 후행해서 상승하는 것을 알 수 있다. 또한 2007년 금융 위기 발생으로 미 금리가 하락하자 우리나라 금리도 2008년 하반기를 정점으로 급하게 하락한다. 이러한 선·후행 흐름은 2012년 이후에도 반복되고 있으며, 최근엔 미 금리의 상승으로 우리

나라 시장금리도 본격적인 상승 국면에 접어들었다.

미 국채금리(10년)가 우리나라 시장금리 전반에 선행한다는 것이 확인되었다. 그렇다면 국내 국채금리(10년)는 우리나라 주택시장에 어떤 선행성이 있을까?

〈그림 10〉은 2011~2017년 국채금리(10년)와 수도권 주택 가격 변동률의 추이를 나타낸 것이다. 국채금리(10년)가 처음으로 2%대로 접어든 2014년 4분기 이후 수도권의 주택 가격은 지속적인 상승세를 이어갔다. 이후 국채금리는 등락을 반복하지만 수도권의 주택시장은 여전히 상승세를 유지한다. 국채금리(10년)가 절대적 수준(2%대)을 유지하면 그 흐름과는 별개로 주택시장에 긍정적인 영향을 미쳤던 것이다. 최근의 주택시장에서도 국채금리의 방향성보다는 절대적 수준(2%대)이 중요하다는 것을 알 수 있다.

그림 10 국고채 10년 금리와 수도권 주택 가격 변동의 연도별 관계(전년 동기 대비)

국회 예산정책처의 연구 결과를 바탕으로 최근의 금리 동향을 살펴보았다. 이를 통해 '미 국고채의 흐름은 여전히 우리나라 시장금리에 선행하며, 우리나라 국채금리(10년)는 그 방향성보다는 절대적 수준(2%대)에 언제까지 머무르느냐가 주택시장의 변수가 될 것'이라는 점을 확인할 수 있었다.* 따라서 향후 미 국채금리(10년)의 추이를 분석한다면 우리나라 시장금리와 주택시장의 미래를 전망할 수 있을 것이다.

향후 미국의 금리와 우리나라 주택시장

최근 미 국채금리(10년)의 동향을 살펴보면, 2016년 말 2.50% 수준으로 급등한 이후 진정세를 보이다 2017년 9월 이후 다시 상승해 2018년 2월 현재 2.86%이다. 이는 미국의 양적완화 개시 시점(2013년 12월)의 2.90%에 근접한 것으로, 근래 들어 가장 높은 수준이다(〈그림 11〉).

우리나라 국채금리(10년)가 미 국채금리(10년)에 1년 후행한다는 연구 결과를 적용하면, 우리나라 국채금리(10년)는 미 국채금리(10년)의 상승 시점인 2017년 말의 1년 후인, 즉 적어도 2018년 말까지 상승할 가능성이 높다. 그렇다면 '미 국채금리(10년)는 앞으로도 꾸준히 상승할 것인가?'를 점검할 필요가 있다. 중간에 방향성이나 속도가 바뀐다면 이 역시 우리나라 국채금리(10년)의 방향성과 속도에 영향을 줄 것이고, 결국 주택시장에도 변동성을 가져올 수 있기 때문이다.

---

* 2018년 상반기 우리나라의 국채금리(10년)는 2.6% 수준에 머물러 있다.

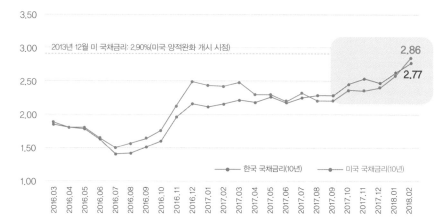

그림 11 미 국채금리와 우리나라 국채금리의 최근 동향
(2016년 3월~2018년 2월/한국은행, FRED)

일단 모두가 예상했던 대로 미국은 3월 FOMC가 정책금리를 기존 1.50%에서 1.75%로 상향했다. 중요한 것은 앞으로 남은 2018년 금리 인상 횟수인데, 〈그림 12-1〉의 3월 FOMC 점도표를 살펴보면 지난 1월 FOMC와 동일하게 연내 3회 인상을 유지한 것을 알 수 있다. 다만 2019년, 2020년 및 장기중립금리 전망치는 지난번 대비 상향 조정함으로써 중장기 금리정책에서 '매파적인hawkish' 경향을 드러냈다. 즉 현재로선 2018년 내에는 급진적인 금리 인상 가능성이 낮지만 향후 물가 등 주요 경제지표 추이에 따라 기존 3회에서 4회 인상으로 선회할 수도 있음을 암시하고 있다.** 따라서 2018년 2월 기준으로

** 미국은 6월 FOMC에서 정책금리를 1.75%에서 2.00%로 상향했으며, 2018년 금리 인상 횟수도 기존 3회에서 4회로 상향 조정했다.

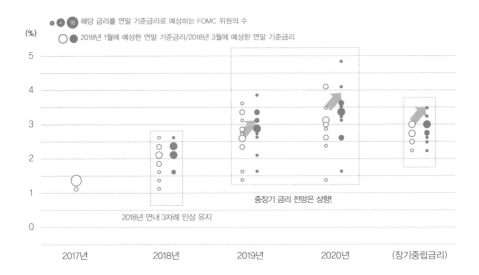

- ● ④ ⑯ 해당 금리를 연말 기준금리로 예상하는 FOMC 위원의 수
- ○ ● 2018년 1월에 예상한 연말 기준금리/2018년 3월에 예상한 연말 기준금리

중장기 금리 전망은 상향!

2018년 연내 3차례 인상 유지

| 2017년 | 2018년 | 2019년 | 2020년 | (장기중립금리) |

그림 12-1 FOMC 2018년 3월 금리 예상 점도표(FED, Bloomberg)

United Stated						
		Fed Funds Rate*				
	전망일	current**	18.Q2	18.Q3	18.Q4	19.Q1
BoA-ML	3월 23일	1.75	2.00	2.25	2.25	n/a
BNP Paribas	3월 9일	1.75	2.00	2.25	2.50	2.75
Citi	3월 22일	1.75	2.00	2.25	2.25	2.50
Goldman Sachs	3월 26일	1.75	2.00	2.25	2.50	2.75
HSBC	3월 12일	1.75	2.00	2.25	2.25	2.50
JPMorgan	3월 23일	1.75	2.00	2.25	2.50	2.75
Nomura	3월 13일	1.75	2.00	2.25	2.50	2.75
Standard Chartered	3월 23일	1.75	2.00	2.25	2.50	2.75
UBS	3월 23일	1.75	2.00	2.25	2.50	2.75
평균			2.00	2.25	2.43	2.69
최고			2.00	2.25	2.50	2.75
최고			2.00	2.25	2.25	2.50

* Fed Funds Rate: 상단값 기준 ** current rate는 전망일 현재 Bloomberg 종가
빨간색: 금리 전망 상향 조정, 파란색: 금리 전망 하향 조정

그림 12-2 글로벌 IB의 정책 금리 인상 전망(2018년 3월 기준)

2.86% 수준인 미 국채금리(10년)는 기준금리 인상 속도가 변경될 경우 연내 3%를 상회할 가능성도 완전히 배제할 수 없는 상황이다.

장기 국채금리 전망에서 기준금리 외에도 기간 프리미엄term premium*의 추이를 진단할 필요가 있다. 한국은행은 〈미 국채 기간 프리미엄 현황 및 전망〉이라는 보고서에서 기간 프리미엄이 미 국채금리(10년)의 변동을 상당 부분 설명한다며, 미 국채금리(10년)의 전망을 위해 기간 프리미엄 모니터링의 중요성을 강조했다. 한국은행은 이 보고서에서 기간 프리미엄과 미 국채금리(10년)가 높은 상관성을 보이며, 기간 프리미엄 상승(하락)이 국채금리 상승(하락)의 대부분을 설명한다고 밝혔다.

미 국채금리(10년) 기간 프리미엄의 최근 동향을 살펴보면, 2017년 초 단기 상승 후 꾸준한 하락세를 보이다 2018년 1월 급등하는 모습을 보였다. 이후 2018년 2월을 기점으로 3월 현재까지 꾸준한 하락세를 보이고 있으며, 그 수준도 여전히 마이너스를 기록하고 있다. 게다가 글로벌 IB의 장기금리 인상 전망치를 살펴봐도 2.9~3.02%에 머무르고 있어 미 국채금리(10년)의 단기간 내 급진적 상승 확률은 낮아 보인다(〈그림 13-1〉, 〈그림 13-2〉).**

---

* 단기채 대신 장기채를 보유하는 대가로 투자자들이 요구하는 투자 수익률을 의미한다. 긴 투자 기간에 따른 이자율 변동의 손실 위험을 보상하기 위해 붙는 추가 이자다. 따라서 기간 프리미엄의 급진적 상승은 과도한 인플레이션에 따른 우려 심리가 반영된 것이라고 할 수 있다. 한국은행은 2010년 이후 미 국채금리의 하락이 기간 프리미엄 축소에서 비롯된 것으로 설명된다고 언급했다. 한국은행, 〈미 국채 기간 프리미엄 현황 및 전망〉, 2017년.

** 2018년 3월 이후 상반기 기간 프리미엄은 마이너스 수준을 유지했으며, 이에 따라 미 국채금리(10년)는 5월 잠시 3%를 상회했으나 다시 2% 후반 수준을 유지하고 있다.

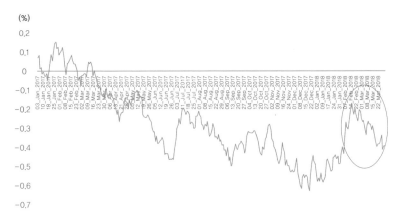

그림 13-1 미 국채금리(10년) 기간 프리미엄의 최근 동향
(2017년 1월~2018년 3월/Federal reserve bank of NewYork)

		United Stated				
			10 Yr Treasury			
	전망일	current*	18.Q2	18.Q3	18.Q4	19.Q1
BoA-ML	3월 23일	2.81	3.00	3.15	3.25	n/a
BNP Paribas	3월 9일	2.90	3.10	3.20	3.25	3.25
Citi	3월 22일	2.83	2.75	2.70	2.65	2.65
Goldman Sachs	3월 26일	2.85	3.08	3.16	3.25	3.34
HSBC	3월 12일	2.87	2.60	2.40	2.30	2.30
JPMorgan	3월 23일	2.81	3.00	3.05	3.15	3.25
Nomura	3월 13일	2.84	3.00	3.25	3.25	3.25
Standard Chartered	3월 23일	2.81	3.00	3.10	3.10	3.25
UBS	3월 23일	2.81	2.75	2.80	2.90	2.90
평균			2.92	2.98	3.01	3.02
최고			3.10	3.25	3.25	3.34
최고			2.60	2.40	2.30	2.30

* current rate는 전망일 현재 Bloomberg 종가
빨간색: 금리 전망 상향 조정, 파란색: 금리 전망 하향 조정

그림 13-2 글로벌 IB의 장기 금리 인상 전망(2018년 3월 기준)

빅데이터로 예측하는 대한민국 부동산의 미래

'3월 FOMC 정책금리 전망치'와 '미 국채금리(10년) 기간 프리미엄 동향'을 종합하면, 현재로서는 연내 미 국채금리(10년)의 급진적인 상승 확률은 낮아 보인다. 그러나 2018년 본격적인 금리 상승 기조로 미 국채금리(10년)의 꾸준한 상승이 예상되기 때문에 적어도 2019년 말까지 우리나라 국채금리(10년)의 꾸준한 상승이 예상된다. 따라서 이 기간 중에 주택시장에 부담을 주는 3% 수준으로 진입할 것이며, 그 시점은 빠르면 2019년 초, 늦어도 2019년 말이 될 전망이다. 즉 금리로 주택시장에 충격이 올 시점은 2019년이라는 것이다.

주택시장에 영향을 미치는 절대적 금리 수준과 미국의 금리정책이 우리나라 주택시장에 영향을 주는 경로를 실증적으로 분석해보았다. 그에 따라 절대적 금리 수준을 바탕으로 주택시장의 분기점을 추정하면, 가계대출 가중평균 금리가 4.5%에 도달하는 시점이 될 것이다. 또한 미국의 금리정책 경로를 바탕으로 주택시장의 분기점을 추정해보면 2019년 초, 늦어도 2019년 말이 될 것이다.

2018년, 금리 인상 기조는 정해졌다. 그러나 변화무쌍한 글로벌 경기에 따라 그 속도는 변동성이 심할 것이다. 미국에 여전히 후행하는 우리나라의 금리 동향을 고려했을 때, 미 정책금리의 중요 변수인 '물가 상승률'과 미 국채금리(10년)의 주요 변수인 '기간 프리미엄'의 추이를 면밀히 진단해야 한다. 그래야만 금리 인상에 따른 주택시장의 리스크에 선제적으로 대응할 수 있다.

🧑‍💻 택지의 생애 주기

2013년 겨울, 남양주 별내신도시 분양 현장으로 파견을 나갔다. 당시 별내신도시는 블록별 분양이 거의 완료된 시점이었다. 다만 내가 파견 나간 현장은 신도시 개발 막바지에 분양을 했는데, 따라서 이전에 분양한 단지들의 입주가 한창이었다.

신도시 입주 초기 단계라 길거리에서 사람들을 보기 어려웠다. 가끔 정류장에서 버스를 기다리는 사람들의 모습을 볼 수 있었다. 상가들은 임대인을 모집하고 있었고, 이제 막 형성된 온라인 커뮤니티 맘들이 가끔씩 카페에 모여 교제를 하고 있었다. 신도시의 생활권 형성이 미진했던 터라 우리 사업장도 초기에는 고전을 면치 못했다. 하지만 2014년 주택시장의 회복으로 분양 개시 수개월 만에 판매가 완료되었다. 현재 해당 분양 단지는 입주가 완료되어 분양가 대비 5,000만 원이 상승한 매매 시세를 자랑하고 있다(34평 기준).

나는 별내신도시의 분양 현장부터 입주까지의 시장 흐름을 지켜보며 자연스레 택지의 생애 주기에 대해 생각하게 되었다. 입주 초기에는 교통, 상권, 교육 등 생활 인프라가 자리 잡히지 않아 여러모로 불편을 감수해야 한다. 그렇다면 계획 세대수 대비 어느 정도의 입주가 이루어져야 생활권이 자리 잡히고 시세 또한 안정적인 수준을 유지할 수 있을까? 생활권 미성숙 단계에서 성숙 단계로 진입하는 시점은 언제일까?

생활권의 성숙도를 추적하기 위한 데이터로는 전세가율 지표가 가장 유효해 보인다. 보통 택지 입주 초기 단계에는 전세 물량이 쏟아지지만 생활권 형성이 안 되어 전세가가 매매 시세의 40~50% 수준인 경우가 많다. 그러다 생활권이 안정되어 전세 수요가 증가하면 전세가율 역시 동반 상승한다.

택지마다 규모별 차이가 있으므로 택지의 생애 주기를 규모를 기준으로 분류해 '대규모·중규모·중소규모'로 살펴보자. 택지 입주 추이에 따른 전세가율 흐름을 추적하면 택지 규모별 생애 주기의 패턴을 찾아낼 수 있을 것이다. 〈그림 14〉는 우리가 살펴볼 택지의 주요 개요이다.

택지 규모	택지(입주 개시 연도)	면적(천 ㎡)	계획 인구(명)
대규모	송도국제도시(2005)	53,400	265,611
	동탄2신도시(2015)	24,038	285,878
중규모	광교신도시(2011)	11,305	77,783
	김포 한강(2008)	10,865	152,940
	양산 물금(2007)	10,664	151,990
중소규모	위례신도시(2013)	6,773	110,291
	대전 도안 1단계(2010)	6,109	68,706
	하남 미사(2014)	5,679	94,091
	명지신도시 1단계(2008)	4,476	56,608
	부산 정관(2008)	4,161	85,791

* 면적과 계획 인구는 개발 진행 상황에 따라 오차가 생길 수 있다.

그림 14 택지 규모별 개요

대규모 택지의 생애 주기

국내 최대의 공공 택지인 동탄2신도시, 민간 택지인 송도국제도시 모두 한창 입주가 진행 중이며, 송도국제도시는 여전히 공구 매립이 이루어지고 있다. 두 택지 모두 최대 규모라는 공통점이 있다. 하지만 생활권 성숙도에서는 차별화된 흐름을 보인다.

송도국제도시는 입주 초기 전세가율이 30%에 불과했지만 국제업무 지구, 글로벌 캠퍼스, 철도 등의 인프라가 구축되면서 30%의 공급이 이루어지자 전세가율이 70%까지 급등했다. 2018년 현재, 전세가율 70% 수준을 유지하며 생활권이 성숙 단계로 진입했다. 반면 동탄2신도시는 40%의 공급이 이루어졌음에도 60% 안팎의 전세가율에 머물러 있다. 이는 연평균 1만 4,000호의 집중적인 입주 물량으로 초기 진통이 발생하고 있다는 것을 말해준다. 학군, 산업, 교통 인프라가 미비한데도 대규모 입주 물량이 공급되며 생활권 수준과 입주 수요의 미스매치가 발생한 것이다.

동탄2신도시는 송도국제도시 13년의 공급 속도를 3년 만에 따라잡았다. 따라서 당분간 동탄2신도시는 입주 피로가 발생할 수밖에 없

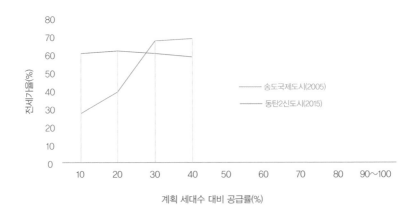

그림 15 대규모 택지의 생애 주기

빅데이터로 예측하는 대한민국 부동산의 미래

다. 다만 공급 속도가 빠르기 때문에 공급률이 70%를 넘어서는 2019년에는 생활권이 어느 정도 안정될 전망이다.

중규모 택지의 생애 주기

택지 면적 1,000만 m²(약 300만 평) 규모인 광교신도시, 김포 한강신도시, 양산 물금신도시의 생애 주기를 살펴보자. 수도권 택지인 광교신도시, 김포 한강신도시는 유사한 생애 주기를 보인다. 두 택지 모두 전체 계획 세대수 대비 40~50% 수준의 공급이 이루어지자 전세가율이 급등했다. 생활권의 안정화도 가속화되었다. 이후 공급률이 70% 수준에 도달하자 전세가율 역시 70%를 상회하며 생활권이 성숙기에 접어들었다.

반면 지방 택지인 양산 물금신도시는 수도권 택지와 다른 생애주기를 보내고 있다. 물금신도시는 2007년부터 공급이 시작되었는

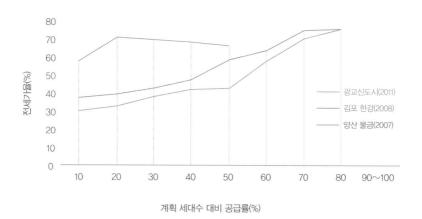

그림 16 중규모 택지의 생애 주기

데, 공급률 20% 도달까지 7년이란 긴 시간이 걸렸다. 수도권과 세종시를 제외하고 가장 큰 규모의 택지여서 총 3단계로 나누어 개발이 진행되었는데 그 과정에서 부침이 있었기 때문이다. 다만 입주 초기 부산 지하철 2호선 양산역이 개통되는 등 교통 인프라가 조기 구축되어 60%의 전세가율을 보였다. 최근 3차 생활권 입주 물량이 증가하며 전세가율이 감소하고 있지만 오랜 시간 동안 생활권이 성숙되었고, 부산의 전세 수요가 몰리면서 현 수준인 60% 후반 수준에서 전세가율이 유지될 것으로 보인다.

중소규모 택지의 생애 주기

택지 면적 700만 m²(약 180만 평) 이하 규모인 중소규모 택지의 생애 주기를 살펴보면, 전반적으로 공급률이 30%에 도달했을 때 전세가율이 안정되는 모습을 확인할 수 있다. 면적이 작다보니 생활권이 안정되는 시점 또한 빠른 것이다.

부산 외곽에 자리한 탓에 초기 입주가 힘들었던 정관신도시를 제외하면 초기 전세가율은 적어도 40% 이상 수준에서 시작한다. 수도권 택지인 위례와 미사 지구는 차별화된 생애 주기가 보이는데, 미사지구의 전세가율이 더 높다. 이는 5호선, 9호선 연장과 스타필드 등 교통·상권 인프라 측면에서 미사지구가 위례지구보다 빠르게 구축되고 있기 때문이다. 위례지구는 트램, 위례신사선 등 교통 계획이 지연되고 있고, 주변의 가든파이브, 잠실 상권 등의 대규모 상업지구로 인해 신도시 내 중심 상업지가 아직 자리를 잡지 못하고 있다.

지방 광역시 택지인 부산 명지신도시, 대전 도안신도시는 공급이

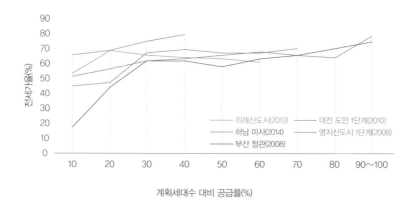

위례신도시(2013)　　　대전 도안 1단계(2010)
하남 미사(2014)　　　명지신도시 1단계(2008)
부산 정관(2008)

전세가율(%)

계획세대수 대비 공급률(%)

그림 17 중소규모 택지의 생애 주기

거의 완료되어 70~80%의 안정적인 전세가율을 보이고 있다. 특히 도안신도시의 80% 전세가율은 그동안 대전의 주택 경기 불황에 따른 주택 공급 부족의 영향이라고 할 수 있다.

　전세가율의 추이를 바탕으로 택지의 생애 주기를 분석한 결과, 예상했던 대로 택지 규모가 작을수록 생활권의 성숙 시점이 빨리 도래하는 것을 볼 수 있었다. 중소규모 택지는 전체 공급률이 30%에 도달했을 때 생활권이 안정되었고, 중규모 택지는 전체 공급률이 50%에 도달하자 빠르게 생활권이 안정되었다. 대규모 택지는 공급 밀도에 따라 다른 양상을 보였는데, 송도국제도시는 생활권 안정 단계로 볼 수 있으며, 동탄2신도시는 2019년 이후에나 생활권이 안정될 것으로 보인다.

　생활권의 안정화를 위한 선제 조건으로 교통, 상권 등의 인프라 구축 속도를 꼽을 수 있다. 양산신도시와 위례·미사 신도시의 사례는 이를 증명해준다.

그렇다면 최적의 택지 입주 타이밍은 언제일까?

이는 입주자의 '가성비' 기준에 따라 다를 수 있다. 조금 고생하더라도 저렴한 시세를 중시한다면 입주율 20~30% 수준이 적절해 보인다. 그에 비해 안정적인 생활권을 선호한다면 적어도 입주율이 40% 이상일 때 입주를 결정하는 게 바람직해 보인다.

빅데이터로 읽는
오피스텔과 상권의 흐름

1코노미, 솔로이코노미… 바야흐로 1인 가구의 시대다. 한 방송사의 연예대상을 차지한 프로그램 이름도 <나 혼자 산다>이다. 혼자 사는 가구가 늘다보니 다른 누군가의 혼자 사는 삶을 '관찰'하는 예능이 관심을 받는 세상이다.

1인 가구 트렌드는 통계로도 증명된다. <한눈에 보는 서울 2017>에 따르면, 2000년 16.3%였던 서울의 1인 가구 비중은 2016년 30.1%로 2배가 되었다. 이러한 인구 트렌드와 저금리 기조로 서울 오피스텔은 지난 3년간 뜨거운 관심을 받았다. 그러나 2018년 이후 금리 상승 기조와 전국적인 입주 물량 증가로 오피스텔 시장도 변곡점을 맞을 것으로 예상된다.

이에 PART 4에서는 오피스텔 시장 전망을 위해 시장 흐름을 예측할 수 있는 선행지표를 제시하고, 오피스텔 수요가 강한 지역을 시·군·구 단위로 살펴본다. 더불어 오피스텔과 함께 투자처로 각광받았던 상가 시장에 대해서도 한국감정원 데이터를 활용한 공실률×임대가 매트릭스를 통해 지역별 상권을 진단한다. 서울, 경기·인천, 5대 광역시, 기타 지방의 하부 상권을 세부적으로 다루면서 상권의 활발, 둔화, 불황, 회복의 원인과 핵심 모멘텀의 분석을 통해 주요 상권의 미래 흐름을 읽을 수 있을 것이다.

PART 4 미리보기

빅데이터로 읽는 오피스텔과 상권의 흐름

오피스텔 시장의 거시적 흐름 예측

☑ 오피스텔 시장의 3대 선행지표
(소형 아파트의 전세가, 단기유동성, 입주 물량)

주요 도시의 오피스텔 시장 심층 분석

☑ 도시 인프라 지수로 알아보는 도시별 오피스텔 수요
☑ 인구통계로 본 오피스텔의 핵심 수요층
☑ 월세 거래량으로 본 도시별 오피스텔 동향

오피스텔 시장

상권
트렌드

전국 주요 상권(상가)의 트렌드 분석

☑ 전국 142개 주요 상권 국면 진단
(공실률×임대가 메트릭스)

오피스텔 시장의 3대 선행지표

본격적으로 오피스텔 시장의 선행지표를 살펴보기 전에 아파트 미분양, 매매가 변동률같이 오피스텔의 결과지표로 무엇을 기준 삼아야 하는지 알아보자.

오피스텔 시장의 결과지표: 오피스텔 스프레드 수익률

오피스텔은 보유자와 실거주자의 연령대가 극명한 차이를 보이는 상품이다. 보통 40대 이상이 보유하고 20, 30대가 거주한다. 또한 아파트에 비해 투자 성격이 짙은 상품이다. 따라서 오피스텔은 '월세 수익이 담보되느냐?'가 관심 지역의 오피스텔 시장을 판단하는 가장 중요한 근거가 된다.

'월세 수익이 담보되느냐?'는 '수익률이 담보되느냐?'로 바꿔 말

할 수 있다. 오피스텔 수익의 근원이 월마다 따박따박 들어오는 월세이기 때문이다. 따라서 관심 지역 오피스텔의 수익률 추이를 보면 그 지역 오피스텔 시장의 흐름을 읽을 수 있다.

최근 서울의 오피스텔 수익률 추이는 계속해서 감소하는 추세이다. 오피스텔 매매가가 꾸준히 상승했기 때문에 그만큼 투자금도 증가해서 수익률이 감소하는 것이다.

그렇다면 수익률이 감소하기 때문에 서울의 오피스텔 시장은 〈그림 1〉에서 보듯이 2013년부터 꾸준히 나빠지고 있다고 할 수 있을까?

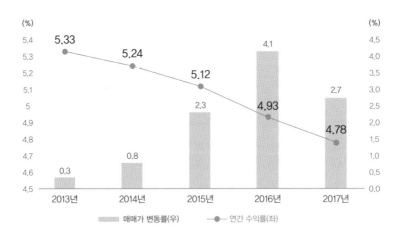

그림 1 서울 오피스텔의 매매가 변동률과 연간 수익률 추이(부동산114 REPS)

현재 강남의 원룸 오피스텔 월세는 80~100만 원 수준이다. 요즘 같은 저금리 시대에 이 정도의 투자 상품은 결코 나쁘다고 할 수 없

빅데이터로 예측하는 대한민국 부동산의 미래

다. 단순히 '수익률의 추이'로 해당 지역의 오피스텔 시장 흐름을 판단하기 어려운 이유다. 기준금리 1% 시대에 4%의 수익률은 상대적으로 괜찮아 보인다. 즉 현재의 '저금리 국면'을 감안하고 오피스텔 수익률이 상대적으로 매력적인지 그렇지 않은지를 따져보는 것이 중요한 것이다.

이를 위해 오피스텔 수익률과 비교할 대상(투자 상품)이 필요하다. 나는 오피스텔 수익률과 비교할 대상으로 국고채 3년 금리를 선정했다. 국고채 3년 금리는 장기적인 관점에서 기준금리의 흐름을 추종하고, 변동성이 적으며, 3년이라는 투자 기간이 소액 수익형 부동산의 투자 기간과 비슷하기 때문이다.

그렇다면 오피스텔 투자 시 국고채 3년 금리보다 얼마나 많은 수익을 기대할 수 있는지 알아볼 수 있는 지표가 필요한데, 이를 위해 나는 오피스텔 수익률에서 국고채 3년 금리를 뺀 '오피스텔 스프레드 수익률'이라는 개념을 사용한다.

오피스텔 스프레드 수익률=오피스텔 수익률-국고채 3년 금리

즉 오피스텔 스프레드 수익률이 1%면 오피스텔이 국고채 3년 금리보다 1% 더 많은 수익을 가져다준다고 해석할 수 있다. 따라서 저금리 국면에서 오피스텔 시장을 바라볼 때는 '오피스텔 수익률 하락=오피스텔 시장 악화'가 아닌, '오피스텔 수익률이 국고채 3년 금리보다 얼마나 더 수익을 가져다줄 수 있느냐?'의 개념인 오피스텔 스프레드 수익률로 접근하는 것이 바람직하다.

👤 첫 번째 선행지표: 소형 아파트의 전세가 변동률

오피스텔은 아파트에 비해 서울의 집중도가 큰 편이다. 1인 가구의 밀도가 높고, 도심의 규모가 크기 때문이다. 현재 전국 오피스텔의 40%가 서울에 있으며, 그중에서도 소위 CBD(도심권), GBD(강남권), YBD(여의도권)에 서울 오피스텔의 43%가 집중되어 있다. 즉 서울 오피스텔 시장이 전체 오피스텔 시장의 대부분을 설명한다고 볼 수 있다. 따라서 최근 서울 오피스텔 시장을 움직이는 동인을 살펴보면 오피스텔 시장 전반에 선행하는 시장지표를 찾을 수 있다.

237,941실
40%

362,441실
60%

101,424실
43%

136,517실
57%

■ 서울
▨ 기타 지역

■ CBD, GBD, YBD
▨ 기타 지역

그림 2　서울 오피스텔의 비중과 서울 주요 권역의 오피스텔 비중

최근 서울의 소형 아파트 부족으로 소규모 가구, 신혼부부의 대체 거주지로 주요 업무 지구나 교통 요지에 있는 오피스텔이 각광받고 있다. 소형 아파트의 전셋값이 폭등하면서 실거주자들이 생활 편

의가 갖추어진 오피스텔로 이동하는 것이다. 아파트 전세가율과 소규모 가구의 수도권 집중도가 낮았던 과거에는 아파트는 주거 상품, 오피스텔은 투자 상품의 경계가 명확했다. 하지만 젊은 소규모 가구의 수도권 집중도가 심해지고 도심의 소형 아파트가 부족해지면서 최근에는 오피스텔과 아파트의 경계가 모호해지고 있다. 이러한 경향이 본격화되면서 수익률 측면에서 불리한 투룸 이상 규모의 오피스텔 공급이 증가하는 추세다(〈그림 3〉). 실제로 2013~2015년 수도권의 20평대 아파트 전세 가격이 폭등하자 투룸 이상 규모 오피스텔의 공급 비중이 2015~2017년에는 20% 이상으로 급증한다. 소형 아파트의 전세 가격 상승이 오피스텔 공급 시장에 영향을 주고 있는 것이다.

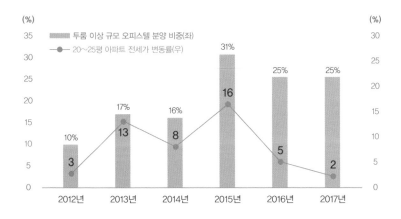

그림 3 수도권 소형 아파트의 전세가와 투룸 이상 규모 오피스텔 분양 비중(부동산114 REPS)

이러한 트렌드를 바탕으로 서울 20평대 아파트(이하 소형 아파트)의 전세가 증감률과 오피스텔 스프레드 수익률(이하 스프레드 수익률)

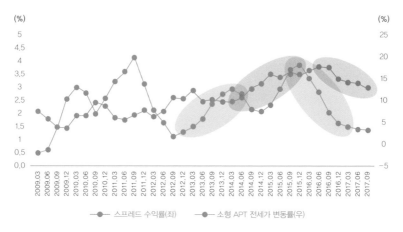

그림 4 서울 소형 아파트의 전세가 변동에 따른 스프레드 수익률 변화

추이를 비교하면 〈그림 4〉와 같다. 저금리 기조가 본격화된 2012년 이후 소형 아파트의 전세가 증감률이 스프레드 수익률에 선행하는 흐름을 볼 수 있다.

2012년 말부터 2013년 말까지 서울 소형 아파트의 전세가가 급등하자 이에 후행해서 스프레드 수익률은 2014~2015년 초까지 상승한다. 반대로 2016년 이후 소형 아파트의 전세가 상승률이 둔화되자 2017년 이후 스프레드 수익률도 둔화된다.

더 정확한 선·후행 관계를 검증하기 위해 서울 소형 아파트의 전세가 변동률과 스프레드 수익률 간의 시계열 분석*을 실시했다. 그 결

---

* 저금리 기조가 본격화된 2012년 3분기부터 2017년 3분기까지 '서울 20~25평 아파트의 전세가 변동률(전년 동기 대비)'과 '서울 스프레드 수익률'의 분기 데이터를 분석했다. 아파트 전세가 변동 후에 스프레드 수익률의 변동이 '얼마 후'에 '어느 정도'만큼 발생하는지 알아보는 교차상관분석과 충격반응분석을 실시했다.

빅데이터로 예측하는 대한민국 부동산의 미래

과, 스프레드 수익률은 서울 소형 아파트 전세가 변동률에 3~5분기 후행해서 반응했다(〈그림 5〉). 즉 서울 소형 아파트의 전세가 상승(하락) 3~5분기 뒤에 스프레드 수익률 또한 상승(하락)한 것이다.

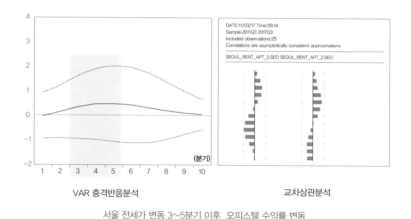

VAR 충격반응분석　　　　　　교차상관분석

서울 전세가 변동 3~5분기 이후 오피스텔 수익률 변동

그림 5 서울 소형 아파트의 전세가 변동률에 따른 스프레드 수익률 반응 분석

이를 바탕으로 최근 서울 소형 아파트의 전세가 상승률 흐름을 살펴보았다. 2017년 10월에 잠시 감소했다가 큰 폭은 아니지만 꾸준하게 상승 흐름을 유지하는 것을 볼 수 있다(〈그림 6〉). 여전히 서울의 소형 아파트 부족으로 소규모 가구, 신혼부부의 전세 수요가 오피스텔로 이전할 수 있다는 것을 암시하는 대목이다.

서울 소형 아파트의 60%가 2000년 이전에 지어진 것을 감안하면, 20년이 넘은 낡고 비싼 전세보다 '신상' 오피스텔이 '가성비'를 따지는 젊은 소규모 가구의 대체지로 부각되면서 '서울 전세난→오피스텔 시장 상승'의 공식을 만들어내고 있는 것이다.

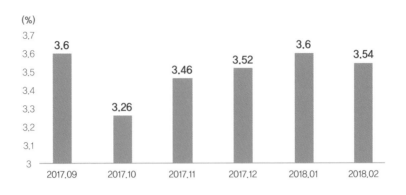

그림 6 전년 동기 대비 서울 소형 아파트(20~25평)의 최근 전세가 증감 동향

오피스텔 수익률에 선행하는 것이 공실률이다. 실수요가 받쳐줘야 공실률이 낮아지고, 수익률 상승의 모멘텀이 되기 때문이다. 이러한 관점에서 소형 아파트의 전세가 변동률 추이는 오피스텔의 실수요, 즉 공실률에 대한 간접적인 시그널을 제공함으로써 유의한 선행지표가 된다. 여기서는 오피스텔의 핵심 시장인 서울만 다루었지만 기타 수도권 지역에서도 관심 지역 소형 아파트의 전세가 추이를 면밀히 관찰하면, 오피스텔 시장의 틈새 기회를 발견할 수 있을 것이다.

두 번째 선행지표: 단기유동성 흐름

서울과 수도권 오피스텔의 원룸 분양가는 1~2억 원 수준이다. 평균적으로 5억 원이 넘는 아파트에 비해 상대적으로 가벼운 투자 상품인 셈이다. 따라서 단기자금이라고 할 수 있는 단기유동성의 흐름에 영향받기 쉽다. 최근 몇 년간 '투자처를 찾지 못한 단기부동자금 증가로 수익형 부동산 각광' 같은 기사 제목이 자주 등장했다. 여기서 말하는 단기부동자금은 금융기관의 6개월 미만 단기 수신액의 합을 일컫는다. 쉽게 말해 언제든 현금화시킬 수 있는 뭉칫돈이다.

금융기관	단기금융상품 종류
예금은행	요구불 예금, 6개월 미만 정기예금, MMDA, 단기 수익성 상품(CD, RP, 매출어음)
투신	단기채권형 펀드(6개월 미만), MMF
증권사	고객 예탁금, CMA 예탁금, RP
종금	발행어음, CMA 예탁금

그림 7 금융기관별 단기금융상품

보통 단기부동자금이 증가한다는 것은 시중의 유동성이 고여 있다는 뜻이다. 그만큼 마땅한 투자 대안이 없다는 말이기도 하다. 최근 몇 년간 주택시장의 호황이 수익형 부동산에 대한 관심으로 번지며 '갈 곳 없는 부동자금'이 오피스텔, 상가와 같은 수익형 상품으로 움직이는 경향이 있었다. 실제로 오피스텔은 아파트에 비해 상대적으로 정부 규제 강도가 덜하고, 노후를 대비한 월세 수익처로 여전히 관심을 받고 있다. 하지만 단기부동자금이 감소하면 지속적인 상승 모멘텀을 기대하기 어렵다. 따라서 단기부동자금 혹은 단기유동성의 흐름을 추적하면 오피스텔 같은 수익형 부동산의 미래를 진단할 수 있다.

단기유동성 증감에 따른 오피스텔의 수익률 추이를 분석하기 위해, 여기서는 단기부동자금 가운데 비교적 투자 성격을 띠는 MMF[*],

CMA** 그리고 예금은행 MMDA*** 잔액의 합을 단기유동성으로 간주
했다. 〈그림 8〉은 저금리 기조 1년 전인 2011년 3분기부터 2017년 3
분기까지 단기유동성의 증가율과 서울 스프레드 수익률의 추이를 나
타낸 것이다.

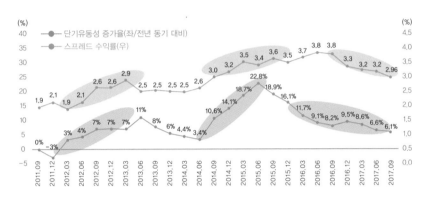

그림 8 단기유동성 흐름에 따른 서울 스프레드 수익률의 변화(한국은행, 부동산114 REPS)

먼저 단기유동성의 증가율 추이를 살펴보면, 2012년 상반기 이후
두드러진 상승세를 보이며 그해 말 전년 동기 대비 7%의 높은 증가율
을 기록했다. 그리스 같은 남유럽의 재정 위기 등으로 투자 심리가 위
축되면서 단기부동자금이 급증한 것이다. 따라서 비교적 변동성이 작

---

* 머니마켓펀드(Money Market Fund). 투자신탁회사가 고객의 돈을 기업어음(CP), 국공채 등 금
융 자산에 투자한 후 그 수익을 고객에게 돌려주는 상품을 말한다.

** 종합자산관리계정(Cash Management Account). 종합금융회사가 고객의 돈을 국공채 등 단기
금융상품에 투자해 그 수익을 나누어주는 상품이다.

*** 수시입출금식예금(Money Market Deposit Account). 콜이나 양도성 예금 증서 같은 유동성 자
산, 대출 상품으로 운용된다. 단기금융상품에 투자해 얻은 이익을 배당하는 상품이다.

빅데이터로 예측하는 대한민국 부동산의 미래

고 아파트에 비해 상대적으로 가벼운 투자처인 오피스텔로 투자 자금
이 이동하며 2013년 1분기에는 스프레드 수익률이 3%에 근접할 정도
로 상승한다. 이후 단기유동성의 상승세가 2014년 중반까지 주춤하자
스프레드 수익률 역시 2.5% 수준에서 강보합의 흐름을 이어간다. 잠
시 주춤하던 단기유동성 증가율은 2014년 하반기부터 전년 동기 대비
10%가 넘는 상승세를 이어갔다. 이는 장단기 금리 차이의 축소에 따
른 장기금융상품의 매력 감소와 당시 박스피였던 주식시장에 기인한
것이었다. 금융상품의 투자 매력도가 감소한 2014년 즈음 주택시장은
반대로 회복세가 뚜렷했다. 주택시장을 앞세운 부동산시장, 특히 수익
형 부동산이 투자자들의 눈에 들어오기 시작한 것이다. 따라서 급증
한 단기유동자금이 수익형 부동산으로 옮겨가며 스프레드 수익률은
2014년 3분기에 다시 3% 수준을 탈환한다. 이후에도 단기유동자금은
상승폭을 키워가며 2015년 2분기에는 무려 23%의 증가율을 기록한
다. 2014~2015년 폭등한 단기유동성 덕분에 스프레드 수익률은 2014
년 하반기부터 2017년까지 무려 3년 동안 3% 수준을 유지한다.

　단기유동성과 오피스텔 시장의 선·후행 관계에 대한 더 정확한
검증을 위해 단기유동성의 증가율과 스프레드 수익률 간의 시계열
분석****을 실시했다. 그 결과, 단기유동성에 2~4분기 후행해 스프레드
수익률이 반응하는 것으로 나타났다(〈그림 9〉). 단기유동성 증가(감소)
2~4분기 뒤에 서울 스프레드 수익률도 상승(하락)하는 모습을 보인

**** 저금리 기조가 본격화된 2012년 3분기부터 2017년 3분기까지 단기유동성의 증가율(전년 동기
대비)과 서울 스프레드 수익률의 분기 데이터를 분석했다. 신행지표에 일정한 충격이 발생한 경우
후행지표의 반응을 알아보는 충격반응분석을 실시했다.

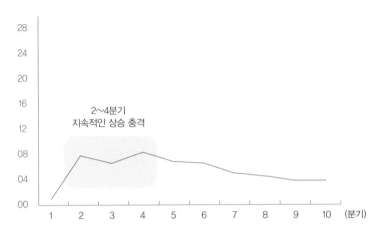

2~4분기
지속적인 상승 충격

그림 9 단기유동성 증감에 따른 서울 스프레드 수익률 충격반응분석

것이다.

이처럼 단기유동성의 증가는 부동산시장이 호황일 때 오피스텔 같은 소액 수익형 부동산의 상승 시그널이 될 수 있다. 그렇다면 오피스텔의 매매가와 단기유동성과의 관계는 어떨까? 단기유동성 축적이 고점에 다다르면 '머니 무브'로 인해 그 자금이 오피스텔로 흘러 가격이 상승하지 않을까?

〈그림 10〉은 서울 오피스텔의 매매가와 단기유동성 증가율의 장기 시계열 추이를 나타낸 것이다.

대체로 단기유동성 증가(감소) 2~3년 후 오피스텔의 가격 변동률이 증가(감소)하는 패턴을 볼 수 있다. 자세히 살펴보면, 2009~2011년 단기유동성 증가율의 둔화세가 심화되자 동기간 상승폭을 키워가던 오피스텔의 가격 상승률도 2014년까지 둔화세를 보인다. 2009~2011년 소액 수익형 상품으로 흘러간 단기유동자금이 오피스

빅데이터로 예측하는 대한민국 부동산의 미래

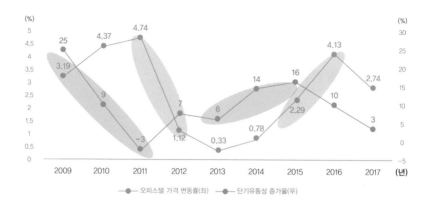

그림 10 단기유동성 증감에 따른 서울 오피스텔 매매가 변동률의 추이

텔 매매가를 상승시켰지만 그간 소진된 유동성으로 오피스텔의 상승
모멘텀이 소멸된 것이다. 2012~2015년 다시 단기유동자금이 축적되
자 유동성 호황을 맞은 오피스텔은 2015년부터 2%대 상승률을 기록
하며 2017년까지 상승 흐름을 유지한다. 그러나 최근 2년 연속 단기
유동성의 증가세가 감소한 것을 감안하면 향후 오피스텔로 흘러가는
유동성도 감소될 것으로 예상된다. 즉 유동성 소진으로 오피스텔의
매매가 상승폭이 점진적으로 둔화될 것을 암시하고 있다.

지금까지 살펴봤듯이 단기유동성의 증가율은 오피스텔 수익률
과 매매가에 유의한 선행지표이다. 단기유동성 증가로 부동자금이 축
적되면 이후 오피스텔 같은 소액 수익형 부동산으로 뭉칫돈이 옮겨
가, 수익률과 매매가의 상승 연료가 되기 때문이다. 최근 단기유동성
의 증가세가 가파르게 둔화되고 있다. 상승 연료가 떨어지는 지금, 소
액 수익형 부동산에 대한 '선택적 관점'이 필요하다.

세 번째 선행지표: 오피스텔 입주 물량

오피스텔 입주 물량과 스프레드 수익률

아파트와 마찬가지로 오피스텔의 입주 물량도 실질적인 '재고'가 쌓이는 것이기 때문에 오피스텔의 매매가, 수익률에 직접적인 영향을 미친다. 2015년부터 본격적인 입주 물량이 공급된 마곡지구 역시 강력한 개발 모멘텀으로 분양 실적은 좋았으나 3년간 연평균 4,000실의 입주 물량이 쏟아지자 수익률이 급격하게 하락하는 모습을 보였다(〈그림 11〉).

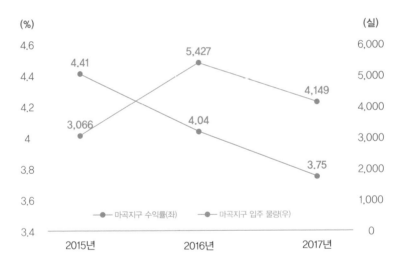

그림 11 마곡지구 오피스텔 입주 물량에 따른 수익률 추이(부동산114 REPS)

최근 경기도 택지의 아파트 입주가 시작되며 오피스텔 또한 대규모 입주 시점이 도래하고 있다. 택지 내 중심 상업지구*의 경우에는

빅데이터로 예측하는 대한민국 부동산의 미래

그나마 임차인 구하기가 쉽지만 그렇지 않은 경우에는 일단 전세로 임차인을 구하고 생활권이 안정되길 기다리는 수밖에 없다. 그렇다면 구체적으로 입주 물량은 오피스텔 시장에 어느 정도 시차를 두고 영향을 주는지 〈그림 12〉를 통해 알아보자.

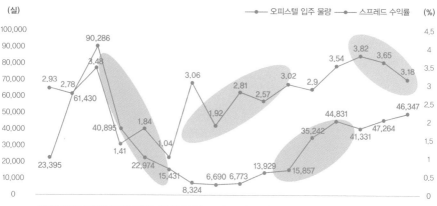

그림 12 오피스텔 입주 물량에 따른 전국 스프레드 수익률 추이

〈그림 12〉는 전국 스프레드 수익률과 오피스텔 입주 물량의 장기적인 흐름을 나타낸 그래프이다. 대체적으로 입주 물량 증가(감소) 2~3년 후 스프레드 수익률이 감소(증가)하는 경향을 보인다.

자세히 그 패턴을 살펴보면, 먼저 2004년 전국의 오피스텔 입주

---

* 택지 중심부에 있으며 대형 점포나 전문점 등 상업 점포가 집중된 지구를 말한다. 교통의 거점, 대형마트, 유명점 등이 자리 잡고 있다.

물량은 9만 실에 이르며, 역대 최고 수준을 기록한다. 서울에만 4만 실이 공급되었는데, 2002년 강남 부동산 열풍으로 분양했던 오피스텔의 입주 시기가 도래했기 때문이다. 강남, 서초, 종로, 영등포구에만 약 2만 실이 공급되었다. 그 이후 해당 지역은 서울의 대표적인 오피스텔 단지로 자리 잡는다. 하지만 2004년의 대규모 오피스텔 입주 물량에 따른 수급 악화로 스프레드 수익률은 2005~2007년, 3년간 하향 곡선을 그린다.

2008~2010년 금융 위기에 따른 부동산 침체로 입주시장은 연 1만 호 미만의 소강상태를 유지한다. 이 기간 동안 수급 균형이 회복되며 스프레드 수익률은 2009년 1.92%에서 2010년 2.81%로 급등하고, 2012년에는 3.02%를 기록할 정도로 상승한다. 2013년 다시 오피스텔의 입주 물량이 증가하는데, 서울 문정지구, 인천 논현지구·송도국제도시, 경기도 화성·하남 등 택지 개발 사업에 기인한 것이다.

입주 물량이 정점에 달했던 2004년과 차이점이 바로 이것이다. 2004년에는 서울의 업무·상업 지구 내 중소규모 오피스텔이 주를 이루었다면 2013년에는 택지 개발지 내 700실 수준의 대규모 오피스텔이 주를 이루었다. 과거 오피스텔은 업무·상업 지구에 있는 전형적인 비즈니스인들의 숙소였다. 하지만 지금은 아파트와 동일한 택지 생활권을 누리는 불특정 다수의 1, 2인 가구 보금자리로 변모하고 있다. 최근 인구구조의 변화에 따른 오피스텔의 속성 변화를 엿볼 수 있는 대목이다.

다시 입주 물량의 흐름으로 돌아와서, 2013년 이후 꾸준히 증가한 입주 물량으로 스프레드 수익률은 2015년을 정점으로 감소하는 경향을 보인다. 다만 절대적인 수준은 3.18%로 나쁘지 않은데, 앞서 살펴본 바와 같이 서울 소형 아파트 전세가의 꾸준한 상승과 2014~2016년 급증한 단기유동성의 영향으로 볼 수 있다.

주요 도시의 오피스텔 입주 물량 분석과 전망

오피스텔 입주 물량과 스프레드 수익률과의 선·후행 관계를 짚어보았다. 이번에는 주요 도시의 오피스텔 입주 물량 추이를 분석하고 그에 대한 전망을 해보자.

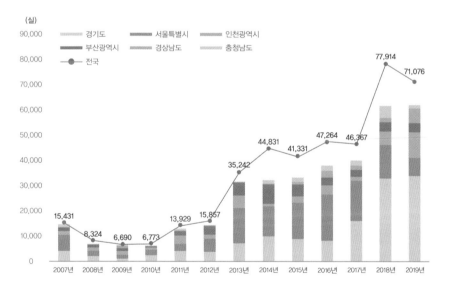

그림 13 전국 오피스텔 입주 물량의 추이와 전망(부동산114 REPS, 2018년 3월 검색)

전국의 오피스텔 입주 물량은 2018년 약 8만 실 수준으로, 정점이었던 2004년 9만 실에는 미치지 못한다. 하지만 역대 두 번째로 높은 수준이다. 2018년의 입주 물량은 예상대로 경기도(3만 3,000실)와 서울(1만 3,000실)에 절반 이상이 몰려 있다. 먼저 서울의 입주 물량 추이를 분석해보자.

서울은 2013년부터 꾸준히 1만 실 이상의 입주 물량이 공급되고 있다. 이는 서울 오피스텔 공급의 원투 펀치라고 할 수 있는 마곡지구와 송파 문정지구의 영향이다. 해당 권역의 오피스텔은 입주 초기에 마이너스 프리미엄 등의 홍역을 겪다가 최근 상업·업무 지구가 갖추어지며 임차 수요가 안정적으로 형성되고 있다. 반면 강남·서초 권역은 2018년 약 2,000실의 입주 물량이 예정되어 있지만 마곡·문정 지구의 절반 수준이고, 대부분 100~300실의 소규모 단지여서 이전만큼 시장에 큰 영향을 못 미치고 있다.

한편 서울의 수요 구조를 살펴보면, 2013년 서울시 1, 2인 가구

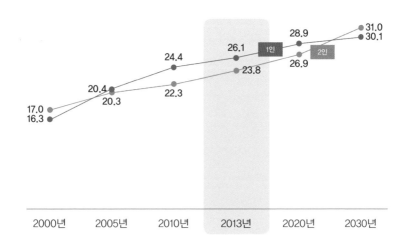

그림 14 서울시의 가구원 수별 구성비(%) 추이(서울 통계, 〈서울 사람들의 삶〉)

빅데이터로 예측하는 대한민국 부동산의 미래

비중이 전체의 50%에 도달하며 꾸준히 증가하는 것을 볼 수 있다(〈그림 14〉). 입주 물량이 증가하고 있지만 오피스텔의 주 수요층인 1, 2인 가구 비중이 그에 발맞추어 증가함으로써 수급 균형을 이루고 있는 것이다.

다음으로 경기도의 입주시장을 살펴보자. 경기도는 2013~2016년 1만 실 안팎의 안정적인 공급이 이루어졌다. 입주시장을 주도했던 분당구 판교테크노밸리(삼평동)의 성장에 기인한 것이다. 판교테크노밸리는 2010년 초기 단계를 넘어 2011년을 기점으로 사업체, 종업원 수가 급증하며 오피스텔 수요가 빠르게 증가했다. 분당 오피스텔 시장은 공급과 수요가 균형을 이루며 판교테크노밸리의 성장과 그 궤를 같이했다(〈그림 15〉).

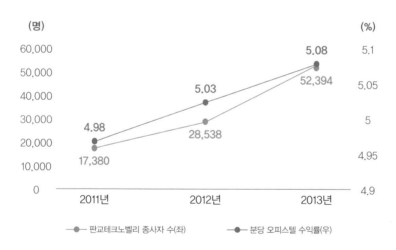

그림 15 판교테크노밸리 종사자 수와 분당 오피스텔의 임대 수익률 추이
(경인지방통계청, 〈전국 사업체 조사로 본 판교테크노밸리 산업 특성〉)

이후 경기도의 입주시장은 2017년 1만 6,000실이 공급되고, 2018~2019년에는 역대 최고 수준의 입주 물량이 공급되는데, 이는 앞서 언급했듯이 택지 지구 개발에 기인한 것이다. 택지 지구는 아무래도 도심 외곽에 자리 잡는 경우가 많은데, 도심과의 접근성이 떨어지는 택지(예를 들어, 서울 지하철 연장에서 소외된 택지)는 한동안 임차 수요를 찾는 데 어려움을 겪을 것으로 예상된다.

인천광역시는 2018년 5,000실에 이어 2019년에는 역대 최고 수준인 1만 실의 입주 물량이 예정되어 있다. 그리고 그 대부분은 송도국제도시(약 7,000실)와 청라신도시(약 4,000실)에 몰려 있는데, 송도와 청라 모두 아파트 분양이 정점을 지나고 오피스텔 분양이 시작되었기 때문이다. 오피스텔은 아무래도 투자 상품이기 때문에 도시별 '부富의 정도'를 고려할 수밖에 없다. 따라서 청라보다는 소득수준이 높은 송도의 오피스텔 시장이 유동성 모멘텀 면에서 유리하다. 다만 송도는 입주 밀도가 높아 단기간 집중적인 입주가 이루어질 것으로 예상된다. 따라서 전통적인 입지 원리에 따라 교통과 생활 편의가 잘 갖추어진 단지만 투자 가치를 인정받을 수 있을 것이다.

광역시 중에서는 부산의 입주 물량이 두드러지는데, 2018~2019년 연 4,000실이 예정되어 있다. 이는 장기 평균 수준에 가까운 수치로, 입주 물량에 따른 시장 충격은 없을 것으로 보인다. 지역적으로는 해운대, 서면 쪽에 공급이 이루어지는데, 대부분 소규모 단지로 타 지역에도 고른 입주 분포를 보이며 안정적인 흐름을 이어갈 것으로 예상된다. 다만 최근 아파트의 가격 하락이 심상치 않기 때문에 이에 따른 수익형 부동산의 리스크를 꾸준히 모니터링해야 한다.

빅데이터로 예측하는 대한민국 부동산의 미래

기타 지방에서는 경남과 충남에서 향후 비교적 많은 입주 물량이 예상된다. 먼저 경남은 2019년 6,000실의 입주 물량이 예상되는데, 대부분 창원과 양산에 몰려 있다. 현재 양산에 비해 창원의 주택 시장이 좋지 않은데, 주의가 필요하다.

충남에는 2018~2019년 약 7,000실의 입주 물량이 예정되어 있다. 대부분 천안과 아산에 몰려 있는데, 해당 지역은 아파트의 입주 물량도 몰려 있는 지역으로, 입지와 상관없이 오피스텔 물량 충격이 당분간 지속될 것으로 보인다.

지금까지 입주 물량을 중심으로 오피스텔 시장의 장기적인 흐름을 살펴보았다. 아파트와 유사하게 입주 물량은 후행해서 오피스텔 시장에 영향을 미치며, 2~3년의 시차를 보인다. 전국적으로 연평균 7만 실의 입주 물량이 예정된 2018~2019년에는 시장 충격이 예상된다. 다만 그 충격은 지역적으로 편차가 있을 것이다. 서울은 수요 구조가 뒷받침되어 하락 가능성이 적고, 경기도는 역대 최고 입주 물량의 공급으로 입지에 따른 양극화가 심화될 것이다. 인천 역시 송도와 청라 오피스텔 시장에서 양극화가 두드러질 것으로 예상된다. 지방에서는 부산, 경남, 충남 지역이 아파트 시장의 흐름에 따라 오피스텔 시장의 성패가 결정될 것으로 보인다. 다만 부산은 인구구조가 양호하고, 소규모 오피스텔 위주로 입주 물량이 공급되어 대세적인 시장 하락의 조짐은 보이지 않는다.

'도시 인프라 지수'로 본
오피스텔 수요 매력도

1장에서는 오피스텔 시장의 거시적 흐름을 읽을 수 있는 선행지표를 탐색해보았다. 2장에서는 시장의 유동적 흐름과 대비되는 고정적 모멘텀, 즉 오피스텔 수요에 대해 살펴보자.

오피스텔 수요를 '고정적'이라고 표현한 이유는 아파트와 달리 도시 인프라에 절대적으로 고정되어 있는 오피스텔 수요의 특성 때문이다. 아파트는 출퇴근 거리가 멀어도, 혹은 반드시 역세권이 아니어도 보금자리 수요가 있을 수 있다. 그러나 오피스텔은 출퇴근 시간이 어느 정도를 넘어서거나 역세권이 아닌 경우 수요 단절이 발생하는 상품이다. 그만큼 도시 인프라에 민감한 상품이다. 따라서 오피스텔 시장이 불경기라고 할지라도 도시 인프라가 우수한 지역은 고정적인 수요층을 확보할 수 있다.

2장에서는 이러한 고정적 수요층을 간접적으로 판단할 수 있는 도시 인프라 지수에 대해 소개한다. 또한 주요 지역별 도시 인프라 지수를 분석해서 오피스텔 수요가 견고한 지역을 탐색한다.

첫 번째 도시 인프라 지수: 주간인구지수

주간인구지수의 개념

해당 지역의 도시 인프라 수준을 간접적으로 설명하는 지표로는 먼저 주간인구지수를 꼽을 수 있다. 주간인구지수는 해당 지역에 상주하는 인구 대비 낮 시간에 머무르는 인구의 비율을 나타낸 값으로, 통근·통학으로 해당 지역에 유입되는 인구 규모를 알 수 있는 지표이다.

교통, 업무, 상권, 학군 등 도시 인프라가 잘 갖추어진 도시는 통근·통학에 따른 인구 유입이 많을 수밖에 없다. 즉 주간인구지수가 높을수록 도시 인프라 수준이 높으며, 유입 인구에 따른 잠재적인 오피스텔 수요가 많다고 할 수 있다. 주간인구지수를 구하는 공식은 다음과 같다.

주간인구지수=(상주인구+유입 인구−유출 인구)/상주인구×100

위 공식에 따르면, 주간인구지수가 100을 넘는 도시는 상주인구보다 낮 시간에 유입되는 인구가 더 많다는 것을 의미한다. 오피스텔의 잠재수요가 양호한 지역이라고 할 수 있다. 그렇다면 우리가 알고 있는 주요 도시의 주간인구지수는 어느 정도이며, 오피스텔 거주 가구와의 상관성은 어떨까?

주요 도시의 주간인구지수와 오피스텔 거주 가구 수

2015년과 2016년의 〈인구주택총조사〉에 따르면, 주요 도시(시·군·구 단위)의 주간인구지수와 해당 지역 오피스텔 거주 가구 수는 유의한 양(+)의 상관관계를 보인다(〈그림 1〉).*

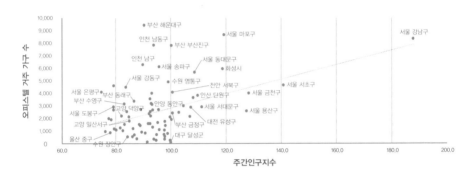

그림 1 수도권과 지방(5대 광역시와 통합시) 시·군·구 지역의 주간인구지수와 오피스텔 거주 가구 수의 상관관계

도시의 주간인구지수가 높을수록, 즉 도시 인프라가 좋은 도시일수록 오피스텔 거주 가구 수가 많다. 주간인구지수를 오피스텔 수요 추정을 위한 도시 인프라 지수로 판단하기에 무리가 없는 이유다.

주간인구지수의 기준점인 100을 상회하는 지역의 대부분이 서울 자치구에 있는 것을 〈그림 1〉에서 확인할 수 있다. 주간인구지수가 180을 넘은, 즉 상주인구보다 낮에 유입되는 인구가 80%나 많은

---

* 수도권(서울, 경기, 인천)과 지방(광역시와 통합시) 80개 시·군·구의 주간인구지수와 오피스텔 거주 가구 수와의 상관계수는 0.46으로 유의한 양의 상관관계를 보였다.

빅데이터로 예측하는 대한민국 부동산의 미래

강남구에는 8,145가구가 오피스텔에 거주하고 있다. 주간인구지수가 140인 서초구는 4,170가구, 128과 127인 금천구와 용산구는 약 4,000가구와 2,000가구가 오피스텔에 거주하고 있다.

마포구는 강남구에 비해 주간인구지수가 낮음에도 약 9,000가구가 오피스텔에 거주하고 있는데, 상암지구 개발로 2000년 이후 상암, 성산동에만 6,000실의 오피스텔이 공급되었기 때문이다. 이를 거꾸로 생각하면, 주간인구지수가 더 높은 강남구는 수요 여력이 있음에도 택지 부족으로 오피스텔 공급에 한계가 있다는 것을 알 수 있다.

지방 광역시 중에는 부산의 자치구가 비교적 높은 주간인구지수를 보인다. 특히 주간인구지수가 100.2 수준인 부산진구는 약 8,000가구가 오피스텔에 거주하고 있다. 부산의 업무·교통 중심인 서면역(1호선, 2호선)이 오피스텔 수요를 밀집시키고 있는 것으로 풀이된다. 금정구는 부산진구와 유사한 주간인구지수임에도 오피스텔 거주 가구는 2,000여 가구에 불과하다. 1인 가구 수가 적고 지하철 승하차 인구에서 큰 차이가 나기 때문이다. 통근·통학 유입 비율은 비슷하지만 유입량에서 큰 차이가 날 수밖에 없다(〈그림 2-1〉, 〈그림 2-2〉).

재미있는 것은 부산의 부동산 중심인 해운대구는 89.7의 저조한 주간인구지수에도 약 1만 가구가 오피스텔에 거주한다는 점이다. 이는 해운대의 오피스텔 수요가 일반적인 통근·통학 수요보다는 관광 수요에 집중되어 있다는 것을 알려주는 근거이다.

인천 남동구와 남구, 안양 동안구, 부산 동래구는 주간인구지수가 100 이하인데도 3,000실 이상의 오피스텔 거주 가구 수를 유지하고 있다. 이들 지역의 특징은 지역 내에 산업단지가 있거나 인구 과

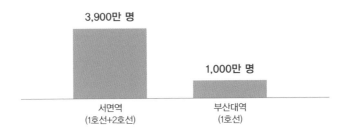

그림 2-1 서면역(부산진구)과 부산대역(금정구)의 승하차 인원 비교
(2017년 1~9월 누계/국토부 철도 통계)

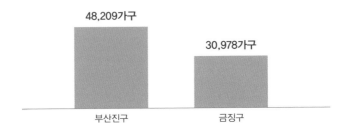

그림 2-2 부산진구와 금정구의 1인 가구 수 비교(통계청)

밀 지역이라는 것이다. 인천 남동구와 남구에는 인천의 대표 산업단지인 남동·주안 산단이 있다. 인천시 고용의 절반 이상을 차지하는 이 산업단지는 직주근접, 즉 직장과 주거지가 가깝길 바라는 수요의 특성에 따라 외부 인구 유입이 적을 수밖에 없다. 여기서 궁금한 점은 주간인구지수가 100 이하라면 주간에 유출되는 인구가 더 많다는 뜻인데, 그렇다면 유출 인구는 어디로 간 것일까? 답은 남동·주안 산단의 부진과 경기 서남권 산단의 호황에 있다.

이전에는 남동·주안 산단의 활황으로 직주근접의 수요를 노린 오피스텔이 인천 남동구와 남구에 대거 건축되었다. 하지만 산단의 생산성 하락으로 거주는 인천 오피스텔에서 하되 출근은 경기도 시화·반월 산단으로 하는 근로자가 증가했다. 이러한 흐름은 2012년 오이도-송도 수인선 개통으로 남동인더스파크역(남동산단)과 정왕역(시화산단)이 연결되면서 더욱 강화되고 있다.

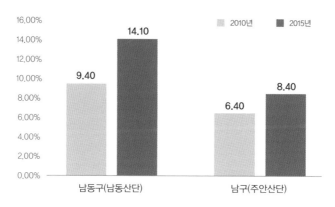

그림 3-1 인천 산단 지역 거주자의 경기도 통근·통학 비율 변화(통계청, 〈2015 인구주택총조사〉)

그림 3-2 인천 남동산단과 경기 시화산단의 수출 실적 추이(한국산업단지공단)

안양 동안구와 부산 동래구는 대표적인 인구 과밀 지역으로, 아파트의 대체지로 오피스텔 수요가 있다. 동안구와 동래구의 인구밀도는 1만 5,986명/km², 1만 6,402명/km²이지만 실제 이용 가능한 토지 면적*을 반영한 인구밀도는 2만 5,303명/km², 2만 2,972명/km²이다. 이는 같은 기준으로 추산한 서울시의 인구밀도 2만 2,749명/km²보다도 높은 수준이다. 따라서 도시 인프라 수준이 낮더라도 주거 대체지 개념의 오피스텔 거주 가구가 많을 수밖에 없다.

주간인구지수가 높은 도시는 통근·통학 인구를 끌어들이는 매력이 있다. 오피스텔 수요 매력도가 높은 도시인 것이다. 따라서 해당 지역은 오피스텔 공급 시 안정적인 임차 수요를 기대할 수 있다.

예외적으로 주간인구지수가 낮은데도 오피스텔 거주 가구 수가 많은 지역도 있다. 인천 남동구와 남구의 경우에는 산업단지의 생산성 하락에 따른 출근 유출 인구가 그 원인이었다. 따라서 해당 지역은 경쟁 산업단지 인근에 대규모로 오피스텔이 공급될 경우 공실률이 증가할 가능성이 높다. 그에 비해 안양 동안구와 부산 동래구 같은 인구 과밀 지역은 주거 대체지로서의 성격이 강하기 때문에 대규모 도시 정비 사업이 발생하지 않는 한 안정적인 임차 수요가 유지될 것이다.

---

* 전체 토지 면적에서 '전, 답, 임야'를 제외한 면적을 말한다(〈2015년 지적통계연보〉 기준).

두 번째 도시 인프라 지수: 종사자 1,000명 이상 사업체 수

두 번째 도시 인프라 지수로는 통계청 〈경제총조사〉 항목 가운데 하나인 '종사자 1,000명 이상 사업체 수'를 들 수 있다. 대기업의 공장이나 본사가 입주한 지역은 아무래도 교통, 상업, 행정 등의 비즈니스 인프라가 잘 갖추어져 있다.

게다가 큰 이벤트가 발생하지 않는 한 공장이나 본사 이전도 없다. 따라서 종사자 1,000명 이상의 사업체가 많은 지역은 안정적인 오피스텔 수요를 기대할 수 있다.

〈그림 4〉는 종사자 1,000명 이상의 사업체 수와 오피스텔 거주 가구 수의 상관관계를 나타낸 것이다. 가용 택지 한계에 따라 오피스

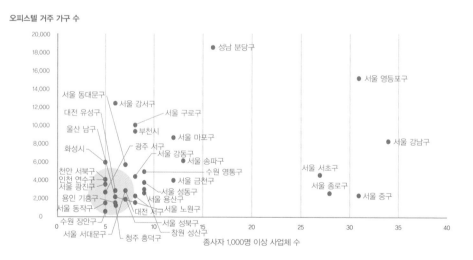

**그림 4 종사자 1,000명 이상의 사업체 수와 오피스텔 거주 가구 수의 상관관계
(통계청, 〈2015 경제총조사〉)**

텔 거주 가구 수가 적은 서울 종로구와 중구를 제외하면 대체로 유의한 양(+)의 상관관계*를 보인다.

IT · 금융 기업이 많은 영등포구에는 1,000명 이상의 사업체가 무려 31개가 있으며, 1만 5,000가구가 오피스텔에 거주한다. 전통적인 비즈니스 수요가 있는 지역이다. 경기도에는 성남 분당구에 16개의 대규모 사업체가 있으며, 영등포구보다 많은 1만 8,000가구가 오피스텔에 거주한다.

IT · 벤처 기업이 많은 금천구와 구로구는, 금천구에 대규모 사업장이 더 많음에도 구로구에 오피스텔 거주 가구가 더 많다. 이는 연결성이 우수한 2호선 신도림역, 구로디지털단지역이 구로구에 있기 때문으로 풀이된다. 그 외 서울을 제외한 지역은 대체로 5, 6개의 대규모 사업장이 있으며, 2,000~3,000가구의 오피스텔 거주 규모를 보이고 있다. 서울을 제외하고 대규모 사업장 1개당 약 500가구의 오피스텔 배후 수요가 있는 것이다.

〈그림 5〉는 주요 도시의 1,000명 이상 사업체 수와 종사자 수를 함께 나타낸 도표이다. 서울 중구와 수원 영통구, 아산시, 용인 기흥구, 화성시가 눈에 띄는데, 대규모 사업장 1개당 종사자 수가 많은 지역들이다. 하나의 대기업이 많은 종사자를 고용하고 있는 것인데, 쉽게 삼성전자라는 공통분모를 떠올릴 수 있다. 단 상대적으로 종사자 수가 적은(3만 명 수준) 아산시와 용인 기흥구는 단순히 '삼성 효과'만

---

* 수도권(서울, 경기, 인천)과 지방(광역시와 통합시) 32개 시 · 군 · 구의 '종사자 1,000명 이상 사업체 수'와 오피스텔 거주 가구 수와의 상관계수는 0.50으로 유의한 양의 상관관계를 보였다.

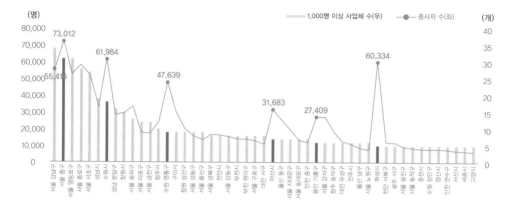

그림 5 주요 도시 1,000명 이상의 사업체 수와 종사자 수

믿고 투자했다간 낭패를 볼 수 있으므로 공급과잉 여부를 면밀히 살펴봐야 한다.

종사자 1,000명 이상의 사업체 수는 해당 지역의 경제 활력 혹은 경제 인구를 상징하는 지표이다. 전통적인 비즈니스 수요를 쉽게 파악할 수 있는 또 하나의 도시 인프라 지수라고 할 수 있다.

종사자 1,000명 이상의 사업체 수가 10개 이상 위치한 지역은 4,000가구 이상의 풍부한 배후 수요가 있다. 관심 지역의 사업체 수와 함께 종사자 수도 함께 살펴본다면 더욱 정밀하게 오피스텔의 배후 수요를 판단할 수 있을 것이다.

👥 세 번째 도시 인프라 지수: 지하철 승하차 인원

어떤 면에서 지하철 승하차 인원은 오피스텔 수요에서 가장 직접적인 도시 인프라 지수라고 할 수 있다. 오피스텔 분양 광고의 단골 홍보 문구가 '00역 도보 5분', '00역 도보 1분'일 정도로 역세권 강조에 가장 많은 힘을 주는 것을 봐도 그렇다. 비단 오피스텔뿐 아니라 유동인구가 중요한 상권에서도 지하철 승하차 인원 통계는 직관적으로 수요의 정도와 상권의 흐름을 잘 대변해주는 지표이다.

〈그림 6〉은 서울 지하철역 가운데 최근 의미 있는 변동을 보인 역들의 2017년 1~9월의 승하차 인원과 전년 동기 대비 증감률을 나타낸 그래프이다.

승하차 인원은 수요의 정도를, 전년 동기 대비 증감률은 수요의 흐름을 나타내는 지표이다. 해당 기간 동안 승하차 인원 1,500만 명 이상의 대규모 지하철역은 광화문역과 노량진역, 신논현역을 제외하고 모두 전년 동기 대비 감소한 것을 알 수 있다. 이유는 역마다 다소 차이가 있지만 크게 중국인 관광객의 감소와 인구 유출에 따른 서울 인구 감소로 압축할 수 있다.

대규모 지하철역 가운데 비교적 큰 감소를 보인 곳은 서울역과 종각역이다. 특히 서울역은 수서발 고속열차인 SRT 개통과 인천공항에서 유입되는 관광객 감소가 가장 큰 요인이라고 할 수 있다. 반면 승하차 인원이 증가한 광화문역과 노량진역은 그 이유가 다르다. 광화문역은 최근 대한민국을 뜨겁게 달구었던 국정 농단으로 인한 촛불집회의 영향이라고 할 수 있다. 그에 비해 노량진역은 2015년 1호

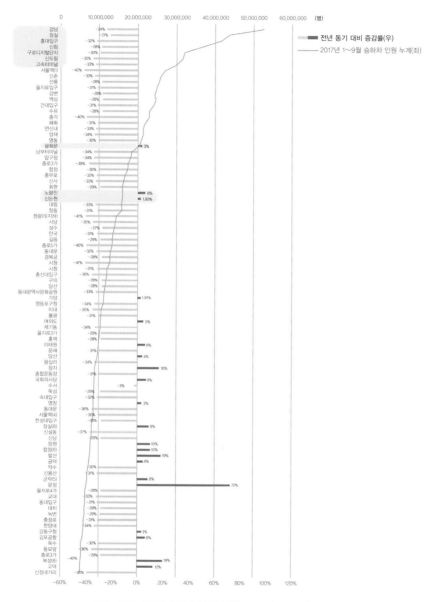

그림 6 서울 지하철 승하차 인원 동향(국토부 철도 통계)

PART 4 빅데이터로 읽는 오피스텔과 상권의 흐름

선과 9호선 환승 통로가 개선되며 9호선 효과에 따른 통근 인구의 유입이 원인이다.

여기서 주목할 것은 승하차 인원이 증가한 대부분의 역이 9호선이라는 점이다. 즉 9호선이 지금 서울 지하철 가운데 가장 '핫한' 노선인 것이다. 9호선 외에도 전년 동기 대비 승하차 인원이 증가한 노선이 있는데, 잠실-문정-복정의 8호선 라인이다. 이는 위례신도시의 영향으로, 향후 위례신도시 인구 증가에 맞춰 지속적으로 승하차 인원이 증가할 것으로 예상된다.

골목상권이 모여 있는 망원-합정-이태원의 6호선 라인도 주목할 만하다. 최근 젠트리피케이션으로 골목상권이 위기를 맞고 있다는 이야기가 자주 들리는데, 이미 젠트리피케이션이 심화된 이대, 신사, 압구정, 신촌의 경우에는 모두 전년 동기 대비 30% 이상 승하차 인원이 감소했다. 따라서 해당 6호선 라인은 젠트리피케이션의 속도와 파급력에 따라 유동인구에 큰 변화가 생길 수도 있다.

앞서 언급했듯이 서울 지하철의 승하차 인원 감소는 중국인 관광객과 서울 인구의 감소 영향이 크다. 하지만 중국인 관광객의 감소는 오피스텔 수요에 큰 영향을 미치지 않는다. 또한 서울 인구의 감소도 경기도 택지로 이동한 3, 4인 가구의 증가에 따른 것이므로 1, 2인 가구가 주 수요층인 오피스텔 시장에는 별다른 영향을 미치지 않는다. 따라서 최근 지하철 승하차 인원의 감소가 오피스텔 수요에 미치는 부정적 영향은 제한적이며, 오히려 해당 상권에 큰 영향을 미친다고 할 수 있다. 결국 지하철 승하차 인원과 오피스텔 수요와의 관계에서 주목해야 할 점은 전통적으로 수요의 정도가 큰 지하철역들(주로 2호선 라인)과 최근 두드러진 상승세를 타고 있는 9호선(특히 9호선 급행 라인)이 될 것이다.

현재 서울에서 가장 많은 사람이 타고 내리는 역은 강남, 잠실, 홍대입구, 신림, 구로디지털, 신도림 등 막강 2호선 라인이다. 9호선 라인 가운데는 노량진, 신논현, 가양, 여의도, 당산이 많은 승하차 인원과 의미 있는 증가세를 보이고 있다.

2호선	2017년 승하차 인원(1~9월/명)
강남	52,733,465
잠실	43,855,724
홍대입구	41,518,201
신림	36,028,423
구로디지털단지	32,220,122
신도림	31,474,344

그림 7-1 서울 지하철 승하차 인원 Top 6

9호선	2017년 승하차 인원(1~9월/명)	전년 동기 대비 증감률
노량진	16,003,607	5.5%
신논현	16,001,105	1.9%
가양	11,212,893	1.9%
여의도	10,388,164	4.7%
당산	9,515,200	3.5%

그림 7-2 서울 지하철 9호선 승하차 인원 Top 5

지하철 승하차 인원은 오피스텔의 절대적인 수요 지표라고 할 수 있다. '절대적'이라는 수식어를 붙인 것은 바로 중심 역에 중심 상권과 중심 업무 지구가 연계되어 있기 때문이다. 중심 상권과 업무 지구는 몇 년 안에 바뀌거나 하는 것이 아니므로 고정적 수요가 장기적으로 있는 곳이다. 더군다나 도시화가 이미 많이 이루어진 우리나라에서는 2호선이 다른 역으로 대체될 수 없는 것처럼 승하차 인원 규모의 1, 2등이 바뀌는 경우가 희박하다. 따라서 도시 인프라 지수로 제시한 지하철 승하차 인원 데이터를 유심히 살펴본다면 관심 지역의 고정적인 오피스텔 수요를 가늠하는 데 큰 도움을 얻을 것이다.

3장

인구통계로 본
오피스텔의 핵심 수요층

도시 인프라 지수를 통해 오피스텔의 수요 매력도를 평가하는 데 어느 정도 감을 잡을 수 있었을 것이다. 3장에서는 2장에 이어 오피스텔의 수요에 대해 더욱 구체적으로 이야기해보자. 구체적인 수요 통계를 가지고 지역별 인구통계 가운데 어느 부분을 유심히 봐야 하는지 살펴본다. 또한 주요 도시별 수급 지표를 분석해 지역별 오피스텔의 수급 동향을 진단하고, 더 나아가 도시 인프라 지수와 연계해서 종합적으로 오피스텔 수요를 파악하는 방법을 소개한다.

오피스텔의 핵심 수요층

오피스텔 거주 가구의 현황은 〈2016 인구주택총조사〉(통계청)를 통해 처음 공개되었다. 기존에는 오피스텔을 주택 이외의 거처에 포함해서 통계를 산출했는데, 2016년에는 시·군·구별 오피스텔 거주 가구를 따로 분류해 공표함으로써 지자체별 오피스텔의 수요를 파악할 수 있는 길이 열렸다. 오피스텔에 거주하는 가구 형태와 연령대 분석을 통해 오피스텔의 핵심 수요층을 파악했는데, 〈그림 1〉에 그 결과가 요약되어 있다.

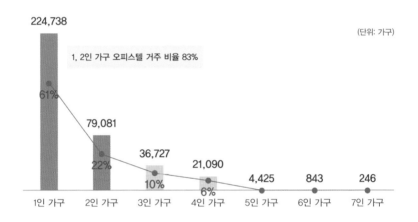

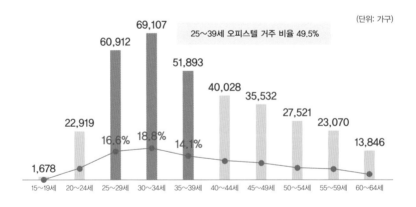

그림 1 가구 형태와 가구주 연령으로 본 오피스텔의 핵심 수요층 분석

빅데이터로 예측하는 대한민국 부동산의 미래

먼저 전국 가구 형태별 오피스텔 거주 비율을 살펴보자. 예상했던 대로 1인 가구 비중이 전체의 61%를 차지한다. 1, 2인 가구를 합하면 전체의 83%에 달하는 수준으로, 오피스텔은 전형적인 소규모 가구 거주지라는 것을 통계로 확인할 수 있다.

다음으로 연령대별 오피스텔 거주 비율을 살펴보면, 25~39세의 오피스텔 거주 비율이 전체의 49.5%를 차지하며 오피스텔이 청년·사회 초년생의 전형적인 주거지라는 것을 수치로 확인할 수 있다. 따라서 가구 형태와 연령대 분석을 종합해 오피스텔의 핵심 수요층을 정의하면, '25~39세의 1, 2인 가구'가 해당 지역 오피스텔의 핵심 수요층이라고 할 수 있다. 하지만 더욱 정교한 수요 추정을 위해서는 2인 가구 중에서도 1세대 부부 가구(남편과 아내만 있는 가구)만 따로 추려 '25~39세의 1인 가구+1세대 부부 가구'를 오피스텔의 핵심 수요층으로 정의하는 것이 낫다. 아무래도 2인 가구 중에서도 도심에 사는 부부 가구가 오피스텔에 거주할 확률이 높다는 판단에서다.

주요 도시 오피스텔의 핵심 수요 분석

오피스텔 핵심 수요층에 대한 이 같은 분석과 〈2016 인구주택총조사〉 데이터를 기반으로 시·군·구별 오피스텔의 핵심 수요를 따져볼 수 있을 것이다. 더불어 지역별 핵심 수요층과 실제 오피스텔 거주 가구를 대비하면 수요(핵심 수요층)에 비해 공급(오피스텔 거주 가구)이 얼마나 이루어졌는지 알 수 있다. 나는 이것을 '공급지수'라고 정의한다. 따라서 공급지수가 높을수록(낮을수록) 해당 지역의 오피스텔 공급 여력이 낮다(높다)고 할 수 있다.

공급지수=오피스텔 공급 수(거주 가구)/핵심 수요

〈그림 2〉는 서울에서 핵심 수요가 많은 순서대로 자치구를 나열한 것으로, 공급지수와 주간인구지수를 통합해서 정리한 것이다. 서울 오피스텔 수요의 종합 현황판이라고 할 수 있다.

오피스텔 수요 현황	핵심 수요	오피스텔 공급 수준	공급지수	주간인구지수(계)	
	1인 가구+ 1세대 부부 가구 (25~39세) (A)	오피스텔 거주 가구(B)	공급지수 (B/A)	전체	젊은층 (25~39세)
관악구	59,089	11,457	0.19	78.4	61.9
강남구	34,857	8,415	2.24	188.0	295.1
강서구	30,375	12,450	0.41	86.7	74.4
마포구	29,418	8,741	0.30	119.3	135.0
송파구	28,825	6,191	0.21	95.8	92.0
동작구	27,282	1,473	0.05	89.1	76.6
광진구	26,729	3,639	0.14	92.6	78.6
영등포구	25,149	15,268	0.61	146.1	178.9
서초구	20,951	4,710	0.22	140.7	185.0
성북구	20,102	1,603	0.08	92.5	77.1

그림 2 서울 오피스텔 수요 종합 현황

핵심 수요가 가장 많은 지역은 관악구로 약 6만 가구이다. 신림동 고시생들이 떠난 빈자리를 싱글족, 신혼부부가 채우고 있다. 다음으로 핵심 수요가 많은 지역은 강남구로, 핵심 수요 3만여 가구에, 젊은 층(25~39세)의 주간인구지수(295.1)도 월등히 높아 수요 매력도에서 타 지역을 압도한다. 이 외에도 강서구, 마포구, 송파구 등에 2만 가구 이상의 핵심 수요가 거주하고 있는 것으로 분석되었다. 그중 마포구, 서초구, 영등포구는 특히 젊은 층의 주간인구지수가 평균에 비해 높아 수요 매력도가 우수한 지역이라고 할 수 있다.

수급 여건인 공급지수를 살펴보면 영등포구 0.61, 강서구 0.41로, 핵심 수요에 비해 비교적 많은 공급이 이루어졌음을 알 수 있다. 반대로 성북구, 동작구의 공급지수는 각각 0.08, 0.05 수준으로 핵심 수요에 비해 적은 공급이 이루어졌다.

경기·인천 지역의 수요 현황을 살펴보면(《그림 3》), 화성시에 가장 많은 핵심 수요 가구가 거주하고 있다. 그다음으로 부천시, 수원

오피스텔 수요 현황	핵심 수요	오피스텔 공급 수준	공급지수	주간인구지수(계)	
	1인 가구+ 1세대 부부 가구 (25~39세) (A)	오피스텔 거주 가구(B)	공급지수 (B/A)	전체	젊은층 (25~39세)
화성시	27,775	6,034	0.22	118.6	123.63
부천시	25,961	9,454	0.36	87.7	77.07
수원 영통구	22,009	4,999	0.23	99.2	103.27
성남 분당구	21,750	18,578	0.85	105.0	128.40
인천 남동구	17,179	7,919	0.46	93.8	88.03
인천 부평구	16,954	9,450	0.56	84.9	73.10
시흥시	15,417	2,522	0.16	102.9	98.30
인천 남구	15,229	6,380	0.42	90.0	77.70
인천 서구	14,563	2,764	0.19	89.2	78.43
안산 단원구	12,146	3,704	0.31	108.1	117.20

그림 3 경기·인천 지역 오피스텔 수요 종합 현황

영통구, 성남 분당구에 2만 가구 이상의 핵심 수요층이 거주한다.

젊은 층의 주간인구지수가 높은 지역은 화성시, 수원 영통구, 성남 분당구, 안산 단원구로 IT 기업과 산업단지 출퇴근자가 많은 특성을 가지고 있다. 공급지수가 높은 지역으로는 성남 분당구, 인천 부평구, 남동구, 남구가 보이는데, 분당을 제외하면 인천 지역에 비교적 많은 공급이 이루어졌음을 알 수 있다.

지방 광역시 가운데는 대전 서구에 가장 많은 핵심 수요 가구가 거주하고 있다(〈그림 4〉). 시청이 있는 둔산동과 탄방동의 행정·업무지구를 중심으로 1, 2인 가구가 많이 거주한다. 그다음으로 많은 핵심 수요 가구가 있는 대전 유성구(2만 1,466가구)는 카이스트 등의 대학교와 대기업 R&D센터가 자리하고 있어 107.1의 높은 주간인구지수를 보이고 있다. 그 외에 대구 달서구, 부산진구, 광주 서구가 1만 가구 이상의 핵심 수요가 있는 지역으로 꼽힌다.

오피스텔 수요 현황	핵심 수요	오피스텔 공급 수준	공급지수	주간인구지수(계)	
	1인 가구+ 1세대 부부 가구 (25~39세) (A)	오피스텔 거주 가구(B)	공급지수 (B/A)	전체	젊은층 (25~39세)
대전 서구	22,748	2,252	0.10	92.7	90.77
대전 유성구	21,466	2,943	0.14	107.1	115.37
대구 달서구	16,855	1,105	0.07	94.0	92.93
부산 부산진구	15,842	7,894	0.50	100.2	95.30
광주 서구	13,946	2,778	0.20	95.6	100.70

그림 4 5대 광역시 오피스텔 수요 종합 현황

공급지수가 높은 지역으로는 부산진구를 꼽을 수 있는데, 핵심 수요 1만 5,000여 가구 대비 약 8,000실의 오피스텔이 공급되었다. 공급 수준이 높은 편이지만 서면역의 유동인구가 지속적으로 증가한 덕에 당분간 공급 과잉 우려는 없을 것으로 예상된다.

마지막으로 기타 지방의 수요 현황을 살펴보면, 주로 산업도시들이 분포해 있다(〈그림 5〉). 천안 서북구에 가장 많은 2만 3,000여 가구, 다음으로 SK하이닉스가 있는 청주 흥덕구에 1만 3,000여 가구가 거주하고 있다. 행정 도시인 세종시에는 1만 1,000여 가구의 핵심 수요층이 있다. 이들 지역은 산업도시 혹은 행정 도시답게 흥덕구를 제외하고 주간인구지수가 100을 상회한다. 수급 여건은 공급지수가 높은 창원 성산구(0.37)에 비교적 많은 오피스텔이 공급되었다.

오피스텔 수요 현황	핵심 수요	오피스텔 공급 수준	공급지수	주간인구지수(계)	
	1인 가구+ 1세대 부부 가구 (25~39세) (A)	오피스텔 거주 가구(B)	공급지수 (B/A)	전체	젊은층 (25~39세)
천안 서북구	23,551	4,141	0.18	100.6	95.73
청주 흥덕구	13,121	1,495	0.11	98.0	98.20
세종시	11,597	1,211	0.10	105.3	101.17
천안 동남구	10,564	1,169	0.11	106.6	100.80
창원 성산구	8,147	3,046	0.37	104.6	112.43

그림 5 기타 지방 오피스텔 수요 종합 현황

지금까지 〈2016 인구주택총조사〉의 데이터를 활용해 지역별 오피스텔 수요에 대해 알아보았다. 핵심 수요층인 25~39세의 1인 가구

+1세대 부부 가구를 중심으로 수급 여건을 진단할 수 있는 공급지수, 그리고 도시 인프라 지수인 주간인구지수를 종합해서 오피스텔 수요의 양과 질에 대해 살펴보았다. 오피스텔의 수요를 살필 때 양이나 질의 어느 한 면만 보면 왜곡된 판단을 할 수 있다. 예를 들어, 공급지수가 높아 양적 공급이 많이 된 도시라도 질적 수준인 주간인구지수가 높으면 그만큼 추가 공급 여력이 있다는 의미로 받아들일 수 있다. 반면에 공급지수가 낮아 양적 공급이 적은 도시더라도 주간인구지수가 극히 낮으면 오히려 공급 여력이 없다고 판단하는 게 옳을 것이다. 결국 가장 좋은 케이스는 공급지수는 낮고 주간인구지수는 높아서 수요 여력이 충분한 도시라고 할 수 있다.

3장에서는 도시 인프라 지수 가운데 주간인구지수만 오피스텔 수요의 질적 지표로 사용했다. 2장에서 소개한 다른 도시 인프라 지수도 병행해서 참고한다면, 관심 지역의 오피스텔 수요 추정을 더욱 정확하게 할 수 있을 것이다.

4장

월세 거래량으로 본
도시별 오피스텔 동향

도시별 오피스텔의 시장 동향은 어떤 데이터로 판단할 수 있을까? 오피스텔은 아파트에 비해 시세 표본 수가 적고 거래도 많지 않아 시세 편차가 크다. 또한 오피스텔 가격이 오른다고 해서 아파트처럼 시장이 좋아진다고 할 수 없는 것이 매매가가 오르면 수익률이 떨어지는 탓에 수익형 부동산인 오피스텔 시장에 오히려 악재가 될 수 있기 때문이다.

결국 가격 데이터로 명확하게 오피스텔 시장을 진단하기에는 무리가 있다. 따라서 수요에 대한 실증적인 데이터로 오피스텔 수익의 근원인 임차 수요가 증가하는지, 감소하는지를 따져보는 것이 가장 정확하고, 또 시장을 예측하는 데 도움이 된다.

국토부는 아파트처럼 오피스텔도 실거래 데이터를 제공한다. 그중 '월세 실거래 건수'를 활용하면 해당 지역 특정 기간의 실제 임차 수요를 살펴볼 수 있다. 월세 거래량이 해당 지역의 임차 수요에 대해 직접적인 단서를 제공해줄 수 있기 때문이다.

월세 거래가 많은 지역은 그만큼 임차 수요가 풍부해서 월세 수익이 안정적으로 담보되지만 그렇지 않은 지역은 공실률 증가로 월세 수익이 들쭉날쭉하다. 따라서 월세 거래량이 많고 그 흐름 또한 증가세에 있다면 투자 수요가 따라붙어 오피스텔 시장의 상승 모멘텀이 된다. 즉 월세 거래량은 오피스텔 시장의 모멘텀을 파악할 수 있는 선행지표로서 가치가 있다.

4장에서는 오피스텔 시장의 수익 모멘텀인 월세 거래량 분석을 통해 주요 도시별 오피스텔 시장의 최근 동향을 자세히 살펴보자.

월세 거래량 매트릭스 구조

어느 도시의 월세 거래량 지표는 오피스텔 시장에 두 가지 시그널을 제공한다. 하나는 월세 거래의 '양' 자체로, 오피스텔 수요의 정도를 파악할 수 있다. 다른 하나는 월세 거래의 '증감'으로, 오피스텔 시장의 선행적 흐름을 파악할 수 있다. 월세 거래 증가(감소)에 따른 임차 수요 증가(감소)에 후행해서 매수세가 증가(감소)하기 때문이다. 따라서 월세 거래량과 월세 거래량의 증감률을 활용해 월세 거래량 매트릭스를 만들 수 있는데, 이를 통해 도시별 월세 거래량(수요의 정도)과 월세 거래량 증감률(시장의 흐름)을 동시에 파악할 수 있다.

월세 거래량 매트릭스 구조
- 가로축: 해당 도시(시·군·구)의 2017년 월세 거래량 총합
  [기준점: 도시별 연간 월세 거래량의 평균(400건)]
- 세로축: 해당 도시(시·군·구)의 2016년 대비 2017년 월세 거래 증감률
  [기준점: 증감률 0%]

• 사분면의 의미

2사분면: 임차 수요 강소 지역 월세 거래량은 평균 이하 수준이나 전년 대비 거래량이 증가한 지역.	↑ 전년 대비 월세 거래량 증가	1사분면: 임차 수요 우량 지역 월세 거래량이 많고, 전년 대비 거래량이 증가한 지역.
← 월세 거래량 감소	기준점	월세 거래량 증가 →
3사분면: 임차 수요 열위 지역 월세 거래량이 평균 이하 수준이며, 전년 대비 거래량도 감소한 지역.	전년 대비 월세 거래량 감소 ↓	4사분면: 임차 수요 둔화 지역 월세 거래량은 많으나 전년 대비 거래량 이 감소한 지역.

전국 주요 도시 오피스텔 시장의 동향 분석

월세 거래량 매트릭스를 활용해서 오피스텔 수요가 있다고 판단되는 수도권(서울, 경기, 인천)과 지방(5대 광역시, 세종시), 통합시(창원, 청주)의 하위 시·군·구 75개 지역의 시장 동향을 진단해보았다(〈그림 1〉).

먼저 1사분면에 자리한 지역을 분석해보자. 송파구의 거래량이 두드러진다. 송파구는 전년 동기 대비 60% 증가한 1,481건의 월세 거래가 이루어졌다. 월세 거래량과 흐름 모두 양호한 상황으로, 이는 문정법조타운 생활권 안정화에 따른 것이다. 다만 최근 3년간 문정법조타운 오피스텔 공급이 일시에 몰리며 마이너스 프리미엄이 형성되었다가 최근에야 시세가 안정되었다는 것에 유의할 필요가 있다. 생활권이 안정되면서 임차 수요가 증가하고 있지만 신규 오피스텔의 공급 증가로 매매 시세의 상승 가능성이 약하기 때문에 매수할 때 합리적 가격인지 따져볼 필요가 있다.

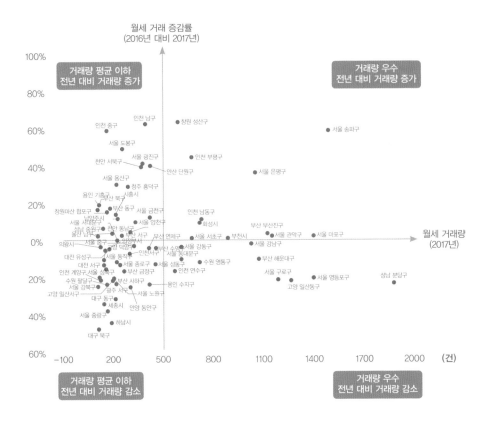

그림 1 월세 거래량 매트릭스로 본 주요 도시의 오피스텔 동향(국토부)

은평구 역시 전년 동기 대비 37% 증가한 1,046건의 월세 거래가 이루어지며 1사분면에 자리하고 있다. 은평구는 송파구와 달리 오피스텔 택지 개발이 없던 곳인데도 임차 수요가 늘고 있다. 그렇다면 은평구의 임차 수요 증가 원인은 무엇일까? 은평구 거주자의 통근 비율을 살펴보면 그 답을 알 수 있다. 2017년 현재 은평구 거주자의 통근 지역 비율은 은평구(25%)＞중구, 마포구, 종로구(22%)＞고양시 덕양구(3%)*이다. 즉 도심권 출퇴근자들이 '가격에 밀려' 은평구 오피스텔에 거주하기 시작한 것이다. 2017년 말에서 2018년 최근의 국토부 실거래가를 살펴보면, 은평구 원룸 오피스텔은 1억 3,000만 원, 비슷한 연식의 종로 사직동 원룸 오피스텔은 1억 8,000만 원에 거래가 되었다. 도심 접근성이 우수한 은평구(지하철 3호선)의 가성비가 임차 수요를 끌어당기고 있는 것이다. 또한 은평구 거주자의 통근 지역으로 고양시 덕양구가 통계에 잡혔다. 이는 2017년 8월에 오픈한 고양 스타필드의 효과라고 할 수 있다. 스타필드 개장으로 고용 근로자들이 서울에서 고양으로 출퇴근하기 시작한 것이다. 여기에 은평성모병원(2019년 예정), 구파발 롯데몰(2016년 오픈) 등 대형 인프라의 개발 호재로 앞으로도 양호한 임차 수요가 기대되는 지역이다.

이 외에도 서울 오피스텔의 중심이라고 할 수 있는 서초구는 전년 동기 대비 2% 증가한 667건의 월세 거래가 성사되었으며, 강남구는 2017년 1,024건의 거래량을 기록했지만 전년 동기 대비 2% 감소한 거래량으로 지난해에 이어 비슷한 시장 흐름을 유지했다. 마포구와 영등포구는 각각 1사분면, 4사분면에 자리하며 서로 다른 길을 갔다. 이는 마포구 상암지구 개발에 따른 오피스텔 핵심 수요층의 이동에 따른 것이다. 기존에 여의도에 있던 방송국, 언론사 등이 상암동으로 이전하며 여의도 출퇴근자가 마포구로 옮겨갔고, LGCNS, 삼성SDS 같은 IT 기업이 상암동에 입주하며 젊은 화이트칼라 근로자들이 마포구로 집결하면서 생겨난 결과이다.

---

* 부동산114 K-atlas.

인천에서는 서울과 연접한 부평구와 산업단지 수요가 있는 남동구가 전년 동기 대비 각각 45%, 12%의 월세 거래 증가율을 기록했다. 부산에서는 서면이 있는 부산진구가 전년 동기 대비 3% 증가한 1,119건의 월세 거래가 이루어졌고, 통합시 중에서는 창원의 중심 지역인 성산구가 전년 동기 대비 64% 증가한 월세 거래량을 기록하며 양호한 오피스텔 시장 흐름을 보였다.

2사분면에서는 입주 물량은 적지만 전통적으로 임차 수요가 풍부한 서울 용산구, 광진구, 양천구 등을 볼 수 있다. 이들 지역은 전년 대비 10~40% 수준의 거래량 상승을 보이며 도시 인프라의 중요성을 다시 한 번 증명해준다. 수도권 지역에서는 용인 기흥구, 시흥시, 안산 단원구 등 IT 산업도시와 시화·반월 산단 지역이 직주근접 수요 증가로 전년 대비 월세 거래량이 증가했다. 인천에서는 남구의 월세 거래량이 전년 대비 63% 증가하며 높은 관심을 보였는데, 용현 학익 지구 개발과 송도발 KTX(2021년 예정)에 따른 투자 수요 유입의 결과이다. 지방에서는 역시 IT 산업도시인 천안 서북구와 동남구, 청주 흥덕구가 전년 대비 월세 거래량이 증가하며 양호한 시장 흐름을 이어가고 있다.

한편 2사분면에 자리한 지역 가운데 동구, 서구, 동래구, 북구 등 유독 부산 지역 자치구가 눈에 많이 띈다. 그러나 해당 지역의 월세 거래량은 300건 미만으로 소소한 변동이라고 해석하는 것이 정확하다. 따라서 거래량 증가에 큰 의미를 두기에는 무리가 있다.

이제 거래량 수준이 평균 이하이고, 전년 대비 거래량도 감소한 3사분면의 지역들을 살펴보자. 의외로 종로구, 중구 등의 서울 도심과 강북구, 노원구, 중랑구, 성북구, 성동구 같은 서울 강북 지역이 3사분 면에 자리하고 있다. 해당 지역들의 공통점은 최근 2년간 높은 가격 상승률을 기록했다는 것이다. 부동산114 시세 통계에 따르면, 종로구 는 최근 2년간 7%, 노원·중랑·성북 권역 역시 9%의 높은 가격 상승 률을 보였다. 즉 상승한 시세에 따라 수익률을 맞추다보니 부담스러 운 월세로 인해 임차 수요가 감소한 것이다. 앞서 언급한 은평구의 2 년간 시세 상승률이 0% 수준인 걸 감안하면 서울 오피스텔 시장에 가 성비 바람이 불고 있다고 할 수 있다.

서울 외 수도권에서는 택지 내 오피스텔 공급이 월세 시장에 큰 영향을 미치고 있다. 2016년부터 오피스텔 공급이 일시에 몰린 탓이 다. 삼송지구가 있는 고양 덕양구, 미사지구가 있는 하남시, 청라지구 가 있는 인천 서구, 광교신도시가 있는 용인 수지구 모두 전년 대비 오피스텔 거래량이 감소했다.

지방에서는 광역시의 자치구들이 눈에 띈다. 대부분 핵심 수요층 인 '1인 가구와 1세대 부부 가구'(25~39세)가 많은 곳들이다. 광주 서 구의 경우에는 핵심 수요층이 1만 4,000가구 수준임에도 거래가 감소 했다. 이는 지난 1, 2년간의 입주 물량 공급에 따른 월세 거래가 많이 이루어지면서 지금은 거래가 감소한 것처럼 보이는 '기저 효과' 때문 이다. 따라서 이 지역들의 거래 감소는 '시장 하락'보다는 '한 템포 쉬 어가는' 국면으로 보는 게 맞다.

마지막으로, 오피스텔 거주 가구 수는 많지만 전년에 비해 거래 량이 둔화된 4사분면의 지역들을 살펴보자. 먼저 수도권 지역에서는 3사분면에 자리한 서울 지역과 마찬가지로 시세 상승에 따른 월세 수요 감소 지역들을 볼 수 있다. 서울 강남구, 강동구, 구로구, 동대문구, 성남 분당구 등이다. 해당 지역들은 지난 2년간 최소 5%의 시세 상승률을 보였다. 재미있는 것은 시세 상승으로 월세 거래가 감소했는데도 강남구, 강동구의 하락폭이 -2%, -3% 수준으로 비교적 크지 않았다는 점이다. 고정된 도시 인프라 덕에 월세 수요 변동성이 낮은 곳들이라고 할 수 있겠다.

기타 수도권 지역에서는 3사분면의 경우와 마찬가지로 택지 내 오피스텔 공급으로 인한 월세 거래 둔화 양상이 보였다. 광교신도시가 있는 수원 영통구, 킨텍스 원시티 개발이 있는 고양 일산동구, 송도국제도시가 있는 인천 연수구가 4사분면에 있는 것을 볼 수 있다.

지금까지 월세 거래량 매트릭스를 통해 주요 도시의 오피스텔 임차 수요 동향을 입체적으로 살펴보았다. 현재 서울 지역 오피스텔 수요의 키워드는 '가성비'와 '뜨는 상암동'으로 요약할 수 있다. 최근 2년간 급등한 오피스텔 시세로 기존 도심지 수요는 가성비를 따지는 경향이 강해지고, 업무 지구 이동으로 여의도는 지고 상암동이 뜨는 모습을 볼 수 있었다. 또한 변하지 않는 도시 인프라로 강남, 서초, 용산 등의 월세 수요는 꾸준한 흐름을 유지하고 있다.

경기도와 인천은 택지 내 오피스텔 공급으로 월세 수요가 둔화하는 조짐을 보이고 있는데, 당분간 수도권 택지 내 오피스텔의 임차 수요를 찾기가 쉽지 않아 보인다. IT 산업도시와 시흥·반월 산단 인근 지역은 산업 경기 영향으로 월세 수요가 증가했다. 다만 향후 산업 경기가 악화되면 변동성이 커질 수 있으므로 경기 동향을 꾸준히 모니터링해야 한다.

빅데이터로 예측하는 대한민국 부동산의 미래

지방 시장은 광역시의 경우 최근 이루어진 오피스텔 입주 물량 공급에 대한 피로감으로 부산 일부 지역을 제외한 대부분의 지역의 거래가 감소했고, 기타 지방의 경우에는 IT 산업의 수혜를 입은 지역들의 거래량이 증가했다. 하지만 지방 시장은 아무래도 수도권과 비교하면 인구구조와 도시 활력 면에서 차이가 나기 때문에 호황기가 짧다. 그만큼 거래량의 국면 변화가 빠르기 때문에 투자의 난이도가 높은 시장이라고 할 수 있다.

수익형 상품인 오피스텔은 주거용 상품인 아파트에 비해 시장 변동성이 큰 편이다. 따라서 고정적인 수요가 있고 수익의 원천인 월세 수요가 증가하고 있는 지역 위주로 접근할 필요가 있다. 이러한 원칙에 의거해서 월세 거래량 매트릭스를 활용한다면 도시별 오피스텔 시장을 바라보는 데 큰 도움을 받을 것이다.

5장

전국 142개
주요 상권 국면 진단

1장에서 4장까지 데이터를 활용해 오피스텔 시장의 거시적 흐름부터 도시별 세부 동향까지 진단해보았다. 사실 아파트에 비해 수익형 상품이라고 할 수 있는 오피스텔에 대한 데이터는 그 종류가 다양하지 않고 표본 수도 적어 데이터의 신뢰성이 떨어지는 편이다. 상권 데이터는 더 그렇다. 따라서 다양한 데이터를 가지고 상권의 흐름을 진단하고 싶지만 어쩔 수 없는 한계도 있다는 것을 미리 밝힌다. 5장에서는 국가 승인 통계인 한국감정원에서 발표하는 중대형 상가*의 공실률 추이와 임대가 증감률을 바탕으로 지역 상권을 진단한다.

---

* 건축물대장상으로 주 용도가 상가(제1, 2종 근린 생활 시설, 판매 시설, 운동 시설, 위락 시설)이고, 건축 연면적의 50% 이상이 임대되고 있으며, 3층 이상이거나 연면적 330m² 초과인 일반 건축물을 말한다(한국감정원).

공실률과 임대가 추이로 지역 상권 진단하기

상가 역시 수익형 상품이기 때문에 수익률이 중요하다. 상가 수익률에 큰 영향을 미치는 요인은 아무래도 임대가이고, 임대 수익이 꾸준히 발생할 것인가는 공실률로 파악할 수 있다. 따라서 지역 상권의 임대가와 공실률 추이를 동시에 살펴본다면 해당 지역 상권의 국면이 활발, 둔화, 불황, 회복 중 어디에 있는지를 진단할 수 있다.

공실률×임대가 매트릭스 구조

상권의 공실률 추이와 임대가 증감률을 동시에 살펴보기 위해 두 지표를 바탕으로 공실률×임대가 매트릭스를 만들어보았다. 이 매트릭스를 활용하면 한국감정원에서 발표하는 전국 주요 상권의 개별 국면을 공실률과 임대가의 두 측면에서 살펴볼 수 있다.

공실률×임대가 매트릭스 구조
- 가로축: 해당 상권(한국감정원 분류 기준) 2017년 1분기 대비 4분기의 공실률 증감
  [기준점: 증감률 0%]
- 세로축: 해당 상권(한국감정원 분류 기준) 2017년 1분기 대비 4분기의 임대가 증감률
  [기준점: 증감률 0%]
- 사분면의 의미

2사분면: 상권 활발 상권이 활발해지며 공실률이 감소하고 임대가가 상승하는 국면.	↑ 임대가 상승	1사분면: 상권 둔화 임대가 상승으로 공실률이 증가하는 상권 둔화 국면.
⟵ 공실률 감소	기준점	공실률 증가 ⟶
3사분면: 상권 회복 임대가는 하락세지만 공실률이 점차 감소하며 상권이 회복되는 국면.	임대가 하락 ↓	4사분면: 상권 불황 공실률 증가로 임대가도 하락하는 상권 불황 국면.

서울 상권 분석

서울 주요 상권의 국면을 분류하면 〈그림 1〉과 같다.

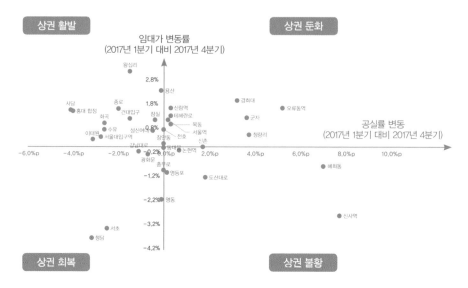

그림 1 공실률×임대가 매트릭스로 본 서울 상권 국면

'상권 활발' 국면인 2사분면의 건대입구 상권은 스타시티의 기여도가 높다. 굳이 데이터로 따지지 않아도 건대입구 2호선과 7호선 출구는 항상 사람으로 붐비는데, 스타시티 방향인 3, 4번 출구의 하루 유동인구는 9만 명 수준으로 1, 2번 출구에 비해 50%나 더 많다.* 롯데백화점, 영화관, 이마트 등 다양한 소비층을 흡수할 수 있는 유통시설이 연계된 것이 강점이다.

종로 상권 역시 2사분면에 자리하고 있는데, 사드 사태로 중국인

---

* 나이스지니 데이터.

관광객이 감소했음에도 국정 농단 등 굵직한 정치 이슈에 따른 대규모 집회 개최로 인근 상권이 반사 이익을 얻은 것으로 풀이된다. 홍대 합정, 이태원 상권은 연트럴파크, 경리단길 등 젊은이들의 힙플레이스로 떠오르며 지속적으로 상권을 확장하는 중이다.

이 외에도 서울대입구역, 사당, 수유가 활발한 상권으로 꼽히는데, 공통점은 등산로와 연계된 상권이라는 것이다. 서울대입구역, 사당 상권은 관악산을, 수유 상권은 북한산을 등지고 있다. 그렇다면 등산로 상권을 움직이는 동인은 무엇일까? 바로 '액티브 시니어'다.

액티브 시니어는 은퇴 이후에도 소비 생활과 여가 생활을 즐기는 50, 60대를 지칭하는 단어이다. 고령화 추세를 고려했을 때 향후 이들의 소비력은 대한민국 상권에 큰 영향을 미칠 것이다.[**] 액티브 시니어 빅데이터 조사 결과에 따르면, 운동·스포츠 같은 동적인 여가에 대한 선호(64.1%)가 문화생활·교육 같은 정적인 여가에 대한 선호(35.9%)보다 월등히 높은 것으로 나타났다.[***] 따라서 동적인 여가 생활을 즐기는 액티브 시니어들의 소비가 등산로 상권에서 발생하는 것은 어쩌면 당연한 이치다.

등산로 상권 외에도 왕십리, 용산, 잠실 상권이 2사분면에 자리하고 있는데, 이들 지역은 개발 기대감으로 최근 임대가가 상승했으나 공실률 개선이 상대적으로 부진해서 향후 둔화 국면으로의 진입이 예상된다. 먼저 왕십리 상권은 쿼드러플 역세권을 긴 민자 역사 상

[**] 통계청 〈2012 가계금융·복지조사〉에 따르면, 시니어 산업은 2015년 68조 원에서 2020년에는 125조 원까지 성장할 것으로 예상된다.

[***] 〈빅데이터 분석으로 본 시니어 소비 트렌드 변화〉, TAPACROSS.

권(비트플렉스)이 성장 가도를 달리다 왕십리 뉴타운 단지 내 상가(텐즈힐, 센트라스) 입점이 시작되며 공실률 개선이 더뎌지고 있다. 왕십리 상권이 속한 성동구의 상가 분양 현황을 보면, 2011년 이후로 단지 내 상가가 절대적으로 높은 비중을 보이며 민자 역사 상권의 수요를 잠식하고 있는 것을 알 수 있다(〈그림 2〉).

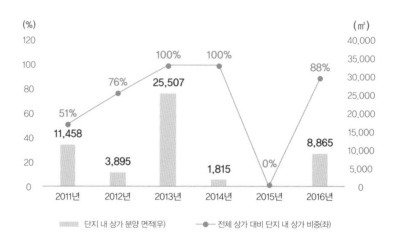

그림 2 성동구 단지 내 상가 분양 추이(부동산 114 REPS)

일반 아파트 단지 내 상가와 달리 5,000여 세대의 배후 수요를 자랑하는 왕십리 뉴타운 단지 내 상가는 키즈 카페, 스타벅스 등 유명 F&B가 단지 내 젊은 층의 수요를 흡수하며 민자 역사 상권의 주 수요층을 흡수하고 있다. 왕십리 민자 역사와 뉴타운 단지 내 상가 수요를 간접적으로 확인할 수 있는 왕십리역(2호선)과 상왕십리역(2호선)의 2017년 승하차 인원 증감률을 살펴보더라도, 왕십리역이 전년 대비 -34%의 감소율을 보이며 상왕십리역에 비해 하락폭이 큰 것을 확인할 수 있다(〈그림 3〉).

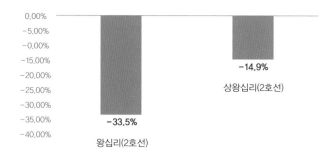

그림 3 왕십리역(비트플렉스)과 상왕십리역(왕십리 뉴타운)의 승하차 인원 증감(1~9월 누계 기준)

잠실 상권은 롯데타워 효과로 임대가가 상승하고, 반경 10km 이
내에 있는(차량으로 30분) 하남시와 강남 코엑스 스타필드 개장에 따른
메가몰 경쟁이 심화되면서 공실률 감소가 더뎌지고 있다. 용산 상권
또한 용산공원 개발에 대한 기대감으로 연초에 비해 임대가가 상승
했는데, 국제업무지구 개발에 대한 마스터플랜이 확정되지 않아 공실
률 개선이 미미한 상황이다(〈그림 4〉).

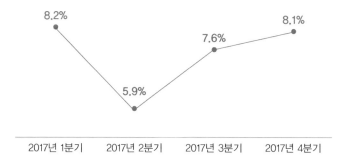

그림 4 용산 상권의 2017년 공실률 추이(한국감정원)

회복 국면의 3사분면에서는 광화문, 명동, 강남대로 상권의 회복세가 눈에 띈다. 광화문과 명동은 중국인 관광객의 감소로 타격을 입었던 상권이다. 하지만 2017년 하반기 이후 회복세가 두드러진다. 광화문 상권의 회복은 D타워가 주도하고 있다. F&B 업종 매출이 증가하고, 직장인 수요가 꾸준히 몰리면서 회복세를 견인하고 있다. 네이버 데이터랩을 통해 종로구 음식점의 검색 관심도* 추이를 살펴보면, 2017년 10월 이후로 D타워가 있는 청진동에 대한 검색 관심도가 급증하며 계속해서 상위에 랭크되어 있는 것을 볼 수 있다(〈그림 5〉).

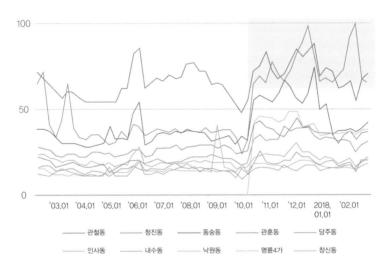

그림 5 음식업종에 대한 서울 종로구 하위 지역의 검색 관심도(네이버 데이터랩)

---

* 네이버에서 매일 발생하는 수억 건의 검색어와 네이버가 가지고 있는 수백만 건의 지역 데이터를 가지고 추정한다. 검색 관심도는 조회 기간 내 최대 관심도를 100으로 표현하여 상대화한 수치이다.

빅데이터로 예측하는 대한민국 부동산의 미래

강남대로 상권은 2016년 이후 서초동 삼성타운에서 근무하던 직원들이 계열사별로 흩어지며 타격을 받았지만, 강남대로 북단에 있는 교보타워 사거리 상권이 살아나며 회복세를 견인하고 있다. 신논현역 후면에 있는 먹거리 상권이 최근 두드러진 성장세를 보이고 있고, 신논현역 승하차 인원도 전년 대비 2% 상승하는 등 전년에 비해 24%가 감소한 2호선 강남역의 상황과 대조를 이루고 있다.

불황 국면의 4사분면 상권은 대부분 젠트리피케이션과 중국인 관광객의 감소 영향으로 어려움을 겪고 있다. 신사역, 도산대로 상권은 이전 골목길 상권의 특색이 사라지며 꼭 가봐야 할 이유가 퇴색된 지역이다. 특히 중국인 성형 관광객의 감소와 함께 빈 상점이 증가한 신사역은 공실률이 연초에 비해 7%p 이상 증가하고 있다. 혜화동 역시 서울시가 젠트리피케이션 우려 지역으로 지목하며 서울형 창작극장 지원 사업을 하고 있는 지역이다. 혜화동 소극장 한 달 임대가가 2004년만 해도 150만 원이었던 것이 2017년 1월 현재 500만 원 수준까지 상승하며 대학로극장, 삼일로창고극장 등 유서 깊은 공연장들이 폐관하는 상황에 있다.[**] 혜화 상권의 핵심 유입 경로인 문화 공연의 활력이 떨어지면서 인근 상권 역시 어려운 시절을 보내고 있다.

둔화 국면의 1사분면에서는 경희대, 청량리 상권이 눈에 띈다. 해당 지역은 연초에 비해 임대가가 상승했으나 공실률 또한 연초 대비 3%p 이상 증가한 지역으로, 도시 정비 사업을 통한 이주 수요가 상권 공실률에 영향을 주고 있다. 경희대 상권은 이문·휘경 뉴타운, 청량

[**] 아주경제, http://www.ajunews.com/view/20170111110125589.

리 상권은 청량리 재정비 촉진 지구와 연계되어 있다. 해당 지역 모두 최근 개발 사업이 재추진되며 개발 기대감으로 임대가가 상승했다. 하지만 원주민 이주가 진행되면서 유동인구 감소에 따른 상가 공실률이 증가하고 있다.[*]

서울 서남권의 오류동 상권 역시 연초 대비 5.2%p 증가한 공실률을 보이며 둔화 양상이 두드러지고 있다. 조선족, 중국인들이 거주하며 형성된 양꼬치 상권이 그 특색을 잃어가며 이제는 양재동, 자양동 등 다양한 곳에서 양꼬치를 즐길 수 있고, 가족 단위로 방문하던 중국인 관광객들의 감소로 상가의 공실률이 증가하는 상황이다.

군자 상권은 5호선, 7호선의 더블 역세권인 군자역을 기반으로 성장세를 이어가는 지역이다. 최근 군자역 인근에 오피스텔 개발 현장이 지속적으로 생기는 등 상권 확장에 대한 기대감으로 임대가가 상승 추세에 있다. 그러나 아직 인근 건대입구 상권에 비해 유동인구가 적어 공실률이 증가하며 둔화 국면에 머무르고 있다.

테헤란로, 서울역 상권은 최근까지 활발 국면에 있다가 둔화 국면에 접어든 경우다. 테헤란로 상권은 현대자동차그룹이 구舊한전 부지에 글로벌비즈니스센터 개발의 청사진을 제시했으나 아직 착공이 이루어지지 않고 있다. 서울역 상권은 서울로 개장으로 상권 활성화의 모멘텀이 마련되었으나 서울로와 직결된 상권에 한정돼 제한적 영향만 미치고 있다. 여기에 임대가 상승으로 소상공인들이 밀려나

---

[*] 이문·휘경 뉴타운 가운데 휘경 1구역과 휘경 2구역은 이주와 철거가 진행 중이며, 청량리 재정비 촉진 지구 가운데 청량리 4구역은 2017년에 철거가 완료되었다.

빅데이터로 예측하는 대한민국 부동산의 미래

는 상황도 관찰된다. 네이버 데이터랩을 통해 서울역이 속한 중구의 음식업종에 대한 검색 관심도 추이를 살펴보면, 대우재단빌딩, 서울 스퀘어가 있는 남대문로5가에 검색량이 집중되어 있는 것을 알 수 있다. 서울로와 연결되어 있는 대우재단빌딩의 서울로테라스 같은 F&B 매장이 가장 큰 수혜를 보고 있는 것이다.

서울 주요 지역의 상권 국면을 분석해보았다. 공실률×임대가 매트릭스를 통해 살펴본 결과 '상권 활발, 상권 회복' 국면에 대표적인 상권들이 밀집해 있는 것을 볼 수 있었다. 강남 일부 지역을 제외하면 현재 서울의 상권 동향은 대부분 양호한 흐름을 보이고 있는 것이다.

서울시 상권 흐름의 핵심 동인을 키워드로 요약하면 '젠트리피케이션', '액티브 시니어', '재건축·재개발 이주'를 꼽을 수 있다. 골목상권의 보존 여부, 액티브 시니어의 소비 동향, 도시 정비 사업 진행에 따른 기대감과 원주민의 이주가 서울시 상권을 움직이고 있는 것이다.

경기·인천 상권 분석

경기·인천 주요 상권의 국면을 분류하면 〈그림 6〉과 같다. 먼저 활발 국면의 2사분면 상권을 살펴보면, 수원역 상권의 도약이 눈에 띈다. 2017년 4.2%의 임대가 상승률을 기록했으며, 공실률은 2.4%p 감소하는 성장세를 보였다. 수원역은 경부선, 1호선, 분당선이 지나가며, 2015년 기준으로 승하차 인원이 1,353만 명[**]인 전국 5위 규모의 역이다. 최근 이곳은 2017년 6월 지하 1층, 지상 2층 규모의 복합환승

[**] 위키백과 참조.

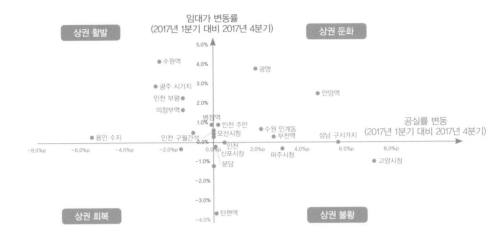

그림 6 공실률×임대가 매트릭스로 본 경기·인천 상권 국면

센터가 개통되며 지하철, 버스, 택시 탑승객의 집중으로, 수원역 대형 유통몰인 AK플라자와 롯데몰의 유입 인구가 증가했다. 또한 2018년 2월 국토부가 수원발 KTX(2021년 개통 예정) 직결 사업 기본 계획을 고시하면서 1일 4회에 불과했던 수원발 KTX의 배차 증가로 유동인 구의 증가가 예상된다. 더불어 수원역 생활권인 팔달 구역 재개발 사 업이 2018년 첫 분양을 시작하며 수원역 상권의 배후 주거 여건도 개 선될 전망이다.

수원역 다음으로 눈에 띄는 상권은 인천 부평 상권으로, 해당 상 권은 세계 최대 규모의 지하 쇼핑몰(총연장 1,800m)인 부평모두몰(구舊 부평지하상가)이 부평역 지하에 있다. 서울 지하철 유동인구의 전반적 인 하락세에도 부평 상권과 연계된 부평역(1호선)과 부평시장역(1호선) 은 전년에 비해 승하차 인원이 증가하며 상권의 성장을 주도했다.

빅데이터로 예측하는 대한민국 부동산의 미래

	부평시장역	부평역
2017년 승하차 인원(1~9월 누계)	6,603,295명	4,324,079명
전년 동기 대비 증가율	3.56%	1.57%

그림 7 인천 부평 상권의 거점역인 부평시장역과 부평역의 승하차 인원 동향

경기도 북부권에서는 의정부역 상권이 좋은 흐름을 보이고 있다. 의정부시는 민락2지구 입주 물량 공급으로 최근 3년간(2015~2017년) 1만 명이 증가했고, 향후 3년간(2018~2020년) 약 1만 3,000호의 입주 물량이 예정되어 꾸준한 인구 증가가 예상되는 지역이다. 특이한 점은 민락2지구 내에 코스트코, 이마트, 롯데아울렛이 있음에도 민락2지구 정반대편에 있는 의정부역 상권이 좋은 흐름을 보인다는 것이다. 그 원인으로 민락2지구 내 지하철역과 프리미엄몰의 부재를 꼽을 수 있다. 민락2지구는 경기도 북부권 택지 중 유일하게 지하철 계획이 없는 곳이고, 3개의 유통 시설(코스트코, 이마트, 롯데아울렛)이 모두 최저가를 지향하는 대형 마트여서 의정부역과 신세계백화점이 있는 의정부역 상권이 상대적인 강점을 유지할 수 있는 것이다. 실제로 네이버 데이터랩을 통해 의정부시 음식업종의 검색 관심도 추이를 살펴보면, 2017년 말부터 민락2지구가 있는 민락2동의 관심도가 높아지고 있지만 의정부역이 있는 의정부동이 여전히 우위를 점하고 있다. 특히 패션, 뷰티 업종에 있어서는 프리미엄 쇼핑몰이 있는 의정부동의 관심도가 절대적인 우위를 점하고 있다.

역시 2사분면에 자리한 용인 수지 상권은 2017년 공실률이 무려 5.5%p나 감소하며 성장세를 보이고 있는데, 신분당선 효과에 기인한 것이라고 할 수 있다. 2016년 개통한 신분당선(광교-강남)으로 인해 형성된 역세권 상권이 수지 상권의 성장을 이끌고 있는 것이다. 신분당선 동천역, 수지구청역, 성복역 배후에 이미 주거지가 자리 잡고 있어서 출퇴근 인구의 고정적인 유입이 보장되기 때문이다. 게다가 2015년 이후로 수지구의 동천동(동천역 인근), 풍덕천동(수지구청역 인근), 성복동(성복역 인근) 분양이 대규모로 개시되면서, 해당 지역에 입주가 시작되면 배후 수요가 더욱 증가할 것으로 예상된다.

2015~2016년 용인시 신분당선 배후 지역 분양 세대수		
동천동(동천역)	4,192세대	총 8,577세대 (수지구 전체 분양의 84%)
풍덕천동(수지구청역)	1,667세대	
성복동(성복역)	2,718세대	

그림 8 2015~2016년 용인시 신분당선 배후 지역 분양 세대수

구글의 '마이비즈니스' 빅데이터를 통해 수지구청역의 평일과 주말의 유동인구 추이를 비교해보자(〈그림 9〉). 수요일은 출근 시간과 퇴

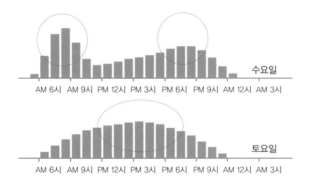

그림 9 수지구청역의 평일(수요일)과 주말(토요일)의 인기 시간대 분석

근 시간에 가장 많은 인구가 몰리고, 주말에는 오전부터 오후까지 꾸준히 인구가 유입되는 전형적인 주거지 배후 상권의 모습을 볼 수 있다. 더불어 소상공인 상권정보시스템을 통해 수지구청역 인근의 연령대별 소비 현황을 보면, 주거 인구가 직장 인구보다 오히려 더 많이 소비하는 것을 알 수 있다. 이는 배후 주거의 가구 수 증가로 상권이 성장할 가능성이 높다는 것을 의미한다(〈그림 10〉). 따라서 신분당선 동천역-수지구청역-성복역 상권은 향후 신규 아파트 입주로 인한 배후 가구 수 증가가 상권 성장의 모멘텀이 될 것이다.

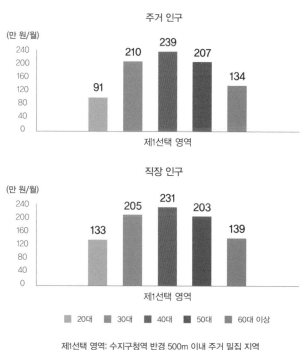

그림 10 수지구청역 상권의 주거 인구와 직장 인구의 소비 수준 비교

4사분면에서는 2017년 임대가 하락이 두드러지게 나타난 탄현역 상권이 눈에 띈다. 탄현역 상권이 속한 일산 탄현동은 연접한 파주 운정신도시 개발로 인구 유출이 발생한 지역으로, 빅데이터 분석 결과 탄현동에서 유출된 인구 중 12%가 파주시로 이전했다.* 이는 탄현동이 속해 있는 일산서구 내 이전 다음으로 높은 유출 비중이다. 탄현역 상권은 배후 수요 감소 외에도 일산킨텍스 개발, 삼송지구 스타필드, 원흥지구 이케아 등 일산 상권의 중심축이 변하면서 지속적으로 축소되고 있다. 마찬가지로 원당 재개발로 2009년 브랜드 아파트 입주가 시작되었던 고양시청 상권 역시 일산 상권의 변화 영향권에서 벗어나지 못하고 2017년 6%p가 넘는 공실률 상승을 기록했다.

마지막으로 임대가 상승에 따른 공실률 증가 모습이 나타나는 상권 둔화 국면을 살펴보자. 광명, 안양역 상권을 1사분면에서 볼 수 있는데, 두 지역의 공통점은 최근 들어 도시 정비 사업이 활발히 진행되고 있다는 것이다. 따라서 앞서 살펴본 서울의 재건축 상권과 유사한 패턴을 보이는데, 광명뉴타운과 안양시 도시 정비 사업 개발에 대한 기대감으로 임대가는 상승하지만 원주민의 멸실 이주에 따른 공실률이 증가하는 상황이다.**

부천역 상권 역시 2018년 소사원시선 개통, 2017년 '경인히트상품'에 선정된 심곡천 복원 사업 준공, 그리고 뉴타운 해제에 따른 민

---

* 부동산114 K-atlas(2017년 8월~2018년 1월).
** 광명시는 2017년 광명뉴타운 16구역인 에코자이위브(2,014세대) 분양을 시작으로 2018년 철산동에 2개의 정비 구역이 분양을 기다리고 있다. 또한 안양시는 호원초교 재개발 등 5개의 정비 구역이 분양을 준비하고 있다.

영 개발 기대감으로 임대가가 상승했으나 최근 유흥업종의 둔화세와 연접한 중동, 상동 상권의 성장으로 공실률이 증가하는 추세이다. 부천역 상권과 유사한 양상을 보이는 수원 인계동 상권은 나혜석거리 등 골목상권을 통한 젊은이들의 유입으로 임대가가 상승했지만 최근 수원역 상권의 성장으로 공실률이 증가하고 있다.

마지막으로, 인천 주안 상권은 2016년 지하철 2호선 주안역 개통으로 상권 확장의 기대감이 있었지만 인천발전연구원이 2017년 주안역 상권 내 상인을 대상으로 한 설문 조사 결과는 실망스러운 수준이다. 주안역 상인들은 2호선 개통이 1년이나 지났지만 단지 40%만이 상권 내 방문객 수가 증가했다고 응답했으며, 실제 자신의 점포 방문객 수는 변화가 없거나 오히려 감소했다고 응답한 비율이 75.6%나 되었다(〈그림 11〉). 지하철 2호선의 주안역 개통으로 1, 2호선 더블 역세권의 상권이 되었지만 지하철과 상권의 연계성이 미진해 실제 유효 방문객 수의 변화는 미미했던 것이다.

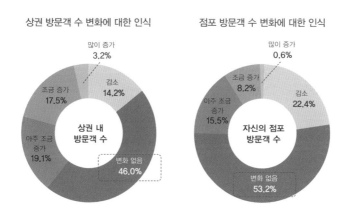

그림 11 주안역 상권 상인 대상 설문 조사 결과(인천발전연구원)

지금까지 경기·인천 지역의 주요 상권들을 분석해보았다. 공실률×임대가 매트릭스를 통해 상권들의 분포를 살펴본 결과, 활발 국면에 비교적 많은 상권이 자리하고 있고, 그다음으로 둔화, 불황 국면에 비슷하게 분포되어 있는 것을 알 수 있었다.

경기·인천 주요 상권 흐름의 핵심 동인을 키워드로 요약하면, '역세권 개발', '택지 상권의 부흥', '재건축·재개발 이주'를 꼽을 수 있다. 복합환승센터 개통과 KTX 직결 사업이 예정된 수원역 상권의 상승세, 부평역 지하상가 부평모두몰의 유입 인구 증가, 신분당선 개통과 아파트 개발이 맞물려 공실률이 감소하고 있는 용인 수지 상권이 역세권 개발 상권의 대표적인 사례다. 삼송지구, 원흥지구의 개발로 인한 고양 원도심 상권의 하락세와 파주 운정신도시 입주 물량 공급에 따른 일산 탄현역 상권의 쇠퇴는 택지 개발로 인해 상권의 중심축이 변하고 있다는 증거이다. 한편 광명시, 안양역, 부천역은 도시 개발 기대감으로 인한 임대가 상승과 그 후유증으로 공실률이 증가하는 재건축 상권의 전형적인 패턴을 보여준다.

2018년 이후 대규모 입주 물량이 예정되어 있는 경기도 택지 지구와 국토부의 수도권 광역철도 사업은 향후 경기·인천 상권에 변화를 일으킬 중요한 모멘텀이다. 이에 따른 주요 상권의 공실률×임대가 변화를 지속적으로 추적한다면 해당 모멘텀의 지역적 영향력과 방향성을 명료하게 읽어낼 수 있을 것이다.

5대 광역시 상권 분석

5대 광역시 주요 상권의 시장 국면을 분류하면 〈그림 12〉와 같

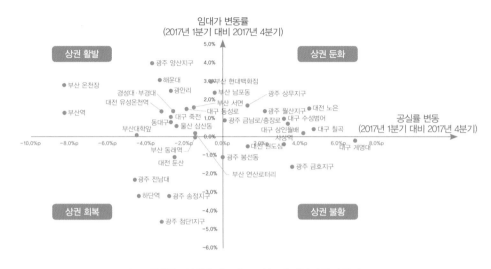

그림 12 공실률 × 임대가 매트릭스로 본 5대 광역시 상권 국면

다. 먼저 2사분면에는 주로 부산의 1호선 상권이 분포해 있다. 남포동(남포역), 부산역, 현대백화점(범일역), 서면(서면역) 모두 부산 1호선 상권으로, 2017년 4개 역의 승하차 인원은 부산 1호선 총 34개 역 가운데 상위 10위 안에 들 정도이다(〈그림 13〉).

역명	승하차 인원(천 명)	전년 대비 증감
서면역	23,404	1.9%
남포역	13,050	-0.2%
부산역	12,760	4.0%
연산동역	12,019	1.3%
자갈치역	11,974	1.4%
동래역	11,048	-1.2%
부전동역	10,123	4.6%
부산대역	10,036	0.7%
하단역	9,902	14.3%
범일역	9,735	-0.4%

그림 13 부산 1호선 승하차 인원 TOP 10(2017년 1~9월 누계)

부산 상권의 핵심은 관광 수요이다. 2017년 상반기 기준 내국인 관광객은 1,155만 명으로 전년 대비 19만 명이 증가했고, 외국인 관광객은 2017년 말 기준으로 대만(+20.6%)과 베트남(+34.3%) 관광객만이 전년에 비해 증가했다. 내국인과 동남아시아 관광객이 부산 상권의 활력소가 되고 있는 것이다. 재미있는 것은 내국인과 외국인의 부산 내 선호 관광지가 거의 일치한다는 것이다. 〈그림 14〉는 부산시가 휴대전화와 신용카드 빅데이터를 활용해서 내국인과 외국인의 주요 관광지 방문 현황을 분석한 것이다. 10위 지역을 제외하고 내외국인 모두 같은 곳을 방문한 것을 알 수 있다. 이 중 서면 일원, 자갈치·국제 시장, 전포 카페거리는 공실률×임대가 매트릭스에서 활황 국면으로 진단한 남포동과 서면 사이에 있는 상권으로, 공실률×임대가 매트릭스의 유의성을 입증해주고 있다. 이 외에도 2사분면의 광안리, 해운대 상권 역시 내외국인의 선호 관광지 10위 안에 들어 있는 것을 확인할 수 있다.

순위	내국인	외국인	비고
1	서면 일원	서면 일원	
2	BIFF광장, 용두산공원	BIFF광장 일원	
3	자갈치·국제 시장	해운대해수욕장	
4	해운대해수욕장	자갈치·국제 시장	
5	전포 카페거리	동백섬&누리마루APEC하우스	
6	센텀시티 일원	센텀시티 일원	
7	동백섬&누리마루APEC하우스	전포 카페거리	
8	광안리해수욕장	마린시티 카페거리	
9	마린시티 카페거리	광안리해수욕장	
10	부산시민공원	달맞이고개	내외국인 상이

* 부산시민공원(내국인 10위)과 달맞이고개(외국인 10위)만 다름

그림 14 부산 주요 관광지 내외국인 방문 현황(《2016 부산 관광산업 동향 분석》)

부산 온천장 상권은 재건축 단지 입주 물량*에 따른 배후 수요 증가로 2017년 8%p의 공실률 감소를 기록했다. 부산 외에도, 동대구역 역세권 개발의 수혜를 입은 동대구 상권이 2사분면에 자리하고 있으며, 대전에서는 도안신도시 개발로 유성온천역 상권이 양호한 흐름을 보이고 있다. 그 밖에 대구 동성로, 울산 삼산동 등 대구와 울산의 주요 상권도 활발한 흐름을 유지하고 있다.

5대 광역시 상권 분포에서 특이점은 광주 상권이 비교적 뚜렷한 양극화 현상을 보인다는 것이다. 2사분면과 3사분면에 자리하며 상권 활발 혹은 회복 국면에 있는 양산지구, 첨단1지구, 전남대, 송정지구 상권이 모두 북구와 광산구에 몰려 있다. 이들 상권은 산업단지와 골목상권의 효과를 누리는 지역으로, 산업단지 대부분이 북구에 집중

그림 15 광주첨단산업단지 가동률 및 생산액 추이(2017년 동향)

---

* 2017년 9월, 온천장역 인근에 1,938세대 규모의 래미안장전아파트(장전3구역 재개발사업)가 공급되었다.

되어 있다. 북구의 대표 산업단지인 광주첨단산업단지의 생산액과 가동률은 최근까지도 꾸준한 상승세를 타고 있다(〈그림 15〉). 따라서 해당 산업단지와 연접한 양산지구, 첨단1지구 상권 역시 양호한 흐름을 보이고 있다. 그에 비해 송정지구와 전남대 상권은 골목상권이 살아나며 강세를 띠는 지역이다. 송정지구는 1913송정역시장이 전국적인 입소문을 타며 다양한 연령층을 끌어들이고 있고, 전남대 상권은 주로 20, 30대 대학생과 직장인들의 유입이 증가하며 상권에 활력을 불어넣고 있다(〈그림 16〉).

| 구분 | 상권평가지수(100점 만점) | | | 성장성 | 안정성 | 영업력 | 구매력 | 집객력 |
	전월	현재	증감률					
내용	55.9	59.6	6.62%▲	16.8점	10.5점	4.9점	14.2점	13.2점

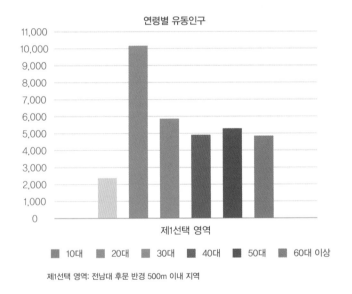

그림 16 전남대 후문 상권의 상권평가지수와 연령별 유동인구(소상공인 상권정보시스템)

빅데이터로 예측하는 대한민국 부동산의 미래

반면 1사분면과 3사분면에 자리하며 상권 둔화 혹은 불황 국면에 접어든 봉선동, 금호지구, 상무지구, 월산지구는 광주의 전통적인 주거 선호지인 남구와 서구에 자리하고 있다. 해당 상권의 불황은 주거 노후화에 따른 배후 수요 감소가 원인으로, 2011~2020년(예정) 남구와 서구의 신규 아파트 공급 비율은 북구와 광산구에 비해 저조한 수준이다(〈그림 17〉). 따라서 광주 상권은 '산업단지+택지 생활권'의 수혜를 입은 북구·광산구와 그렇지 않은 남구·서구로 나눌 수 있다. 양극화 현상이 뚜렷해지고 있는 것이다.

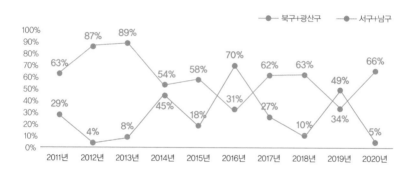

그림 17 광주광역시 북구+광산구(신생활권)와 서구+남구(구생활권)의 신규 아파트 공급 비율

5대 광역시의 공실률×임대가 매트릭스를 통해 불황 국면에 비교적 적은 상권이 분포하고 있는 것을 알 수 있었다. 즉 5대 광역시의 전반적인 상권 흐름은 양호한 편이다. 2사분면에 다수의 상권이 자리한 부산 상권이 5대 광역시의 상권을 주도하고 있으며, 광주 상권은 산업단지의 입지와 주거 노후도에 따라 양극화 현상이 비교적 뚜렷하게 나타나고 있다.

5대 광역시 상권 흐름의 핵심 동인을 키워드로 요약하면 '부산 1호선 라인의 강세', '역세권 개발', '노후 생활권 약세'를 꼽을 수 있다. 빅데이터를 이용한 관광객 통계가 증명하듯이 부산 1호선 라인은 내외국인 모두가 선호하는 관광객 유입 매력도가 높은 상권이다. 동대구 상권과 광주 송정지구 상권은 동대구역 역세권 개발과 KTX, SRT 광주송정역 개통의 수혜 상권으로 향후에도 지속적인 성장이 예상된다. 마지막으로 호남 상권은 주거 노후도에 민감한 흐름을 보였다. 따라서 광주는 대규모 택지 개발로 인한 상권 흐름의 변동성이 큰 지역이라고 할 수 있다.

5대 광역시는 비록 지방이지만 비교적 젊은 도시로 타 지방 도시에 비해 소비력 개선 가능성이 높은 지역이다(〈그림 18〉). 따라서 공실률×임대가 매트릭스를 통해 상권 회복 혹은 상권 활발의 시그널을 조기에 감지한다면 성장하는 소비층을 선점할 수 있을 것이다.

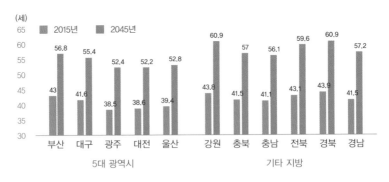

그림 18 5대 광역시와 기타 지방의 중위 연령 추계(통계청, 〈장래인구추계〉)

빅데이터로 예측하는 대한민국 부동산의 미래

기타 지방 상권 분석

기타 지방 상권의 공실률×임대가 매트릭스를 살펴보면, 다른 권역에 비해 활발 국면(2사분면)의 상권이 적은 것을 알 수 있다.

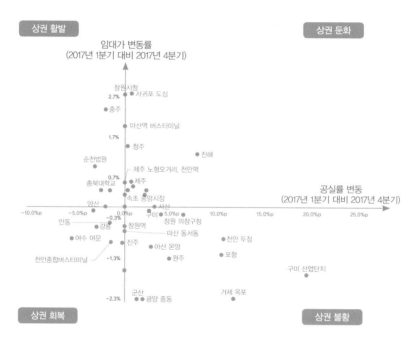

그림 19 공실률×임대가 매트릭스로 본 기타 지방 상권 국면

이는 기타 지방 상권이 전반적으로 불황 혹은 둔화 국면에 접어들었다는 것을 의미한다. 그나마 2사분면에 있는 상권 중에서 순천법원 상권이 비교적 공실률도 낮고 임대가도 상승하는 패턴이 나타나는데, 이는 조례동 맛집과 카페거리의 영향으로 보인다. 소상공인 상권분석 시스템을 통해 순천법원(조례동) 상권의 커피점과 음식점의 추이를 살펴봐도 2016년 이후로 그 수가 꾸준히 증가하는 것을 알 수 있다.

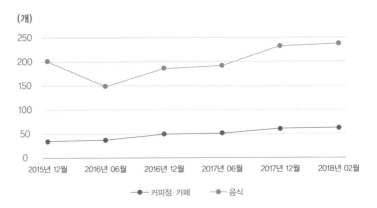

그림 20 순천법원 상권의 커피점과 음식점의 추이

다만 유사 업종 간의 경쟁 심화로 커피점과 음식점의 매출액은 2017년 9월 이후 약보합세를 보이고 있다. 2017년까지는 해당 상권의 공실률이 감소했지만 경쟁 심화에 따른 매출 감소가 지속될 경우 상권 둔화 국면으로 진입할 가능성도 완전히 배제할 수 없는 상황이다.

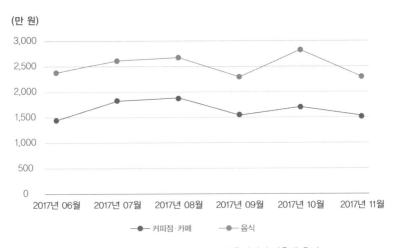

그림 21-1 순천법원 상권의 커피점과 음식점의 매출액 추이

빅데이터로 예측하는 대한민국 부동산의 미래

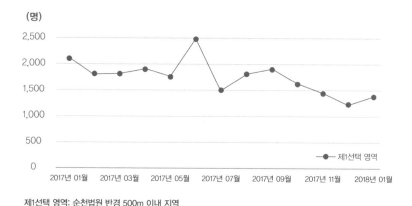

(명)

제1선택 영역: 순천법원 반경 500m 이내 지역

그림 21-2 순천법원 상권의 월별 유동인구 추이

같은 2사분면의 충주 상권도 비교적 높은 임대가 상승률(+2.4%)을 기록했다. 이는 충주시의 주요 상권인 성서동에 국비와 시비 총 20억 원이 투입된 '젊음의거리 보행환경 개선사업'에 대한 기대감이 반영된 결과다.

기타 지방 상권의 특이점은 2사분면(상권 활발)과 1사분면(상권 둔화)의 경계에 걸쳐 있는 상권들이 많다는 것이다. 공실률 개선이 부진한데도 높은 임대가 상승으로 과열 양상을 보이는 상권이 증가하고 있는 것이다. 최근까지 주택 경기가 활황이었던 창원, 제주, 청주, 천안 상권은 2017년 공실률 감소가 전혀 없었는데도 많게는 2.8%의 임대가 상승률을 기록했다. '토지→주택→상가'로 이어지는 부동산 과열의 후유증이 나타나고 있는 것이다. 해당 상권들은 지방에서도 규모가 큰 상권으로, 향후 공실률 개선 속도에 따라 명암이 갈릴 것으로 예상된다.

강릉 상권은 강원도에서 유일하게 상권 회복 국면인 3사분면에 자리하고 있다. 강릉커피거리 등 음식업종이 강릉의 회복세를 주도하고 있다. 네이버 데이터랩을 통해 강원 지역 음식업종에 대한 지역별 카드 사용 통계를 살펴보면, 2017년 7월 여름을 기점으로 강릉시 음식업종의 카드 사용 금액이 지속적인 우위를 점하고 있는 것을 확인할 수 있다. 게다가 2017년 12월 KTX 개통에 따른 수도권 관광객 유입으로 강릉 상권은 회복세가 더욱 강화될 것으로 예상된다.

여수 여문 상권 역시 회복세를 보이고 있다. 여문 상권은 여수의 구도심 상권으로 소상공인 상권정보시스템의 평가 결과에 따르면 구매력이 여수 여문 상권 회복의 모멘텀이 되고 있다.

구분	상권평가지수(100점 만점)			성장성	안정성	영업력	구매력	집객력
	전월	현재	증감률					
내용	59.4	70.1	18.01%▲	14.5점	10.4점	14.2점	18.1점	12.9점

그림 22 여수 여문 상권의 종합 상권 평가

실제로 여문 상권의 주거·직장 인구의 소비 추이를 살펴보면, 2017년 상반기에 비해 하반기 소비 금액이 전 연령대에서 증가한 것을 확인할 수 있다. 주택시장과 마찬가지로 여수의 지역 경기(정유·화학) 호조가 소비로 이어지고 있는 것을 알 수 있는 대목이다(〈그림 23〉).

안동 상권은 대부분의 경상권 상권이 불황·둔화 국면에 있는 것과 달리 홀로 공실률이 감소하며 3사분면에 자리하고 있다. 주택시장의 경우와 마찬가지로 분지 지형의 상권 역시 독립적인 흐름을 보이

빅데이터로 예측하는 대한민국 부동산의 미래

지역	연령대별	주거 인구 소비		직장 인구 소비	
		2017년 상반기	2017년 하반기	2017년 상반기	2017년 하반기
제1선택 영역 (여수 여문 상권)	20대	64~74	76~88	83~97	100~116
	30대	128~148	154~178	138~160	166~192
	40대	139~161	166~192	141~163	165~191
	50대	121~141	144~168	127~147	153~177
	60대 이상	80~92	94~110	90~104	107~125

그림 23 여수 여문 상권의 주거·직장 인구 소비 비교

는 것이다.

불황 국면인 4사분면의 상권들은 그 원인에 따라 크게 두 부류로 나눌 수 있다. 첫 번째는 산업 경기의 침체로 상권 불황이 발생한 지역이다. 포항, 군산, 거제 옥포, 구미 상권 등이 이에 해당한다. 포항의 철강산업, 군산의 자동차산업(GM), 거제의 조선산업, 구미의 디스플레이산업 등 지역 경기의 하락이 상권 흐름에 직접적인 영향을 미쳤다.

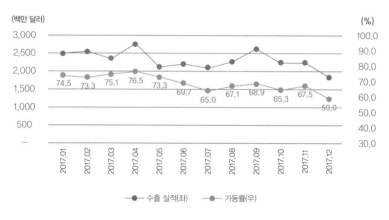

그림 24 구미 산업단지의 가동률과 생산액 추이(한국산업단지공단)

두 번째는 부동산 과열로 인한 공급 과잉 후유증을 겪는 지역이다. 원주, 아산 온양, 창원 의창구청 상권 등이 이에 해당한다. 원주의 혁신도시 개발, 아산의 탕정지구 개발, 창원 의창구의 유니시티 개발로 인한 과잉 분양이 입주 시점이 다가옴에 따라 지역 상권의 침체를 주도하고 있다. 2011년부터 본격적으로 이루어진 원주혁신도시의 상가 분양은 2015년까지 꾸준한 증가세를 보였지만 현재까지 입주 후유증을 겪고 있고, 2014년 주택 경기의 활황 이후 상가 분양이 급증한 창원시, 아산시 역시 2017년 이후 입주가 도래하며 공급 과잉의 여파에서 자유롭지 못한 상황이다(〈그림 25-1〉, 〈그림 25-2〉).

기타 지방 상권 흐름의 핵심 동인을 키워드로 요약하면, '지역 경기에 따른 부침', '관광객 유입', '공급 과잉 리스크'를 꼽을 수 있다. 주택시장과 마찬가지로 기반산업이 활황세인 여수와 그렇지 않은 경상권 지역의 상권 흐름은 뚜렷한 양극화 현상을 보였고, 강릉시의 관광객은 뚜렷한 증가세를 보이며 2016년 전년 대비 15%가 증가한 1,300만 명이 강릉 상권의 회복세를 도왔다. 또한 분양 당시에는 부동산 경기가 활황이었지만 입주 도래 시점에서 공급 과잉의 후유증을 겪는 상권도 많았다.

기타 지방 상권은 5대 광역시에 비해 인구구조가 취약하고, 빠른 고령화로 소비 활력이 퇴행하는 수요 특성을 가지고 있다. 수도권은 지역 경기가 부진해도 기본적인 수요층이 두텁기 때문에 그 여파가 적은 반면, 기타 지방 상권은 지역 경기 불황이 큰 충격으로 다가올 수밖에 없다. 또한 일부 소도시는 관광 수요 등 외지인 수요에 민감하다. 기타 지방 상권은 '활황→둔화' 국면으로 진입하는 시점이 빠르기

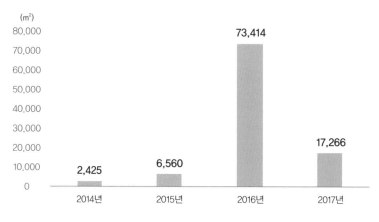

그림 25-1 창원시 분양 상가 면적 추이(부동산114 REPS)

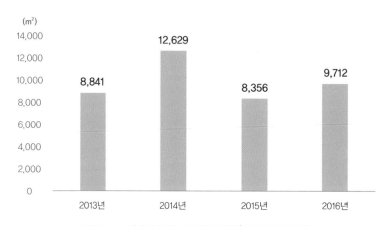

그림 25-2 아산시 분양 상가 면적 추이(부동산114 REPS)

때문에 해당 상권의 인구구조와 지역 경기 그리고 상권 회복 진입 여부를 진중하게 판단해서 접근하는 것이 리스크를 최소화할 수 있는 지름길이다.

지금까지 빅데이터라는 내비게이션을 활용해 아파트부터 오피스텔, 상권에 이르기까지 대한민국 곳곳을 살피며 긴 여행을 해왔다. 온갖 불명확한 정보와 부동산 데이터가 쏟아지는 요즘, 이번 여행의 길라잡이가 되어준 내비게이션을 잘 활용한다면 대한민국 부동산 흐름의 정확한 방향을 안내받을 수 있을 것이다.

한편 이번 여행에서 깊게 탐험하진 못했으나 따로 모아서 보면 유용한 통찰을 가져다줄 콘텐츠들이 다수 있다. 본문에서 깊게 다루지 못한 아쉬움을 풀고자 바로 이어지는 〈책 속의 책〉에 담았다. 〈책 속의 책〉은 대한민국 부동산 트렌드를 압축해놓은 짧지만 강렬한 번외 여행이 될 것이다. 향후 일상에서 '부동산시장'이라는 고민과 맞닥뜨렸을 때 자주 꺼내볼 수 있는 잇 아이템이 되길 바란다.

☑ 책 속의 책

미래를 보다

집단 지성을 활용하다

남이 모르는 정보를 찾다

☑️ 미래를 보다

- '입주량×주택 순환주기' 차트로 전국 시도별 공급량과 주택 경기 사이클 분석
  →2018년 이후 중장기 주택시장 전망(재고주택시장 VS 분양시장 별도 분석)

- 시도를 '대표하는' 하위 지역(시·군·구)과 시도와 '독립적인' 흐름을 보이는 하위
  지역(시·군·구) 공개

수도권

<table>
<tr><td rowspan="1">서
울
특
별
시</td><td>재고주택시장 2013년 4분기 저점 반등 이후 5년째 상승세를 이어가고 있으며 2018년 1분기 현재 '천장을 뚫은' 상황. 최근 강남뿐 아니라 서울 전역의 집값이 상승하며 '서울 쏠림' 현상이 그칠 줄 모르고 있다. 정부 규제가 서울 쏠림 현상을 강화시키며 그 진폭의 불확실성이 확대되고 있는 양상. 2008년과 같은 '급진적 외부 충격' 발생 시 '서울 쏠림' 현상은 리스크로 돌아올 수 있다.
분양시장 재고주택시장과 동조하며 2018년 1분기 현재 22.7:1의 평균 청약 경쟁률 기록. 공급 부족이 지속되며 꾸준한 활황이 예상된다.</td></tr>
</table>

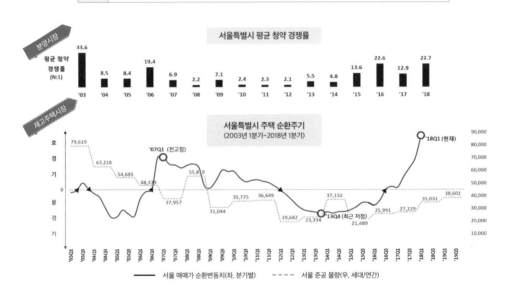

서울특별시 평균 청약 경쟁률

분양시장

평균 청약
경쟁률
(N:1)

'03 33.6 / '04 8.5 / '05 8.4 / '06 19.4 / '07 6.9 / '08 2.2 / '09 7.1 / '10 2.4 / '11 2.3 / '12 2.1 / '13 5.5 / '14 4.8 / '15 13.6 / '16 22.6 / '17 12.9 / '18 22.7

재고주택시장

서울특별시 주택 순환주기
(2003년 1분기~2018년 1분기)

호
경
기

불
경
기

79,619 / 63,218 / 54,685 / 48,329 / '07Q1 (전고점) / 37,957 / 55,849 / 31,044 / 35,775 / 36,649 / 19,682 / 23,334 / 13Q4 (최근 저점) / 21,489 / 37,132 / 25,991 / 27,229 / 35,031 / 38,602 / '18Q1 (현재)

90,000 / 80,000 / 70,000 / 60,000 / 50,000 / 40,000 / 30,000 / 20,000 / 10,000

—— 서울 매매가 순환변동치(좌, 분기별)　- - - - 서울 준공 물량(우, 세대/연간)

서울특별시와 하위 지역 간의 상관성 분석

대표 도시(높은 상관성)　　　　　　독립 도시(낮은 상관성)

상관성

서초구	송파구	마포구	성동구	영등포구	강남구	중랑구	금천구	성북구
(0.95)*	(0.94)	(0.91)	(0.91)	(0.90)	(0.90)	(0.49)	(0.48)	(0.11)

* 괄호 안의 수치는 서울특별시 평균과 하위 지역 간의 최근 3년(2015~2017년) 분기별 가격 변동률의 상관계수이다. 상관계수가 1에 가까울수록 서울의 시장 흐름을 대표하는 도시, 0에 가까울수록 서울의 시장 흐름과 독립적인 도시이다.

경기도	재고주택시장 2013년 2분기 저점 반등 이후 저금리 기조와 수도권의 매수 심리 회복으로 2018년 1분기 현재 상승세 유지 중. 그러나 최근 상승세는 과천, 성남, 하남 등 일부 '재건축·택지' 개발 지역에 국한. 전년 동기 대비 1% 이하의 저조한 가격 상승을 보이는 지역이 증가하며 둔화세가 확대되고 있는 상황. 2018~2019년 약 30만 호의 입주 물량이 예정되어 향후 2년간 둔화 양상이 심화될 것으로 전망된다. 분양시장 2016년부터 2018년 1분기까지 최소 5:1이 넘는 청약 경쟁률이 유지되며 양호한 흐름 지속. 향후 수도권 택지의 '희소가치 증가'로 여전히 택지의 분양시장은 양호할 것으로 전망되나 기타 지역은 입지 여건에 따라 청약 미달 사업장이 증가할 것으로 예상된다.

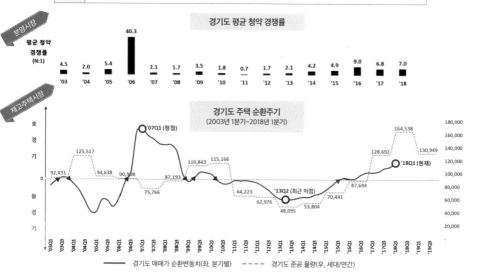

경기도 평균 청약 경쟁률

분양시장
평균 청약 경쟁률 (N:1)

'03	'04	'05	'06	'07	'08	'09	'10	'11	'12	'13	'14	'15	'16	'17	'18
4.5	2.0	5.4	40.3	2.1	1.7	3.5	1.8	0.7	1.7	2.1	4.2	4.9	9.0	6.8	7.0

재고주택시장

경기도 주택 순환주기
(2003년 1분기~2018년 1분기)

── 경기도 매매가 순환변동치(좌, 분기별)   - - - - 경기도 준공 물량(우, 세대/연간)

경기도와 하위 지역 간의 상관성 분석

대표 도시(높은 상관성)   독립 도시(낮은 상관성)

상관성

광명시	남양주시	군포시	수원시	하남시	용인시	고양시	파주시	이천시	양평군	성남시	양주시	포천시
(0.91)*	(0.89)	(0.88)	(0.87)	(0.83)	(0.87)	(0.79)	(0.43)	(0.43)	(0.42)	(0.37)	(0.33)	(0.21)

여주시	연천군	과천시	화성시	동두천시
(0.20)	(0.10)	(0.07)	(0.04)	(-0.04)

*괄호 안의 수치는 경기도 평균과 하위 지역 간의 최근 3년(2015~2017년) 분기별 가격 변동률의 상관계수이다. 상관계수가 1에 가까울수록 경기도의 시장 흐름을 대표하는 도시, 0에 가까울수록 경기도의 시장 흐름과 독립적인 도시이다.

인천광역시	**재고주택시장** 수도권 시장과 동조하며 2013년 3분기 저점 반등 이후 2018년 1분기 현재까지 상승세를 유지. 다만 경기도의 흐름과 달리 그 상승폭이 크지 않으며, 최근 둔화 조짐이 뚜렷함. 인천의 주택 경기 모멘텀은 경기도에 비해 약한 수준. 경기도에 비해 이른 둔화 국면 진입이 예상된다. **분양시장** 청약 경쟁률 역시 경기도에 비해 낮은 수준. 송도국제도시가 인천의 분양시장을 견인하고 있음. 향후에도 이러한 추세가 지속될 것으로 예상된다. 다만 남구 재건축이 본격적으로 추진되며 새로운 상승 모멘텀을 만들어낼 여지가 있다.

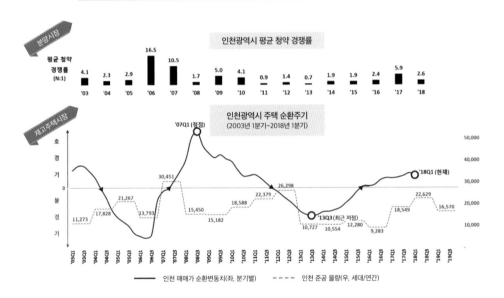

인천광역시와 하위 지역 간의 상관성 분석

대표 도시(높은 상관성)					독립 도시(낮은 상관성)		
서구 (0.88)*	부평구 (0.88)	계양구 (0.85)	남동구 (0.84)		연수구 (0.34)	중구 (0.31)	강화군 (-0.19)

* 괄호 안의 수치는 인천광역시 평균과 하위 지역 간의 최근 3년(2015~2017년) 분기별 가격 변동률의 상관계수이다. 상관계수가 1에 가까울수록 인천의 시장 흐름을 대표하는 도시, 0에 가까울수록 인천의 시장 흐름과 독립적인 도시이다.

경상권

<table>
<tr>
<td>부산광역시</td>
<td>

재고주택시장 2017년 1분기 고점 이후 정부의 부동산 규제와 입주 물량의 증가로 2018년 1분기 현재 본격적인 둔화 국면 진입. 전국 평균의 8배 수준인 부산의 인구밀도(4,479명/km²)를 감안할 때 공급량 증가보다는 정부 규제가 부산 시장 하락의 주원인. 향후 입주 물량의 증가가 점진적으로 이루어져 조정 수준의 하락폭을 보일 것으로 예상된다.

분양시장 투자 심리가 위축되어 분양시장의 양극화가 두드러질 것으로 예상된다. 다만 조정 대상 지역이 아닌 지역은 꾸준한 청약 수요가 발생할 것으로 전망된다.

</td>
</tr>
</table>

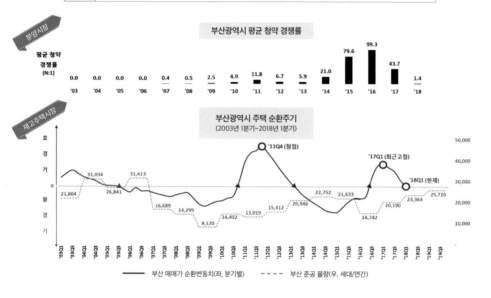

부산광역시 평균 청약 경쟁률

평균 청약 경쟁률 (N:1)

'03	'04	'05	'06	'07	'08	'09	'10	'11	'12	'13	'14	'15	'16	'17	'18
0.0	0.0	0.0	0.0	0.4	0.5	2.5	4.9	11.8	6.7	5.9	21.0	79.6	99.3	43.7	1.4

부산광역시 주택 순환주기
(2003년 1분기~2018년 1분기)

— 부산 매매가 순환변동치(좌, 분기별)   - - - - 부산 준공 물량(우, 세대/연간)

부산광역시와 하위 지역 간의 상관성 분석

대표 도시(높은 상관성)   독립 도시(낮은 상관성)

상관성

남구	해운대구	사하구	수영구	금정구	서구	영도구
(0.98)*	(0.97)	(0.91)	(0.91)	(0.40)	(0.32)	(0.24)

*괄호 안의 수치는 부산광역시 평균과 하위 지역 간의 최근 3년(2015~2017년) 분기별 가격 변동률의 상관계수이다. 상관계수가 1에 가까울수록 부산의 시장 흐름을 대표하는 도시, 0에 가까울수록 부산의 시장 흐름과 독립적인 도시이다.

<table>
<tr><td>대 구 광 역 시</td><td>재고주택시장 2015년 3분기 고점 도달 이후 2018년 1분기 현재 바닥을 다지고 있다. 최근 2년간의 하락은 지난 3년간 무려 3만 호의 입주 물량이 공급된 달성군의 영향이 컸다. 그 외 지역은 대세 하락보다는 조정 수준의 하락세. 향후 입주 물량의 감소로 2018년 하반기 이후 회복세가 두드러질 것으로 전망된다.
분양시장 2015~2018년 최소 30:1이 넘는 평균 청약 경쟁률을 기록하며 재고주택시장과 무관하게 활황세를 이어왔다. 미분양도 안정적인 수준으로 향후 재고주택시장의 회복과 맞물려 양호한 분양시장이 지속될 것으로 예상된다.</td></tr>
</table>

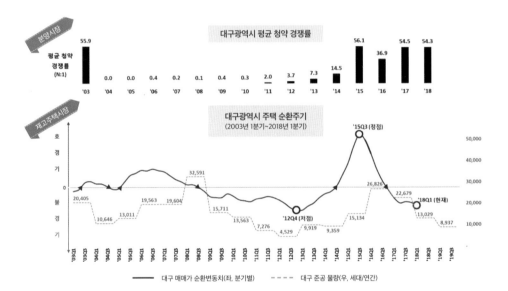

대구광역시와 하위 지역 간의 상관성 분석

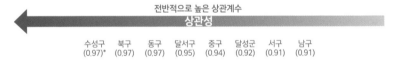

전반적으로 높은 상관계수

상관성

수성구	북구	동구	달서구	중구	달성군	서구	남구
(0.97)*	(0.97)	(0.97)	(0.95)	(0.94)	(0.92)	(0.91)	(0.91)

* 괄호 안의 수치는 대구광역시 평균과 하위 지역 간의 최근 3년(2015~2017년) 분기별 가격 변동률의 상관계수이다. 대구와 하위 지역 간의 상관계수는 0.9 이상으로, 모든 하위 지역이 '동일한 시장 흐름'을 보이고 있다.

<table>
<tr><td>울
산
광
역
시</td><td>**재고주택시장** 2016년 1분기 고점 이후 2018년 1분기 현재까지 하락세를 이어
가고 있다. 울산의 시장 하락은 '입주 물량 부담+지역 경기 둔화'가 그 원인. 현
대중공업, 현대자동차 등 조선·자동차 산업이 위축되며 주택시장으로 그 여파
가 전이되었다. 업황 부진 속에 2019년까지 꾸준한 입주 물량이 예정되어 있어
당분간 하향세가 유지될 것으로 예상된다.
분양시장 재고주택시장과 동조하며 2015년 정점 이후 지속적인 둔화세. 남구
등 전통적인 선호 지역 위주로 청약 수요가 쏠릴 것으로 예상된다.</td></tr>
</table>

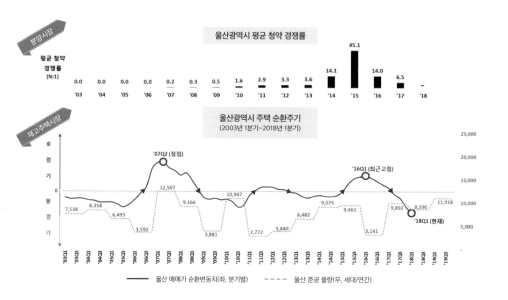

울산광역시 평균 청약 경쟁률

평균 청약
경쟁률
(N:1)

'03	'04	'05	'06	'07	'08	'09	'10	'11	'12	'13	'14	'15	'16	'17	'18
0.0	0.0	0.0	0.0	0.2	0.3	0.5	1.6	2.9	3.3	3.6	14.1	45.1	14.0	6.5	-

울산광역시 주택 순환주기
(2003년 1분기~2018년 1분기)

울산 매매가 순환변동치(좌, 분기별) ---- 울산 준공 물량(우, 세대/연간)

울산광역시와 하위 지역 간의 상관성 분석

대표 도시(높은 상관성)　　　　　　　독립 도시(낮은 상관성)

상관성

남구
(0.99)*

동구
(0.47)

* 괄호 안의 수치는 울산광역시 평균과 하위 지역 간의 최근 3년(2015~2017년) 분기별 가격 변동률의 상
관계수이다. 상관계수가 1에 가까울수록 울산의 시장 흐름을 대표하는 도시, 0에 가까울수록 울산의 시장
흐름과 독립적인 도시이다.

경상남도	**재고주택시장** 2015년 4분기 고점 이후 2017년 약 4만 호의 입주 물량이 공급되며 시장 하락세 심화. 2018년 1분기 현재 여전히 불경기를 지나고 있으며, 2018~2019년 연 3만 호의 입주 물량이 예정되어 향후 시장 회복 불투명. 다만 창원 원도심(성산구)에서 미세한 회복 시그널 감지. **분양시장** 재고주택의 하락세가 분양시장에도 영향을 미침. 경남을 대표하는 창원, 김해, 통영의 분양시장 불황. 김해는 향후 지속적인 도시 개발 사업으로 미분양 적체가 심화될 것으로 예상된다. 양산은 최근 가격이 급등한 부산의 이주 수요로 비교적 양호한 분양시장이 예상된다.

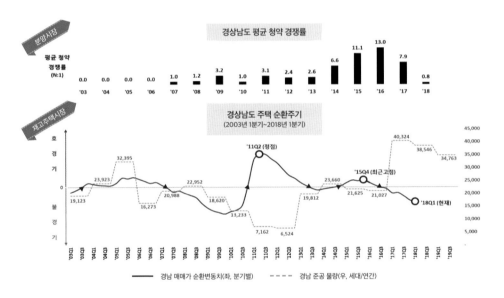

경상남도와 하위 지역 간의 상관성 분석

대표 도시(높은 상관성)					독립 도시(낮은 상관성)			
창원시 (0.98)*	김해시 (0.97)	통영시 (0.82)	양산시 (0.80)		진주시 (0.36)	함안군 (0.17)	거창군 (-0.11)	밀양시 (-0.13)

* 괄호 안의 수치는 경상남도 평균과 하위 지역 간의 최근 3년(2015~2017년) 분기별 가격 변동률의 상관 계수이다. 상관계수가 1에 가까울수록 경남의 시장 흐름을 대표하는 도시, 0에 가까울수록 경남의 시장 흐름과 독립적인 도시이다.

<table>
<tr><td>경
상
북
도</td><td>**재고주택시장** 2015년 4분기 고점 이후 2017년 2만 호의 입주 물량 공급으로 2018년 1분기 현재 하락세 지속. 2017~2018년 연 2만 호가 넘는 입주 물량이 시장에 부담을 주고 있으나 2019년 1만 호대로 감소. 따라서 2019년 하반기 이후 점진적 회복세가 예상된다.
분양시장 경북을 대표하는 포항, 경주는 입주 물량의 부담이 분양시장에도 악영향을 미치고 있다. 다만 대구와 연접한 경산시는 최근 대구의 분양시장 활황으로 비교적 양호한 흐름을 보일 것으로 예상된다.</td></tr>
</table>

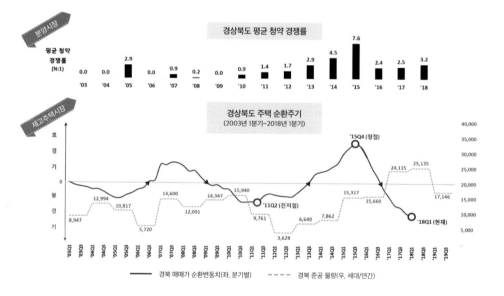

경상북도와 하위 지역 간의 상관성 분석

대표 도시(높은 상관성)   독립 도시(낮은 상관성)

상관성

포항시   경산시   경주시   예천군   성주군   안동시   청도군   문경시   상주시
(0.97)*   (0.96)   (0.94)   (0.28)   (0.19)   (0.12)   (0.04)   (-0.04)   (-0.05)

* 괄호 안의 수치는 경상북도 평균과 하위 지역 간의 최근 3년(2015~2017년) 분기별 가격 변동률의 상관계수이다. 상관계수가 1에 가까울수록 경북의 시장 흐름을 대표하는 도시, 0에 가까울수록 경북의 시장 흐름과 독립적인 도시이다.

호남권

<table>
<tr>
<td>광
주
광
역
시</td>
<td>재고주택시장 2015년 2분기 고점 이후 2018년 1분기 현재까지 하락세가 이어지고 있다. 다만 광주를 비롯한 전라 지역의 하향세는 시장 위축보다는 '주택 고령화'에 따른 구조적인 영향이 크다. 지난 10년간 전라 지역은 임대주택 위주의 공급이 이루어져 젊은주택의 공급이 부족한 상황이다.
분양시장 재고주택의 하락에도 불구하고 분양시장은 주택 고령화의 심화로 지난 4년간 꾸준히 최소 10:1 이상의 청약 경쟁률을 기록하며 호황. 2019년 1만 3,000세대의 입주 물량이 공급되지만 이 중 임대주택이 4,000호로, 여전히 젊은 민간 주택의 청약 수요는 꾸준할 것으로 전망된다.</td>
</tr>
</table>

광주광역시 평균 청약 경쟁률

평균 청약
경쟁률
(N:1)

'03	'04	'05	'06	'07	'08	'09	'10	'11	'12	'13	'14	'15	'16	'17	'18
0.0	0.0	0.0	0.0	1.6	0.6	1.1	2.0	10.0	4.8	4.1	14.6	28.3	20.4	19.1	9.4

광주광역시 주택 순환주기
(2003년 1분기~2018년 1분기)

광주 매매가 순환변동치(좌, 분기별) ----- 광주 준공 물량(우, 세대/연간)

광주광역시와 하위 지역 간의 상관성 분석

전반적으로 높은 상관계수

상관성

서구	광산구	북구	남구	동구
(0.99)*	(0.99)	(0.98)	(0.98)	(0.92)

* 괄호 안의 수치는 광주광역시 평균과 하위 지역 간의 최근 3년(2015~2017년) 분기별 가격 변동률의 상관계수이다. 광주와 하위 지역 간의 상관계수는 0.9 이상으로, 모든 하위 지역이 '동일한 시장 흐름'을 보이고 있다.

<table>
<tr><td rowspan="2">전
라
남
도</td><td>재고주택시장 2015년 1분기 저점 반등 이후 2017년까지 상승세를 유지. 2018년 1분기 현재 둔화 국면에 접어들었으나 향후 입주 물량이 점진적으로 감소되어 급격한 하락 가능성은 낮다. 나주시는 혁신도시의 입주 물량 공급이 마무리되어 전세시장이 안정세를 찾을 것으로 예상된다.</td></tr>
<tr><td>분양시장 지난 3년간 전남의 분양시장은 여수와 순천이 견인했으며, 목포의 오룡지구 분양이 그 흐름을 이어갔다. 2018년 1분기 현재 순천의 분양시장은 여전히 활황세를 이어가고 있으며, '분양시장 강세, 재고주택시장 둔화'의 양극화 현상이 지속될 것으로 예상된다.</td></tr>
</table>

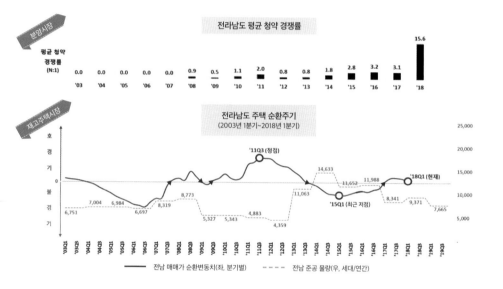

전라남도와 하위 지역 간의 상관성 분석

대표 도시(높은 상관성)				독립 도시(낮은 상관성)		
목포시 (0.68)*	순천시 (0.63)	여수시 (0.56)		나주시 (0.30)	영광군 (0.16)	화순군 (-0.06)

* 괄호 안의 수치는 전라남도 평균과 하위 지역 간의 최근 3년(2015~2017년) 분기별 가격 변동률의 상관계수이다. 상관계수가 1에 가까울수록 전남의 시장 흐름을 대표하는 도시, 0에 가까울수록 전남의 시장 흐름과 독립적인 도시이다.

전 라 북 도	**재고주택시장** 2011년 4분기 고점 이후 2012~2013년 급격한 하락세를 겪음. 2015년 이후 하락세가 진정되며 2018년 1분기 현재 점진적인 회복세를 이어가고 있다. 다만 2018~2019년 연평균 1만 호가 넘는 입주 물량이 예정되어 있어 온전한 회복 여부는 불투명하다. **분양시장** 지난 4년간 전북의 분양시장을 견인해온 전주혁신도시를 위시한 전주의 분양시장이 진정 국면에 접어들었으며, 그 뒤를 익산의 분양시장이 이어가고 있다. 전라 지역의 공통된 특징인 '신규 주택 부족'으로 분양시장은 재고주택시장에 비해 양호한 흐름이 예상된다.

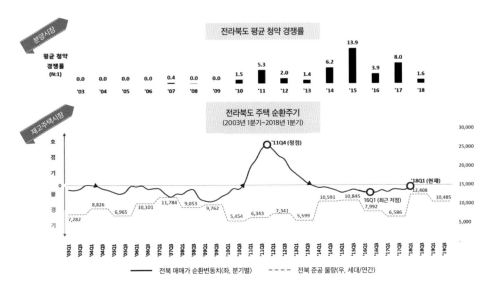

전라북도 평균 청약 경쟁률

전라북도 주택 순환주기
(2003년 1분기~2018년 1분기)

──── 전북 매매가 순환변동치(좌, 분기별)   - - - - 전북 준공 물량(우, 세대/연간)

전라북도와 하위 지역 간의 상관성 분석

대표 도시(높은 상관성)			독립 도시(낮은 상관성)					
전주시 (0.91)*	익산시 (0.83)		완주군 (0.23)	고창군 (0.16)	남원시 (-0.13)	무주군 (-0.21)	순창군 (-0.26)	정읍시 (-0.40)

*괄호 안의 수치는 전라북도 평균과 하위 지역 간의 최근 3년(2015~2017년) 분기별 가격 변동률의 상관계수이다. 상관계수가 1에 가까울수록 전북의 시장 흐름을 대표하는 도시, 0에 가까울수록 전북의 시장 흐름과 독립적인 도시이다.

충청권

대 전 광 역 시	**재고주택시장** 2011년 3분기 고점 이후 세종시의 영향으로 무려 5년간 하락기를 겪었다. 그 덕(?)에 지방 시장 가운데 유일하게 상승 국면에 진입하고 있으며, 2016년 1분기 저점 이후 2018년 1분기 현재까지 꾸준한 회복세를 보이고 있다. 향후 입주 물량도 장기 평균에 비해 적은 수준으로 2019년까지 꾸준한 상승세가 예상된다. **분양시장** 세종시 분양시장의 활황으로 2011~2013년 저조한 청약 경쟁률을 기록. 다만 재고주택시장보다 먼저 회복세를 보이며 2015년 이후 평균 10:1이 넘는 청약 경쟁률을 기록하고 있다.

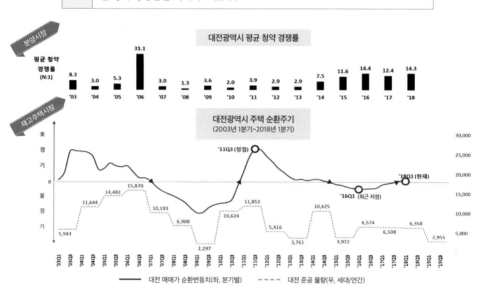

대전광역시와 하위 지역 간의 상관성 분석

대표 도시(높은 상관성)		독립 도시(낮은 상관성)
서구 (0.93)*	유성구 (0.77)	동구 (0.09)

* 괄호 안의 수치는 대전광역시 평균과 하위 지역 간의 최근 3년(2015~2017년) 분기별 가격 변동률의 상관계수이다. 상관계수가 1에 가까울수록 대전의 시장 흐름을 대표하는 도시, 0에 가까울수록 대전의 시장 흐름과 독립적인 도시이다.

<table>
<tr><td rowspan="2">충청남도</td><td>**재고주택시장** 2014년 4분기 고점 이후 2016~2018년 3년 연속 2만 호의 입주 물량이 공급되며 하락세 지속. 충남은 최근 수도권 인구의 유입으로 수요 여건이 개선되고 있으나 '여전히 많은 공급'으로 회복 모멘텀의 생성이 어려운 상황이다. 2019년 이후 입주 물량이 약 5,000호로 급감하며, 2019년 상반기 회복세가 예상된다.</td></tr>
<tr><td>**분양시장** 충남을 대표하는 당진과 천안의 분양시장 불황. 이에 충남의 평균 청약률은 2018년 1분기 현재 0.1:1의 저조한 성적. 불당신도시 같은 매력적인 택지의 소진으로 당분간 청약시장도 소강 국면이 지속될 것으로 예상된다.</td></tr>
</table>

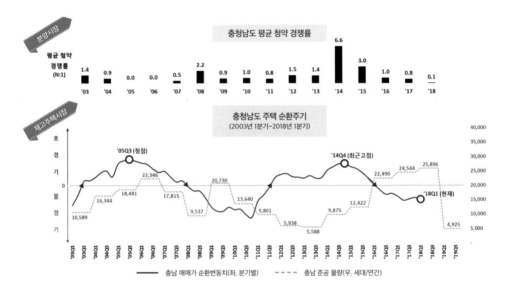

충청남도와 하위 지역 간의 상관성 분석

대표 도시(높은 상관성)			독립 도시(낮은 상관성)			
당진시 (0.93)*	천안시 (0.85)		공주시 (-0.05)	태안군 (-0.23)	계룡시 (-0.34)	금산군 (-0.38)	논산시 (-0.53)

* 괄호 안의 수치는 충청남도 평균과 하위 지역 간의 최근 3년(2015~2017년) 분기별 가격 변동률의 상관계수이다. 상관계수가 1에 가까울수록 충남의 시장 흐름을 대표하는 도시, 0에 가까울수록 충남의 시장 흐름과 독립적인 도시이다.

<table>
<tr><td rowspan="2">충 청 북 도</td><td>

재고주택시장 충북의 대표 지역인 청주시의 하락이 지속되며 2015년 2분기 고점 이후 2018년 1분기 현재까지 하락 추세 지속. 2018년 약 2만 호의 입주 물량이 예정되어 있어 당분간 시장 하락세가 지속될 것으로 예상된다. 다만 최근 미세한 회복세가 감지되어 2018년 큰 폭의 하락이 없다면 2019년 하반기 회복세가 예상된다.

분양시장 재고주택시장과 동조하며 2017년 이후 청약 경쟁률이 감소하는 경향. 다만 주택 고령화로 2018년 1분기 현재 평균 청약 경쟁률이 3.2:1을 기록하는 등 비교적 선방했다. 충북 미분양의 대부분을 차지하는 청주 분양시장의 회복 여부가 충북 분양시장의 최대 관건이다.

</td></tr>
</table>

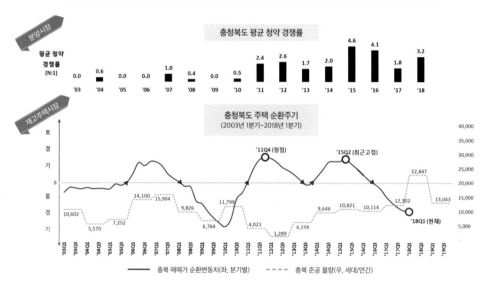

충청북도 평균 청약 경쟁률

충청북도 주택 순환주기
(2003년 1분기~2018년 1분기)

― 충북 매매가 순환변동치(좌, 분기별) ---- 충북 준공 물량(우, 세대/연간)

충청북도와 하위 지역 간의 상관성 분석

대표 도시(높은 상관성)　　　　　　　　독립 도시(낮은 상관성)

상관성

청주시　　　　　진천군　보은군　충주시　옥천군　증평군
(0.99)*　　　　　(0.34)　(0.06)　(-0.14)　(-0.18)　(-0.38)

* 괄호 안의 수치는 충청북도 평균과 하위 지역 간의 최근 3년(2015~2017년) 분기별 가격 변동률의 상관계수이다. 상관계수가 1에 가까울수록 충북의 시장 흐름을 대표하는 도시, 0에 가까울수록 충북의 시장 흐름과 독립적인 도시이다.

강원·세종·제주

<table>
<tr><td rowspan="2">강
원
도</td><td>**재고주택시장** 2016년 4분기 고점에 도달했으며, 2018년 1분기 현재 '상승→둔화' 국면 진입. 2018~2019년 연간 1만 세대가 넘는 입주 물량이 예정되어 있어 시장 하락 불가피. 강원도 주택시장을 대표하는 원주시는 혁신도시 입주 물량에 따른 시장 둔화의 심화가 예상된다.</td></tr>
<tr><td>**분양시장** 재고주택시장의 둔화에도 '평창 효과'에 따른 분양시장의 기대감 고조. 2016년 이후 2018년 1분기까지 청약 경쟁률이 지속적으로 상승. 다만 입주 물량의 급증은 분양시장에도 부담을 주어 지역별 입지·수급 여건에 따른 양극화 심화가 예상된다.</td></tr>
</table>

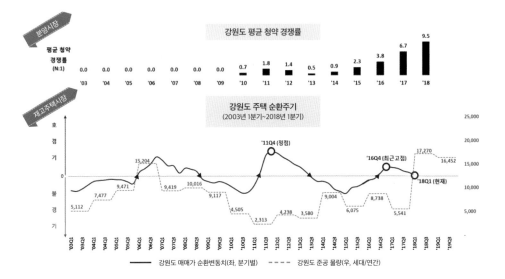

분양시장

강원도 평균 청약 경쟁률

평균 청약
경쟁률
(N:1)

'03	'04	'05	'06	'07	'08	'09	'10	'11	'12	'13	'14	'15	'16	'17	'18
0.0	0.0	0.0	0.0	0.0	0.0	0.0	0.7	1.8	1.4	0.5	0.9	2.3	3.8	6.7	9.5

재고주택시장

강원도 주택 순환주기
(2003년 1분기~2018년 1분기)

호경기
0
불경기

'11Q4 (정점)
'16Q4 (최근고점)
'18Q1 (현재)

강원도 매매가 순환변동치(좌, 분기별) ---- 강원도 준공 물량(우, 세대/연간)

강원도와 하위 지역 간의 상관성 분석

대표 도시(높은 상관성) ← **상관성** → 독립 도시(낮은 상관성)

원주시	춘천시	속초시	강릉시	평창군	고성군	삼척시	철원군	양구군
(0.94)*	(0.85)	(0.62)	(0.24)	(0.24)	(0.23)	(0.18)	(0.02)	(-0.03)

* 괄호 안의 수치는 강원도 평균과 하위 지역 간의 최근 3년(2015~2017년) 분기별 가격 변동률의 상관계수이다. 상관계수가 1에 가까울수록 강원도의 시장 흐름을 대표하는 도시, 0에 가까울수록 강원도의 시장 흐름과 독립적인 도시이다.

세 종 특 별 자 치 시	**재고주택시장** 2014~2016년 무려 4만 호의 입주 물량이 공급되며 2016년 4분기 저점에 도달. 이후 수도권 공무원의 세종시 이주와 대전, 청주 등 충청권 학군의 수요가 세종시 회복세를 견인. 지난 2년간 세종시의 인프라가 갖추어지며 2018 년 1분기 현재 여전히 호황 국면. 향후 생활권 대부분의 분양이 마무리되며 세 종시 주택시장은 안정세를 찾을 것으로 예상된다. **분양시장** 분양시장 역시 '개발 가시화'에 따른 호황기를 맞으며 지난 2년간 50:1 의 평균 청약 경쟁률을 기록. 정부 규제에도 2018년 1분기 현재 55:1의 평균 청 약 경쟁률을 기록하는 등 양호한 시장 흐름이 예상된다.

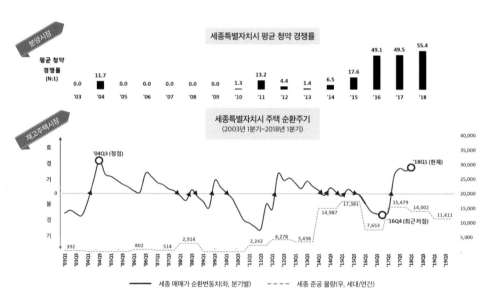

<table>
<tr><td>제 주 도</td><td>재고주택시장 제주도는 수급 영향보다는 '중국인 방문객', '공항 개발' 등 외부 개발 재료에 따른 시장 부침이 심하다. 사드 사태로 인한 중국인 방문객의 급감으로 2016년 4분기 고점 이후 2018년 1분기 현재까지 하락세 지속. 다만 최근 중국과의 외교 개선 노력과 국내 관광객의 꾸준한 유입, 2018년 이후 입주 물량의 감소 등 회복 모멘텀이 가시화되고 있는 상황. 당분간 대세적 상승은 어렵지만 개발 재료가 몰려 있는 서귀포시의 점진적 회복세가 예상된다.
분양시장 재고주택시장 불황의 영향으로 청약 미달 사업장이 지속적으로 발생. 영어교육도시 등 일부 가시적 호재를 보이는 생활권 위주로 청약 수요가 쏠릴 것으로 예상된다.</td></tr>
</table>

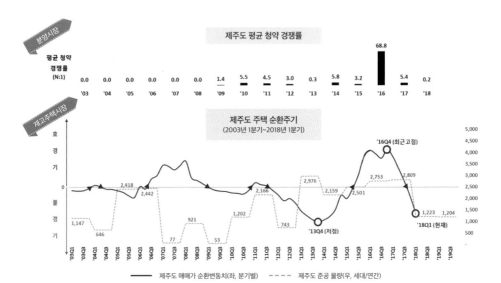

제주도 평균 청약 경쟁률

평균 청약
경쟁률
(N:1)

'03	'04	'05	'06	'07	'08	'09	'10	'11	'12	'13	'14	'15	'16	'17	'18
0.0	0.0	0.0	0.0	0.0	0.0	1.4	5.5	4.5	3.0	0.3	5.8	3.2	68.8	5.4	0.2

제주도 주택 순환주기
(2003년 1분기~2018년 1분기)

— 제주도 매매가 순환변동치(좌, 분기별)   ---- 제주도 준공 물량(우, 세대/연간)

☑ 집단 지성을 활용하다

- 소셜 빅데이터 분석 솔루션인 Trend tracker*를 활용해 '주택시장의 핵심 키워드' 검색량을 분석한다

- 소셜 빅테이터 분석 솔루션인 Social metrics**를 활용해 '재건축·부동산 투자'에 대한 집단 여론을 분석한다

---

* 네이버 키워드 검색량 추이를 트렌드 차트로 보여준다.

** SNS(트위터, 블로그 등)상의 키워드를 추출해 해당 키워드의 '긍정·부정' 연관어 추이를 분석한다.

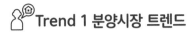

Trend 1 분양시장 트렌드

분양시장 트렌드 분석(Trend tracker)

> • 2017년 이후 지속적으로 '분양', '청약' 검색량이 증가하며 '미분양' 검색량에 비해 높은 수준 유지.
> → 미분양 증가에 따른 우려보다 분양시장에 대한 기대감이 여전히 높은 수준을 보임.
> • '재건축' 검색량은 2018년 2월 급증했는데, 이는 국토부의 안전진단 강화 발표(2월 20일)에 따른 것.
> → 안전진단 강화에 따른 재건축 사업 지연 우려 증가. 특히 안전진단 미진행 세대가 많은 양천구(2만 4,000세대), 노원구(8,000세대), 강동구(8,000세대)의 재건축 사업 지연 우려가 대두.

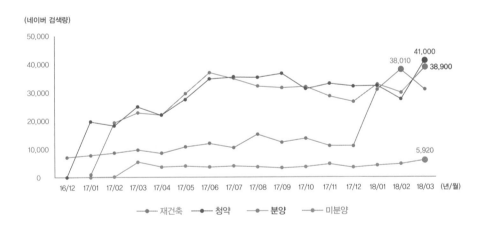

재건축 트렌드 심층 분석

재건축 긍정·부정 연관어 트렌드 분석(Social metrics)

• 재건축에 대한 소셜 네트워크상의 '긍정', '부정' 연관어 추이 분석 결과 2018년 3월 말, 4월 중순 '긍정' 연관어 최고치 기록.
→ 해당 시기는 강남 재건축 분양(디에이치자이 개포)의 당첨자 발표와 계약 일정이 있던 시점으로 '당첨', '자부심' 같은 긍정 연관어가 주를 이룸.
• 2018년 4월 말 '긍정', '부정' 연관어가 유사한 수치를 보이는 등 최근 재건축에 대한 불확실 심리 증가.

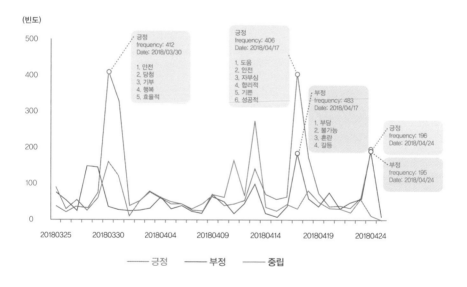

강남 4구 재건축 트렌드 분석(Trend tracker)

- 2017년 5월 '강동구 재건축' 검색량이 최고치를 기록. 이는 고덕주공5단지와 고덕주공7단지의 재건축 분양에 따른 것.
→ 2017년 3,000세대의 재건축 분양으로 강동구가 강남 4구의 이슈 지역으로 떠오름.
- 2018년 2월은 강동구뿐 아니라 '서초구·송파구 재건축' 검색량도 급증했는데, 이는 안전진단 강화에 따른 우려가 검색량으로 나타난 것.
- '강남구 재건축' 검색량이 가장 많았던 2017년 5월, 대치동 은마아파트 재건축의 49층 허용 여부가 시장의 이슈로 떠오름. 정부의 지속되는 규제 속에 은마아파트의 재건축 추진 경과는 향후 강남 재건축 진행 속도에 커다란 영향을 미칠 전망.

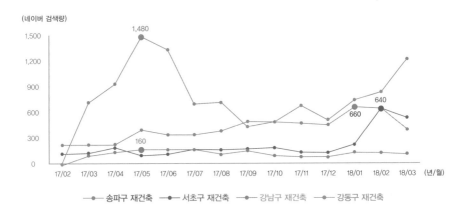

강남 4구 외 재건축 트렌드 분석(Trend tracker)

- 2017년 하반기 이후 '대구 재건축' 검색량이 증가하며 높은 관심도 유지. 2017년 평균 청약률 54:1을 기록한 대구의 분양시장 열기는 2018년에도 유지될 전망.
- '부산 재건축' 검색량 역시 2018년 1월 이후 재증가하며 높은 관심도를 유지. 주택 가격 하락 속에 분양시장은 재고주택시장에 비해 비교적 양호한 흐름을 보일 전망.
- '광명 재건축' 검색량은 지난 6·19 대책에 '광명시'가 규제 지역으로 선정되며 2017년 6월 최고치 기록.
→ 광명시는 6·19 대책에 따라 '조정 대상 지역'으로 지정되었으나 그해 말 분양한 광명16구역 재개발이 조기 완판되며 시장 우려를 불식.

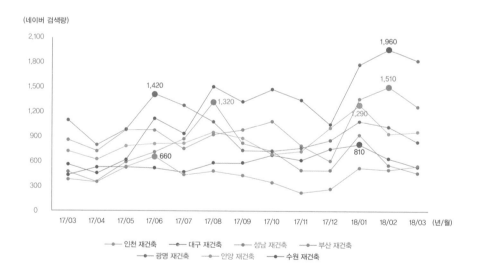

(네이버 검색량)

부동산 규제 정책 트렌드 분석(Trend tracker)

- 2017년 9월 '투기 과열 지구' 검색량 급증.
→ 정부는 투기 (과열) 지역 등 소위 '규제 지역'을 확정한 8·2 대책 발표. 8·2 대책 한 달 후 대구 수성구, 성남 분당구를 '투기 과열 지구'로 추가 지정(9월 5일). 정부의 핀셋 규제 강화 우려가 가장 고조되었던 시점.
- 2017년 6월 'DTI', 'LTV' 검색량 급증.
→ 6·19 대책 이후 DTI, LTV 기준이 상향되며 까다로워진 대출 우려 증가. 소득에 따라 대출 금액이 결정되는 'DTI' 검색량이 높은 수치를 보이며 LTV보다 DTI 강화가 주택시장에 미치는 영향이 클 것으로 예상된다.
- 2017년 연말 이후 '부동산 규제' 검색량 소강상태.
→ 정부가 작년 하반기 이후 연일 부동산 규제책을 쏟아낸 덕분에 2018년 추가 규제에도 정책에 대한 내성이 강화. 따라서 향후 정부 규제에 따른 시장 변동은 생각보다 크지 않을 것으로 예상된다.

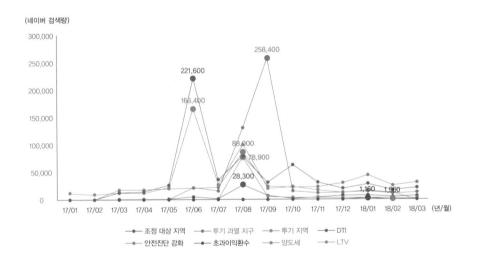

빅데이터로 예측하는 대한민국 부동산의 미래

부동산 연관어 트렌드 분석(Trend tracker)

- '부동산' 키워드의 네이버 연관어 분석 결과, '부동산 무료 법률상담' '해외 부동산', '내년 부동산', '베트남 부동산', '미국 부동산' 등이 높은 검색량을 나타냈다.
- '양도세 중과' 등 정부 규제에 대한 대응 마련에 관심이 증가하고 있으며, 국내 부동산 호황이 '해외 부동산 투자'에 대한 관심으로 이어지고 있다.
- '내년 부동산', '올해 부동산 전망'이 높은 검색량을 보이며 부동산에 대한 여전한 관심과 시장 하락에 대한 우려가 병존.

순위	18/03/30	18/03/31	18/04/01	18/04/02	18/04/03	18/04/04	18/04/05	18/04/06	18/04/07	18/04/08	18/04/09	18/04/10	18/04/11	18/04/12
1	부동산 무료 법률상담	부동산 무료 법률상담	부동산 무료 법률상담	부동산 무료 법률상담	부동산 무료 법률상담	부동산 무료 법률상담	부동산 무료 법률상담	부동산 무료 법률상담	부동산 무료 법률상담	부동산 무료 법률상담	부동산 무료 법률상담	부동산 무료 법률상담	부동산 무료 법률상담	부동산 무료 법률상담
2	내년 부동산	내년 부동산	내년 부동산	내년 부동산	내년 부동산	해외 부동산	해외 부동산	해외 부동산	해외 부동산	해외 부동산	해외 부동산	해외 부동산	해외 부동산	해외 부동산
3	부동산 실거래가 조회	부동산 실거래가 조회	부동산 실거래가 조회	부동산 실거래가 조회	부동산 실거래가 조회	부동산 실거래가 조회	부동산 실거래가 조회	부동산 실거래가 조회	부동산 실거래가 조회	부동산 실거래가 조회	부동산 실거래가 조회	부동산 실거래가 조회	부동산 실거래가 조회	부동산 실거래가 조회
4	미국 부동산	미국 부동산	미국 부동산	미국 부동산	미국 부동산	내년 부동산	내년 부동산	내년 부동산	내년 부동산	내년 부동산	내년 부동산	내년 부동산	내년 부동산	내년 부동산
5	부동산 상가	부동산 상가	부동산 상가	부동산 상가	부동산 상가	베트남 부동산	베트남 부동산	베트남 부동산	베트남 부동산	베트남 부동산	베트남 부동산	베트남 부동산	베트남 부동산	베트남 부동산
6	해외 부동산	해외 부동산	해외 부동산	해외 부동산	해외 부동산	미국 부동산	미국 부동산	미국 부동산	미국 부동산	미국 부동산	미국 부동산	미국 부동산	미국 부동산	미국 부동산
7	베트남 부동산	베트남 부동산	베트남 부동산	베트남 부동산	베트남 부동산	부동산 회사	부동산 회사	부동산 회사	부동산 회사	부동산 회사	부동산 회사	부동산 회사	부동산 회사	부동산 회사
8	부동산 영어	부동산 영어	부동산 영어	부동산 영어	부동산 영어	올해 부동산 전망	올해 부동산 전망	올해 부동산 전망	올해 부동산 전망	올해 부동산 전망	올해 부동산 전망	올해 부동산 전망	올해 부동산 전망	올해 부동산 전망
9	부동산 회사	부동산 회사	부동산 회사	부동산 회사	부동산 회사	부동산 규제	부동산 규제	부동산 규제	부동산 규제	부동산 규제	부동산 규제	부동산 규제	부동산 규제	부동산 규제
10	지도	지도	지도	지도	지도	상가 부동산	상가 부동산	상가 부동산	상가 부동산	상가 부동산	상가 부동산	상가 부동산	상가 부동산	상가 부동산
11	실물자산	실물자산	실물자산	실물자산	실물자산									
12	수도권 부동산	수도권 부동산	수도권 부동산	수도권 부동산	수도권 부동산									
13	전국 부동산	전국 부동산	전국 부동산	전국 부동산	전국 부동산									
14	아파트 실거래가 조회	아파트 실거래가 조회	아파트 실거래가 조회	아파트 실거래가 조회	아파트 실거래가 조회									

부동산시장 긍정·부정 연관어 트렌드 분석(Social metrics)

• 부동산시장에 대한 소셜 네트워크상의 '긍정·부정' 연관어 추이 분석 결과, '중립' 연관어가 전반적으로 많이 언급된다.

→ 2018년은 부동산 시장의 변곡점이 될 전망.

• '긍정' 연관어가 다소 우위를 보이고 있으나 '부담, 우려, 전세 대란' 등의 부정 연관어도 꾸준히 언급된다.

→ 부동산시장에 대한 '기대'가 여전히 남아 있으나 확신을 심어줄 그 무엇이 필요한 상황 속에 서울 부동산이 그 확신이 되어가는 상황. 따라서 서울 부동산에 대한 기대가 무너질 경우 급격한 시장 충격 가능성이 있다.

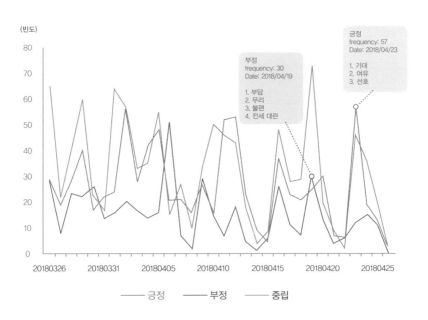

빅데이터로 예측하는 대한민국 부동산의 미래

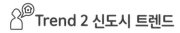
Trend 2 신도시 트렌드

수도권 신도시* 트렌드 분석(Trend tracker)

> • 대규모 수도권 택지 공급이 중단된 와중에, 2018년 뒤늦게 공급이 개시되는 '검단신도시'에 대한 관심 증가.
> → 향후 3년간 수도권 택지(서울 접근성이 비교적 양호한)의 회소가치가 지속적으로 유지될 전망.
> • 2017년 10월 '하남 감일지구' 공공 분양이 시작되며 검색량 증가. 2017년 12월 GTX-A노선이 확정된 운정신도시 분양이 시작되며 검색량 증가. 2018년 1월 광교신도시 입주가 시작되며 검색량 증가.

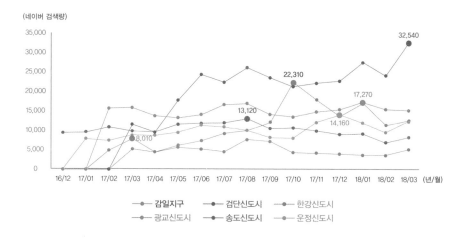

* 위례신도시, 동탄2신도시, 미사지구 등 분양이 거의 진행된 신도시는 제외하고 분석을 진행했다.

지방 신도시 트렌드 분석(Trend tracker)

> • 2017년 5월 부산 기장군의 '일광신도시' 분양이 시작되며 높은 검색량 기록. 첫 분양이 시작된 5월 높은 청약률을 기록했으나 이후 조정 대상 지역으로 선정되며 기장군 분양시장 악화. 분양시장 불황에도 2017년 12월 이루어진 단독주택 용지 청약률이 775:1을 기록하는 등 여전히 높은 관심을 받고 있다.
> • 2017년 본격적인 입주가 시작된 '양산신도시'는 비교적 꾸준한 검색량을 유지.
> • '불당신도시, 명지신도시, 탕정신도시'는 낮은 검색량을 보이며 부진한 분양시장 트렌드를 반영.

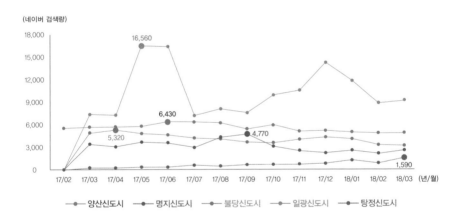

빅데이터로 예측하는 대한민국 부동산의 미래

Trend 3 아파트 브랜드 검색량 분석(Trend tracker)

> - 전국에 분양을 활발히 하고 있는 '푸르지오'(대우건설) 검색량이 전반적으로 높은 수준을 유지.
> - 2018년 3월 '힐스테이트'(현대건설), '자이'(GS건설) 검색량이 증가했는데, 3월에 분양한 '디에이치자이 개포'(개포8단지 재건축)의 영향이다.
> - '푸르지오'(2017년 12월)와 '이편한세상'(2018년 1월) 역시 각각 과천과 대전 구도심에 재건축 분양을 시작하며 최고 수준의 검색량 기록.
> → 강남권과 지방 광역시의 '재건축 분양'이 브랜드 인지도에 중요한 영향을 미친다.

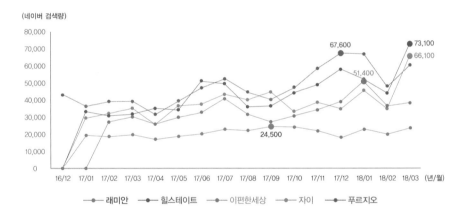

Trend 4 상품·입지 트렌드

부동산 상품 트렌드 분석(Trend tracker)

> • '아파트' 검색량이 꾸준히 높은 수준을 유지하고 있으나 이에 못지않게 '오
> 피스텔'도 높은 검색량 기록.
> → 2% 후반의 저금리 국면이 소액 수익형 상품에 대한 관심을 유지시키고 있다.

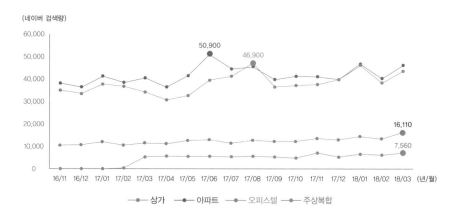

아파트 평면 트렌드 분석(Trend tracker)

- '아파트 평면' 관련 검색어 분석 결과, 소위 '틈새 공간'이라고 불리는 '알파룸'의 검색량이 꾸준히 증가. 나만의 작은 행복을 추구하는 소확행(小確幸) 트렌드가 반영된 것으로 맘스 오피스, 아빠의 아지트 같은 자기만의 작은 공간이 소비자의 꾸준한 관심을 받고 있다.
- 그 외에 '남향'이 우수한 평면 구조로 인기가 높은 4bay* 보다 높은 검색량을 보인다. 이는 아파트 결정에서 여전히 '평면'보다는 '향(向)'이 우선시되는 경향을 나타낸다.

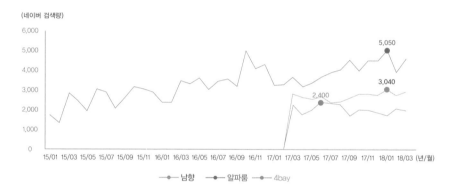

(네이버 검색량)

* 방 3개와 거실이 나란히 배치되어 모두 햇볕이 드는 구조.

아파트 입지 트렌드 분석(Trend tracker)

> - '아파트 입지' 관련 검색어 분석 결과, '역세권' 검색량이 높은 점유율을 보이며 역세권 아파트의 가치가 여전히 높은 것으로 파악되었다.
> - 2017년 11월에 급증한 '학군' 검색량은 대입 수능에 따른 계절적 영향으로 분석할 수 있다. 최근 급증한 '숲세권' 검색량은 계속되는 봄철 미세먼지로 청정 입지를 원하는 수요가 늘고 있음을 보여준다.

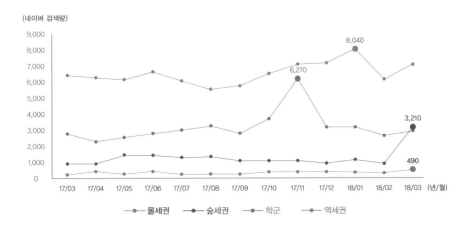

빅데이터로 예측하는 대한민국 부동산의 미래

아파트 조망권 트렌드 분석(Trend tracker)

- '아파트 조망권' 관련 검색어 분석 결과, '골프장 조망'이 꾸준히 높은 점유율을 유지. 이는 최근 공급되는 수도권 신도시에 골프장이 연접해 있기 때문이다(동탄2신도시, 위례신도시 등). 상대적으로 녹지가 부족한 수도권에서 골프장 조망이 녹색 조망의 대체제로 부각되고 있다.
- '강 조망' 검색량은 주로 지방 도시의 강 조망 선호도가 반영된 것이며(세종시의 금강), '호수 조망' 검색량은 수도권의 호수 조망 선호도가 반영된 것이다(광교신도시의 호수 조망, 동탄2신도시의 호수 조망).

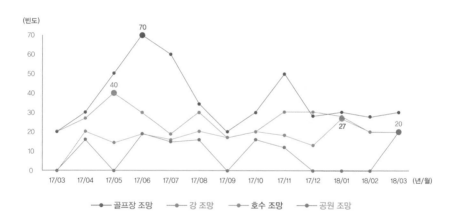

☑ 남이 모르는 정보를 찾다

- 주택시장과 경제 동향 사이트: 유용한 주택시장과 경제 동향 정보 제공 사이트 소개

- 미분양 단지 공개 사이트: 주요 지역의 미분양 단지 공개 사이트 소개

- 도시 정비·도시 기본 계획 사이트: 도시별 '재건축·재개발' 현황과 중장기 도시 계획
  정보 사이트 소개

즐겨찾기 해놓고 싶은 주택시장과 경제 동향 사이트

구 분	URL	제목	주요 제공 정보
주택시장	http://land.seoul.go.kr/land/index.jsp?sigunguCd=11000&admin=	서울부동산정보광장	서울 부동산 실거래가, 분양 정보, 시세 정보 제공.
주택시장	http://planning.seoul.go.kr/front/main.act	서울시 생활권계획	서울시 생활권 계획에 대한 세부 정보 제공.
주택시장	http://upis.go.kr/upispweb/statsmgmt/viewListdown.do	도시계획정보서비스	도시계획, 즉 땅에 관련된 개발 계획의 모든 정보뿐 아니라 도시인구 비율 등 인구통계 자료도 얻을 수 있다.
주택시장	http://www.khug.or.kr/index.jsp?mainType=housta	주택도시보증공사의 '주택정보포털'	지역별 신규 분양 세대수, 민간 아파트 분양가 등 신규 분양 데이터 외에 주택 관련 다양한 통계 제공.
주택시장	https://hogangnono.com/	호갱노노 사이트	아파트 실거래가(매매가+전세가), 인구통계 등 GIS 기반 다양한 주택시장 정보 제공.
주택시장	http://dmgmedia.tistory.com/category/부동산/청약동향보고서	DMG미디어의 청약동향보고서	월별 전국 청약 동향 리포트 발간.
주택시장	http://www.jigu.go.kr/index.do	택지정보시스템	GIS와 연동하여 전국 시도와 시·군·구별 택지 개발 정보 제공(국토부, LH).
주택시장	https://www.apt2you.com/	아파트투유 사이트	금융결제원에서 운영하는 아파트 청약 웹사이트(아파트, 뉴스테이, 오피스텔 등 청약 정보 제공).
주택시장	http://nland.kbstar.com/quics?page=kbland	KB부동산 사이트	국민은행에서 제공하는 부동산 통계 정보(아파트 시세, 분양 소식, 상권 분석 서비스 등).
주택시장	http://www.r-one.co.kr/rone/resis/statistics/statisticsViewer.do	한국감정원 부동산 통계 정보 사이트	한국감정원에서 제공하는 부동산 통계 정보(지가 변동, 주택 가격, 실거래가 지수, 오피스텔 가격 동향 등).

빅데이터로 예측하는 대한민국 부동산의 미래

주택시장	http://stat.molit.go.kr/portal/main/portalMain.do	국토부 통계누리 사이트	미분양, 주택 가격, 거래 동향 등 주택·토지 관련 다양한 통계 제공.
주택시장	http://www.aurum.re.kr/	건축도시정책정보센터 사이트	국토 종합 계획, 도시·주거환경 정비 기본계획 등 국토 개발 상위 계획 총망라.
주택시장	http://www.housingherald.co.kr/	하우징헤럴드	재건축·재개발 등 도시 정비 사업 전문 뉴스 사이트.
오피스	http://www.mateplus.net/03_office/office03.asp?mno=2&sno=	메이트플러스의 '월간시장동향'	오피스 시장 전문업체가 제공하는 주요 도시 오피스 시장 동향 리포트.
상권	http://sbiz.gbsa.or.kr/main.do###	경기도 상권영향분석서비스	빅데이터를 활용한 상권 분석 서비스 제공.
상권	http://sg.sbiz.or.kr/	소상공인 상권정보시스템	빅데이터를 활용한 상권 분석 서비스 제공.
상권	https://sgis.busan.go.kr/gis/statisticGis.do	부산광역시 통계지도 서비스	GIS를 활용하여 부산시 세부 지역별 유동인구 통계 제공.
상권	https://datalab.naver.com/local/trend.naver	네이버 데이터랩의 '지역통계'	시·군·구별 인기 업종, 카드 사용 통계 제공.
글로벌 주택	https://fred.stlouisfed.org/series/QUSR628BIS#0	FRED(샌프란시스코 연방은행 통계 사이트)	미국 부동산 가격지수 제공.
글로벌 주택	https://www.bis.org/statistics/pp_long.htm?m=6%7C288%7C595	BIS(국제결제은행)의 글로벌 주택가격지수	각 나라의 중장기 주택가격지수 제공.
글로벌 주택	http://www.imf.org/external/research/housing/	IMF의 Global Housing Watch	글로벌 주택가격지수, 소득 대비 주택 가격, 가계 부채의 시계열 데이터 제공.
글로벌 주택	https://www.census.gov/construction/nrs/index.html	U.S. Census Bureau의 신규 주택 판매량	미국 신규 주택 판매 동향 제공.
국내 경제	http://www.bok.or.kr/sub/research/reportsMain.action?menuNaviId=2564	한국은행의 7대 주요 보고서	통화, 금융 안정, 경제 전망, 지역 경제, 인플레이션 등 경제 관련 심층 리포트 발간.

국내 경제	http://www.nabo.go.kr/Sub/01Report/09_Board.jsp	국회예산정책처(NABO)의 경제동향&이슈	데이터에 근거한 경제·주택 등 주요 이슈 심층 리포트 발간.
국내 경제	http://ecos.bok.or.kr/	한국은행 경제통계시스템	물가, 금리, 소비자 심리지수 등 국내 경제 전반의 통계 제공.
국내 경제	http://www.kiet.re.kr/kiet_web/index.jsp?sub_num=71&state=view&idx=54109&ord=0	산업연구원의 '산업동향 브리프'	월 단위 국내외 경제 및 산업 동향 리포트.
국내 경제	https://www.jeju.go.kr/open/open/iopenboard.htm?category=1035&qType=title&q=	제주도 입도 관광객 통계	월 단위 제주도 입도 관광객 세부 통계 내역 제공.
국내 경제	http://www.tour.go.kr/	관광지식정보시스템	월별 관광 동향 분석 및 주요 관광 지점 입장객 통계 제공. '관광경기'에 민감한 지역의 거시적 경기 흐름을 살펴볼 수 있다.
국내 경제	http://www.kif.re.kr/kif2/publication/pub_detail.aspx?menuid=18&nodeid=936	한국금융연구원의 '가계부채분석보고서'	분기별 가계부채 빅데이터 심층 분석 리포트 발간.
국내 경제	http://kosis.kr/regionState/	지역경제상황판	통계청에서 제공하는 지역 경제 동향(고용, 물가, 생산과 소비).
국내 경제	http://changwonmecha.or.kr/sub/main/main.html	창원상공회의소의 '창원메카지수'	창원 지역의 기계, 전기전자 업종의 주가지수를 결합해서 만든 지수. 창원시의 경기 동향을 살펴볼 수 있다.
국내 경제	http://www.kicox.or.kr/user/bbs/BD_selectBbsList.do?q_bbsCode=1036&q_clCode=1	한국산업단지공단의 '산업단지 통계'	국가 및 전국 산업단지의 가동률, 수출액, 고용 현황 등의 정보를 제공. 지역 도시의 경기 동향을 살펴볼 수 있다.
글로벌 경제	https://ko.tradingeconomics.com/indicators	Trading economics	각 나라의 주택 소유율, 주택지수, 신규 주택 착공, GDP 대비 가계부채, 소득 대비 가계부채, 개인 지출 등의 정보 제공.

빅데이터로 예측하는 대한민국 부동산의 미래

글로벌 경제	http://www.policyuncertainty.com/korea_monthly.html	Economic Policy Uncertainty	주요 국가의 경제정책 불확실성 지수 공표. 지수 데이터 다운로드 가능.
글로벌 경제	https://www.newyorkfed.org/research/data_indicators/term_premia.html	뉴욕연방은행의 '미 국채 10년물 기간 프리미엄' 동향	뉴욕연방은행에서 제공하는 미 국채금리(10년) 기간 프리미엄 동향.
글로벌 경제	https://www.bloomberg.com/graphics/fomc-dot-plot/	블룸버그에서 제공하는 미 FOMC의 정책금리 점도표	미 FOMC 회의 이후 발표되는 FOMC 위원들의 정책금리 전망치를 그래프로 제공.
글로벌 경제	http://www.kcif.or.kr/main.do	국제금융센터	실시간 글로벌 경제 동향 제공.
교통 개발	http://info.korail.com/mbs/www/images/content/171023_map.jpg	전국 철도노선도	KTX, SRT, 수도권 지하철 등 전국 모든 철도의 정보를 담은 지도.
교통 개발	http://frdb.wo.to/	미래철도 DB	철도 관련 개발 사항 수시 업데이트. 철도 정보의 '위키피디아'.
교통 개발	http://www.kr.or.kr/sub/info.do?m=05010101&s=krhome	제3차철도망구축계획	한국철도시설공단에서 제공하는 '제3차 철도망 구축 계획' 세부 정보.
교통 개발	http://www.kric.go.kr/jsp/industry/rss/operatingReportList.jsp	국토부 철도통계	광역철도, 도시철도 등 역별 승하차 인원 정보 제공.
교통 개발	https://www.mta.go.kr/web/main/index.do	수도권교통본부	수도권 교통 조사 통계 제공 등 수도권 교통 현황에 대한 세부 정보 제공.
교통 개발	https://www.koti.re.kr/user/bbs/BD_selectBbsList.do?q_bbsCode=1017&q_clCode=4#conts	한국교통연구원의 '월간교통'	4차 산업혁명과 교통 혁신 등 교통 관련 최신 정보 수록.

분양시장의 온도를 체크할 수 있는 지역별 '미분양 단지 공개' 사이트

지역	URL
서울특별시	http://land.seoul.go.kr/land/jsp/common/report_house.jsp
경기도	http://www.gg.go.kr ▶ 열린행정 ▶ 기타자료실 ▶ 분양정보
인천광역시	http://field.incheon.go.kr/board/176
광주광역시	https://www.gwangju.go.kr
대구광역시	http://www.daegu.go.kr/build/index.do?menu_id=00001338
대전광역시	https://www.daejeon.go.kr/urb/UrbNoticeList.do?gubun=all
울산광역시	http://www.ulsan.go.kr/metro/fbhousing8
부산광역시	http://www.busan.go.kr/build/absalesinfo
원주시	http://www.wonju.go.kr/www/selectBbsNttList.do?bbsNo=512&key=3344
춘천시	http://www.chuncheon.go.kr ▶ 행정정보 ▶ 시정소식 ▶ 조건검색: 미분양
창원시	https://www.changwon.go.kr/depart/bbs/list.do?ptIdx=306&mId=0801000000
김천시	http://www.gimcheon.go.kr ▶ 편리한 민원 ▶ 토지주택정보 ▶ 공동주택분양정보
구미시	http://www.gumi.go.kr/portal/bbs/list.do?ptIdx=252&mId=0607050100
천안시	http://www.cheonan.go.kr/cop/bbs/BBSMSTR_000000000505/selectBoardList.do
청주시	http://www.cheongju.go.kr/www/selectBbsNttList.do?bbsNo=51&key=299

빅데이터로 예측하는 대한민국 부동산의 미래

미래의 주택 공급 예정 지역을 체크할 수 있는 지역별 '도시 정비·도시 기본 계획' 사이트

지역	URL
서울특별시	cleanup.seoul.go.kr
경기도	http://www.gg.go.kr/archives/category/gg-information-m03/gg-information-m03-424?ggd_term_id=7572
안양시	http://newtown.anyang.go.kr/
성남시	http://www.seongnam.go.kr/city/1001106/10785/contents.do
광명시	http://www.gm.go.kr ▶ 정보공개 ▶ 시정자료실 ▶ 행정자료실
인천광역시	https://renewal.incheon.go.kr/
광주광역시	https://www.gwangju.go.kr ▶ 분야별정보 ▶ 도시 · 부동산 ▶도시정비사업
대전광역시	http://www.daejeon.go.kr/urb/index.do
대구광역시	http://ebook.daegu.go.kr/Viewer/F03COOSML5L6/358
부산광역시	http://dynamice.busan.go.kr/total/main.do
울산광역시	http://www.ulsan.go.kr/metro/fhmetrowork1
충청남도	http://www.chungnam.go.kr/dept/board.do?mnu_cd=ORJMENU00045
전주시	http://www.jeonju.go.kr ▶ 분야별정보 ▶ 도시/주택 ▶2025년 전주 도시기본계획
천안시	http://www.cheonan.go.kr/cop/bbs/BBSMSTR_000000000505/selectBoardList.do
청주시	http://www.cheongju.go.kr/www/selectBbsNttList.do?bbsNo=51&key=299

맺음말을 대신하며

'부동산 데이터 미신myth of housing data'에 빠지지 않기 위한 셀프 문답

Q 1 '지역별(시·군·구별) 적정 수요'를 파악하는 게 가능한가요?

최근 부동산 공부 열풍으로 주택시장 통계에 관심이 높아지고 있습니다. 그중 하나가 지역의 인구통계를 활용해 지역별(시·군·구) 적정 수요를 찾으려는 것입니다. 예를 들어, 인구 20만 명인 00구의 적정 수요는 연간 800세대이고, 이를 초과하는 공급량 발생 시이는 '공급 과잉' 시장이라는 식입니다. 그러나 비슷한 도시 규모라도 '연령 분포, 가구 소득' 등 수요의 질적 수준에 따라 유효수요는 달라집니다.

양적인 규모는 추정하기 쉽지만, 질적인 규모를 반영한 유효수요를 정확하게 파악하기란 여간 어려운 일이 아닙니다. 또한 최근 수도권 택지가 공급되며 해당 지역 외 다른 시도에서 인구가 유입되고 있습니다. 즉 해당 지역의 인구통계만으로 적정 수요를 판단하기에는 한계가 있다는 뜻입니다. 더욱이 수도권 광역철도 등 광역교통망의 개발 가속화로 지역 간 경계는 더 허물어질 것입니다. 이러한 흐름 역시 해당 지역의 인구통계만으로 적정 수요를 찾는 데 더 큰 어려움을 안겨줍니다. 이렇게 인구통계로 적정 수요를 추정하는 것을 '물리적 수요'라고 합니다. 그러나 실제 시장은 물리적 수요보다는 시장 흐름에 따라 변하는 '유동적 수요'가 더욱 중요합니다. 시장 하락기인 2010년에는 전국 10만 호의 분양에도 미분양이 감소하지 않았지만, 시장 상승기인 2015년에는 역대 최고치인 51만 호 분양에도 미분양은 역대 최저 수준인 2만 호를 기록했습니다. 이것이 바로 유동적 수요입니다. 이러한 유동적 수요를 만들어내는 데는 단지 물리적 '공급량, 인구 규모'뿐 아니라 부동산 심리, 정부 정책, 경제 동향 등 다양한 원인이 그 배후에 있습니다. 이 모든 것을 수량화해 적정 수요를 구하는 공식에 반영하는 것은 거의 불가능한 일입니다. 따라서 인구통계 등을 활용한 물리적 수요는 참고용으로 활용하면서, 지역별 유효수요에 영향을 미치는 배후 요인을 다각적으로 검토하는 것이 바람직합니다.

적정 수요 계산을 위한 '절대 황금 공식'은 존재하지 않습니다. 인구통계에 기반한 물리적 수요는 '포장을 뜯지 않은 고무밴드'와 같습니다. 시장의 흐름에 따라 고무밴드는 길게 늘어지기도 하고 줄어들기도 합니다. 게다가 이 고무밴드의 탄력성은 지역별 경계를 허무는 택지 공급과 광역교통 개발로 더욱 커질 전망입니다.

Q2 거래량 데이터는 어떻게 해석해야 하나요?

주택시장 역시 주식시장처럼 거래량이 증가하면 시장이 좋아지고 반대로 감소하면 시장이 하락한다는 통념이 있습니다. 그러나 이 말은 반은 맞고 반은 틀립니다. 다시 말해 그럴 수도 있고 아닐 수도 있다는 이야기입니다. 그렇다면 어떤 경우에 거래량이 증가해도 시장이 하락할까요? 매수 심리 침체로 매도자가 호가를 낮추면서 저가 매물이 급거 소진되는 경우입니다. 급매물 거래로 거래량이 증가한 것처럼 보일 수 있지만 시세가 점차 낮아지며 부동산 거품이 꺼지는 경우입니다. 반대로 어떤 경우에 거래량이 감소해도 시장이 상승할까요? 최근 서울 주택시장을 보면 힌트를 얻을 수 있습니다. 정부 규제와 신규 아파트 공급 부족으로 '똘똘한 한 채'를 위한 매수자는 있지만 매물이 나오지 않아 거래량은 감소해도 가격은 계속 오르는 경우입니다. 신규 공급 부족으로 '신상품'을 찾는 매수자는 증가하는데 막상 내놓는 물건이 없어 거래량이 감소하는 것처럼 보이는 것입니다.

'거래량 증가(감소)→주택시장 상승(하락)'의 절대 공식은 성립하지 않습니다. 다만 시장에 내놓은 매물 대비 거래량을 따져본다면 거래량 증가(감소)의 의미를 바르게 유추할 수 있습니다. 참고로 거래량 데이터를 분석할 때 계절적 영향을 제거하기 위해 전년 동기 대비 증감률을 시장 판단의 기준으로 삼는 것이 바람직합니다.

Q 3 '주택시장 종합지수'같이 시장의 흐름을 한눈에 볼 수 있는 합성 지수는 없나요?

주택 통계 생산 이후 지금까지 많은 공공·민간 연구기관에서 주택시장 종합지수의 개발을 시도했습니다. 목적은 가격, 거래, 수급 등 주요 통계를 합성한 '하나의 지수'만으로 주택시장을 진단·예측하기 위해서입니다. 그러나 현재까지 현업에서 주택시장을 제대로 진단·예측하는 종합지수를 본 적은 없습니다.

종합지수 개발의 핵심은 지수를 구성하는 지표별 가중치를 어떻게 부여하느냐입니다. 예를 들어 공급 과잉으로 미분양이 역대 최고치였던 2008년은 아무래도 공급 데이터에 높은 가중치를 부여해야 합니다. 반대로 최근에는 시장 상승을 주도했던 '전세가율'에 높은 가중치를 부여해야 할 것입니다. 즉 해마다 관심 있게 지켜봐야 할 지표가 다르다는 것입니다. 그러나 현실적으로 시장 흐름에 따른 지표별 가중치를 정확히 계산해서 종합지수에 반영하는 것은 불가능합니다. 결국 부동산 지표를 카테고리별로 분류해서 해마다 시장 흐름을 잘 반영하는 지표를 업데이트하는 아날로그적(?) 방식이 현실적 대안이라고 할 수 있습니다.

아래 그림은 제가 2008년(시장 침체기)과 2018~2020년(최근 및 중장기)에 중점적으로 살펴봐야 할 주택시장지표를 구분한 '주택시장 지표 캔버스'입니다. 시장 사이클에 따라 달리 주목해야 할 지표들을 분류해놓은 것입니다. 시장 맞춤형 인덱스 가이드인 주택시장 지표 캔버스를 잘 참고한다면 균형적이고 객관적인 캔버스 위에 깊은 통찰이 담긴 주택시장의 미래를 그릴 수 있을 것입니다.

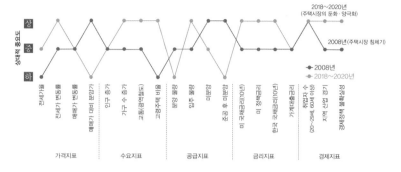

주택시장지표 캔버스(2008년 VS 2018~2020년)

Q4 대한민국 부동산 데이터의 현주소는 어떤가요?

부동산 데이터 가운데 가장 중요한 '가격(시세)' 데이터를 중심으로 살펴보면, 공공 기관 통계인 한국감정원 '아파트 매매가격지수'는 2003년(11월)부터 공표되고 있습니다. 즉 가격 데이터는 2018년 기준으로 16살을 맞이했습니다. 1980년 이후 본격적인 아파트 시대가 시작되었다는 것을 고려하면 가격 데이터는 늦깎이 통계라고 할 수 있습니다. 다만 역사적 전통을 자랑하는 민간 부문의 KB시세가 있고, 공공 부문 또한 국토부의 실거래가 통계를 바탕으로 한 '실거래가 지수'를 공표하고 있습니다. 더불어 부동산 공부 열풍으로 여러 정보 사이트에서 개별 단지의 시세를 제공하는 등 시세 데이터가 폭발하고 있는 상황입니다. 다양한 기관에서 발표되는 시세 데이터는 시장에 혼란을 줄 수 있지만 향후 시장 논리에 따라 '신뢰성 있는' 시세 데이터만 살아남을 것입니다. 따라서 시세 데이터의 폭발은 장기적으로 바람직한 현상이라고 할 수 있습니다.

부동산 데이터 가운데 가격 다음으로 중요한 '공급' 데이터는 아직 가격 통계에 비해 갈 길이 먼 수준입니다. 그 이유 중 하나로 시·군·구별 통계의 부재를 꼽을 수 있습니다. 시·군·구별 매매가, 전세가, 전세가율 통계를 제공해주는 가격 데이터에 비해 아직까지 시·군·구별 분양·입주 물량 데이터는 제공되지 않는 상황입니다. 현재 국토부에서 제공하는 입주·분양 물량 통계는 시도별로 제공되고 있는데, 지역별 양극화가 심화되는 요즘, 시도별 통계만으로는 정확한 시장의 흐름을 알아내기 어렵습니다. 적어도 분양 데이터만이라도 시·군·구별 상세 현황을 공개한다면 이를 바탕으로 2~3년 후의 입주 물량을 추정해낼 수 있을 것입니다.

최근 여러 기관의 시세 정보를 모아놓은 웹사이트가 등장하고 있습니다. 시세 정보가 폭발하는 요즘, 다양한 시세를 비교 분석할 수 있는 부동산 정보 플랫폼을 적극 활용하시기 바랍니다!

한편 시·군·구별 분양 물량 통계는 현재 유료 사이트(부동산114 REPS)에서 확인하는 방법밖에는 없습니다. 다만 그 대안으로 아파트투유에서 제공하는 전국 분양 단지 현황이 있습니다. 분양 단지가 속한 주소가 명기되어 있어서 이를 정리하여 지역별 분양 물량을 계산할 수 있습니다. 다만 그것을 일일이 손으로 계산해야 한다는 단점이 있습니다.

빅데이터로 예측하는 대한민국 부동산의 미래

감사의 말

이 책은 '부동산'에 대한 책이기도 하지만 어찌 보면 '데이터'와 '분석'의 책이기도 합니다. 산업공학을 전공한 제가 부동산이라는 생소한 분야를 개척하는 데 대학원 시절 은사님의 가르침이 큰 자양분이 되었습니다. 지도 교수님으로서 과학적으로 세상을 바라보는 눈을 길러주신 성균관대 신완선 교수님, 어느 분야든지 분석에서 '낭중지추'가 되라며 꿈을 가지게 해주신 카이스트 이경상 교수님께 진심으로 감사를 드립니다.

코흘리개 신입 사원이 부동산 현장에 발을 잘 딛게 해주시고 전국 곳곳의 시장 예측에 날개를 달아주신 대우건설 마케팅팀 임직원분들이 아니었으면 이 책은 나오지 못했을 것입니다.

항상 아들의 앞길을 위해 불철주야 기도해주시는 아버님, 어머님, 사랑하는 딸을 주신 장인어른, 장모님, 감사하고 사랑합니다.

올해 1.3kg으로 태어났지만 건강하게 너무 잘 자라주어 아빠의 집

필을 마무리하게 해준 하늘의 선물 '은하, 은율'이가 대견하고 또 고맙습니다. 남편 책 바라지 해주느라 쌍둥이를 양육하면서도 항상 긍정의 마음으로 응원해준 아내는 제 삶의 과분한 사람이자 사랑입니다.

　　모두 감사드립니다.

지은이 **조영광**

성균관대학교를 졸업하고 동 대학원에서 산업공학 석사 학위를 받았다. 졸업 후 국내 굴지의 전자, IT, 자동차 회사에 최종 합격했음에도 건설업에 뜻을 품고 국내 메이저 건설사인 대우건설에 입사했다. 마케팅팀에 배속된 뒤로 지난 8년간 부동산시장에 빅데이터를 접목시킨 하우스노미스트(House＋nomist)가 되어 쏟아지는 부동산 데이터와 대한민국 주택시장의 바로미터인 분양 현장을 넘나들며 대우건설이 '주택 공급 7년 연속 1위'를 차지하는 데 기여했다.

입사 3년차 때 자신이 개발한 '전국 시·군·구 대상 유망 사업지 예측 시스템'을 활용해 주택시장 분석과 예측 업무를 담당하고 있으며, 신규 분양 단지의 청약률 예측과 초기 분양률 예측까지 도맡아하면서 분양시장에서 '진짜 봐야 하는 데이터'가 무엇인지 답할 수 있게 되었다.

최근에는 경제, 심리, 소셜미디어의 빅데이터를 활용해 대한민국 부동산을 다각도로 파헤치고 있으며, 아직 미지의 영역인 상업용 부동산 데이터로까지 분석 영역을 넓혀가며 대한민국의 모든 부동산을 꿰뚫는 실전용 데이터 발굴에 매진하고 있다.

빅데이터로 예측하는
대한민국 부동산의 미래

발행일 2018년 10월 10일 (초판 1쇄)
발행일 2021년 9월 30일 (초판 3쇄)

지은이 조영광
펴낸이 이지열

펴낸곳 미지biz
　　　　서울시 마포구 성암로 15길 46(상암동 2-120번지) 201호
　　　　우편번호 03930
　　　　전화 070-7533-1848　팩스 02-713-1848
　　　　mizibooks@naver.com
　　　　출판 등록 2008년 2월 13일 제313-2008-000029호

책임 편집 이지열, 서재왕
출력 상지출력센터
인쇄 한영문화사

ISBN 979-11-964955-0-3 (03320)
값 19,800원

블로그 http://mizibooks.tistory.com
트위터 http://twitter.com/mizibooks
페이스북 http://facebook.com/pub.mizibooks